漢字知識挖掘叢書

韓國漢字史論叢

〔韓國〕河永三 著

上海古籍出版社

2018年度人文韓國 PLUS（HK+）項目
This work was supported by the Ministry of Education of the Republic of Korea and the National Research Foundation of Korea (NRF-2018S1A6A3A02043693)

2022年度教育部人文社會科學重點研究基地重大項目
"全能型出土實物文字智能圖像識別研究"
（項目批准號：22JJD740034）

目　錄

漢字學科與 AI 融會的人機協調發展
　　——《漢字知識挖掘叢書》前言　（臧克和）　/ 1

朝鮮末《字書輯要》"東俗字"與韓國固有漢字　/ 1
"玉篇"在朝鮮：本土化與進展　/ 34
韓國近代時期十種代表漢字字典的編纂與特點　/ 64
近代時期漢字需求的大轉變：《全韻玉篇》與《新字典》標題字增減考　/ 86
17 世紀初的中韓文字學交流：朝鮮版朱之蕃《玉堂釐正字義韻律海篇心鏡》簡介　/ 133
許傳《初學文》在韓國漢字字典史上的意義　/ 168
《新字典》導讀：韓國近代時期最有代表性的漢字字典　/ 186
景惟謙《篆韻便覽》之漢字學價值　/ 212
現存朝鮮時代第一部《説文解字》——《第五游》的體例及解釋特點　/ 234
韓國歷代《説文》研究綜述　/ 282
論韓國傳統語言學文獻的數字化建設
　　——以韓中古代小學類文獻聯合檢索系統的開發爲例　/ 307

朝鮮時的一部漢字頻率調查報告書——《生生字譜》 / 324

韓國固有漢字中"國字"之結構與文化特點：兼論《異體字字典·韓國特用漢字》 / 355

《六書策》所見朴齊家李德懋之文字觀比較 / 391

朴瑄壽《說文解字翼徵》的文字理論與解釋體系的特徵 / 412

韓國漢字字典"玉篇"的部首體系 / 439

朝鮮後期民間俗字研究 / 473

"韓中日古代韓字字典統合 DB 建設及比較研究"序論 / 502

參考文獻 / 544

漢字學科與 AI 融會的人機協調發展
——《漢字知識挖掘叢書》前言

臧克和

2023 年 7 月 4 日—8 日韓國釜山世界漢字學會第九屆年會"漢字跨學科研究及漢字知識挖掘"會議進入閉幕階段，本屆大會秘書長韓國漢字研究所所長河永三先生，要我借此談一談在如今這個人工智能化迅速發展的時代，漢字爲主要類型的表意文字範圍研究課題的發展，所面臨的機遇與挑戰。這也爲後面第十屆年會籌備活動提供一些參考。OPEN AI 發展出生成内容的智能工具，比如當下風靡全球的 Chat GPT4.0，若干行業都受到了顯而易見的影響。我就從事有關課題研發過程中所經由之"道"的某些思考，提出了一個請年會與會者思考批評的不成熟想法，也可以説漢字學科建設發展的根本出路——走向人機協調 AI 融會的優化發展時代。

漢字知識挖掘，這是一個永恒的課題。由漢字屬性所規定，歷史漢字需要知識挖掘，同樣，現代使用過程中的漢字規範標準處理也離不開屬性知識採集：就目前這方面的數據集而言，還遠不是交給生成式 Chat GPT

閱讀就可以勝任的課題。因此，一種理想的文字學學科建設模式，就是文字學者可以充分利用 GPT4.0 乃至新的升級版本的閱讀效率、廣泛關聯，更加充分地實現科學分類，恢復中介聯繫，挖掘漢字認知的觀念形態的深層結構。

我們知道，最早的文字學工具——漢代許慎《説文解字》，依據"類符"分析結構，同時進行分類，直接體現了漢字基本屬性。從看起來散漫的字集裏，尋找其中蘊含的共有的形體成分，提取出來，從而建立起統一的關係類型。《説文解字》集合了秦漢之際存儲下來實際使用的字符，包括在某些特定場合繼續使用的古文字單位，這一體系的基本文字類型，屬於物理空間上的二維結構，而且天然地易於與其表徵的事物實現"對應"關聯，確切地説是與物體的實體圖像存在"同構"關係。這類關係的理解，在文字認知領域要靠"意會"。

會意與意會生產知識。合體複合結構的漢字，也就是古人所説的"形聲"和"會意"。"會意"不用説實質就是"意會"，要將參加會合的幾個字符整理出一個構字意義，説得簡單些，就是靠解讀者的"意會"；就是"形聲"類乃至所有結構類型的認知過程，實際上也離不開"意會"的參與。在人類認識發生發展史上，意會知識是一切知識的基礎和源泉。波蘭尼認爲："意會知識比言傳知識更基本。我們能夠知道的比我們能説出來的東西多，而不依靠不能言傳的瞭解，我們就什麽也説不出來。"就是説，意會知識在時間上先於邏輯的、言傳的知識，沒有意會便無法產生和領悟言傳知識。造字離不開意會，人們解讀字形字義也必須有意會能力的參與。基於此，AI 只能遵循有標注的程序，從而生產"内容"，但無法產出"知識"。知識，有待於挖掘；機器學習，則有待於標注。第九屆世界漢字學會"漢字知識挖掘"年會上，來自香港理工大學的謝肅方教授（英國紳士、愛丁堡大學漢學家、原香港知識產權署署長），自己動手檢測 Chat GPT4.0 識別"愛"字，結果無能爲力。

研究表明，漢字文明對於智能的追求永遠是"反求諸己"，企圖打破人自身思維的界限而達到超越性的智能；AI 則是追求借助外力計算實現超越,計算即要求有窮,或者至少極限存在。針對無窮發散式的問題,人工智能很難跨出聚合這一步,而人機融合智能則有可能跨出這一步:人的"意會"意向性可以靈活自如地幫助人機協調各種智能問題中的矛盾和悖論。

期待同道同行更加關注歷史漢字發展過程中的中介因素過渡性知識環節,更加關注漢字認知的深層結構即漢字表徵的認知觀念史,共同關注構建"漢字文化圈"區域保存人類書寫記憶文本庫的課題——共同走向與業已具備"生成式"人工智能融會的優化發展時代。

"問渠哪得清如許,爲有源頭活水來。"東方漢字文化地區,傳統上將漢字歸"小學",小學涉及漢字的結構書寫和教學。小學的學問被十分重視並運用到訓詁學,訓詁學也稱爲"考據"學,成爲採集學問知識的重要手段。傳統的學術結構分類分層,就是"義理考據辭章"。考據學跟現在的知識挖掘關聯,而且與包含觀念史的"義理"學問統一在一起。個中的知識挖掘、邏輯的訓練、聯繫的建立,東方漢字文化智能,今後將會得到深入研討:

在世界文字體系範圍内,漢字是唯一使用歷史悠久而沒有中斷的視覺符號書寫記錄體系。這個體系是由最基本的類符構成,以及類符合成結構,再由合成結構標記語素單元。事物越是最基本單元,越具備整體性。基於此,融會文字、考古以及文博等學科群專業領域,整合各類數據集,構成漢字文化屬性資源庫,將滿足下列幾個主要方面功能需求:

一是工作平臺系統。構建人文學義理、考據等領域的會通實證實驗場。文字知識挖掘採集,遵循著與 AI 人工智能、Chat GPT4.0 一類機器學習迥乎不同的認知習得流程和信息加工傳遞方向。

二是學習資料體系。呈現漢字認知深層結構聯繫,研製真正具備通識意義上的漢字標記單位觀念史系列。爲文化史上長期積澱下來的系列價值觀念,還原其深厚的歷史文化演進場景。

三是書寫記憶文本庫。漢字文化屬性資源庫匹配韓國、越南、日本、中國等漢字文化圈區域,唐宋及唐宋以降漢字傳播傳承使用的真實書寫數據集,恢復激活漢字使用共同體的漢字"認知原型記憶",貢獻漢字智能。

要之,漢字學學科體系知識挖掘,可以爲機器深度學習賦予新的能量;脱離歷史漢字知識的深入挖掘,許多專業特色内容、泛化的智能工具可能難以生成。

(據2023年7月4日—8日韓國釜山世界漢字學會第九屆年會"漢字跨學科研究及漢字知識挖掘"會議總結發言删改。2024年季春於上海華東師範大學中國文字研究與應用中心)

參考文獻:

臧克和:《説文解字的文化説解》,武漢:湖北人民出版社1994年版,修訂再版《〈説文〉認知分析》,2019年版。

臧克和:《結構的整體性——漢字與視知覺》,北京:《語言文字應用》2006年第3期。

關於漢字"類符",參見臧克和等編著《中國文字學手册》"漢字性質"部分,上海:華東師範大學出版社2023年。

李景源:《史前認識研究》,長沙:湖南教育出版社1989年,78—79頁。

白駒:《再思人機智能融合》(人機與認知實驗室)https://chuansongme.com/n/3004933451014;2019年6月16日。

朝鮮末《字書輯要》"東俗字"與韓國固有漢字

1. 引　　言

　　本文宗旨在於介紹《字書輯要》之"增附東俗訛誤字"(以下簡稱"東俗字")所錄韓國"俗字",究明其學術意義。該附錄大約寫成於19世紀末或20世紀初,收錄了當時所見的各種俗字及特殊字,讓我們了解朝鮮末期使用俗字的情況。論述之前,首先從漢字發展史的角度出發,探討"俗字"的含義,並將"韓國俗字"的研究價值與韓國坊刻本資料聯繫起來進行探討。①

　　一切事物都是在内部矛盾的對立與統一中變化發展的,漢字也不例外。由於漢字是可書寫的視覺符號,從它的起始就必然存在"傳達意思的精確性"與"書寫速度的經濟性"兩者的根本矛盾。於是追求"辨識的精確性"即爲"正字(正體)",追求"效率與經濟"即爲"俗字(俗體)"。辨別

---

① 本文所用"東俗字"爲《字書輯要》原所附題目"增附東俗訛誤字"之簡稱"東俗字","東"是指"東國",就是"朝鮮"而言。現在一般用"韓國固有漢字",是指韓國地區特用的漢字而言,主要包括國字(形音義都與中日等漢字文化圈不同字)、國義字(形同字義不同字)、國音字(形同字音不同字)。

精確性和經濟效率性是對立的,也是矛盾的。從這個意義上講,這兩個根本矛盾的辨證統一過程即是漢字的變化發展規律。故漢字不是單線發展而是雙線發展,不是單純的發展而是複雜的發展。

　　文字用來傳遞人們的思想,所以文字具有兩個基本屬性:"語義"和"語音"。然而兩者又互爲矛盾,強調語義,語音元素就被削弱;強調語音元素,語義元素又被削弱。美索不達米亞文字和埃及文字最初也從象形文字開始,但在加強語音元素的過程中逐漸放棄了語義屬性,成爲轉向強調語音屬性的表音文字,即拼音字母。但漢字沒有放棄語義要素,即使不十分完善,但還是發展爲語義與語音要素相結合的"意音文字體系"(形聲結構)。因此,漢字在發展演變過程中出現了結構變化,即從象形結構或會意結構發展爲"形聲結構",個別漢字爲了滿足大衆的需求還呈現出表意元素和表音元素更加形象化的趨勢。①

　　除了這些内在矛盾之外,由於各種外部環境(諸如使用者的心理、政治環境、使用的物理環境、書寫材料的變化等),漢字從産生到現在一直在不斷變化和轉化。正是由於這樣的變化和轉化,它成爲人類四大起源文字中唯一一個没有改變書寫體系,並保留其最初屬性的文字。② 在中國,從早期的甲骨文到金文、戰國文字、小篆、隸書、楷書,再到新中國的簡化字,漢字在行使文字功能的同時,也在不斷地適應環境,不斷地發展變化。不僅如此,它還擴展到周邊的韓國、日本、越南等國家,擴大了使用範圍,並結合各國的環境確保了特殊性和多樣性,發展成真正的"世界性文字"。顯然,這種永無止境的變化、改造和擴張,是漢字延續至今的生命力。因

---

① "言語是人們思想的聲音表達,文字是塑造人們思想並使之可見的標誌。""言語是通過將聲音附加到人的頭腦中而使其聽到的,而文字是一種可以用眼睛看到和閱讀的形式。通常有兩種類型的文字,標記言語聲音的字符稱爲拼音文字(音標文字),直接寫出思想的字符稱爲表意文字(ideograms)。"崔鉉培:《우리말본 Ulimalbon》(首爾:正音文化社,1994),引言,1頁。

② 世界四大起源文字爲:中東的蘇美楔形文字(Sumerian Cuneiform System)、北非的埃及聖體文字(Egyptian Hieroglyphic System)、中美洲的奥梅克—瑪雅聖體文字(Olmec-Maya Hieroglyphic System)以及漢字。陳光宇:《世界四種起源文字簡介》,《商代甲骨文英讀本》(上海:上海人民出版社,2017),380頁。

此在分析"俗字"的含義時,必定要關注觸動這種變化與發展的漢字自身的內在矛盾,以及關注漢字的使用環境,即外部因素。換言之,語音與語義的對立以及要求辨識讀音的精確性和書寫速度的矛盾對立,是觸動漢字變化的根本原因,而這些矛盾統一的辨證發展過程即稱爲漢字的變化,同時也是分析俗字的出發點。①

雖然漢字傳入韓國的確切時間不詳,但從當時的漢四郡樂浪地區出土了大量漢字資料的事實,可推出,漢字至少是在公元前 108 年漢朝建立時就已傳入了韓國。甚至可推測到更早的時期,即衛滿朝鮮或商滅亡時箕子入韓半島的箕子朝鮮時期,很遺憾的是目前只能是推測,還没找到可靠的歷史證據。

之後,經過"吏讀""鄉歌"和"口訣"等一系列變容,直到全盤接受,漢字最終成爲了朝鮮官方文字。

雖然 15 世紀爲造出適合朝鮮語言體系的書寫系統,取代漢字頒布了韓文(訓民正音、한글),但漢字仍然作爲韓國的代表文字發揮作用,尤其得到了知識分子的强烈支持,這種現象一直持續到 1894 年首次宣布韓文爲官方文字爲止。② 之後,韓半島進入日本殖民統治時期,在日本的影響下漢字再次成爲重要文字,1945 年解放後漢字的影響力逐漸減弱,甚至下降到當今韓國很難稱爲"漢字文化圈"的尷尬地步。

儘管如此,韓國成爲了除中國以外,使用漢字歷史最悠久的國家,並在使用漢字的時期,創造出了符合本國國情、反映不同歷史時期和不同環境的特殊漢字,并賦予了韓國獨有的意義和發音。③

---

① 參見河永三:《漢字의 世界:起源에서 未來까지》(首爾:新雅社,2013),第 6 章"漢字的變化和發展",147—176 頁。
② 1894 年甲午更張(1894—1896 年)開始時,第一份詔書公佈"法令敕令總以國文爲本,漢文附譯或混用國漢文"爲原則。由此,韓文獲得了"國文"的地位,國家的公文也開始用國漢文,教科書等文獻也開始編成國漢文。這是韓文創製於 1443 年而經過 450 年之後之事。
③ 參看河永三:《韓國固有漢字國字之結構與文化特點——兼談〈異體字字典〉之〈韓國特用漢字〉》,《中國文字研究》(2005);《朝鮮後期民間俗字研究》,《中國語文學》27(1996)。

在中國也類似，經過漫長的歷史時期到了唐代，由於科舉制的建立和經學的發展，楷書成爲標準字體。然而，爲了緩解書寫速度和辨識精確度之間的矛盾，以及字義與讀音之間的矛盾，又不斷產生出各種異體字。相對於標準字體的"正體"漢字，這些異體字統稱爲"俗字"。雖然這些俗體字的地位不及高雅的"正體"漢字，但它在民間的影響力非常大。這反映了民間使用者的多種欲求和創意，因此成就了俗字在文字學研究中的重要價值。新中國正式採用的簡化字，曾經是作爲走向字母文字替代階段的標準字體，雖然與最初的出發點發生了變化，但採用了大量異體字這一事實——即使俗體字轉變爲正體字，足以證明俗體字的價值。

從這個意義上講，"俗字"研究很有意義。自1980年代以來俗字研究成爲漢字研究的一大領域。如果説目前爲止的研究，多集中於對各種手寫文本中異體字的各種變體的發現，分類和分型，字譜的製作，資源的發掘以及計算機化等等，那麼，筆者認爲將來的研究重心應該放在這些文字在文字研究史中的意義上來。將這項研究從以各別國家爲中心的研究，擴展到基於宏觀視角上的比較研究。①

2. 朝鮮坊刻本與俗字

傳統社會的出版通常根據出版者和出版目的分爲官刻本、私家本和坊刻本。官刻本是指國家機構爲實現標準化和普及等特殊目的出版的圖書，而私家本是指個人或家庭爲建立個人或家庭歷史、保存資料等目的而出版的圖書。另外，坊刻本是指在當地書店，出於商業目的出版

---

① 張湧泉先生曾經提及"俗字研究的展望"時，提出四項"今後所應特別致力的"有：諸如歷代俗字的輯錄、歷代俗字書的整理、俗字的辨析考證、俗字的理論探討（張湧泉：《漢語俗字研究》，長沙：嶽麓書社，1995，324—326頁），但缺少了有關"俗字所藴含的文化闡釋"。

的書籍。① 因此,"私營部門以營利爲目的出版的木版或重印書籍"可以定義爲坊刻本。②

與其他出版物不同,坊刻本以盈利爲最大的目標,而在利潤最大化的過程中節約生產成本是關鍵。在傳統社會,一本書的出版,紙張和雕刻成本在圖書出版的生產鏈中佔據著很重要的部分。然而,佔據總成本最大部分的又是雕刻成本,所以熟練工匠的勞動量和絕對工作時間是關鍵因素。筆劃和偏旁,儘可能使用了當時規定内的最大化簡寫,從而出現了各種以前没有見過的變體。有些不是被官方採納的"正體"文字,而是當時民間使用的"俗字",而這些俗字都具有某些特殊含義,可以讓我們瞭解當時真實情況。

出現在朝鮮後期坊刻本中的大量俗字,可以成爲韓文原始速記字料和中文字料的原數據,由此窺見漢字變遷過程中所反映的豐富多彩的想像力。③

擁有大量獨具特色的異體字資料是朝鮮末期,即 18 世紀至 19 世紀出現的民間坊刻本。其中,最具代表性的是《七書》(四書三經),它對歷次科舉考試作出了很大貢獻,還有一些百科事典式的材料。體現了韓文坊刻本的俗字是韓國特有的速記文字。

---

① 《書林清話》用官版本、私家版本、坊刻本等術語。並在卷 3、卷 4、卷 5 等處,對宋代、金代、明代的版本,如此分而敘述之。葉德輝著、朴徹庠譯:《書林清話》(首爾:푸른歷史,2011),160—272 頁。

② 玉泳晸:《非小説漢文坊刻本에 刊行에 對한 書誌의 考察》,《Yeol-sang Journal of Classical Studies》31(2010),219 頁。

③ 正在從事漢字文化圈俗字研究的何華珍教授認爲:"明清時期的中、韓、越坊刻本俗字呈現與宋元以前不同的字形面貌,主要是減省趨勢明顯,符號替代類俗字流行,與中、日現代簡化用字一脈相連。韓國朝鮮時代筆寫本、坊刻本俗字自成特色,同時與明清俗字關聯密切,與越南俗字各成體系,值得全面整理與比較。日本俗字形的主要載體是寫本,刻本文獻尚未發現有如韓國坊刻本用字情況。""明清以來,韓國朝鮮時代、越南後黎朝—阮朝、日本室町—江戶時期,東亞漢字呈現明顯的與宋代之前不同的字形面貌,主要體現簡省、符號化、類推等特點,這與各地域的書寫傳統、字形傳承有關,也與文字本身的内在發展,特別是東亞大背景密切相連。因此我們在著力整理漢字圈俗字。現在遇到的問題是,有許多韓、日、越通用的特色俗字,在漢語中反而没有出現,這可能是宋元以來的文字調查有所疏忽吧。"(與筆者 2021 年 8 月 23 日的通信)

如果真是這樣,韓國坊刻本的學術價值就更爲突出了。① 關於此,筆者曾經專門研究了坊刻本中出現的朝鮮末期民間俗字,同時還向中國介紹了韓國固有俗字和異體字。② 目前,中國學者也開始關注到朝鮮時代坊刻本異體字的學術價值,想建立數據庫,於是我們又與鄭州大學合作,正在共同編纂"韓國坊刻本俗字資料集成"。

3.《字書輯要》"東俗字"與俗字譜

《字書輯要》是一部説明文字形義的文獻。其含義爲"從字書選取輯録(輯)要點(要)"。只不過小小一册的手抄本,共有 9 張 18 頁,原爲延世大學洪允杓教授所收藏,於 2012 年首次向學界公佈。③

據洪允杓教授透露,該書長 28.7 釐米、寬 25.4 釐米。封面寫有"玄默攝提格二月日作帖""壬寅三月日抄"的字樣,通過書尾的"壬寅三月白分膽帖於龍巖僑館"記録,可知此文最遲是 1902 年抄寫。也有人斷定爲 1862 年所抄,不知 1902 年與 1862 年哪一個爲是。④ 這裏所描述的內容也是基於洪允杓教授的資料。

該書分 14 個條目,詳細列表如下。⑤

---

① 據 2021 年 8 月 22 日"知網"(https://www.cnki.net/)檢索結果:學位論文有 4 篇,直接研究並無檢索結果(書名 0 篇,主題 4 篇,關鍵詞 0 篇),主題語檢索,亦無發現。4 篇學位論文目録如下:《絲綢之路出土漢文刻本研究》,秦樺林,浙江大學,2014－05－01,博士;《歷代印刷漢字及相關規範問題》,王泉,華東師範大學,2013－09－01,博士;《〈元刊雜劇三十種〉俗字俗詞俗語與版式研究》,范曉林,山東師範大學,2013－04－12,博士;《宋本〈玉篇〉歷史漢字傳承與定形》,何瑞,華師範大學,2006－05－01,博士。

② 河永三:《韓國朝鮮後期坊刻本俗字研究——以〈論語集注〉、〈孟子集注〉爲例》,《殷都學刊》,2010－06－15(期刊);《韓國固有漢字國字之結構與文化特點——兼談〈異體字字典〉之〈韓國特用漢字〉》,《中國文字研究》,2005－10－31(輯刊)。

③ 洪允杓:《字書輯要解題》,《國語史研究》14(2012),207—231 頁。(https://www.earticle.net/Article/A173658)

④ 同上。

⑤ 按照洪允杓教授的分類,"修音"的兩個條目是重疊的,但內容不同,所以作爲不同的條目處理。

朝鮮末《字書輯要》"東俗字"與韓國固有漢字

① 運筆法	② 集古	③ 辨似	④ 正譌
⑤ 增附東俗訛誤字	⑥ 辨俗	⑦ 古今通用	⑧ 疊劃
⑨ 反切	⑩ 析音	⑪ 析音	⑫ 附東俗之訛誤若干字
⑬ 怪僻東俗字	⑭ 字體沿革		

其中,⑤增附東俗訛誤字(004a—004b)是韓國俗字類集,包括"歸"寫作"攺","暮"寫作"㫄","機"寫作"机"等等,共收117個俗字。本文將探討這117個漢字的分類及其韓國化特徵。

依具體情況也會使用一些資料,如⑫附東俗之訛誤若干字、⑬怪僻東俗字、⑥辨俗等等,但不是針對韓國俗字的專項探討。①

詳列《字書輯要》之⑤增附東俗訛誤字(004a—004b),如下:分類項目包括編號、標題、"東俗字"字、坊刻本(《事文抄》)形、簡體字、變體字、台灣"教育部"《異體字字典》(dict.variants.moe.edu.tw/variants/rbt/home.do)收錄與否、備注等。由於《字書輯要》是手抄本,沒能提供"東俗字"的具體出處,因此無法確定是韓國異體字,還是印出本使用過的異體字。因此,與編纂《文字輯要》時間近似的《事文抄》(筆者所藏本)進行了對照,以確認其使用的一般性。據初步對照,結果顯示除個別字外,在印出本中均得到確認,《字書輯要》中的"東俗字"確實是當時民間普遍使用的俗字,我們可以斷定這些確實是18、19世紀使用過的韓國的代表性"俗字"。

---

① ⑫"附東俗之訛誤字"提示了一些在韓國被錯誤使用的漢字。例如,對"國"字,其釋義爲國都"국",但在韓國據"羅羅國"而解釋說:在新羅時代把"國家"稱作"羅羅",到現代這個"羅羅"變爲"나라(國家)"。這樣解釋而說明者,共有"京"和"君"等20個字。關於"君"的解說,在新羅時代,把君稱之"尼斯今",但"尼"字讀音變成了"잉",故變成了"잉금"。此外,⑬"怪僻東俗字"提示了古怪漢字,⑥"辨俗"中辨別了俗字,並加以比較說明,包括"堉"和"婿"等24種。洪允杓,上揭論文(2012)。

《字書輯要》"東俗字"字譜

編號	東俗字	韓音	楷體	簡體	《異體字字典》收錄與否	坊刻本《事文抄》異體字			
001	敀	귀	歸	归	x	敀 swc05b①			
002	旮	모	暮	暮	x	旮 swc03b			
003	机	기	機	机	o	机 swc44b			
004	罘	라	羅	罗	x	羅 swc43a	罘 swc51a		
005	灵	령	靈	灵	o	灵 swc03b			
006	炅	열	熱	热	x				
007	岁	세	歲	岁	o	歩 swc12b	岁 swc19a		
008	歹	사	死	死	x	尭 swc46b			
009	岀	츨	出	出	x				
010	尼	니	尼	尼	o				
011	伟	격	擊	击	x	伟 swc13b			
012	夛	몽	夢	梦	x	夛 swc03a			
013	尽	진	盡	尽	o	尽 swc07b			

---

① swc 代表《事文抄》(3 冊) 的第一冊, 05 代表第 5 頁, b 代表陰面, a 則代表陽面。

朝鮮末《字書輯要》"東俗字"與韓國固有漢字

續表

編號	東俗字	韓音	楷體	簡體	《異體字字典》收錄與否	坊刻本《事文抄》異體字			
014	昋	서	書	书	x	昋 swc14b			
015	灯	등	燈	灯	o	灯 swc28b			
016	舞	성	聲	声	o	麦 swc08b	舞 swc02b		
017	癸	계	癸	癸	x	癸 swc40b			
018	獅	독	獨	独	x	獅 swc09b			
019	烛	촉	燭	烛	x	烛 swc04a			
020	楼	루	樓	楼	x	楼 swc06b			
021	仪	의	儀	仪	x	仪 swc01a			
022	兵	흥	興	兴	o	兵 swc02a			
023	斈	학	學	学	o	斈 swc45a	学 swc39a		
024	乱	거	擧	举	x	乱 swc06b	乱 swc39a		
025	号	호	號	号	o	号 swc08b	号 swc24b		
026	鲐	린	鱗	鳞	o	鲐 swc06b			

續表

編號	東俗字	韓音	楷體	簡體	《異體字字典》收錄與否	坊刻本《事文抄》異體字		
027	囯	국	國	国	o	囯 swc02b		
028	旺	성	聖	圣	x			
029	㘈	기	器	器	x	㘈 swc14a		
030	阴	음	陰	阴	o	阴 swc01b		
031	阳	양	陽	阳	o	阳 swc01b		
032	扟	배	拜	拜	x	扟 swc83a		
033	戋	전	錢	钱	x			
034	秋	화	禍	祸	x	秋 swc47a	秋 swc59b	
035	补	복	福	福	x	补 swc55a		
036	坮	대	臺	台	o	坮 swc06b	坮 swc11b	
037	旧	구	舊	旧	o	旧 swc11b		
038	盘	반	盤	盘	o	盘 swc04b		
039	昼	주	晝	昼	o	昼 swc15a		
040	画	화	畫	画	o	画 swc13b	画 swc21a	画 swc22a

10

朝鮮末《字書輯要》"東俗字"與韓國固有漢字

續表

編號	東俗字	韓音	楷體	簡體	《異體字字典》收錄與否	坊刻本《事文抄》異體字		
041	觧	해	解	解	o	觧 swc41a		
042	乐	악	樂	乐	o	乐 swc18a		
043	异	이	異	异	o	异 swc35a		
044	㺳	현	賢	贤	x	㺳 swc08b		
045	宁	녕	寧	宁	o	宁 swc05a		
046	庐	로	廬	庐	x	庐 swc10b	庐 swc56b	庐 swc70b
047	芦	로	蘆	芦	o	芦 swc34a		
048	驴	려	驢	驴	o			
049	仸	유	儒	儒	x	仸 swc31a		
050	泽	택	澤	泽	o	泽 swc12b	泽 swc24b	
051	庙	묘	廟	庙	o	庙 swc22a	庙 swc50b	
052	观	관	觀	观	o	观 swc08b		
053	称	칭	稱	称	o	称 swc01a		

11

續表

編號	東俗字	韓音	楷體	簡體	《異體字字典》收錄與否	坊刻本《事文抄》異體字		
054		례	禮	礼	o	礼 swc23b		
055		처	處	处	o			
056		헌	獻	献	o	献 swc16b		
057		엄	嚴	严	o	叺 swc37b		
058		유	劉	刘	o	刘 swc03a	刘 swc14a	
059		정	鄭	郑	o	鄭 swc76a		
060		속	屬	属	o	属 swc29b		
061		로	爐	炉	o	炉 swc25a	炉 swc32b	
062		서	鼠	鼠	o	鼠 swc04a		
063		유	流	流	x			
064		쌍	雙	双	o	雙 swc13a	双 swc25b	双 swc47a
065		리	離	离	o	離 swc05a		
066		실	實	实	x	実 swc08a		
067		루	淚	泪	o	泪 swc16b	泪 swc74b	

12

朝鮮末《字書輯要》"東俗字"與韓國固有漢字

續表

編號	東俗字	韓音	楷體	簡體	《異體字字典》收錄與否	坊刻本《事文抄》異體字	
068	壱	일	壹	壹	o		
069	軕	축	軸	轴	x		
070	怜	린	鄰	邻	o	阾 swc06b	
071	听	청	聽	听	o	昕 swc05b	听 swc35a
072	囙	조	竈	灶	x		
073	卆	졸	卒	卒	o		
074	醉	취	醉	醉	o	醉 swc05b	
075	斉	제	齊	齐	o	斉 swc08b	
076	済	제	濟	济	o		
077	竜	용	龍	龙	o		
078	陇	롱	隴	陇	o	陇 swc11b	
079	卯	묘	卯	卯	o		
080	猉	기	麒	麒	x		
081	獜	린	麟	麟	x		
082	黾	민	黽	黾	o		
083	覚	각	覺	觉	o	覚 swc16a	

13

續表

編號	東俗字	韓音	楷體	簡體	《異體字字典》收錄與否	坊刻本《事文抄》異體字			
084		영	瀛	瀛	x	溋 swc05a			
085		동	動	动	x				
086		발	發	发	o	厼 swc06b			
087		검	劍	剑	o	釖 swc51b			
088		라	蘿	萝	x				
089		운	韻	韵	o				
090		려	驢	驴	x	馿 swc70			
091		제	祭	祭	x	祭 swc36a			
092		항	航	航	x				
093		려	厲	厉	o				
094		입	廿	廿	o				
095		득	得	得	o	㝵 swc23b			
096		악	惡	恶	o	悪 swc33b	恶 swc75b		
097		칠	漆	漆	o				
098		패	霸	霸	o（通假）	霸 swc19b			

朝鮮末《字書輯要》"東俗字"與韓國固有漢字

續表

編號	東俗字	韓音	楷體	簡體	《異體字字典》收錄與否	坊刻本《事文抄》異體字		
099		측	昃	昃	o			
100		낭	囊	囊	x	市 swc10b	橐 swc39a	
101		소	笑	笑	o	笶 swc48b		
102		체	體	体	o			
103		변	邊	边	o	边 swc05a		
104		환	還	还	o	㖈 swc07a	还 swc07a	
105		회	懷	怀	x	忲 swc38a		
106		수	壽	寿	o	壽 swc05b		
107		권	勸	劝	o	㔝 swc08b	劝 swc19b	
108		인	寅	寅	x	寅 swc11a		
109		구	驅	驱	x	駈 swc22a		
110		학	鶴	鹤	x	鴬 swc16a	鴐 swc47a	鶴《唐律》
111		보	寶	宝	o	宝 swc14a	宲 swc47b	
112		강	薑	姜	o			

15

续表

编号	東俗字	韓音	楷體	簡體	《異體字字典》收錄與否	坊刻本《事文抄》異體字			
113	皂	조	棗	枣	x（通假字）	枣 swc21a			
114	芇	하	芐	芐	o				
115	沃	한	漢	汉	x	沃 swc06b	沃 swc07a		
116	晋	진	晉	晋	o				
117	穹	궁	窮	穷	o	窘 swc17a	穷 swc46b	穷 swc30b	窘

4. "東俗字"屬性分類

　　如臺灣"教育部"《異體字字典》所示,由於種類繁多,來源複雜,很難系統地將其進行分類。因爲不僅要進行表層的形態分類,還需包括以質變的屬性分類。不僅如此,還要製定分類系統,包括除中國外的韓國、日本、越南甚至西方等諸多地域產生的地區差。從這個意義上看,也許搜羅所有異體字是件不可能實現的事情。

　　筆者曾在分析漢代石刻資料"隸變"過程中,所出現的各種異體字特徵時,將其分爲三種類型:繁化、簡化和更易。繁化分爲筆畫增加、形符累加;簡化分爲部分省略、部分偏旁省略、累增部分省略;更易分爲偏旁移動、聲符更易、形符更易等。① 在另一篇論文裏,將異體字分爲繁化、簡化、移易、混用等四類。② 張湧泉先生則分爲:增加意符、省略意符、改換意

---

① 河永三:《顧藹吉隸辨之研究》(1987),第四章"隸辨"所見隸體之演變,76—141頁。
② 河永三:《漢代石刻文字의異體字研究》,《中國人文科學》(1990),3—12頁。

符、改換聲符、類化、簡省、增繁、音近更代、變換結構、異形借用、書寫變異、全體創造、合文等十三類①,稍微複雜,如再次歸併,則不超出增加、省略、改換、類化等四大類。

本文也基本應用該分類,加上大量出現的"符號化",分爲四大類:① 省略,② 增加,③ 代替,④ 符號化。同時考慮到個別異體字在產生第一次變化後,又出現再次變化,所以給出了一次變化和二次變化的概念。比如,藥字,由艸和樂組成 ![字形], 而樂是已經發生了符號化現象的。以此類推作 ![字形], 由樂組成的"鑠"和"櫟"也是如此。以此來維繫字與字之間的體系。

現將《字書輯要》所附"東俗字"中的代表性例子進行分類說明,如下:

1. 省略

省略再進一步分爲偏旁省略、筆劃省略、結構省略等三類。如前所述,省略大部分是爲了加速書寫,提高經濟效率。

① 偏旁省略(或簡化)

004② 羅→![字形];088 蘿→![字形]:省略下部而符號化。《異體字字典》未收。

008 死→![字形]:省略匕(化)。

016 聲→![字形]:省略"耳",有時"殳"都省略。部分字形有變體。

025 號→![字形]:省略"虎"旁。

029 器→![字形]:省略下部"叩"旁,爲了與"哭"字區別,把"犬"改作"尤"。

033 錢→![字形]:省"金"作"戔",再省作"戈"。

---

① 張湧泉:《漢語俗字研究》(1995),第三章"俗字的類型",46—115 頁。
② 以示"東俗訛誤字"的編號。

17

038 盤→盌,盌（swc04b）：省略"殳"旁。

057 嚴→叺：省略下部"厂"和"敢"旁。

084 瀛→澨：省略右下偏旁。

111 寶→宝：省略義符"貝"和聲符"缶"。

117 窮→窏：省略"身"，有時以"力"代替"躬"。

② 筆畫省略

其例繁多，故在"東俗字"中沒有特意羅列出來。

③ 結構省略

100 囊→朿：省略下部，加一點。

2. 增加

否（swc49b）：添加一點，提高空間平衡和美感。這種現象不僅在手寫本經常出現，在引出本中也經常出現。

3. 替換（交換）

① 意符交換：由於意符交換，有了"會意→會意"，"形聲→形聲"結構變化。

001 歸→皈：左上改爲"白"，右部改爲"攵＝支"，形成會意結構。《異體字字典》未收。

032 拜→扒：右部改爲"八"，替換新聲符，變爲形聲結構。《異體字字典》未收。坊刻本常見捌（swc83a），此字亦見於《異體字字典》（《中文大辭典・手部》）。

080 麒→猉：以"犭"替換"鹿"。《異體字字典》有麒（《龍龕手鑑・鹿部》），但此字未收。

除此之外，各種坊刻本（包括《事文抄》）常見"命→俞（swc03a）"之例。以"丙"替代"口"和"卩"，由會意轉到形聲結構。此例亦見於《宋元以來俗字譜・人部》引《古今雜劇》等書。

② 聲符交換(形聲→形聲)

015 燈→[灯]：以"丁"替代"登"而簡化。

034 禍→[秌]：以"火"替代"咼"而簡化，變爲新形聲結構。在韓國漢字音"火"與"禍"相同。《異體字字典》未收。

035 福→[补]：以"卜"替代"畐"而簡化，變爲新形聲結構。在韓國漢字音"卜"與"福"相同。《異體字字典》未收。

070 隣(鄰)→[怜];026 鱗→[鈴];081 麟→[獜]：以"令"替代"粦"而簡化。"憐→怜"亦同。

除此之外，"獸→[㹨](swc04a)"(從犭水聲)，由會意轉變形聲結構。在韓國漢字音"水"與"獸"相同。《異體字字典》未收。

③ 意符—聲符;聲符—意符交換(會意→形聲;形聲→會意)

002 暮→[合]：聲符"莫"改成義符"入"，由形聲轉成會意結構。如此之例，韓國俗字常見，諸如：012 夢→[夕];墓→[全](swc23a);幕→[帝](swc24b)。也有"慕→[帝]①"。此四字《異體字字典》皆未收。此例既實現了簡化，又有字群之間的統一性，可謂韓國固有漢字的典型。②

006 熱→[炅]：《説文》云："熱，温也。从火埶聲。"以"日"替代聲符"埶"而簡化，轉變成會意結構。《異體字字典》未收。

011 擊→[仔]：以"人"替代"毄"而簡化，轉變成會意結構，又變成左右結構。《異體字字典》未收。

028 聖→[旺]：《説文》云："聖，通也。从耳呈聲。"由"从耳呈聲"改爲"从口王"會意結構。《異體字字典》未收。

---

① 坊刻本《孟子》(筆者所藏本)卷4上10頁陰面第4行。
② 河永三：《朝鮮後期民間俗字研究》，《中國語文學》27(1996)，149—150頁。

030 陰→阴：以"月"替代聲符"佘"而簡化，轉變成會意結構。

031 陽→阳：以"日"替代聲符"昜"而簡化，轉變成會意結構。

036 臺→坮：由"從至從高省"的會意結構轉到"從土台聲"的形聲結構。他如，韓國坊刻本常見的"全"（swc06b）字，《異體字典》未收。很可能是"臺→坖→全"的過程。

046 廬→庐；090；臚→胪：《說文》云：飯器也。从皿盧聲。以"户"替代聲符"盧"而簡化，轉變成會意結構。《異體字字典》收"卢"而未收此字。胪（臚）字也《異體字字典》未收。

051 廟→庙：以"由"替代聲符"朝"而簡化。"由"很可能由"苗"（《說文》古文"廟"）而來的。

067 涙→泪："從水戾聲"改爲"從水日"的會意結構。但疑是"日"爲"目"之誤。坊刻本常作泪（swc16b），"從目"。

069 軸→軋：《說文》云："軸，持輪也，从車由聲。"（徐鍇云"當从冑省"①，以"丑"替代聲符"由"而轉變新形聲結構。在韓國漢字音"丑"與"軸"相同。《異體字字典》未收。

072 竈→囟：《說文》云："竈，炊竈也。从穴，鼀省聲。窜，竈或不省。""从穴，鼀省聲"改爲"从口从火"的會意結構。《異體字字典》有灶，此字未收。

085 動→迈：《說文》云："動，作也。从力重聲。踵，古文動从辵。"以"力"替代聲符"重"而簡化，轉變成會意結構。《異體字字典》未收。

---

① 《段注》云："（軸）所㠯持輪者也。所以者三字今補。軸所以持輪，引伸爲凡機樞之偁。若織機之持經者亦謂之軸是也。《小雅》'杼軸其空'，今本作柚，乃俗誤耳。若《方言》土作謂之抒，木作謂之軸，亦是引申之義。抒作杼，軸作柚，皆非也。《方言》抒軸與大東無涉。从車由聲。直六切。三部。"

087 劍→[劍]:《説文》云:"劒,从刃僉聲。劍,籀文劒从刀。"以"金"替代籀文聲符"僉"而簡化,轉變成形聲結構。《六書正譌·去聲》收"釰"字。

104 還→[还];[恐](swc07a);105 懷→[怀]:以"衣"代替"襃"而又以"不"替代"衣"作[还]、[怀],《異體字字典》未收。

109 驅→[駈]:以"丘"替代"區"而簡化。《説文段注》、《玉篇·馬部》、《字彙·馬部》皆有"駈"字的説明。

110 鶴→[崀]:以"山"替代聲符"隺"而簡化,又變爲上下結構。《異體字字典》只收鶴,此字未收。

4. 符號化

符號化是指將一個複雜的結構變成一個特定的符號(偏旁),而不管其含義。有時把他認定爲"文字",但其實只限定於"與該字字義無關的情況"。如與字義無關,可歸類於"義符、聲符之替代"。

① 聿→尺

014 書→[昼]:《異體字字典》未收。

039 晝→[昼]:《異體字字典》未收。

040 畫→[昼]:《異體字字典》亦收昼(《宋元以來俗字譜·田部》引《嶺南逸事》,昼《宋元以來俗字譜·田部》正楷畫字,引《列女傳》《通俗小説》《古今雜劇》《三國志平話》《太平樂府》《嬌紅記》《白袍記》《目連記》等。《字學三正·體制上·俗書簡畫者》:"畫,俗作昼。"今據此定爲畫之異體。)①坊刻本或作:[昼](swc21a)、[㐲](swc52a)、[西](swc53b)。

② 複雜構件→文、又、夕、夂

---

① https://dict. variants. moe. edu. tw/variants/rbt/word _ attribute. rbt? quote _ code = QTAyNjUwLTAxMg

052 觀→ [觀字異體]

058 劉→ [劉字異體]

064 雙→ [雙字異體]

065 離→ [離字異體]

083 覺→ [覺字異體]；攬→ [攬]（攬）、難→ [難]（swc03a）、潛→ [潛]（swc54b）

③ 複雜構件→山

007 歲→ 岁, 歩（swc12b）

009 出→ [出字異體]：《異體字字典》未收。

④ 複雜構件→匚

042 樂→ 乐；藥→ [藥字異體]（swc06a）：《宋元以來俗字譜·木部》引《嶺南逸事》樂作"楽"，又作"乐"。《字學三正·體制上·時俗杜撰字》："樂，俗作楽。"《漢語大字典·丿部》："乐，樂的简化字。"按《中國書法大字典·木部》引去矜樂作[乐]。《草書大字典·木部》引獻之樂作[乐]，引去矜作[乐]。乐蓋草書之乐楷化字，故定作"樂"之異體。①

044 賢→ [賢俗字]：[賢俗字]，《宋元以來俗字譜·貝部》引《目連記》等、《字學三正·體制上·時俗杜撰字》。"[賢俗字]"爲"賢"之異體。《俗書刊誤·卷一·先韻》："賢，俗作[賢俗字]。"《字學三正·體制上·時俗杜撰字》："賢，俗作[賢俗字]。"《宋元以來俗字譜》："賢，《目連記》、《金瓶梅》作[賢俗字]。"按：賢之作[賢俗字]，乃經由草書楷化而來。《草書大字典·貝部》賢字下引李白作"[賢草書]"，張旭作"[賢草書]"，楷化皆可變易爲"[賢俗字]"。故定作"賢"之異體。② 此外，還有

---

① https://dict.variants.moe.edu.tw/variants/rbt/word_attribute.rbt?quote_code=QTAyMDE2

② https://dict.variants.moe.edu.tw/variants/rbt/word_attribute.rbt?quote_code=QTAzOTY3

"氣→[气](swc01b)"之例。

⑤ 黃→[六]

108 寅→[宾]

此外,還有如下之例:廣→[庄](swc04b);曠→[晥](swc57a)。

⑥ 蜀→巿

018 獨→[猘];[猘](swc09b):猘(《玉篇·犬部·獨字》《字彙補·犬部》《漢語大字典·犬部》)

019 燭→[烛];[烛](swc04a)

此外,還有如下之例:觸→[觖](swc11a)。《異體字字典》一律未收。

⑦ 複雜構件→簡單符號

062 鼠→[鼠]

022 興→[具]

017 癸→[䒑]:以"八"代替"癶"而簡化。《異體字字典》未收。

024 舉→[乩](swc06b);[乩](swc39a):以"乙"代替複雜的部件而簡化。《異體字字典》只收乩(《龍龕手鑑·乙部》《字彙補·乙部》《中文大辭典·乙部》),未收此字。

043 異→[异]

073 卒→[卆];074 醉→[酔]

075 齊→[斉]

091 祭→[𥙫]:《異體字字典》未收,只收𥙅(《廣碑別字·十一畫·祭字》引《唐前徐州錄事參軍太原王庭玉夫人崔金剛墓誌》)。

086 發→[发];[癹](swc06b):《異體字字典》未收,只收癹(《偏類碑別字・癶部・發字》引《魏任城王妃李氏墓誌》,《中華字海・癶部》)。類似此例,還有養→𫝀(swc19b)等。

除此之外,坊刻本常見如下數例,《異體字字典》均未收,可以參考。豈→𰀀(swc50b);顫→𩒸(swc68b);愷→𢚩(swc50b);風→凬(swc36a);颮、颭、飆→𩗴(swc39a);豊→豐(swc53b)。

5. "東俗字"所見文化性

以上可以看出,《字書輯要》中的"東俗字"涵蓋了很多韓國使用的固有異體字。而且,雖然它不是一部有規模的書,但它因爲對不同的俗字進行了清晰的概括,在朝鮮時期的異體字研究史上頗有意義。在這裏,列舉幾個有代表性的異體字來探討其所反映的文化意蘊,並借此期待從形態分類和來源研究,進一步發展到異體字的文化研究。

① 國→囯

027 囯是"國"的異體字。國字在甲骨文中由描繪城堡的"囗"和描繪鐮刀的"戈"組成,表明國家是靠"武器守衛"的領土,後來添加了象徵土地的一橫。爲了更加形象的表達,外部又添加了"囗"(城堡),形成現在的形狀。後來增加了表明家族的"家"字,形成詞語"國家"。國家,在中國被認爲"需要守衛的領土"。

與此相比,表示"國家"的英語單詞"land"來自古英語"lond"、"land"(ground,土地),意思是"地球表面的特定部分,一個或多個人的家鄉,也具有政治邊界的領土的含義"(etymonline.com)。由此可以看出,在英語裏,國家(land)的主要含義是"承諾和允許居住的自由區域",而在漢字中,它卻被認爲是"必須要守護的、屬於自己的領域"。

也許是因爲對"所有權"的認知,國的主體隨著時代變化而變化,在漢字中也有所體現,那就是國的異體字"囯"和"囻"。"囯"是由"或"變爲"王"而得到的漢字,表明了"國家"屬於國王。具有這個含義的"囯"字在中國也多次出現,而在朝鮮王朝的俗字中使用頻率非常高。於清末1851年建立的太平天國,就改"國"爲"国",並以此爲正式國號,意味著"太平天国"是太平蒼天所賜,其主人便是洪秀全。

另一方面,"囻"是將構成"國"的"或"改作"民"。這個字用於1911年建立的中華民國的正式國名,這與太平天國時期作爲國名的"国"形成鮮明對比。"民囻"的意思是"人民建立的國家,是人民的國家、老百姓的國家"。囻,"民"入"囗",意味著"民眾成爲國家的主人"。① 如上,朝鮮王朝常用的"国"字,表明持續了500年的朝鮮王朝認爲"國家"屬於"國王"。

② 儒→仸

049 仸是"儒"字的異體字,但未收入《異體字字典》中。大陸的第二次簡化字("二簡字")中,該字用作"信"的簡化字。《説文》云:"儒,柔也。術士之偁。從人需聲。"指術士。然而,在朝鮮王朝的漢字中,"從人需聲"的形聲結構被解釋爲"從人從文"的會意結構。字面含義爲"文人",這裏的"文人"是指人文學者,而不是文學家。正如天文指"天體在宇宙間的分佈、運行等現象",人文是指人類世界中發生的一切現象,而研究和洞悉人文道理的智者便是人文學者,亦爲儒生、儒家。

如此解釋,是因爲"文"不僅僅是"花紋、文字、書寫",而是指與人類思想、靈魂相關聯的根源性事物。筆者曾對"文"的字源和文化含義進行過一些研究。②

古漢字中"文"的字形有:▨ 大 ⼤ ⼤ 甲骨文,▨ ▨ ▨ ▨ ▨ ▨ ▨ ⼤ 文 文 ⼤ ⼤ ▨ ▨ ▨ 金文,▨ ▨ ⼤ ⼤ 古陶

---

① 參見河永三:《키워드 漢字: 24個 漢字로 읽는 東洋文化》(釜山:圖書出版3,2020)(下),136頁。

② 河永三:《漢字와 Ecriture》(2011),第2章 "말과 文字:'文'과'言'系列글자군",38—75頁。

文，⿰⿰⿰簡牘文，⿰石刻古文，⿰《說文》小篆。①《說文》云："錯畫也，象交文。"許慎認爲"文"字的本義，字源是"筆劃相交，而形成的交紋"。然而，甲骨文表明，"紋身"才是"文"的本義。甲骨文"文"字的外面是人的正面圖，中間的"×、V、∧、⿰"等符號是刻在胸口上的花紋。所以，"文"的最初含義，是刻在人體上的圖案。

那麼這個紋身有什麼用呢？胸口上刻有圖案紋理的人是活人還是死人呢？要回答這個問題並不容易，也不簡單。

從迄今發現的各種文獻和人類學資料與解釋來看，紋身是一個人自然死亡時在身體上的刻痕。那麼，這個紋身目的究竟何在呢？它似乎是一個流血儀式。那麼流血儀式又是爲什麼呢？在古代，人們認爲死亡是靈魂與肉體分離的過程，通過血液的流動使靈魂與肉體分離，從而導致死亡。在原始狩獵時代，大多數人都是因意外事故或在捕獵過程中受到野獸襲擊而造成流血死亡。當遇到自然死亡時沒有流血，這時古人會怎麼做呢？他們會採取措施，人爲地製造流血，於是通過在胸前刻畫紋理使身體流血；如果一段時間仍沒有血液流出，就會在紋身上塗抹紅色染料舉行像徵流血的儀式，並在身體周圍撒上塊狀的泥土。甲骨文（死，⿰）的異體字（⿰，⿰）還留有這個風俗的痕跡。

如此看來，"文"的起始是"刀鞘（紋身）"，象徵著流血，讓靈魂與身體分離。② 刀鞘衍生出"紋理"的含義，後來筆畫交叉，形成了"文"字。再後來衍生出由文字寫成的文章、文學、人文（humanities）等含義。近代以後，又衍生出了文化、文明（culture）等義項。於是原始義項"紋理"，則添加"糸"來表示，分化爲"紋"，因爲絲綢中的花紋是最具代表性的紋理。

---

① 古漢字字形，皆引自河永三：《漢字字源辭典》（2014），以下相同。
② 參見許進雄：《中國古代社會》（洪熹譯）（東文選，1991），366—374頁；白川静：《字統》（平凡社，1984），759頁。

所以,"文"是靈魂離開身體的必經之"門","文"從一開始就與人的"靈魂"聯繫在一起。"文"不僅僅是一個紋理、圖案或文字,"文"是連接身體與心靈的橋樑,是人類精神的痕跡。所以,人文包含了人類所有的精神文化,在中國,文學是"人文學",而不是"以語言來表達思想或情感的藝術行爲",即"literature";文人也不是專指"文學家"。在使用"culture"的翻譯義項以前,"文化"一詞是"以人文精神讓世界更美"的意思,具有"文治教化""光明,有文采"之意。故"文"在中國,超越了文章、文飾,它是"文心",是"精神",亦是"人文"之本源。①

於是在韓國坊刻本異體字中,"文"成爲某種縮寫的替代符號。比如:065 離→雜;064 雙→双;052 觀→覌;潛→濳(swc54b);兜→兗(swc01b)等等。這些字在中國,大多以"又"或"夕"來表示。下面將詳述"聖"的改變 坙(從文從王),從中也能看出如上情形。

由此可見,在中國"文"從一開始就與"靈魂""精神"緊密相連,對應於西方認爲的人類理性終極表現邏各斯(logos),即"話語"。相反,西方認爲的"文字"會隨著時間推移和空間變化發生改變,它對應中國的"言",而不是"文"。換句話説,西方的"文字"不對應漢字中的"文"字,而是對應"言";而西方的"聲音、話語(logos)"對應的是漢字中的"文",而不是"言"。

因此,如果在西方傳統裏,"logos"就是真理,那麼在中國"文"就與它對應。"文"與"logos"都與人的靈魂有關,它能傳遞靈魂(思想),所以各自都成爲所屬文明的核心——"文字中心文明"和"logos中心文明"。所謂"logoscentrism"和"lettercentrism",其實二者本是相同,只是名稱不同而已。②

因此,"儒"寫爲"仅"可圈可點,因爲可以譯爲"文人",妙不可言。朝

---

① 參見河永三:《키워드 漢字:24個 漢字로 읽는 東洋文化》(釜山:圖書出版 3,2020)(上),51—53頁。
② 同上(2020),56頁。

鮮王朝異體字將經常出現的複雜部分,以"文"作爲簡碼進行替代,體現了"文"所具有的内在的文化含義。

③ 聖→旺

028 旺是"聖"的異體字,"聖"是組成聖人、聖君、聖王、聖賢、聖誕、聖經、聖堂、聖所、聖杯等詞語的重要漢字。這些詞語使人心生敬畏,聖潔偉岸之感油然而生。可是如果要問什麽是"神聖",想解釋清楚還真不是一件輕鬆的事情。

英語中"聖人""神聖"和"聖物"都用"saint"表示。如果追溯其詞源,它始於12世紀左右的古法語"seinte",而這個詞語又起源於拉丁語"sanctus"。這些詞語都有"聖潔"之意,即偉大、潔净,最初詞源含義是"不被世俗玷污或超越世俗的潔净"。然而,人類被永無止境的欲望所牽引,世界變得權謀横行、爾虞我詐、弱肉强食,充滿了腐朽與矛盾。在這世俗中能够超越一切的"偉大而潔净"的存在,即是"聖人""神聖"。

古漢字中的"聖"字寫成: 甲骨文, 金文, 簡牘文, 古璽文, 說文小篆。甲骨文"聖"如同現在亦"從口從耳,壬爲聲符",描繪了一個人踮起腳跟仰頭眺望。

"聖"字也是如此。最初描繪的是一個聽力極好的人,或者再添加一個"口"描繪側耳傾聽的情形。但是在歷史的進程中,爲了表達日新月異的時代精神,衍變毫不停止。例如,下半部分的"壬"字,義項變得難以理解,於是就改成聖從主、聖從王、瑾從玉等等,將"主、王、玉"字與"聖"字直接聯繫起來。①

"聖"字的其他異體字"叡",從大從賢,意爲"偉大的賢人";"聖",從知從王,意爲"明智的國王";"聖",從䀠從王,意爲"用一雙眼睛洞察

---

① "聖"字的有關異體字,引自於《異體字字典》"聖"字條。https://dict.variants.moe.edu.tw/variants/rbt/word_attribute.rbt? quote_code=QTAzMjcw

世界的國王"。此外,"壄",從長、正、王,與武則天創造的字"[圖]"①,非常接近。[圖],從長、正、主,含有"長久執行正義的國王"之意。這反映了武則天"永久的正義君主"之夢想。至於"䦉"字(《康熙字典》),很可能是由"西、至、王"組成,意爲"來自西方的王",用於指稱"佛陀"。越南也存在此類現象,如"僵"字由"西、國(国)、人"組成的佛字,義爲"來自西方國家的人"。此相當於中國的"僊"(《字彙補》)由"西、域、哲、人"組成,表示"西域來的哲人"之意。這些都相當程度反映了文字的使用環境。

然而,現代中國簡化字所採用的"圣"(從又從土)頗失其理。它既失去了"聖人"的象形,又沒能反映出該字的讀音,成爲毫無意義的符號字,丟失了漢字的特點。這是因爲鴉片戰爭失敗後的中國受到強烈衝擊,漢字面臨著被廢除的命運,於是爲了簡化而簡化,完全失去了漢字的最大優勢——形象性和表意性。

與此相比,朝鮮王朝所造漢字"旺",從口從王,彰顯了"統治國家的王"應該是聖人的理想②。這與武后創製的[圖](聖)符號字,有一些共同之處。

這種理念也可以在另一個韓國固有異體字"[圖]"(聖)中得到證實。它由文和王組成,非常形像地描繪了"文王是聖人"。筆劃足夠省略,含義表達更具體,形象地展示了"聖人"具有的高尚含義。"文王"是建立周朝的武王父親。周戰勝了商,商的禮樂、神話、政治均以神爲中心,是以神爲中心的時代,而周將主體變爲人,開啟了以人爲中心的時代,人文學科由

---

① 見於《武周陸公夫人崔氏墓誌》。洛陽出土,聖曆二年(699)正月 28 日下葬。高 46.5 釐米,寬 46.5 釐米,楷書 12 行,各行 12 字。國、正、人、聖、天、年、月、日字都用武周新字。《中國關林》,中國攝影出版社,2000 年,78 頁。

② 朝鮮後期的坊刻本《孟子》裏"旺"(卷 4 上第 11 頁陰面第 1 行)一律用作"國"字。在《孟子》裏的"旺"字當做"從口從王"的內外結構[圖]字的變體。但《字書輯要》卻定爲"聖"字,對此差異需要進一步調查和論證。

此開始,這就是"文王",他是"聖人"。

周朝的這種政治制度和思想文化,不僅構建了當今中國的傳統,也構建了東亞諸國的傳統。"人文"的象徵——周,其基業均是"文王"奠定。當周還是商的附屬國時,文王就忍受著各種鉗制和屈辱,切齒拊心發奮圖强,開啓了新的以人文爲中心的時代。傳說他囚於羑里城時推演周易,書寫了東方最深奧的哲學書《周易》,諡號爲"文"。顯然,在中國他是最能够代表聖人的存在。也許正是因爲這些,以儒學爲統治理念的朝鮮王朝,由孔子的尊號"大成至聖文宣王"中,只截取"文宣王"來直接稱呼孔子。

6. 結　語

朝鮮王朝的手抄本以及活字印刷本和木版本中出現了大量俗字,但對這些俗字進行系統整理的成果少之又少。爲了便於書寫,偶爾會由個人對常見俗字進行整理①,但形成一部文獻的情況還是不多見的。

後來進入日據時期,在整理朝鮮文獻,尤其像《王朝實錄》等歷史文獻中的俗字時,開始製作了"俗字譜",又如《新字典》"朝鮮俗字部",受日本俗字的影響,當時的字典正式收錄了朝鮮俗字以後,各種新式字典裏也開始設置朝鮮俗字專欄。② 同時還出現了專門收集各種異體字、怪字、難字的《奇字彙》。

從這個意義上講,《文字輯要》是研究俗字的一部重要文獻,有特殊意義。從以上的比較和分析看,其所列 117 字當中《異體字字典》未收字共有 43 例,占 36.8%,可見其學術意義頗大。

---

① 諸如,筆者所藏《增删濂洛風雅》(8 卷本)之前附有 1 張(2 面)"俗字譜"。陽面收錄 13×9＝117 字,陰面收錄 12×5＝60 字,13×1＝13 字,共收 190 字。(參照附錄書影)

② 諸如《字典釋要》把朝鮮國字羅列其中,並特別標注"國字"。《新字典》把朝鮮國字 107 例收集起來後,以"朝鮮國字部"爲名羅列於書後。又如《日鮮大字典》(朴重華,光東書局,1912)書後附錄了 10 頁"國字"。參見河永三等:《韓國近代漢字字典研究》(中文版)(釜山:圖書出版 3,2019),12—13 頁。

我們應基於此,更加致力於挖掘、收集和研究從前的歷史資料。18、19世紀初出版的大量坊刻本文獻中,異體字之多超出想像。通過系統地整理和研究,不僅可以完善《異體字字典》的資料;還可以在漢字文化圈視域中,對跨國文字資料的收集與傳播、接受與轉化等進行更深入的研究。爲此,跨國合作和成果共享仍是當今重要課題,更是四次技術革命之時代精神。

(1) 手抄本《字書輯要》"增附東俗訛誤字"(洪允杓教授所藏本)

(2) 坊刻本《事文抄》卷一（第 24 頁，陽面）（國立中央圖書館所藏本）

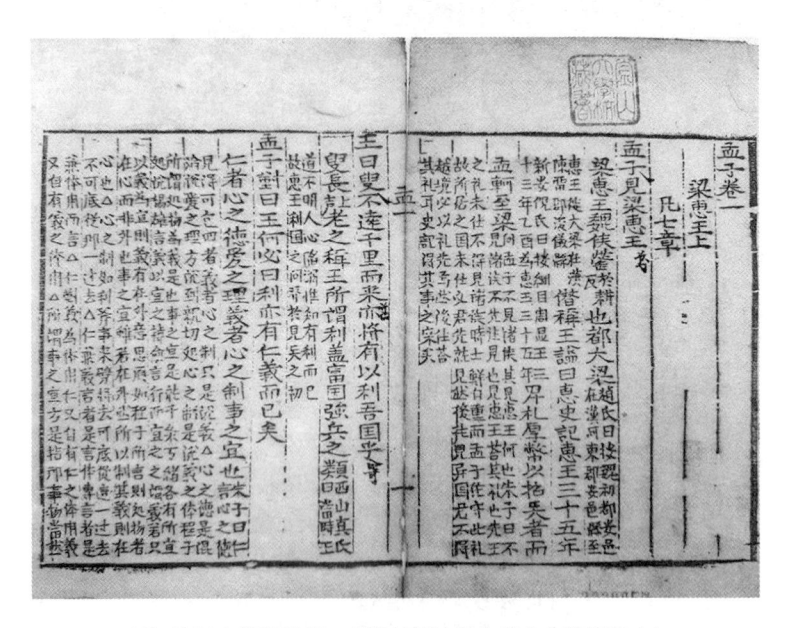

(3) 坊刻本《孟子》卷一（第 1 頁）（國立釜山大學所藏本）

(4) 手抄本《增删濂洛風雅》所附"俗字目録"（首頁，陽面）（筆者所藏本）

"玉篇"在朝鮮：本土化與進展

1. 引　　言

　　此時此刻在韓國的書店裏，竟然有超過 200 種以上不同書名的"玉篇"在售賣，包括《現代活用玉篇》《民眾活用玉篇》《明文大玉篇》《東亞實用玉篇》《金星玉篇》等等。其實有太多不同的名稱，難以一一列舉。甚至還有"康熙大玉篇"這個書名。當然，這指的不是《康熙字典》，而像是對《康熙字典》這本書的介紹，大概收錄了 35 000 個標題字。

　　正如以上所說，這裏的"玉篇"並不是指我們所知道的顧野王所著《玉篇》的固有名詞，而是泛指收集漢字並解釋其音義的漢字字典。不僅如此，"玉篇"在韓國的日常對話中也經常出現，正如：

爺爺說要給孫子取名，翻了翻玉篇。(《高麗大學韓國語大詞典》)
每次碰到不認識的漢字，就查了玉篇。(《韓國語標準大詞典》)

　　這裏所說的"玉篇"也指的是普通的"漢字字典"，不是顧野王的《玉篇》。因此，在韓國，"玉篇"是指可以找到漢字音義的"漢字字典"，尤其是"可以根據部首或筆劃數能找到漢字"的漢字字典。所以，在《韓國語

標準大詞典》中,對"玉篇"的定義也是這樣的:

玉篇:
① 收集漢字,按一定順序排列,並解釋每個漢字的含義和讀音的書。
② 書名。公元543年中國梁國顧野王所編的字典。以《說文解字》爲藍本,將標題字統一爲隸書,部首數設定爲542部。原文已有失傳,只是唐朝孫強添加了內容,宋朝的陳彭年等人修訂的版本傳於今天。共30卷。

與此比較,中國的《漢語詞典》有如下定義:

玉篇:
(1) 字書名。南朝梁顧野王撰,凡三十卷。《南史·齊豫章文獻王嶷傳》:"先是太學博士顧野王奉令撰《玉篇》,簡文嫌其書詳略未當,以愷(蕭愷)博學……使更與學士刪改。
(2) 泛指字書。唐羅隱《昇平公主舊第》詩:"乘鳳仙人降此時,玉篇纔罷到文詞。"金董解元《西廂記諸宮調》卷七:"文章全不會後,《玉篇》都記徹。"

可見"玉篇"有兩種含義:一是將"玉篇"稱爲專有名詞,另一是將"玉篇"稱爲普通名詞。但是在韓國,普通名詞的"漢字字典"之義放在前面;而在中國,專有名詞的顧野王《玉篇》放在前面,表示中韓之間的認識有差異。此外,就中國而言,"玉篇"一詞意爲"漢字辭典",曾在唐代使用過,現在已很少使用。

不僅如此,最近在韓國還出版了以"玉篇"作書名的與前不同意義的專書,諸如:《領袖的玉篇》(金成坤、金英社,2021)和《大師的玉篇》(鄭敏、Maum Walk,2013)等。前者是收集現代社會作領導的所需具備的素質,後者是收集"當今生活在經典中所必需的智慧"的書。可見這裏的"玉篇"似乎是"詞或詞組的集合"的擴展含義,研究超出了漢字字典的傳統含義。

從這個角度來看,在韓國,"玉篇"這個詞,雖可指《玉篇》,但更普遍使用於"漢字字典",即普通名詞的用法勝過專有名詞;甚至,到當代以至今天,還使用於"彙集各種名言"之意,可見其含義在繼續不斷擴大。這一點,如果考慮到在中國"玉篇"主要用於指顧野王的《玉篇》,相比之下,可說是一個非常不尋常的特點。也就是說,在韓國,"玉篇"的含義,就隨著時間推移擴展爲《玉篇》→漢字字典→名言彙集"這一條路。

在本文中,想通過考察具有如此重大擴展意義的"玉篇",何時進入韓半島,如何本土化,經過什麼過程將專有名詞轉換爲普通名詞並再次擴展爲特殊含義。在此過程中,我們將盡可能從東亞三國漢字文化領域的比較視角來探討其意義。

2.《玉篇》之傳入韓國

就韓國來講,不管是在學術界還是在日常生活中,"玉篇"的起點——顧野王的《玉篇》,什麼時候傳入韓國目前尚不清楚,然而,可以在《舊唐書》和《高麗史》中找到相關綫索。

(1)《舊唐書·東夷列傳》"高句麗"條:

其俗多淫祀,事靈星神、日神、可汗神、箕子神。國城東有大穴,名神隧,皆以十月,王自祭之。俗愛書籍,至於衡門廝養之家,各於街衢造大屋,謂之扃堂,子弟未婚之前,晝夜於此讀書習射。其書有五經及《史記》、《漢書》、范曄《後漢書》、《三國志》、孫盛《晉春秋》、《玉篇》、《字統》、《字林》,又有《文選》,尤愛重之。

"玉篇"在朝鮮：本土化與進展

《舊唐書》的編纂始於公元940年，完成於945年。由張昭遠、賈緯、趙熙等編纂，趙瑩監修，劉昫總督工作。全書150卷，共200冊。綜上所述，據說在高句麗，設置扃堂以用於未婚男女晝夜讀書、射箭之場所。他們愛讀之數目，包含《玉篇》。可見至少高句麗時代《玉篇》以列爲讀書人必讀之書。

（2）《高麗史》卷十"宣宗八年（1091）六月"條：

丙午李資義等還自宋，奏云："帝聞我國書籍多好本，命館伴書所求書目錄，授之乃曰：'雖有卷第不足者，亦須傳寫附來。'"《百篇尚書》、荀爽《周易》十卷、京房《易》十卷、鄭康成《周易》九卷、陸績注《周易》十四卷、虞飜注《周易》九卷、《東觀漢記》一百二十七卷、謝承《後漢書》一百三十卷、《韓詩》二十二卷、業遵《毛詩》二十卷、呂悅《字林》七卷、**《古玉篇》三十卷**、《括地志》五百卷、《輿地志》三十卷、《新序》三卷、《説苑》二十卷……《書集》八十卷、應璩《百一詩》八卷、《古今詩苑英華集》二十卷、《集林》二十卷、《計然子》十五卷。

《高麗史》的編纂始於1449年（世宗31年），完成於1451年（文宗1年），是高麗王朝史書。據記載，公元1091年，李資義出使宋朝，宋朝皇室稱高麗保存了許多好書，要求目錄。高麗王室爲了應求，做了目錄，同時抄寫副本，其中有《古玉篇》30卷。

另外，945年完成的《舊唐書》記載中，《玉篇》已是高句麗的年輕人必讀書之一，從這些記載來看，《玉篇》至少在10世紀中葉之前，已經傳入了朝鮮半島。

南朝梁顧野王（519—581）所作《玉篇》，標題字用楷體，是注明了讀音和語音信息的第一部楷書字典，可惜原本失傳，現在只流傳部分殘卷在日本。唐孫強於上元元年（760）以原本《玉篇》爲基礎，增補了一些漢字，被稱爲"上元本"，這也失傳了。宋真宗大中祥符六年（1013），陳彭年、吳鋭、邱雍等奉旨而重修的就是《大廣益會玉篇》。目前所通用的版本都是以此爲基礎的。所以爲了與此相區別，顧野王的《玉篇》通常稱之爲"原本《玉篇》"。

初次傳入韓半島的《玉篇》，不知是哪個版本，考慮到《高麗史》所稱"《古玉篇》30 卷"，可以推測它是"上元本《玉篇》"。這是因爲《朝鮮王朝實錄》中關於《玉篇》的最早記錄，稱之爲"大廣益會玉篇"，與此不同。《大廣益會玉篇》共 38 卷，是以上元本《玉篇》爲基礎，1013 年再次增補重修的。

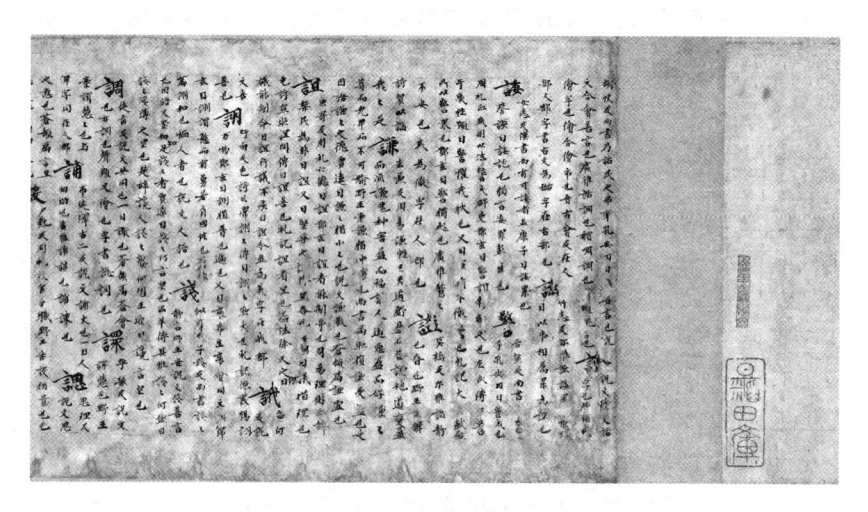

流傳於日本的《玉篇》殘卷

3.《玉篇》在朝鮮的活用與《全韻玉篇》之前的"玉篇"

(1)《玉篇》在朝鮮的活用

進入朝鮮王朝後，《玉篇》在韓國有何進展？我們可以發現《王朝實錄》《承政院日記》及各種文集均有關於"玉篇"的記錄。《王朝實錄》共有 7 條，諸如：

"玉篇"在朝鮮：本土化與進展

①《朝鮮王朝實錄》太宗12年(1412年)8月7日[己未]"命史官金尚直取忠州史庫書册以進"條：

○《小兒巢氏病源候論》、**《大廣益會玉篇》**、《鬼谷子》、《五臟六腑圖》、《新彫保童秘要》、《廣濟方》、《陳郎中藥名詩》、《神農本草圖》、《本草要括》、《五音指掌圖》……。①

②《朝鮮王朝實錄》世祖2年11月4日[庚午](1455年)"司諫院爲了考察庶務請賜亂臣家沒收書籍"條：

○司諫院啓："本院職掌諫諍兼察庶務，緣無圖籍，凡諸奏事，無從考閱，請賜亂臣家籍沒四書、五經、《左傳》、《少微通鑒》、《宋元節要》、《通鑒綱目》、《通鑒續編》、《大學衍義》、《源流至論》、《陸宣公奏議》、《禮部韻略》、**《玉篇》**、《高麗史》、《三國史》、《東國史略》、《大明律》、《元史》、《續六典》、《膳錄》等書。"從之。②

由上可知，①稱爲《大廣益會玉篇》，②稱爲《玉篇》，後者當爲前者的簡稱。由此可推見，朝鮮時代的《玉篇》寫成"大廣益會玉篇"，與《高麗史》中的"(古)玉篇"有所不同。另一方面，還有如下記錄：

③《朝鮮王朝實錄》中宗32年12月15日[庚申](1937年)"崔世珍進獻《韻會玉篇》和《小學便蒙》，上有賞賜"條：

○庚申，上護軍崔世珍，以《韻會玉篇》、《小學便蒙》入啓曰："我國有《韻會》而無'**玉篇**'，故難於考見。臣兹會字類，作**《韻會玉篇》**以進。若命刊行，則庶有補於考字也。我國以《小學》教子弟，而

---

① http://sillok.history.go.kr/id/kca_11208007_002
② http://sillok.history.go.kr/id/kga_10211004_002

《内篇》則皆聖賢可法之事,《外篇》則似不緊於小兒之學,而亦不能遍讀,故臣類抄其中可法之事,分作四卷以進,非有所增損於本篇也。簡略而便易,若命刊行,則庶有補於小兒之學也。"傳于政院曰:"崔世珍所進《小學便蒙》及**《韻會玉篇》**,令人易曉,而亦便於童蒙之學。世珍之留意成書,誠爲可嘉。可別賜酒,給鞍具馬一匹,除授僉知。"①

這裏所說的"玉篇"與上面①和②條中所提到的"玉篇"的含義完全不同。在這裏,指的不是特定的書名,而是將"玉篇"作爲與"韻書"對稱的概念,即根據漢字的部首而能檢索的字典。正如崔世珍所提到的,"我國有《韻會》而無'玉篇',故難於考見。臣兹會字類,作《韻會玉篇》以進。若命刊行,則庶有補於考字也"。朝鮮當時《韻會》那樣以韻檢字的韻書尚多,但以部首檢字的玉篇還没出現。因此他將《韻會》收入的所有標題字,以部首重新排列,把它稱作《韻會玉篇》。換句話說,《韻會玉篇》正是對《韻會》而做的"玉篇"。由於這個緣故,《韻會》的"玉篇"不是具有"闡釋字義、記錄字音、區別字形"字典三功能的獨立性"玉篇",而是爲了檢索方便而設計的檢索用"玉篇",故没有追求闡釋字義和區別字形、字義功能。

由此可見,這裏所說的《韻會玉篇》只不過是爲了方便查找《韻會》所錄字而重新編輯的"索引"而已。故只提供標題字的韻部歸類信息和該字的讀音(反切音或直音),没有提供字義信息。從這個意義上說,《韻會玉篇》難以稱爲朝鮮真正意義上的玉篇。

另外,《韓國歷代文集總刊》亦有材料,代表有如下:
④《宋子大全》第 137 卷《禮部韻玉篇篆書序》:

  晦庵朱先生嘗論法書而歎曰,今人不及古人。豈獨此一事,先生

---

① http://sillok.history.go.kr/id/kka_13212015_001

"玉篇"在朝鮮：本土化與進展

之歎之意蓋深且微矣。而此一事不及古人,亦豈非觀世變之一端也歟？蓋自蒼頡以來,字體之變化,誠有如子美所謂如浮雲者矣。……及按湖南,俾寫《禮部玉篇》,衆體具焉。蓋公真蹟之流傳者益稀,而此其爲淵源之一派,則猶可以徵其髣髴於萬一矣。……時崇禎己酉孟秋日。恩津宋時烈序。

這裏所說的《禮部玉篇》是指《排字禮部韻略玉篇》。據上文,當時朝鮮有各種字體抄寫的《禮部玉篇》,但沒有篆書寫的《禮部玉篇》,故金振興(1621—?)以篆體抄寫《禮部玉篇》,當時的大儒宋時烈(1607—1689)特意爲此寫了序。但這部《禮部玉篇》也是像《韻會玉篇》一樣,只是爲了《禮部玉篇》的檢索便利而重新編排的"玉篇",不能將其視爲真正意義上的玉篇。對《禮部玉篇》下面再詳細介紹。

由此可見,朝鮮王朝初期使用的"玉篇"有兩種含義：第一、"玉篇"作爲專有名詞。第二、韻書索引,此時還不到獨立功能的玉篇。

隨著朝鮮漢字讀音的標準化,陸續編成各種韻書,和爲了檢索方便而編的"玉篇"。所謂"玉篇"的含義,迅速從專有名詞(《玉篇》)轉移到了普通名詞(玉篇)。最初指索引,諸如《禮部韻略玉篇》《韻會玉篇》《三韻聲彙補玉篇》等。

直到《奎章全韻玉篇》,它有另外進展,具有"闡釋字義、記錄字音、區別字形"三要素,成爲真正意義上的"玉篇",享受了獨霸地位。有了《全韻玉篇》之後直到朝鮮末,所謂"玉篇"就是《全韻玉篇》。進入20世紀近代時期以後,雖陸續出版有新概念的各種"玉篇",但其基礎還在《全韻玉篇》,可見《全韻玉篇》的影響力和地位。

(2)《全韻玉篇》之前的"玉篇"

(1)《排字禮部韻略玉篇》

此書是以《禮部韻略》爲底本製成《新刊排字禮部韻略》,再加上爲檢索而製作的"玉篇",從而構成全書。《禮部韻略》是中國宋朝時期在禮部爲了科舉應試而製作的一部韻書,《新刊排字禮部韻略》就是以此爲底本覆刻的。此書現在藏於藏書閣（韓國學中央研究院，編碼爲 MF35－1677），大體如下。

① 簡介：

四卷乾坤兩冊書。銀色紙上有斜格卍字連線圖案的線裝本。正文匡郭爲四周單邊，有上下內向二葉花紋黑魚尾，有時混雜三葉黑魚尾。注爲雙行。書末有"甲寅春月鏡城府刊"之刊記。裝潢和紙質與編號 K1-191《新刊排字禮部玉篇》類似。

② 體例與內容：

《禮部韻略》是宋景佑四年（1037 年）丁度（990—1053）等人爲科舉用而編寫的。此書在韓國也是用於科舉和制詩，需求量也相當多。隨著需求量的迅速增加，大約有 10 種木版覆刻過。在韓國覆刻過程中，書名前還加了"排字"，以區別於中國的原本，但在形式和內容上並無明顯差異。從《排字禮部韻略》分 106 韻來看，抄本似乎是王文郁《新刊韻略》的翻版，它概括了丁度《禮部韻略》的 206 韻。

本書直接從正文開始，沒有序言或凡例。根據 106 韻，將標題字分爲平上去入四聲，共分 5 卷。第一冊爲上平聲 15 個韻，第二冊爲下平聲 15 個韻，第三冊爲上聲 29 個韻，第四冊爲去聲 30 個韻，第五冊爲入聲 17 個韻。第一、二、三卷合在乾冊，第四、五冊合在坤冊。每個標題字的讀音都標有反切，讀音相同的漢字組合在一起，只對第一個漢字注明讀音。

③ 特點：

此書書末雖有"甲寅春月鏡城府刊"之語，表明甲寅年重印於咸鏡道鏡城，但甲寅年的確切年代難以估計。但是，通過與其他副本的比較，估計它是在 18 世紀（1734 年或 1794 年）覆刻的。①

---

① https://jsg.aks.ac.kr/dir/view?catePath=類型分類&dataId=JSG_K1-191

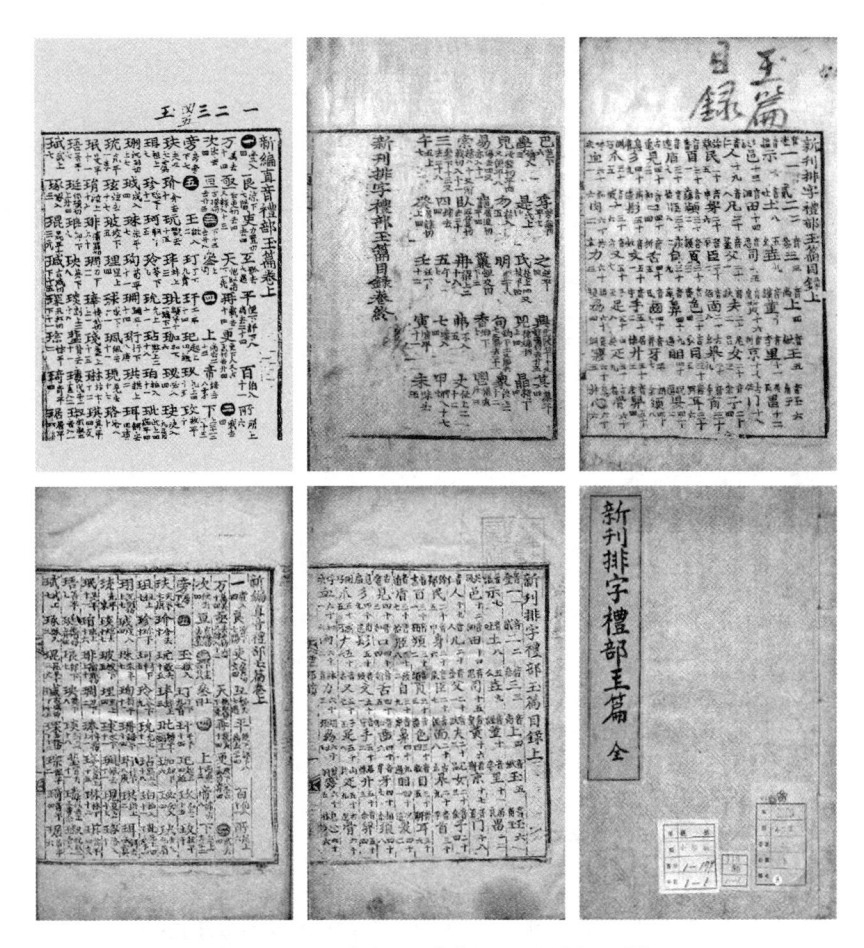

韓國學中央研究院藏書閣所藏《新刊排字禮部玉篇》
書名:《新刊排字禮部玉篇》
編者:未詳
時代:刊寫年未詳
注明:大小:32.2×21.4 cm/木板本)/線裝/2卷1冊/半郭
　　　21.1×17.4 cm/印章:李王家圖書之章
所求編碼:K1-179
M/F編碼:MF35-1893

以藏书閣所藏《新刊排字禮部玉篇》(MF35-1893)爲基礎,其體例結構和特徵如下:

① 體例:上下兩卷,合成一冊。其前有《排字禮部韻略玉篇目

錄》上、下兩部,分別有上卷正文和下卷正文。

② 部首體系:

上卷(1)一部—(121)木部;下卷(122)艸部—(364)秝部,接著另有"無字"部,從"會"到"未"字共收 70 字。"一"部爲例,其體例如下:

壹入四

良涼下七陽

吏力置切去四

互弧去七遇

平便下評下入病去二十四

百伯入十一

所所上六

万萬去十四

亟去吏切四又棘入十三

天他堅切下一先

再載去十四

更更下八又古孟切去廿四

基於上述,提供的信息如下。在 364 部首中,將所屬部首放在黑底的圓圈內進行形象化,並注明了部首的讀音和所屬韻部(壹入四)。然後,在對應的部首之下,排列出所屬個別字,譬如"一"部首,羅列了所屬 11 個字,如"良、吏、互、平、百、所、万、亟、天、再、更"。對每一個所屬字,以反切或直音的方式一一注明該字的讀音,諸如"良涼,下七陽,吏力置切,去四"等。"良"讀音爲"涼"(直音),"吏"讀音爲"力置切"(反切)。接著有"下七陽",即"良"屬於"下平聲第七陽韻","吏"屬於"去聲第四韻"。如是多音字,另有注明,諸如"平"字下有"便下評下入病去二十四"之語。

(2)《韻會玉篇》

根據朴亨翌(2012)的研究,韓國國立中央圖書館收藏的《韻會玉篇》是崔世珍的作品，他在 1536 年（正宗 31 年）完成手稿，1537 年（正宗 32 年）12月以後刊行兩卷一冊初刊本，之後再於 1810 年（純祖 10 年）刊行重刊本。

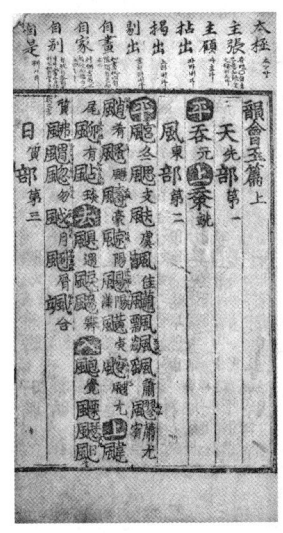

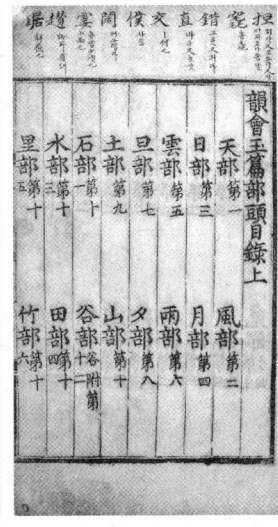

韓國國立中央圖書館藏《韻會玉篇》

正如《新編直音禮部韻略》開始以獨立形式出版，以後合併於《禮部韻略》合刊一樣，《韻會玉篇》也最初是作爲獨立的形式出版的，但後來編入《古今韻會舉要》30 卷 12 冊本，印成合刊。

先看版本信息和體例，《韻會玉篇》是上下兩卷一冊本，共 108 張，每面 9 行，行 17 字。寬 22.6 厘米，長 35.2 厘米。版心大黑口，上下黑魚尾。《韻會玉篇》前有《韻會玉篇凡例》《韻會玉篇引》《韻會韻母目錄》《韻會玉篇部頭目錄上》《韻會玉篇上》《韻會玉篇部頭目錄下》《韻會玉篇下》。也就是說，由凡例、引、目錄、正文組成。正文分爲上下兩部分，目錄分爲韻母目錄和部頭目錄，部頭目錄分爲上下兩卷。另外，外面書名和內頁書名都是"韻會玉篇"。

這裏所說的《韻會》是指對《古今韻會》修訂過的《古今韻會舉要》而言。《古今韻會》是元朝至元二十九年（1292）黃公紹（生卒年未詳）編撰的一部韻書。但黃公紹的同鄉又在他家坐過館的熊忠（生卒年未詳）嫌

《古今韻會》注釋太繁，在元成宗大德元年丁酉（1297）編成《古今韻會舉要》。參照劉淵的《壬子新刊禮部韻略》，共分107韻。和106韻相比，多了一個"拯"韻。

《韻會玉篇》因爲本身作爲《韻會》的"搜索字典"，因此它與以韻分類的《韻會》在體例上有所不同。首先，它採用了部首分類。不過採取了338部首體系（上卷109部，下卷229部），將難以歸屬的字放在最後一部分"雜部"裏。此與《説文》之540部（始一終亥）、《玉篇》之542部（去掉《説文》的11個部首，而新增了13部）以及遼代《龍龕手鑒》之241部、金代的《四聲篇海》之579部、《五音篇海》之444部、明代的《篇海類篇》之444部，皆有所不同①。

第二，至於338部首的排列，上卷自第001"天"部至第109"用"部，下卷至第229"丿"部，共設338個部首；另外，將難以歸入此338個部首之内的字，合併於下卷第230"雜部"裏。全書共收9952字②。

第三，至於同部裏的字次，没有字釋，只按"平—上—去—入"四聲之序，再以"韻部"之序排列，並顯示該字所屬韻部。諸如：

[天部第一]天先部第一 平 吞 元 上 棄 銑

如上，"天"部（第一），共收2字（吞、棄）：平聲收錄"吞"，上聲收入

---

① 參河永三：《漢字辭典部首體系的變遷》（1995），《中國學》（大韓中國學會），第10卷，32—49頁。
② 參王平：《韓國漢文辭書史料學》（上海辭書出版社，2019），83頁。

"![]"。"吞"下注明該字所屬的韻部,即"吞"屬於"元"部;"![]"屬於"銑"部。故要找"吞"和"![]"兩字的有關語義信息,該去《韻會》的"元"和"銑"部尋找該字。

(3)《三韻聲彙補玉篇》

《三韻聲彙補玉篇》成書於1751年,編者是洪啓禧(1703—1771)。筆者所藏一卷本,形式較爲特殊,除了《玉篇目録》4張和《本文》63張之外,還收録了洪啓禧的《三韻聲彙凡例》《三韻聲彙跋》和金在魯(1682—1759)的《三韻聲彙序》,金序原來收録於《三韻聲彙補》。

洪啓禧參考了《洪武正韻》《四聲通解》《三韻通考》等書,在1751年刊行了重新訂定韓國漢字音的《三韻聲彙》。《三韻聲彙》爲木刻版,由上卷、下卷和"補充卷《玉篇》"三卷組成。上卷收録了《金在魯序》《凡例》《洪武韻字母之圖》《諺字初中聲之圖》《目録》以及正文等;下卷收録了正文和洪啓禧《跋》;"三韻聲彙補玉篇"由目録4張和正文63張組成。共收10 729字①。

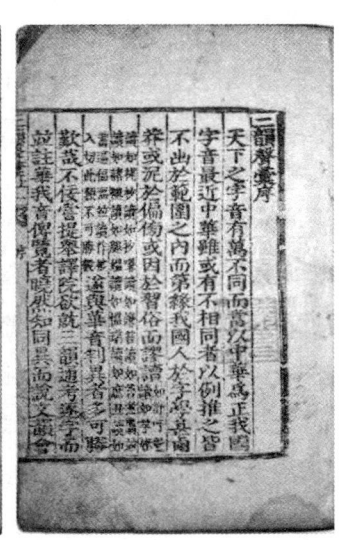

---

① 王平:《韓國漢文辭書史料學》(上海辭書出版社,2019),132頁。

《三韻聲彙補玉篇》的《本文》第一"一部"之前,有簡單說明,可以推測該書的編撰意義。即如:

繼《説文》漢許慎撰者,有《韻譜》(南唐徐鍇撰),有《玉篇》(梁顧野王撰)。蓋類聲類形不可闕一,崔世珍於《韻會》《通解》亦必附以玉篇者以此。此書則僅百數十板,戢字固無難而猶有僻字,倉卒搜孜亦自不易遂取,本書所鈔用《字彙》門目編爲玉篇,庶索字者不迷其所在也。

據以上,我們可知:洪啓禧編撰《三韻聲彙》時主要參考了《三韻通考》《韻會》《洪武正韻》《四聲通解》等書;同時參考了《韻會玉篇》《四聲通解玉篇》而又編撰了《三韻聲彙玉篇》。另外,據金在魯《跋》認爲《三韻聲彙》的漢語音主要從《洪武正韻》,韓語音主要從《四聲通解》。並認爲《説文》《韻會》《字彙》等書之間的反切音多有不一致之處,因此以諺字(韓國字)標注的讀音與反切音之間,亦已多有不一致之處。此爲撰寫《三韻聲彙補玉篇》的主要原因。

正如王平所述,"全書只標韻、不釋義,確屬與《三韻聲彙》配套使用的一部工具書。《三韻聲彙補玉篇》雖爲方便檢索《三韻聲彙》而作,然從實際運用上看,是書似乎並未發揮出'便利'之效,查閱並不方便。雖則如此,今天仍不能否認作者在探索辭書編撰過程中所作的嘗試"。①

由上所述,《排字禮部韻略玉篇》《韻會玉篇》《三韻通考補玉篇》等顯然是朝鮮時代由朝鮮人編寫的"玉篇"。它們只對標題字進行分類,提供收錄信息,不收錄字的語義信息、諺音信息,故不能看作是獨立的、真正意義的玉篇,而可以説是對現有韻書(諸如《禮部韻略》《古今韻會》《三韻通考》等)收錄字搜索的"索引"。因此,在朝鮮具有讀音信息和語義信息的真正意義的玉篇,只能算《全韻玉篇》。

---

① 王平:《韓國漢文辭書史料學》(上海辭書出版社,2019),132頁。

4.《全韻玉篇》與《校訂全韻玉篇》

《全韻玉篇》才可以説是真正意義上成熟的玉篇,它具有標題字、韓文讀音信息和語義信息等,具備了字典所要的各種要素。《全韻玉篇》是正祖大王敕命編纂的,故成爲一部朝鮮時代最有權威的玉篇。當然,在與《奎章全韻》對應配套的"玉篇"的意思上,雖與之前的《排字禮部韻略玉篇》《韻會玉篇》《三韻通考補玉篇》是一脈相承的,但它已超過這些"玉篇"的簡單索引功能,進入完整的玉篇之義,頗有學術價值。

關於這本具有歷史性的《全韵玉篇》的編纂時間和編撰者,没有確切的記録。但在學術界,據《御定奎章全韻・儀例》所提及的"從今以後,科舉考試可以押韻入聲字。又有新編《玉篇》,以生生字和整理字印刷頒布,廣爲流傳",認爲其書刊行於1796年。因爲所説生生字始製於1794年,整理字始製於1796年。另外,《王朝實録》之記録也支持這個推定,有"正祖20年8月11日(癸未)頒賜《御定奎章全韻》於中外"之語。該年爲清嘉慶元年,就是1796年。

不過,河岡震教授在最近的一項研究中表示,該書的出版年份應爲1805年,值得参考。至於其原因,他是這樣説的:"由於受到正祖強烈的文化政策,《全韻玉篇》以作《奎章全韻》的姊妹版,計劃在1796年出版。這部《奎章全韻》首次刊布於世上流傳時,雖然深受讀者的歡迎,但興論認爲檢字的難點依然存在,故正祖大王急忙下令編撰《玉篇》。當時善於字學的柳明杓奉命編完,於1800年快要頒布之時,没想到正祖大王突然去世,《玉篇》的刊行也不得不推遲。大約在這個時候,也發生了一場政治變革,領導出版並贊助過《奎章全韻》編纂的南人少論時派被反對黨老論僻派大大驅逐了。然後,1803年,開始了順祖之親政,同時站在正祖反對派中心的英祖的繼母正順王后也於1805年去世,享年61歲,情況發生逆轉,終於收録10 975個字頭①的《全韻玉篇》

---

① 此收字統計,與韓國漢字研究所最新數據有所不同,應爲10 977字。

得以出版。"①

　　現行《全韻玉篇》是 2 卷 2 冊,木版本。該書屢次印刷,雖有多種異本,內容都無差異。現存的《全韻玉篇》的主要版本羅列如下:

　　國內

　　1. 初版《全韻玉篇》,1796 年後,印刷版,2 卷 2 冊,失傳。

　　2. 乙卯新刊春坊②藏版《全韻玉篇》,1819 年,木刻版,2 卷 2 冊,韓國國立圖書館等所藏。

　　3. 庚戌仲秋油洞重刊《全韻玉篇》,1850 年,木版,2 卷 2 冊,韓國國立圖書館等所藏。

　　4. 乙丑新刊《全韵玉篇》,1889 年,木刻版,2 卷 2 冊,韓國國立圖書館等所藏。

　　5. 戊戌仲秋刊行《全韵玉篇》,1898 年,木版,2 卷 2 冊,韓國國立圖書館等所藏。

　　6. 甲申仲秋完西新刊《全韵玉篇》,1904 年,木版,2 卷 2 冊,韓國國立圖書館等所藏。

　　7. 乙巳新刊完山藏版本《全韵玉篇》,1905 年,木版,2 卷 2 冊,韓國國立圖書館等所藏。

　　8. 乙卯春坊藏版本丙午完西新刊版《全韵玉篇》,1906 年,木版,2 卷 2 冊,韓國國立中央圖書館等所藏。

　　國外

　　1. 上海積山書局刊行《全韻玉篇》,1890 年(光緒庚寅年),石

---

①　河岡震,《中國字典的收容樣相及其意義》(Aspect of Acceptance of Chinese Dictionary, and it's Significance) ,《東方漢文學》第 66 輯(2016.03),49—92 頁。

②　春坊是指太子侍講院,此爲朝鮮時代負責太子教育的政府機關,是從太祖初期的世子官屬改名來的。更名日期不詳,但在《經國大典》吏典京官衙從三品衙門已有"世子侍講院"之名。高宗 31 年(1894)甲午官職改革時,被轉移到宮內府,並稱爲"侍講院"。大韓帝國光武九年(1905)改稱"皇太子侍講院",隆熙元年(1907)改稱"東宮"。

印,2卷1册,13.5×19.7 cm。

2. 上海文新書局刊行《全韵玉篇》,1890年(光緒庚寅年),石印,2卷1册,13.2×19.5 cm。

3. 上海文來局刊行《全韻玉篇》,1903年,石印,2卷1册。

《全韵玉篇》分上下兩册,采取214部首体系,根據韓國漢字研究所最新數據庫統計,共收10 977字。① 可以説是主要涵蓋了當時日常生活中使用的基本漢字。與《奎章全韻》相比,《全韻玉篇》還多收178字。這本書是採取部首排列法,其部首數字和順序與《康熙字典》完美契合。屬於同一部首的字次,按照不包括部首的筆劃數從小到大排列。據王平的研究,《全韵玉篇》體例可以概括如下:

《全韻玉篇》用諺文(韓文)表示該讀音,採取《奎章全韻》所收規範音和俗音以及《華東正音通釋韻考》中的韓國音(東音)。以《奎章全韻》的規範音作基本讀音,在規範音之下又分爲俗音和正音。"口"内的字代表韓國漢字音,即是"東音"。全書採用106韻部,該字所屬的韻是用漢字放於"〇"内寫成的。諸如:"人,인,三才之中,萬物之靈,五行秀氣。"②

韓國從朝鮮時代開始編纂漢字字典,編纂時間較晚。《全韵玉篇》之前一直使用中國的字典,所以解釋體系頗爲不成熟,只停留於"童蒙"類簡單解釋。但至於《全韻玉篇》大有不同,有所進展,可謂真正的"漢字字典"。《全韻玉篇》的體例,簡述如下:先對標題字,提示"諺文讀音",之下用漢字解釋該字的字義。至於具有多音的破音字(多音字)和多種語義

---

① 朴亨益教授(2012)認爲1850年版本共收録10 840字(庚戌仲秋由洞重刊,哲宗一年),河岡震教授(2016)認爲共收10 975字,王平教授(2019:53)認爲共收11 088字。還有,沈慶昊教授(2012.1:549)認爲共收12 782字(Unicode BMP 和 EXT_A 支持的12 081字,字符之外的701字),顯示顯著差異。關於韓國漢字研究所的統計數據,請參閱《標點電子排版 韓國歷代漢字字典》(16册)(2016年)。

② 王平:《韓國漢字字典的世界》(2019年),49—53頁。

的多義字,以示該字讀音所屬的韻部而辨別之。還對字義解釋之,活用不少異體字,亦有編撰者的個人意見。

　　王平對《全韻玉篇》的價值,從朝鮮王朝第一部真正的玉篇的歷史意義和高雅精確的文獻學價值兩方面進行了評價。也就是説,真正的編撰玉篇的傳統,當從《全韻玉篇》開始。《全韻玉篇》上是繼承崔世珍和洪啟禧編字典,下來開啟韓國近現代玉篇編纂之初。它的出現,韓國漢字字典得以從韻書分離,同時《全韻玉篇》也成爲韓國漢字字典中的代名詞。此外,它以《康熙字典》爲基礎,吸收了中國傳統字典的精髓,尤其是《宋本玉篇》《字彙》《康熙字典》等典型字典,具有極好的文獻價值。同時認爲,所收漢字在一定程度上與中國的字典有一定的繼承關係,而保存下來的漢字的信息,如漢字的字種、數量、有關形音義的信息,頗爲重要。因此,《全韻玉篇》是研究東亞漢字擴展及發展、韓國的字典文化以及中韓文化交流和融合研究的重要資料①。

《校訂全韻玉篇》

---

①　王平:《韓國漢字字典的世界》(2019),53 頁。

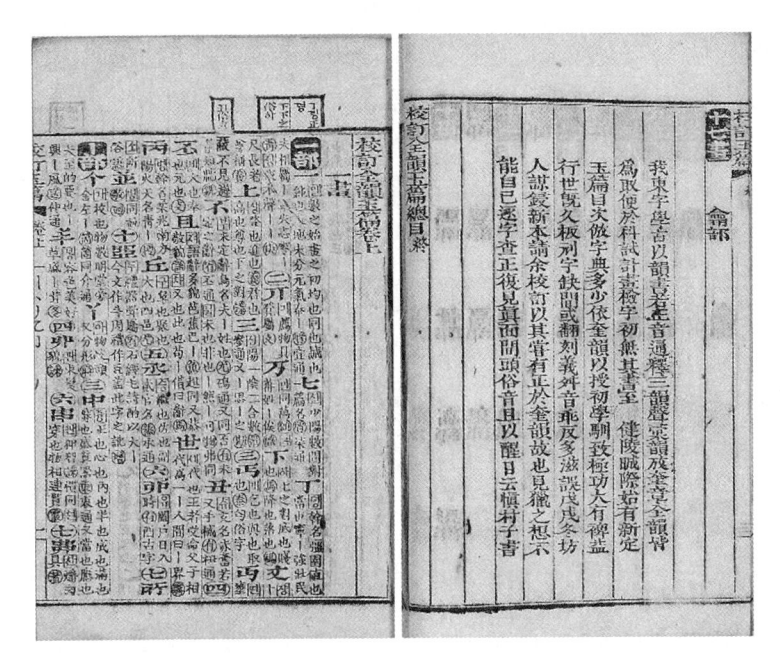

《校訂全韻玉篇》普通簡稱爲《校訂玉篇》,黄弼秀於 1898 年首次出版①。此後,屢次出版,深受讀者的歡迎。據朴亨翌教授(2016 年)的研究,取名"校訂"之理由在於:對《全韻玉篇》中遺漏的一些當時的俗音進行了修正,並加在正文的上半部分,以作"頭注",故名"校訂"。據估計,共糾正了 138 字。② 不過不同版本、刊本有所出入,須待以後研究。目前有兩種版本最流行使用:

1. 戊戌新刊《校訂全韻玉篇》,1898 年,黄必秀校對,木版,2 卷 2 册。
2. 池松旭刊行《校訂全韻玉篇》,京城:新舊書林,1913。

該書是對《全韻玉篇》的校訂,所以體例與《全韻玉篇》没有差異。同

---

① 原版(1898 年)由慶北大學和高麗大學圖書館所藏,一面十一行。以後坊刻本出版時調整爲一面十二行。
② 鄭經一(2008),265—269 頁。

樣採用了214部首體系,"校訂"頭注之外,共收10 977字。其價值,還在於對《全韻玉篇》的校勘,讓《全韻玉篇》更爲精確化、規範化。

5. 近代以後的"玉篇"

在朝鮮《全韻玉篇》的權威固然很大,進入了近代時期以後,仍然發揮著影響力。韓國的近代自西方列強強行開放港口開始。① 西方列強以各種方式蹂躪朝鮮半島,最終日本殖民朝鮮。在適應西方文化的近代化進程中,近代意義上的字典和詞典編纂技術以及各種印刷技術先從日本傳入,從而爲字典編纂提供了劃時代的轉折機會。加之,由於日本也在使用漢字,所以學習漢字在殖民地韓國是必不可少的,而學習漢字也就是所有近代學問的起點。

在韓國近代時期可以說是漢字字典的輝煌時期,玉篇類的字典大量出現,這時期的漢字字典在韓國的字典編撰史上具有重要意義。它們既傳承了《訓蒙字會》和《全韻玉篇》等朝鮮時期的傳統字書,同時又接受和應用了近代時期從日本和西歐進來的新編撰方法,創出各種各樣的字典類型,讓現代漢字字典別開生面。這時期的各種字典湧出,不可勝計,但其有代表性的字典如下:《國漢文新玉篇》(1908)、《字典釋要》(1909)、《(大增補)日鮮新玉篇》(附音考)(1931)、《漢鮮文新玉篇》(1918)、《新字典》(1913)、《增補字典大解》(1913)、《字林補注》(1921)、《實用鮮和大辭典》(1938)、《懷中日鮮字典》(1939)、《新定醫書玉篇》(1944)。② 其中,以"玉篇"取名的字典,主要有如下四種:《國漢文新玉篇》《漢鮮文新

---

① 對所謂韓國"近代"的起點,說法眾多,這裏采取了1863—1945年說。1863年爲興宣大院君的執政年,他實行了全面改革,給朝鮮社會帶來了未曾有的大變化,可以說是"近代"的開始。1945年爲從日本殖民統治解放的一年,即現代韓國的開始。另外,有人主張韓國的近代開始於1876年發生的"雲揚號事件"和從此簽署的"朝日修好條規";也有人認爲開始於1894年的"甲午改革";又有人認爲應該以1866年發生的"General Sherman 號"事件爲起點。

② 此書的字典特徵,可以參考河永三等:《韓國近代漢字研究》(2019)。

玉篇》《日鮮新玉篇》《醫書玉篇》等,在此簡單介紹。

(1)《國漢文新玉篇》

《國漢文新玉篇》爲鄭益魯(1863—1928)①所編。書名所稱"國"爲諺文(韓文),"漢"爲中文(漢文),正如下例,以韓文和中文解釋。出版在平壤耶穌教書院,刊行於 1908 年。該書的編纂目的,據羅潤基的研究,可以概括爲如下四點:一、規範漢字音和韓文字釋;二、啟蒙大眾和普及新知識;三、擴大基督教底層;四、宣揚恢復國權的精神。②《國漢文新玉篇》從 1908 年到 1918 年總共刊行了 6 次,從初版到最終版本,只是在標題字上稍做改動,本文頁數始終維持在 288 頁。初版共收 10 979 字,比《全韻玉篇》增多 24 字。以後,從 1911 年"訂正增補初版"開始,在本篇和《音韻字彙》之間增添了《訂正增補新玉篇補遺》,共收錄 6 012 字,共 142 頁。

部首也採取 214 部體系。其體例以《全韻玉篇》爲底本,添加韓文字釋,並修改了部分讀音,其漢字釋義基本與之相同。收錄字的具體信息的排列以"標題字;韓文字釋、字音;漢文字釋、韻類;異體字屬性或附加訊息"爲順序,諸如:

10944_龜:거북【귀】。甲蟲之長,外骨內肉,以蛇爲雄也。世云。千載神龜,問無不知。十龜:一神龜,二靈龜,三攝龜,四寶龜,五文龜,六筮龜,七山龜,八澤龜,九水龜,十火龜。非也。三足者,名賁星,名天龜。(支)。【귚[균]】。手凍,皸瘃。(眞)。【구】。西域屬國,龜茲。(尤)。

《國漢文新玉篇》在韓國字典史上的意義,可以概括如下幾點:(1) 國

---

① 鄭益魯,是一位獨立運動家兼基督教長老,出生於韓國平安南道順安郡。1895 年入基督教,1904 年任平壤張大賢教會的長老,從 1905 年開始負責經營美國傳教士馬三悦所設立的耶穌教書院。1911 年,由於涉及暗殺朝鮮總督的新民會事件,坐牢一年多。於 1928 年,因腦溢血去世。

② 羅潤基:《韓國最早近代漢字字典——國漢文新玉篇》,《韓國近代漢字研究》(2019),27 頁。

漢文新玉篇》是第一部具有近代特色的漢字字典;(2)在韓文釋義方法上,一方面大量運用基本層次的字釋,另一方面採用具體而細密的字釋詞積極反映當時的實際語音;(3)漢字音方面,在《全韻玉篇》的基礎上大量採用現實俗音,同時通過代表音的位置變化反映當代漢字使用的實際情況;(4)便於檢索,以共同字素爲中心,將同音字按照韓文字母次序排列,提供了一個獨特而嶄新的《音韻字彙》檢索方式。①

(2)《漢鮮文新玉篇》

《漢鮮文新玉篇》書名所稱"鮮"爲朝鮮文(韓文),"漢"爲中文(漢文),正如下例,以漢文和朝鮮文解釋。書名前注明"增補奎章全韻",宣稱此書繼承了《奎章全韻》及《全韻玉篇》。此書的編著者玄公廉(1876—?),他雖爲著名出版家,但其生平資料并不詳細,知道甚少。《漢鮮文新玉篇》末尾僅僅印其住址爲京城府桂洞九十九番地,通過此住址信息可推測他曾在首爾桂洞居住過。玄公廉是開化期著名啟蒙家、書法家玄采(1886—1925)之子,玄公廉不僅承父業而成爲著作家和翻譯家,且將自己的家發展成出版社,亦奮力于出版事業,負責各個書籍的編撰及出版,是出版行業的先驅。故亦爲當時重要的啟蒙主義代表人物。身爲獨立協會及光武協會會員的玄公廉始終走在民族復興的前列。

玄公廉于1913年組織編撰了《漢鮮文新玉篇》。其《序文》説明了編撰的目的和動機,如云:

> 近世以來,玉篇之行于世者,惟有一種。又其語義不以鮮文解釋,故覽者多有不得其要領。究其原委,風氣所使,似應其然,然若以今揆古,不能無憾焉者存焉。

《漢鮮文新玉篇》版本有"大昌書院本"(1913)和"滙東書館本"

---

① 參看羅潤基:《韓國最早近代漢字字典——國漢文新玉篇》,《韓國近代漢字研究》(2019),64頁。

(1918),以及"大昌書院本"(1921)和"永昌書館本"(1923)的袖珍版等。《漢鮮文新玉篇》于1913—1930年間多次發行,該字典繼承了鄭益魯《國漢文新玉篇》(1908)的體系,并在漢字釋義前添加了該漢字的韓語訓讀和音讀。其標題字總數爲16739字,部首也採取了214部首體系。① 收錄字的具體信息的排列以"標題字;韓文字釋、字音;漢文字釋、韻類;通假字屬性或附加訊息"爲順序,諸如:

00001_一:하나【일】數之始畫之初고를【일】均也갓흘【일】同也정성【일】誠也슌일 【일】純也 갈【일】專也,天地未分,元氣,泰一。質。壹通。

其次,《漢鮮文新玉篇》積極收錄了中日韓固有字義字,特別注明"【朝】、【日】、【華】"以區別之。諸如:

08406_砵:【朝】ㅅ다일흠【젹】地名,砵城。
09036_笘:살오뉘【괄】箭末受弦處。(曷)。栝通。【日】그릴터【괄】將然之意。
09487_纽:즐【뉴】結也。(有)。【華】수단쥬【뉴】牡鈕。

《漢鮮文新玉篇》是以《國漢文新玉篇》爲底本,在此基礎上添加了漢字的韓語音讀和訓讀,并添加了《全韻玉篇》(1819)、《國漢文新玉篇》(1908)、《字典釋要》(1909)中某些義項。其在韓國近代字典上的意義,有如下幾點:首先,《漢鮮文新玉篇》的收字共有16739字,此在當時是空前的,對個別字的字義用韓語一一進行解釋,大量增加韓語的對譯信息。其次,《漢鮮文新玉篇》在字典前部附有《檢字部》,爲漢字檢索提供

---

① 參看郭鉉淑:《確保完整韓文字釋及解字體系的字典——漢鮮文新玉篇》,《韓國近代漢字研究》(2019),119頁。

了便利;同時附有《가나다音部附録》等,此在當時意義非凡。最後,《漢鮮文新玉篇》盡收中日韓三國所用的特殊字義及固有漢字,以便順應時代潮流。

(3)《(大增補)日鮮新玉篇》

《(大增補)日鮮新玉篇》書名所稱"鮮"爲朝鮮文(韓文),"日"爲日文,正如下例,對漢文和韓文解釋之外,還添加了日文翻譯,以滿足當時的需求。1912年初次出版的《日鮮新玉篇》是收字最多的字典。此書面世之後,韓國以"日鮮""韓日鮮""内鮮"爲名的同屬多國語的漢字字典陸續出現了。諸如:《漢日朝鮮文詳解新玉篇》(1912)、《日鮮大字典》(1912)、《日鮮華英新字典》(1917)、《模範鮮和辭典》(1928)、《漢日鮮滿新字典》(1937)、《新修日漢鮮大辭典》(1937)、《漢華鮮新字典》(1938)、《增補華日鮮新玉篇》(1944)等。

《(大增補)日鮮新玉篇》的編纂背景或編纂過程目前難以考察。此書的版權紙上寫有著作兼發行者高裕相。雖然在版權紙上寫著著作兼發行者爲高裕相,但高裕相當時是匯東書館的發行人。至於著作者是否爲高裕相,我們現在無法妄下結論。①

《(大增補)日鮮新玉篇》共收録19 816字,分上下兩卷。由扉頁(1頁)、上卷目録(2頁)、下卷目録(3頁)、扉頁(1頁)、上卷本文(323頁)、扉頁(1頁)、下卷本文(328頁)、音部題目(1頁)、音部目次(1頁)、가나다音部(104頁)組成。部首采取了214部首體系。此書的體例特徵可以概括如下幾點:

首先,收字方面,此書共收了19 816字,但"竹"部的"篔"只有字釋,而無標題字"篔";"玉"部的"琥"下面漏了20個字,故此收字統計,不包括漏收的20個字。收字數量比以前字典大有增加,比《全韻玉篇》(10 977字)多收了將近一倍,也遠遠超出了《國漢文新玉

---

① 金億燮:《收録最多的一部近代字典——大增補日鮮新玉篇》,《韓國近代漢字研究》(2019),119—221頁。

篇》(1908)的 11 000 字、《漢鮮文新玉篇》的 16 739 字、《新字典》的 13 084 字。

其次,解字體例方面,此書在標題字下分兩行用小字排列該字的韓文、漢文、日文釋義。首先排列韓文字義和讀音,下面排列漢字釋義和異體字,而后排列韻目,最後排列日文讀音、字義以及俗音。如下:

00001_一:① 하나【일】:字的代表訓和讀音。② 數之始。畫之初。均也。同也。中文義項。③ 壹通:異體字信息。意爲壹是一的通用字。④（質）:韻目。後面提供日文信息。⑤【イチ】【イツ】:日文漢字音。⑥ ヒトツ。ハジメ。ヒトシ。オナジ。日文釋義。⑦ 俗音。若無俗音則不記。

第三,異體通用字方面,此書收録了非常多的異體字信息。異體字種類有以下幾種:"本字""古字""或省""見""俗字""通字""同字"等①。另外,此書也收録了韓國、日本和中國各國自造的漢字,以"朝鮮作""朝鮮俗作""華作""（日本）俗作字""日本作無音""日本作"等形式標注。故此書在韓國近代字典史上,有如下意義:（1）收録字最多的字典之一;（2）提供各種各樣的異體字信息。

(4)《醫書玉篇》

《醫學玉篇》是一部專業字典,它是專門收集醫學用的漢字而編的字典。這是第一部韓國專業字典,也是東亞最早的醫學字典。由光東書局

---

① 異體字具體情況,據金億燮的研究,出現情況如下:本字:共有 41 字種,"A,B 本字"的形式有 37 例,"A,B 本"的形式有 4 例。古字:共有 225 字種,"A,B 古字"的形式有 173 例,"A,B 古"的形式有 18 例,"A,古文 B 字"的形式有 12 例,"A,古文 B"的形式有 3 例。或省字:共有 1 字種,"A,或省字 B"的形式有 1 例。見字:共有 129 字種,"A,見 B"的形式有 129 例。俗字:共有 211 字種,"A,B 俗字"的形式有 101 例,"A,B 俗"有 2 例,"A,俗 B 字"的形式有 96 例,"A,俗 B"的形式有 12 例。通字:共有 502 字種,"A,B 通"的形式有 502 例。同字:共有 2 701 字種,"A,B 同"的形式有 1 587 例,"A,B 仝"的形式有 1 114 例。同字包括仝字。參見金億燮:《韓國最早近代漢字字典——國漢文新玉篇》,《韓國近代漢字研究》(2019),57 頁。

出版於1921年,之後由東洋大學堂、明文堂、學生社等出版社陸續刊行。據金玲敬的研究,1921年初版本問世以來,於1929年、1944年、1963年再度刊行。隨著新刊本的發行,版權紙所示信息也有不少變化。1945年光復以後,《醫書玉篇》於1963年由東洋醫藥書編纂會重刊,書名也改爲《修正增補醫書玉篇》。①

至於《醫書玉篇》的形制。初版系列的《醫書玉篇》是一部鉛活字本,大小11.2×14.7 cm,可謂是袖珍本,便於攜帶,易於臨床運用。但是1963年出版的修正增補版《醫書玉篇》尺寸變大,大小13×19.5 cm。初版系列《醫書玉篇》由前封皮一張、內封皮一張、目錄4頁、上卷21頁(1—21)、下卷61頁(22—82),版權紙一張、後封皮一張組成,缺序文、凡例、附錄等,與其他字典類相比構成極其簡單。收錄字共有2 020字,其中由1劃到4劃的部首及其所屬字置於上卷,由5劃到17劃部首及其所屬字置於下卷。修正增補版《醫書玉篇》是一部謄寫本,由前封皮一張、內封皮一張、目錄4頁、本文92頁、版權紙一張、後封皮一張構成。同初版本相同的是缺序文、凡例和附錄;但與初刊本《醫書玉篇》不同的是,不分上下卷,收錄2 020字。《醫書玉篇》亦如同其他同一時期的字典,繼承了《全韻玉篇》的部首系統。但是《醫書玉篇》本著自己明確的目的篩選了所需漢字。不需要的部首一律廢除。最終刪除了"丶""丿""乙"等63個《全韻玉篇》部首,只設了151個。②

《醫書玉篇》釋文體例與其他字典大致相似,以大字表示標題字,其下標示韓語音訓、漢文釋義。其例如下:

丫,두갈 질【아】物之岐頭。
尥,다리힘ㅅ줄약할【요】筋弱,舉足不隨。

---

① 金玲敬:《韓國最早的一部醫學字典——新定醫書字典》,《韓國近代漢字研究》(2019),307頁。
② 金玲敬:《韓國最早的一部醫學字典——新定醫書字典》,《韓國近代漢字研究》(2019),312頁。

獺，슈달【달】水狗。肝葉隨月數髓。滅瘢。

正如朴亨翌(2012)的評價,《醫書玉篇》是韓國最早的特殊漢字字典,在韓國的字典發展史上具有相當高的價值。① 這很可能是隨著日本近代醫學的進入,在當時的韓國開始流行醫學(與傳統韓醫學不同)。醫學成爲近代文化的象徵。故學醫的需求很大,且醫學術語絶大多是漢字詞彙。爲了滿足社會上的需要,出現了專業領域的專業字典。中國的"醫學字典"始於 1988 年的《中醫字典》(申志均主編,河南科技出版社)。故《醫學字典》可謂是東亞第一部醫學字典,由此可見該書的編撰意義,這也開辟了現代時期的各種專業字典的編撰之路。②

6. 玉篇在韓國: 發展與本土化

《玉篇》何時傳入韓半島,雖不準確,但在《舊唐書》《高麗史》等已有有關記載,至於朝鮮時代,不僅《王朝實錄》多處有有關記録,各種個人文集也有有關記載。但在朝鮮時期,脱離直接使用中國的《玉篇》,韓國人開始編自己的玉篇。就是隨著韓文(諺文)的創造和各種韻書的編撰,爲了韻字檢索字的方便,與韻書配套的"玉篇"正式開始編撰。諸如,與《新刊排字禮部韻略》配套的《新刊排字禮部韻略玉篇》,與《古今韻會擧要》配套的《韻會玉篇》以及與《三韻聲彙》配套的《三韻聲彙補玉篇》等。但這些可以説是"韻書檢索用玉篇",還不具有字釋的真正意義上的玉篇。

具有字形、字音、字義的正式玉篇還在朝鮮末的《全韻玉篇》才完成。此書也是《奎章全韻》配套的"玉篇",但已是正式字典,從《奎章全韻》的"檢索玉篇"完全脱離,獨立運用,甚至還比《奎章全韻》更爲廣泛使用。此書可謂是朝鮮時代唯一的獨立性玉篇,也是最權威的一部玉篇。這標

---

① 朴亨翌:《韓國字典的歷史》(亦樂,2012),451 頁。
② 河永三:《韓國近代時期十種漢字字典的編撰與其特徵》,《韓國近代漢字研究》(2019),17 頁。

誌著朝鮮的玉篇進入獨立路線,確保了獨自特性,走進本土化。故《全韻玉篇》對後代玉篇的編纂,特有影響。

　　進入近代韓國,日本的影響很大,最終陷入日本統治殖民,吸收日本字典的先進,模仿日本的各種漢字字典,編纂多種漢字字典,其中以"玉篇"命名的漢字字典,有《國漢文新玉篇》《漢鮮文新玉篇》《(大增補)日鮮新玉篇》以及《醫書玉篇》等。

　　1945年光復後,大韓民國時期,隨著現代教育的普及,各種各樣的"玉篇"出版,其數不可勝計。可見在韓國"玉篇"有特定意義,除了稱之梁顧野王《玉篇》之外,還意味著"漢字字典",甚至還有"彙集各種名言"之意,可見"玉篇"含義,在韓國不斷擴展。"玉篇"在韓國具有特殊含義,異常地位。

7. 參 考 文 獻

臺灣"國家圖書館":http://www2.ncl.edu.tw/

朴亨翌:《韓國字典的歷史》,亦樂出版社,2012。

首爾大學奎章閣韓國學圖書館:http://e-kyujanggak.snu.ac.kr/home/main.do?siteCd=KYU

王平:《韓國漢文辭書史料學》,上海辭書出版社,2019。

王平、河永三編:《域外漢字傳播書系——韓國卷》,上海人民出版社,2012。

王平、河永三:《韓國漢字字典的世界》(金和英譯),3出版社,2019年。

王平等編:《標點整理本宋本玉篇》,上海書店出版社,2017。

日本國會圖書館電子圖書館:http://dl.ndl.go.jp/

中國國家圖書館:http://www.nlc.gov.cn/

河岡震:《中國字典的收容樣相及其意義》,《東方漢文學》第66輯(2016.03.)。

河永三:《標點校勘電子排版新字典》,3出版社,2016。

河永三:《韓國近代時期漢字字典(玉篇)的正本化與資料庫建設》,(韓國教育部韓國學振興團基礎土臺研究中期報告),2015。
河永三等:《韓國近代漢字研究》,3 出版社,2019。
韓國國立中央圖書館:http://www.dibrary.net
黃德寬:《漢語漢字學史》,河永三(譯),東文選,2002。
洪允杓:《漢字學習文獻資料研究》,亦樂出版社,2022。

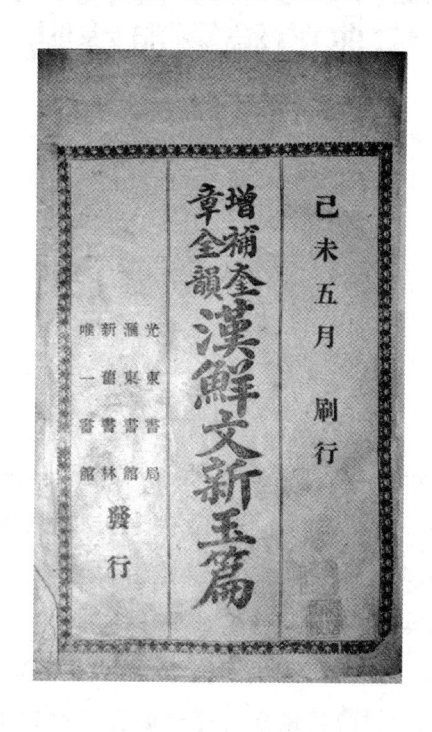

韓國近代時期十種代表漢字字典的編纂與特點

一、引　　論

　　韓國近代時期的漢字字典在韓國的字典編纂史上具有重要意義。它們既有傳承了《訓蒙字會》和《全韻玉篇》等朝鮮時期的傳統字書,同時接受和應用了近代時期從日本和西歐進來的新編纂方法,創出各種各樣的字典類型,爲現代漢字字典開出新生面。

　　本文分析時所用的主要字典有十種,即《國漢文新玉篇》(1908)、《字典釋要》(1909)、《(大增補)日鮮新玉篇》(附音考)(1931)、《漢鮮文新玉篇》(1918)、《新字典》(1913)、《增補字典大解》(1913)、《字林補注》(1921)、《實用鮮和大辭典》(1938)、《懷中日鮮字典》(1939)、《新定醫書玉篇》(1944)。

　　有關基本信息則如下表:

編號	書名	結　　構	編作者	出版社	出版年	收錄標題字
1	《國漢文新玉篇》	序文2頁,總目6頁,本文288頁,音韻字彙103頁,版權紙1頁。	鄭益魯	耶穌教書院	1908	11 000

韓國近代時期十種代表漢字字典的編纂與特點

續表

編號	書名	結構	編作者	出版社	出版年	收錄標題字
2	《字典釋要》	作者照片1頁,序2頁,凡例8頁,本文(卷上)186頁,(卷下)244頁,跋文2頁,版權紙1頁。	池錫永	匯東書館	1909	16 309
3	《(大增補)日鮮新玉篇》(附音考)	扉頁1頁,目錄3頁,本文328頁,音附目次1頁,가나다音附104頁,版權紙1頁。	日鮮新玉篇編輯部	匯東書館	1931	19 816
4	《漢鮮文新玉篇》	扉頁1頁,序文2頁,上卷目錄2頁,下卷目錄3頁,本文(上卷)196頁,(下卷)242頁,廣告紙1頁,版權紙1頁。	玄公廉	大昌書院	1913	16 739
5	《新字典》	扉頁1頁,柳瑾序2頁,崔南善敘6頁,凡例2頁,部首目錄2頁,檢字6頁,本文(卷1)104頁,(卷2)134頁,(卷3)136頁,(卷4)118頁,版權紙1頁。	崔南善	新文館	1913	13 348
6	《增補字典大解》	扉頁1頁,上卷目錄3頁,下卷目錄4頁,檢字15頁,上卷本文260頁,下卷本文229頁。	李鍾禎	光東書局	1913	17 281
7	《字林補注》	扉頁1頁,序2頁,凡例2頁,目錄4頁,本文(上篇)128頁,(下篇)142頁。作者親筆題寫書名,《字林撼奇》1頁,《字林撼奇》目錄12頁,《字林撼奇》本文及跋文110頁(55張)。	劉漢翼	大廣書林	1924	11 370
8	《實用鮮和大辭典》	扉頁1頁,部首索引3頁,音考索引45頁,本文685頁,廣告紙1頁,版權紙1頁,	宋完植	永昌書館	1938	6 382
9	《懷中日鮮字典》	扉頁1頁,本文400頁,音考90頁,版權紙1頁。	尚文堂編輯部	文尚堂	1939	5 976
10	《新定醫書玉篇》	扉頁1頁,目錄4頁,本文(上)1—21頁,(下)22—82頁,版權紙1頁,廣告紙1頁。	李鍾禎	光東書局	1921	2 020

此外，還有《漢日朝鮮文新玉篇》（宋憲奭，1912，東陽書院，京城；上冊 406 頁，下冊 522 頁）一書，可惜至今只知道是個人所藏，無法知道該書的有關其他信息，包括所藏者、收字情況和規模等。幸虧留一張書影，可略見該書體例之一斑①。另外，還有《日鮮華英新字典》（作者姓李，名字未詳，博文書館，1917）一書，情況和《漢日朝鮮文新玉篇》無別②，詳細考察只待日後補充③。

二、收錄字情況與解釋體系

（1）收錄字情況（"一"部爲例）

笔画	國漢文新玉篇	字典釋要	字典釋要（增補版）	日鮮新玉篇	漢鮮文新玉篇	新字典	增補字典大解	字林補註	实用鮮和大辭典	懷中日鮮字典	新訂醫書玉篇
0	一	一	一	一	一	一	一	一	一	一	一
1				弍			弍				
					ㅗ						
					ㅜ						

---

① 見於網上古書拍賣店，參見 http://www.oldbooks.co.kr/main.html？menu＝view&uid＝29660&category＝%B1%B9%BE%EE%C7%D0%A1%A4%B9%AE%C7%D0-%B1%B9%BE%EE%C7%D0012。據拍賣書店留下的一張書影，該書和《日鮮新玉篇》非常類似，只在排列形式上有所調整，如日文訓讀擺在標題字的左右提高了視覺效果，訓在右，音在左；另外部分字次上有所變動，如"人"部 2 劃的字次上"仝-仔-以-仕-付-代"之序變爲"仔-任-付"之序，但只有一張書影，詳情無法知道。

② 見於網上古書拍賣店，參見 http://www.yetnal.co.kr/curio/curio_view.html?read_no＝17163&cpage＝1&fcode＝&fdistrib＝3&field＝article&curiokey＝%C0%CF%BC%B1%C8%AD%BF%B5&sale＝

③ 但據網上拍賣書店留下的一張書影，該書的收字和解字非常接近於《韓日華英新字典》（附音考）（申泰三編，李允宰閱，서울世昌書館，1952）一書，此書很可能是《漢日朝鮮文新玉篇》的繼承者。

韓國近代時期十種代表漢字字典的編纂與特點

續表

笔画	國漢文新玉篇	字典釋要	字典釋要（增補版）	日鮮新玉篇	漢鮮文新玉篇	新字典	增補字典大解	字林補註	实用鮮和大辭典	懷中日鮮字典	新訂醫書玉篇
					ㄅ						
	七	七	七	七	七	七	七	七		丁	
	丁	丁	丁	丁	丁	丁	丁	丁		七	
2	丌	丌	丌	丈	丌	丌	丈	丌	万	万	
	万	万	万	三	万	万	三	万	下	丈	
	下	下	下	弍	下	下	弍	下	丈	三	
	丈	丈	丈	万	丈	丈	万	丈	上	上	
	上	上	上	上	上	上	上	上		下	
	三	三	三	下	且	三	下	三		不	
				丌	干		丌			与	
					三					丑	
3	丐	与	与	不	丐	不	丐	不	丐		
	丏	丏	丏	与	与	与	丏	丑			
	弍	不	不	丏	不	不	不	与			
	不	丐	丐	丏	弍	丑	丐	丑	丐		
	丑	丑	丑	丑	丐		丑				
				且	丑						
				屮							
4	丕	丕	丕	且	丕	丕	丕	丙	且		
	且	且	且	丕	且	且	且	丘	丕		

67

續表

笔画	國漢文新玉篇	字典釋要	字典釋要（增補版）	日鮮新玉篇	漢鮮文新字典	新字典	增補字典大解	字林補註	实用鮮和大辭典	懷中日鮮字典	新訂醫書玉篇
	世	世	世	世	世	世	丕	世	且	世	
	丙	丙	丙	丘	丙	丙	世	丙	丕	丘	
	丘	丘	丘	丙	丘	丘	丘	丘	世	丙	
							丙				
5	弍	丟	丟	丞	弍	丞	丞	丟	両	丞	
	丞	丞	丞	丟	丞	丞	丞	丞	丞	兩	
				歼	丟		歼		未	並	
					亚						
6	亞	亞	亞	亞	旡	亞	亞	亞	所		
	世			歨	亞						
7	所	所	所	並	所	所	並	所	並		
	並	並	並	所	並	並	所	並			
10	竪	竪	竪	竪	竪	竪	竪	竪			
收字數	26	25	25	30	35	24	29	24	19	20	0

可見《漢鮮文新字典》《日鮮新玉篇》《增補字典大解》等比他書多收古文異體字，故收字上有所增加。另外，《懷中日鮮字典》在同一部首同筆畫數內的字次上與其他字書有所變動，諸如："七-丁"變爲"丁-七"，"下-丈-上"變爲"丈-上-下"，"丏-丑"變爲"丑-丏"之序。現代中國的字典，同部同筆畫數內的字次，按第一筆筆形的順序排列，即按提筆筆形（1）橫-（2）豎-（3）撇-（4）點（5）折順序排列。

韓國近代時期十種代表漢字字典的編纂與特點

以上十種字典,由"一"部收字的字次來看,其順序略有不同,可以歸納四類:第一類,即①《國漢文新玉篇》、②《字典釋要》(包括增補版)、④《漢鮮文新玉篇》、⑤《新字典》、⑦《字林補注》,它們的字次爲:"一-七-丁-万-下-丈-上-三-不"之序。第二類,即③《(大增補)日鮮新玉篇》(附音考)和⑥《增補字典大解》,他們的字次爲:"一-七-丁-丈-三-万-上-下-不"之序;第三類,即⑧《實用鮮和大辭典》,其字次爲:"一-万-下-丈-三-上-不"之序;第四類,即⑨《懷中日鮮字典》,其字次爲:"一-丁-七-万-丈-三-上-下-不"之序。其餘,⑩《新定醫書玉篇》無收"一"部字。可見第一類(①《國漢文新字典》等)接受傳統字次法,即是從《康熙字典》傳下來的最傳統的字次法。但到第二類(《④漢鮮文新玉篇》等)和其他類(⑨《懷中日鮮字典》等)對此有所改變。

(2)解釋體系

此時期的字典解釋體系主要由如下成分和順序組成:"標題字(楷體);韓文訓(義)、讀(音);義項;文獻用例;韻字;異體字信息(同字、通字、俗字、古字等);日文解釋"。現以"一"字的字解舉例如下:

编号	书 名	字 釋
1	《國漢文新玉篇》	ᄒᆡ【일】。數之始,畫之初。均也,同也,誠也,純也。天地未分,元氣泰一。(質)。壹通。
2	《字典釋要》	【일】數之始。하나일。(質)。壹通。
3	《日鮮新玉篇》	【일】數之始。한。同也。같을。一一。낫낫。誠也。정성。專也。오로지。或然之辭。만일。第一。첫재。或也。어느。(質)。壹通。【イッ】【イチ】ヒトツ。ヒト。ハジメ。ヒトスニス。マジハリナシ。マコト。ヒトタビ。アル。
4	《漢鮮文新玉篇》	하나【일】。數之始,畫之初。고를【일】。均也。갓흘【일】。同也。경성【일】。誠也。순일홀【일】。純也。흔갈【일】。專也,天地未分,元氣泰一。(質)。壹通。

69

續表

编号	书名	字　　釋
5	《新字典》	【일】數之始。한○한아。凡物單箇曰一。○誠也。경성。《中庸》：所以行之者，一也。○純也。순전할。凡道之純者曰一。《書》：惟精惟一。○專也。오로지。如言一味、一意。《禮》：欲一以窮之。○同也。갓흘。《孟子》：前聖後聖，其揆一也。○統括之辭。왼○왼통。如言一切、一概、一家、一門、一國。《詩》：政事一埤益我。○或然之辭。만약。如言萬一、一旦。《漢書》：歲一不登，民有飢色。○第一。첫재。○一一。낫낫。（質）。壹通。
6	《增補字典大解》	ᄒ나【일】고롤【일】갓흘【일】數之始，畫之初。均也。同也。誠也。純也。天地未分，元氣泰一。（質）。壹通。
7	《字林補註》	한【일】數之始均也，同也。天地未分，元氣泰一。（質）。弌古，醫壹通。
8	《实用鮮和大辭典》	하나【일】。數之始。畫之初。均也。同也。壹通。（質）。【イッ】【イチ】ヒトツ。ヒト。ハジメ。ヒトスニス。マジハリナシ。マコト。ヒトタビ。アル。
9	《懷中日鮮字典》	（한일）數之始也，均也，同也，誠也，專也。【イッ】【イチ】ヒトツ。ハジメ。オナジ。
10	《新訂醫書玉篇》	未收

可見《國漢文新玉篇》《漢鮮文新玉篇》和《增補字典大解》三種字典，義項的解釋和羅列基本上一致，只有部分增減；《日鮮新玉篇》則以此爲基礎再加上字釋的日語翻譯；《實用鮮和大辭典》和《懷中日鮮字典》則把前三種字典簡略化而提高了實用性；《字林補注》則加強古文異體字資料。唯有《新字典》具有相對獨特性，既義項豐富，也有引文，加強該義項的出典與理據，可謂是這時期的最典型的字典。

（3）十種字書之間的義項比較

韓國近代時期十種代表漢字字典的編纂與特點

書名	《全韻玉篇》	《國漢文新玉篇》	《字典釋要》	《日鮮新玉篇》	《漢鮮文新玉篇》	《新字典》	《增補字典大解》	《字林補註》	《实用鮮和大辭典》	《懷中日鮮字典》
訓讀	(일)	흔 (일)	(일)	(일)	하나 (일)	(일)	하나 (일) 고를 (일) 갓흔 (일)	한 (일)	하나 (일)	(한일)
義項	① 數之始	① 數之始	① 數之始 하나일	① 數之始 한	① 數之始	① 數之始 한○한아 凡物單箇日一。	① 數之始	① 數之始	① 數之始	① 數之始也
	② 畫之初	② 畫之初			② 畫之初 ③ 고를(일)		② 畫之初		② 畫之初	
	③ 均也	③ 均也			均也 ④ 갓흔(일)		③ 均也	② 均也	③ 均也	② 均也
	④ 同也	④ 同也		② 同也 갇을	同也	⑤ ○同也 갓흔	④ 同也	③ 同也	④ 同也	③ 同也

71

續表

書名\義項	《全韻玉篇》	《國漢文新玉篇》	《字典釋要》	《日鮮新玉篇》	《漢鮮文新玉篇》	《新字典》	《增補字典大解》	《字林補註》	《実用鮮和大辭典》	《懷中日鮮字典》
						《孟子》：前聖後聖，其揆一也。				
				③ 一一 뜻낫		⑨ ○一一 뜻낫				
				④ 誠也 정성	⑤ 정성(일) 誠也	② ○誠也 정성	⑤ 誠也			④ 誠也
					《中庸》：所以行之者一也。					
					⑥ 순일훔(일)					
	⑤ 誠也	⑤ 誠也			純也	③ ○純也 순겹을				
	⑥ 純也	⑥ 純也				습겹홀	⑥ 純也			

韓國近代時期十種代表漢字字典的編纂與特點

續表

	書名	《全韻玉篇》	《國漢文新玉篇》	《字典釋要》	《日鮮新玉篇》	《漢鮮文新玉篇》	《新字典》	《增補字典大解》	《字林補註》	《实用鮮和大辭典》	《懷中日鮮字典》
義項							凡道之純者曰一。《書》：惟精惟一。				
						⑦호올(일)					
					⑤專也	專也	④○專也				⑤專也
					오로지		오로지				
							如言一味、一意。				
							《禮》：飲一以窮之。				
							⑥○統括之辭				
							왼○일통				
							如言一切、一概、一家、一門、一國。				

73

續表

書名	《全韻玉篇》	《國漢文新玉篇》	《字典釋要》	《日鮮新玉篇》	《漢鮮文新玉篇》	《新字典》	《增補字典大解》	《字林補註》	《实用鮮和大辭典》	《懷中日鮮字典》
義項				⑥或然之辭		《詩》：政事一埤益我。				
						⑦○或然之辭				
				딴일		딴약				
						如言萬一，一曰。				
						《漢書》：歲一不登，民有飢色。				
				⑦第一		⑧第一				
				짓제		짓제				
				⑧或也						
				어느						
	⑦天地未分，元氣泰一。	⑧天地未分，元氣泰一。					⑦天地未分，元氣泰一。	④天地未分，元氣泰一。		

韓國近代時期十種代表漢字字典的編纂與特點

續表

書名	《全韻玉篇》	《國漢文新玉篇》	《字典釋要》	《日鮮新玉篇》	《漢鮮文新玉篇》	《新字典》	《增補字典大解》	《字林補註》	《实用鮮和大辭典》	《懷中日鮮字典》
韻	(質)	(質)	(質)	(質)	(質)	(質)	(質)	(質)	(質)	
異體字	壹通	壹通	壹通	壹通	壹通	壹通	壹通	弌古, 籀壹通。	壹通	
日語字釋				(イッ)(イチッ)ヒトッ。ヒト。ハジメ。ヒトツ。ニス。マジハリナシ。マコト。ヒトタビ。アル。					(イッ)(イチッ)ヒトッ。ヒト。ハジメ。ヒトツ。ニス。マジハリナシ。マコト。ヒトタビ。アル。	(イッ)(イチッ)ヒトッ。(イッ)ハジメ。ナジ。

75

可見近代時期十種字典皆來自《全韻玉篇》,《全韻玉篇》是一部十八世紀末由國家編纂的朝鮮時代最具代表性和權威性的字典。近代字典參考《全韻玉篇》是理所應當、不可避免之事,當然也會有所補充和發展。以"一"部爲例,《全韻玉篇》提示了韓國讀音(일)和羅列了七個義項(① 數之始;② 畫之初;③ 均也;④ 同也;⑤ 誠也;⑥ 純也;⑦ 天地未分,元氣泰一),到了《國漢文新字典》(1908)基於此只加上了韓文代表訓(ㅎ·ㄴ),其餘皆同;而《字典釋要》(1909)只選最重要的一個核心義項(① 數之始),對此義項添加了韓文訓讀(하나일)。其他,《漢鮮文新玉篇》也繼承了《國漢文新字典》,它所收的八項當中,七項與《國漢文新字典》完全一致,只增加了一個義項(專也),并在個個義項加上了韓文訓讀。另外,《增補字典大解》、《字林補注》、《實用鮮和大字典》和《懷中漢日鮮字典》皆據《國漢文新玉篇》而作調整,如《增補字典大解》所收錄的七個義項完全一致,只把韓文訓讀的位置調到個別義項之前;《字林補注》則簡選之,只收四項義項(①,③,④,⑦);《實用鮮和大字典》亦簡選之,只收四項義項(①—④),後附日文翻譯;《懷中漢日鮮字典》亦簡選之,只收五項義項,其中四項與《國漢文新玉篇》一致(①,③,④,⑤),再加上"專也"義項,後附日文翻譯,其他沒有差異。故《國漢文新玉篇》可謂是這時期的代表性字典。

《日鮮新玉篇》則有了較大的增補,既接受了三項主要義項(① 數之始;④ 同也;⑤ 誠也),還增加了五項新的義項(一一;專也;或然之辭;第一;或也),同時對所有義項附加了韓文訓,還附加了日文翻譯。故《日鮮新玉篇》可謂是近代時期字典上的一個轉折點,增補了大量義項,又形成了這時期的另一個重要系統。

另外,《新字典》開辟了新的一路,具有獨創的體例和義項系統。它收錄了九個義項,在這時期字典當中義項最豐富,它所增加的"⑥ 統括之辭"是他書未見的。另外,它對每個義項提示了該義項的出典,提高了科學證據,這也是這時期字典當中他書未見的體例,故《新字典》可謂是這時期最有獨創的一部字典。

(4) 十種字書之間的譜系表

據以上義項收錄情況分析,這時期的字典之間的繼承關係,以圖表表示如下①:

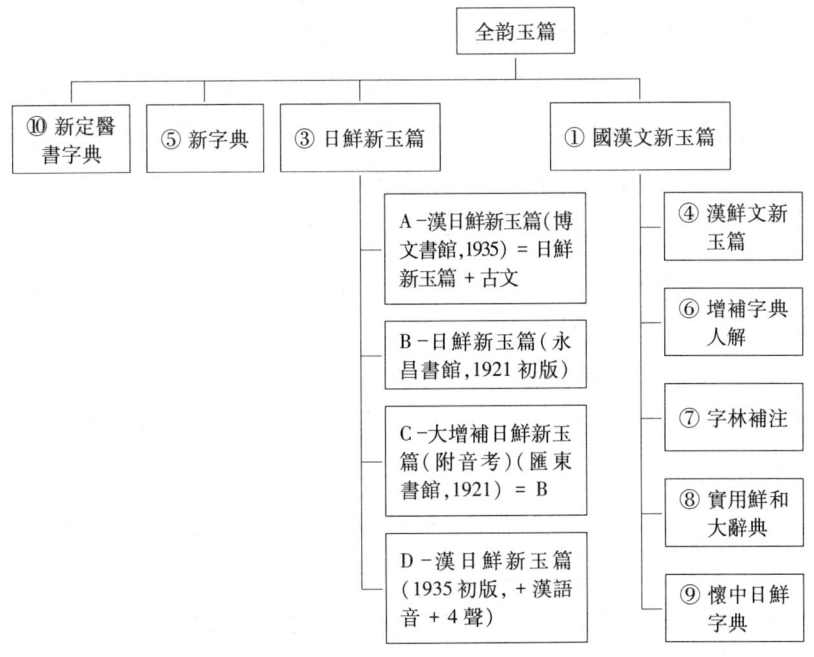

```
                        全韵玉篇
         ┌─────────┬────────┬────────┬─────────┐
      ⑩新定醫    ⑤新字典   ③日鮮新玉篇         ①國漢文新玉篇
      書字典
                          ┌A－漢日鮮新玉篇(博       ④漢鮮文新
                          │ 文書館,1935)＝日鮮       玉篇
                          │ 新玉篇＋古文
                          │                        ⑥增補字典
                          │B－日鮮新玉篇(永          人解
                          │ 昌書館,1921初版)
                          │                        ⑦字林補注
                          │C－大增補日鮮新玉
                          │ 篇(附音考)(匯東          ⑧實用鮮和
                          │ 書館,1921)＝B           大辭典
                          │
                          │D－漢日鮮新玉篇          ⑨懷中日鮮
                          │ (1935初版,＋漢語         字典
                          └ 音＋4聲)
```

可見《國漢文新玉篇》、《漢鮮文新玉篇》和《增補字典大解》三種字典,義項的解釋和羅列基本上一致,只有部分增減;《日鮮新玉篇》則以此爲基礎再加上字釋的日語翻譯;《實用鮮和大辭典》和《懷中日鮮字典》則把前三種字典簡略化而提高了實用性;《字林補注》則加強古文異體字資料。唯有《新字典》具有相對獨特性,既有豐富義項,也有引文,加強該義項的出典與理據,可謂是這時期的最有典型的字典。

三、編纂特點

近代時期漢字字典在韓國的字典編纂史上有如下幾點特點:

---

① 第②項《字典釋要》屬於《康熙字典》系列,故不羅列于表上。

第一,新编纂體例的充分應用。爲了適應近代時期讀者的新要求,并提高排版效果减少出版經費,采取了新的體例。其中《新字典》最有特色:

(1)《新字典》運用了一頁三段排列的方式,提高了空間的活用、看書的便利、檢索的方便等效果。之前,朝鮮時代的字書,未有過此式,皆用整頁無分段的方式。只有部分韻書采用過分段方式,如《三韻通考》分三段,第一段排列平聲,第二段排列上聲,第三段排列去聲,而入聲另附於書後①。《新字典》的三段排列方式很可能來自這些韻書。以後,還影響了:《模範鮮和辭典》(博文書館)采取四段排列,《懷中日鮮字典》采取三段排列,《國漢文新玉篇》(1959,永昌書館)采取四段排列。1945年以後的現代時期字典多用兩端或三段式,可見其影響力②。

(2)《新字典》采取了圖像配合的方式,大大提高了模糊或複雜概念的理解。它共配了39幅圖③,主要集中於器名等物名上。朝鮮時代圖像配合的形式,皆不見於辭書,只見於禮學文獻和一些類書。對名物配合圖像的方式,早在日本明治時代就已流行,出版了各種名物圖,諸如《和漢三才圖會》(寺島良安,1712)等。故《新字典》的配圖新嘗試,可能受到日本的物名圖像學的影響。這時期字典當中《字典釋要》1909年初版本到1918年第14版没有附圖,但到了1920年的第15版受到《新字典》的影響,加上590幅圖,書名也改成《增正附圖字典釋要》。另外,《模範鮮和辭典》也運用圖畫配套的方式,比《新字典》的圖畫增加了不少。以後,此傳

---

① 繼承此例的韻書還有《三韻補遺》(朴斗世,1650—1733)、《增補三韻通考》(金濟謙、成孝基,1702—1722)等。

② 諸如《大漢漢字典》(張三植編,省文社,1964初版)采取了五段排列方式,《漢韓大字典》(民衆書林,1981)采取了四段排列方式,成爲漢字編纂的主要形式。

③ 1915年初版到1940年代,各種版本都漏了有關"青"的附圖(留著空間),到1947年的《(大版)新字典》有所補充,增加爲40附圖。其具體目録如下:亭(1-3b)、俎(1-6b)、侯(1-7a)、冕(1-13a)、几(1-13b)、匜(1-17b)、匰(1-18a)、卣(1-18b)、戈(2-7b)、戟(2-8a)、敵(2-19b)、罕(2-21a)、斧(2-21b)、庪(2-22a)、枕(2-29b)、爵(2-61b)、筌(3-27a)、篡(3-28a)、簋(3-28b)、簫(3-28b)、籩(3-29b)、罩(3-37b)、臟(3-45b)、舟(3-47b)、衰(3-65a)、觶(4-2b)、豆(4-8a)、登(4-8a)、足(4-12a)、蹼(4-14b)、輪(4-16b)、鉥(4-25b)、鐏(4-26b)、鐸(4-28b)、馬(4-42a)、鰭(4-48a)、黻(4-53b)、黼(4-53b)、鼎(4-54a)。

統到現代字典編纂時成爲必不可少的一環,或放在本文中,或集中放在書後作附錄。

(3)《新字典》大量增加文獻上的實際出典,提高了該字義項的理據。之前,雖然《全韻玉篇》和《字類注釋》等偶爾引用過文獻上的用例,只限於部分字,不是全書的整體體例。但到了《新字典》,對所有標題字提示了文獻上的主要用例,規模較之前大得多,此例也成爲現代漢字字典的凡例。

第二,多種語言的解釋。此爲這時期字典的最突出特色之一,反映當時的國際形勢和韓國所處的情況。近代之前,朝鮮一直堅持對外不開放,固守鎖國政策,但到近代,日本與西歐列強的繼續侵入,由此大大提高了學習外語的需求。尤以吞併韓國而實行殖民統治的日本的影響爲大。故這時期的字典,從以前的漢漢或漢韓的雙解形式擺脫出來,編纂時加上日語和英語的多語種字典開始出現。諸如《日鮮新玉篇》《實用鮮和辭典》《懷中日鮮字典》《內鮮新玉篇》《漢日朝鮮文新玉篇》皆是。另外,《日鮮華英新字典》於漢、韓、日語外加上英語而變成四種語言同在一起的四解字典。

第三,專業字典的出現。諸如《醫學字典》,它是專門收集醫學用的漢字而編的字典。這很可能是隨著日本近代醫學的進入,在當時的韓國流行了醫學(與傳統韓醫學不同)。醫學是近代文化的象徵,故學醫的需求特大,且醫學術語絕大多數是漢字詞彙,爲了社會上的需要,出現了專業領域的專業字典。中國的"醫學字典"始於1988年的《中醫字典》(申志均主編,河南科技出版社)①,故《醫學字典》可謂是東亞第一部醫學字典,可見該書的編纂意義②。這也開辟了現代時期的各種專業字典的編纂

---

① 之後,中國還出版了《中醫難字字典》(李戎,上海科技出版社,2001),《實用中醫字典》(王曉龍,學苑出版社,2006)等;韓國出版了《韓醫學必修漢字1000字》(手機版)(金承龍,2015)。

② 日本雖有"醫學字典",諸如《臨床醫學字典》(山田弘倫,南山堂,1903),《羅獨和譯醫學字典》(川村正治、宮地良治編譯,南江堂,1906),但不是醫學漢字的字典,而是"醫學用語辭典",把西文醫學術語翻譯成日語的。參見日本國會圖書館 http://dl.ndl.go.jp/search/searchResult?featureCode=all&searchWord=%E5%8C%BB%E5%AD%A6%E5%AD%97%E5%85%B8&viewRestricted=0

之路。

　　第四,字典兼作辭典的新式字典的出現。這是在以往的字典基礎上,加上該字爲頭的主要詞彙羅列於該標題字下,是采取字典和辭典的兼用,可謂是現代漢語辭典的前身,也是字典和辭典的橋梁,這以《實用鮮和辭典》爲代表。以後,韓國現代字典多采取此例,故此例的出現,意義重大。

　　第五,愛國意識的反映。近代時期大多爲屬於日本統治時代,雖然受到日本詞典學的很大影響,但還保留了韓國固有漢字(國字)和固有用法(國義字和國音字)。《字典釋要》把朝鮮國字羅列與本文中,特別提示"國字",《新字典》把朝鮮國字107例收集後,以"朝鮮國字部"爲名羅列於書後。以後出的大部分字典,接受朝鮮國字的分類,以各種不同的方式反映之。諸如《字典釋要》把"國字"注明於本文該字的説明中,《日鮮大字典》(朴重華,光東書局,1912)書後附錄了10頁"國字"。此外,有關韓國歷史和韓國固有文化和自然環境的敘述也常常見到,這也是民族意識的發露。

　　第六,字書之間的繼承與脈絡異常複雜。字書的名稱、編纂者、出版社、收錄方式和解字體例之間,多有錯綜關係,其脈絡非常複雜。同一内容和規模,書名、編纂者和出版社常常不同,諸如《日鮮文新玉篇》種類特多,内容基本上一致。這現象主要由於當時的出版界的大動蕩與著作權意識的缺乏而導致的。如《漢日鮮新玉篇》有博文館本(魯亨植編,1935)、永昌書館本(玄公廉編,1930);又有《增補詳解漢日鮮新玉篇》(永昌書局編輯部編)、《增訂附韻漢日鮮新玉篇》(李鍾禎編)等,收字和内容没有差别,很可能是同一版本的另外編輯①。

---

　　①　另外,李鍾禎編《漢日鮮大字典》(1918,漢城書館)和李鍾禎編的《漢日鮮新玉篇》(光東書局,1916,1922,1928)是同一内容,此與朴重華編《日鮮大字典》(光東書局,1912)是同一内容,又《漢日鮮新玉篇》(大正10年,1921)和永昌書館出版的《日鮮新玉篇》(1935,昭和10年)也是同一内容,没有差異。還有,匯東書館出的《漢日鮮新玉篇》(昭和10年,1935)和博文書館出的《大增補漢日鮮新玉篇》(1935)是在《漢日鮮新玉篇》(大正10年,1921)的基礎上,只加上　些古文標題字而完成的,没有實際内容上的增補。

此外,字典的名稱上也出現幾種説法,諸如"玉篇"、"字典"、"字林"、"辭典"等名稱混在一起。"玉篇"強調傳統的名稱;"字典"常加"新"字的"新字典"來看,是當時的新潮流,新流行的名稱。"字林"來自於《字林》,《字林補注》實際上收錄了非常豐富的古文字異體字,反映該字典的保守型。

四、參考文獻

[1] YoungSam Ha(河永三), *Producing Definitive Editions and Developing Database on Korean Modern Dictionaries of Hanja(Chinese Characters)* (《韓國近代時期漢字字典(玉篇)的正本化與資料庫建設》), midway report for Korean Studies Foundation Research of KSPS(韓國教育部韓國學振興團基礎土台研究中期報告),2015.

[2] YoungSam Ha(河永三), *New Editing Sin JaJeon(新字典)* (《標點校勘 電子排版 新字典》),3publishing Co.,2016.

[3] HyeongIk Park(朴亨益), *The History of Chinese Character Dictionaries in Korea* (《韓國字典的歷史》), Yeoklak Publishing Co.(亦樂),2012.

[4] *Nationnal Library of Korea*(國立中央圖書館),http://www.dibrary.net

[5] *Kyujanggak Institue for Korean Studies in Seoul National University*(首爾大學奎章閣韓國學圖書館),http://e-kyujanggak.snu.ac.kr/home/main.do? siteCd=KYU

[6] *Nationnal Library of Chiina*(中國國家圖書館),http://www.nlc.gov.cn/

[7] *Nationnal Library of Taiwan*(臺灣"國家圖書館"),http://www2.ncl.edu.tw/

[8] Ping Wang(王平) & YoungSam Ha(河永三)(edit), *A Series Books about Chinese Characters Spread for Abroad — South Korea's volume*(《域外漢字傳播書系——韓國卷》), Shanghai people's publishing house.

（上海人民出版社），2012.

［9］ *Nationnal Diet Library Digital Collections*（日本國會圖書館電子圖書館），http://dl.ndl.go.jp/

［10］ Dekuan Huang（黃德寬），*The History of Chinese Character Studies in China*（《漢語漢字學史》），YoungSam Ha（河永三）（trans.），Dongmunseon Publishing Co.（東文選），2002.

五、書　　影

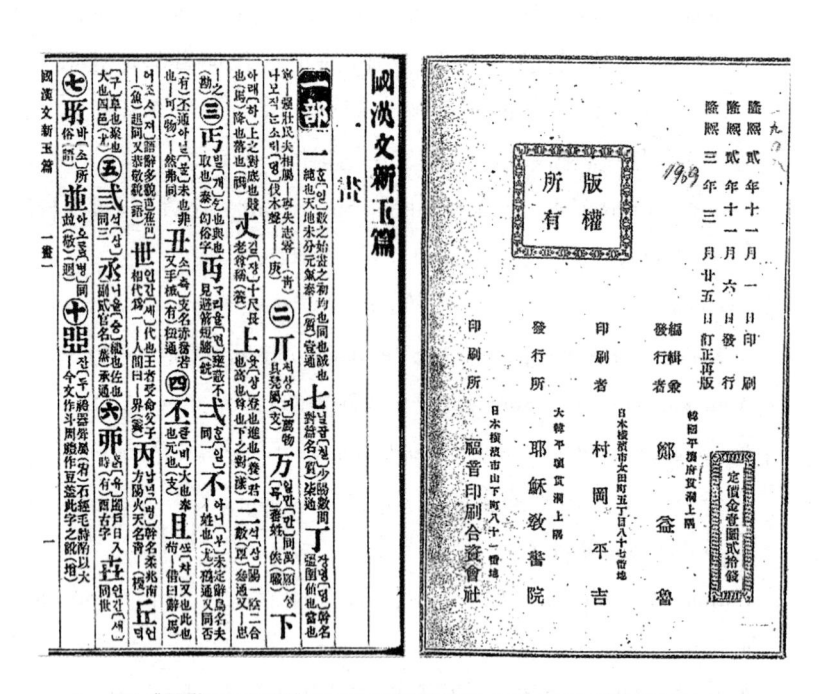

（1）《國漢文新玉篇》（1908，耶穌教書院，河永三藏，1909再版本）

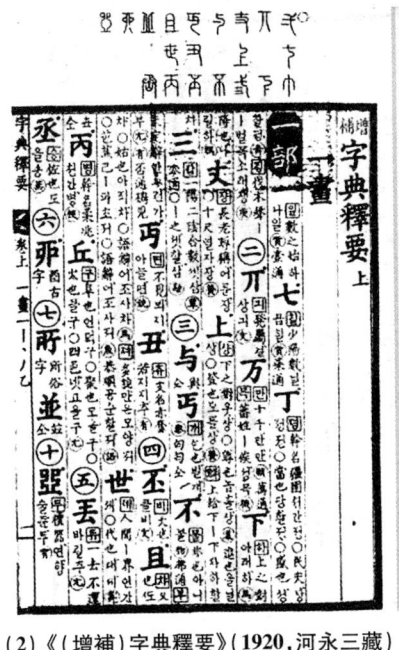

韓國近代時期十種代表漢字字典的編纂與特點

(2)《(增補)字典釋要》(1920,河永三藏) 　　(3)《漢日鮮新玉篇》(1926,河永三藏)

(4)《漢鮮文新字典》(1918,河永三藏) 　　(5)《新字典》(1913,河永三藏)

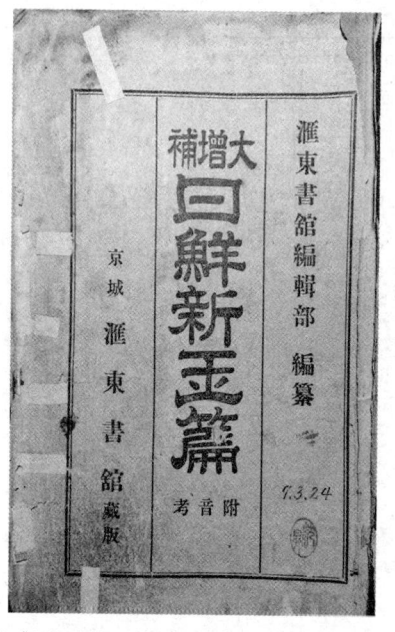

(6)《(大增補)日鮮新玉篇》(1918,河永三藏)　(7)《字林補注》(1921,河永三藏)

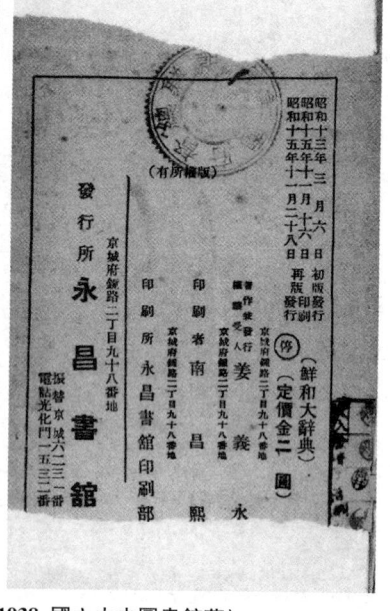

(8)《實用鮮和大辭典》(1938,國立中央圖書館藏)

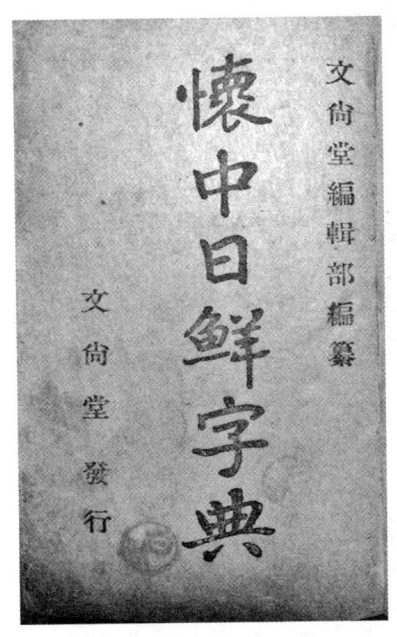

韓國近代時期十種代表漢字字典的編纂與特點

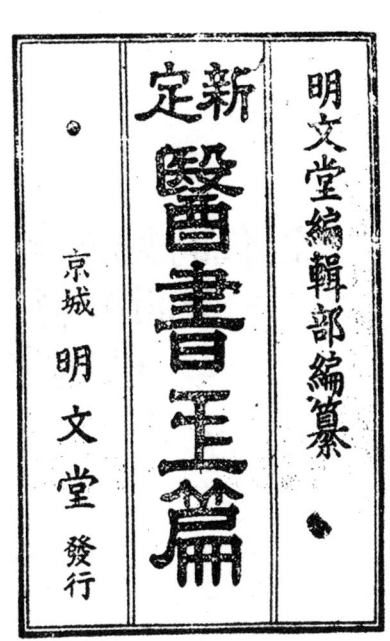

(9)《懷中日鮮字典》(1939,河永三藏)　(10)《新定醫書字典》(1944,河永三藏)

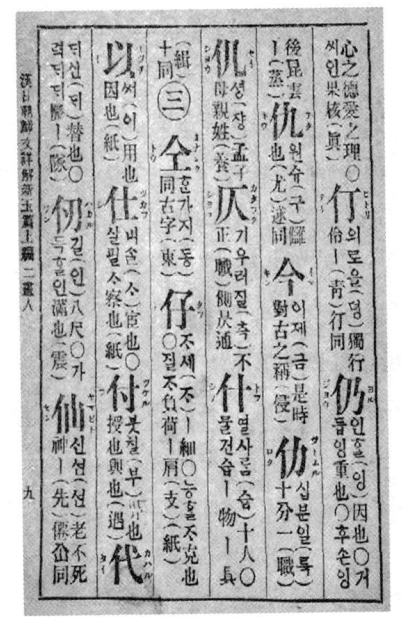

(11)《漢日朝鮮文新玉篇》(1912,網上資料)　(12)《日鮮華英新字典》(1917,網上資料)

近代時期漢字需求的大轉變：
《全韻玉篇》與《新字典》
標題字增減考

1. 引　　言

　　漢字的"增減"研究，在漢字的三要素(形、音、義)以及字頻研究之外，可稱爲第五要素。漢字的形、音、義研究，既屬漢字研究的傳統，漢字的頻率是進入近現代以後才開始的新研究，它代表該字的使用能力，對漢字本身和運用研究都具有重要意義[①]。如果說前四者的研究是漢字的靜態研究，第五項則可窺見漢字使用上的變化，可謂動態研究，具有重要意義。對特定時期的漢字字典收字情況的研究，不僅可以提供收字、用字情況的科學根據，也可以提供文字使用環境的歷史變化情況。

　　但這種研究具有巨大困難，主要在於需要建設完整的數據庫，要建數據庫需要艱難枯燥和耐心的勞動。由於此故，漢字增減研究始於最近，以臧克和《中古漢字流變》[②]爲代表。韓國至今還沒有對漢字字典的收字情

[①] 河永三：《朝鮮時代的一部漢字頻率調查報告書—生生字譜》，《文化傳統論集》(慶星大學韓國學研究所，特別號第三輯，2004)，第 165 頁。

[②] 臧克和：《中古漢字流變》(華東師範大學出版社，2008)。

況作增減研究。

　本文基於以上認識,對韓國朝鮮時期最有代表性的字典《全韻玉篇》和韓國近代時期最有代表性的《新字典》的收字情況進行比較,從而得出增減字的實際情況,一方面可以了解韓國漢字字典從古代到近代收字情況的變化,和所發生的語言環境的變化,另一方面以之作爲韓國漢字字典史科學研究的基礎材料。

　1915年首次出版的崔南善的《新字典》①可謂是一部韓國近代時期代表性漢字字典,它從收字、解字方式及編纂體例方面都有嶄新的突破,在韓國字典歷史上佔有重要地位。② 它既繼承了朝鮮時代代表性字典《全韻玉篇》的傳統,又爲現代時期漢字字典的編纂開闢了新的道路。不僅如此,它大量吸收了近代時期新語言環境所必需的字,成爲韓國近代漢字研究的寶庫。故從它的收字情況,可以窺見當時語言環境的變化。

　爲了實現本次目標,我們建設了《全韻玉篇》和《新字典》的全文數據庫,以此爲基礎,進行了科學比較。其使用版本爲:①《新字典》:1915年

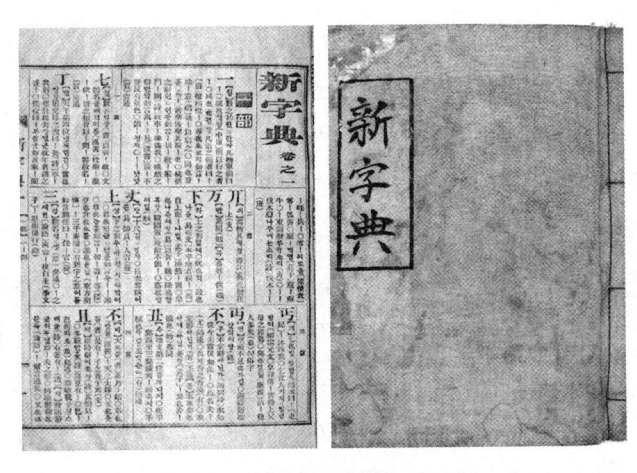

1915 年新文館版《新字典》(22.2×15.6 cm)

---

① 對於作者,參看河永三:《(標點校勘電子排版)新字典》之《解題》,第7—8頁。
② 河永三:《(標點校勘電子排版)新字典》之《導言》,第1—22頁。

初版本,4卷1册,22.2×15.6 cm。朝鮮光文會編,京城:新文館,韓國國立中央圖書館藏本,韓古朝41。②《全韻玉篇》:己卯(1819)新刊本,春坊藏板(2卷2册,四周雙邊,20.9×15.2 cm,10行17字,注雙行,上黑魚尾,30.4×20.3 cm)韓國國立中央圖書館藏本,韓古41-3-1。

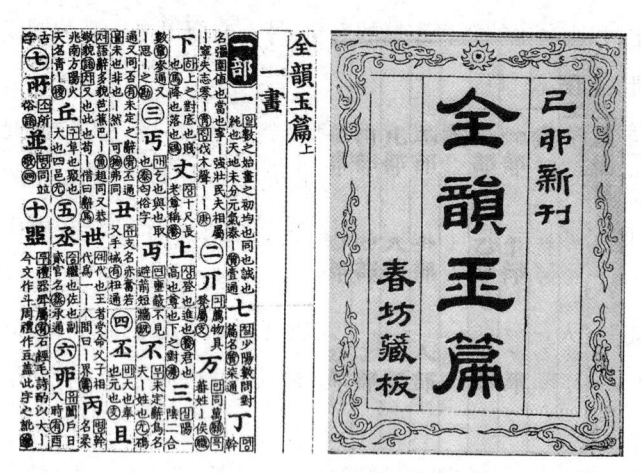

《全韻玉篇》,己卯(1819)新刊春坊藏板

2.《新字典》的收字情況

據1915年初版本《新字典》①,498頁,共收13 348字,該書的結構及具體收字情況:扉頁(朝鮮光文會編撰、金敦熙題字、京城新文館藏板,1頁);序文(柳瑾《序》2頁,崔南善《敘》6頁);凡例、目錄(《新字典例》(11條)2頁,《新字典部首目錄》(214部首)2頁,《檢字》4頁;本文(共4卷,卷一:一部~亻部,2 570字;卷二:心部~犬部,3 501字;卷三:玉部~西部,3 950字;卷四:見部~龠部,3 063字)及附錄(《朝鮮俗字部》107字,《日本俗字部》98字,《新字新義部》59字)共264字,共492頁;版權紙[大正4年(1915)11月1日印刷,編輯兼發行者崔南善,總發行所新文館]1頁。

---

① 1915年初版本後有1916、1917、1923、1924、1925、1928、1930年重版;1947年《大版新字典》(東明社,縮版);1973複印重版。

3.《新字典》與《全韻玉篇》的收字比較

《全韻玉篇》共收 10 997 字,《新字典》共收 13 348 字(正文 13 084 字,3 種附錄 264 字)。現羅列《新字典》和《全韻玉篇》部首別收錄字及增加情況則如下①:

ID	部首	全韻玉篇	新字典	純增減	國漢文新玉篇
001	一	23	24	1	26
002	丨	7	8	1	7
003	丶	3	4	1	3
004	丿	9	10	1	9
005	乙	11	12	1	12
006	亅	3	4	1	3
007	二	12	13	1	13
008	亠	12	14	2	12
009	人	349	398	49	350
010	儿	20	21	1	20
011	入	6	6	0	6
012	八	13	13	0	13
013	冂	11	13	2	11

---

① 之前,鄭益魯主編的《國漢文新玉篇》[耶穌教書院,1908 年初版,1909 年訂正再版;1911 年訂正增補補遺初版(補遺 142 頁);1914 年訂正增補補遺再版;1918 年訂正增補補遺第 3 版.]可謂是近代韓國的第一部漢字字典。1909 年的訂正再版本共收 11 000 字,對《全韻玉篇》調整了 23 字,增加 24 字(弌、弍、丠、乢、乤、仈、冖、卡、卟、卡、垈、垌、弨、杲、溇、傘、凼、煅、砍、蛋、閅、頉、溯),減少 1 字(堡)。

續表

ID	部首	全韻玉篇	新字典	純增減	國漢文新玉篇
014	冖	8	9	1	9
015	冫	29	36	7	29
016	几	8	9	1	8
017	凵	6	7	1	6
018	刀	100	106	6	100
019	力	47	49	2	47
020	勹	19	20	1	19
021	匕	4	4	0	4
022	匚	17	19	2	17
023	匸	8	9	1	8
024	十	14	14	0	14
025	卜	6	6	0	9
026	卩	16	17	1	16
027	厂	13	14	1	13
028	厶	6	7	1	6
029	又	13	13	0	13
030	口	340	373	33	340
031	囗	36	37	1	36
032	土	212	234	22	213
033	士	9	9	0	9
034	夂	1	2	1	1
035	夊	5	6	1	5

近代時期漢字需求的大轉變:《全韻玉篇》與《新字典》標題字增減考

續表

ID	部首	全韻玉篇	新字典	純增減	國漢文新玉篇
036	夕	8	8	0	8
037	大	41	45	4	41
038	女	206	239	33	206
039	子	27	30	3	27
040	宀	81	81	0	81
041	寸	12	13	1	12
042	小	9	9	0	9
043	尢	7	10	3	7
044	尸	31	35	4	31
045	屮	1	2	1	1
046	山	154	179	25	154
047	巛	4	5	1	4
048	工	6	6	0	6
049	己	9	9	0	9
050	巾	89	113	24	89
051	干	9	9	0	9
052	幺	7	7	0	7
053	广	71	85	14	71
054	廴	4	5	1	4
055	廾	12	13	1	12
056	弋	7	8	1	7
057	弓	42	45	3	43

續表

ID	部首	全韻玉篇	新字典	純增減	國漢文新玉篇
058	ヨ	6	7	1	6
059	彡	13	14	1	13
060	彳	45	53	8	45
061	心	349	407	58	349
062	戈	30	33	3	30
063	戶	19	19	0	19
064	手	427	521	94	427
065	支	5	9	4	5
066	攴	51	81	30	51
067	文	6	8	2	6
068	斗	15	19	4	15
069	斤	12	14	2	12
070	方	30	33	3	30
071	无	3	3	0	3
072	日	154	185	30	154
073	曰	15	15	0	15
074	月	27	27	0	27
075	木	506	664	158	507
076	欠	42	69	27	42
077	止	12	16	4	12
078	歹	33	58	25	33
079	殳	20	22	2	20

近代時期漢字需求的大轉變：《全韻玉篇》與《新字典》標題字增減考

續表

ID	部首	全韻玉篇	新字典	純增減	國漢文新玉篇
080	毋	7	7	0	7
081	比	4	5	1	4
082	毛	33	49	16	33
083	氏	4	5	1	4
084	气	4	5	1	4
085	水	585	687	102	587
086	火	172	230	58	172
087	爪	6	6	0	6
088	父	4	5	1	4
089	爻	3	3	0	6
090	爿	4	7	3	4
091	片	14	19	5	14
092	牙	1	4	3	1
093	牛	43	89	46	43
094	犬	124	177	53	124
095	玄	5	5	0	182
096	玉	182	234	52	5
097	瓜	11	11	0	11
098	瓦	36	43	7	36
099	甘	3	4	1	3
100	生	6	6	0	6
101	用	5	5	0	5

續表

ID	部首	全韻玉篇	新字典	純增減	國漢文新玉篇
102	田	62	68	6	62
103	疋	6	6	0	6
104	疒	129	182	53	129
105	癶	3	4	1	3
106	白	26	31	5	26
107	皮	12	36	24	12
108	皿	34	41	7	34
109	目	124	188	64	124
110	矛	8	12	4	8
111	矢	12	14	2	12
112	石	137	199	62	138
113	示	78	94	16	78
114	内	6	9	3	6
115	禾	117	162	45	117
116	穴	60	81	21	60
117	立	20	24	4	20
118	竹	222	263	41	222
119	米	58	79	21	58
120	糸	306	346	40	306
121	缶	19	26	7	19
122	网	51	58	7	51
123	羊	33	45	12	33

近代時期漢字需求的大轉變：《全韻玉篇》與《新字典》標題字增減考

續表

ID	部首	全韻玉篇	新字典	純增減	國漢文新玉篇
124	羽	49	65	16	49
125	老	8	8	0	8
126	而	6	7	1	6
127	耒	20	33	13	20
128	耳	29	51	22	29
129	聿	6	7	1	6
130	肉	197	242	46	197
131	臣	4	4	0	4
132	自	5	7	2	5
133	至	6	9	3	6
134	臼	17	18	1	17
135	舌	12	17	5	12
136	舛	4	4	0	4
137	舟	49	56	7	49
138	艮	3	3	0	3
139	色	4	6	2	4
140	艸	489	554	65	489
141	虍	21	28	7	21
142	虫	233	305	72	234
143	血	16	21	5	16
144	行	15	18	3	15
145	衣	181	204	23	181

續表

ID	部首	全韻玉篇	新字典	純增減	國漢文新玉篇
146	襾	6	7	1	6
147	見	26	29	3	26
148	角	29	33	4	29
149	言	273	310	37	273
150	谷	12	13	1	12
151	豆	13	13	0	13
152	豕	23	27	4	23
153	豸	26	30	4	26
154	貝	87	97	10	87
155	赤	11	12	1	11
156	走	35	41	6	35
157	足	154	177	23	154
158	身	12	13	1	12
159	車	120	134	14	120
160	辛	12	12	0	12
161	辰	5	5	0	5
162	辵	136	149	13	136
163	邑	96	106	10	96
164	酉	91	98	7	91
165	釆	2	3	1	2
166	里	5	5	0	5
167	金	254	297	43	254

近代時期漢字需求的大轉變:《全韻玉篇》與《新字典》標題字增減考

續表

ID	部首	全韻玉篇	新字典	純增減	國漢文新玉篇
168	長	1	6	5	1
169	門	68	70	2	70
170	阜	97	102	5	97
171	隶	4	4	0	4
172	隹	27	28	1	27
173	雨	80	85	5	80
174	青	5	5	0	5
175	非	3	4	1	3
176	面	6	7	1	6
177	革	78	92	14	78
178	韋	20	22	2	20
179	韭	4	4	0	4
180	音	10	11	1	10
181	頁	75	87	12	76
182	飛	3	3	0	3
183	風	37	37	0	37
184	食	100	109	9	100
185	首	5	5	0	5
186	香	10	10	0	10
187	馬	133	146	13	133
188	骨	30	36	6	30
189	高	1	1	0	1

續表

ID	部首	全韻玉篇	新字典	純增減	國漢文新玉篇
190	髟	48	54	6	48
191	鬥	5	8	3	5
192	鬯	3	3	0	3
193	鬲	6	6	0	6
194	鬼	20	20	0	20
195	魚	98	113	15	98
196	鳥	166	167	1	166
197	鹵	7	7	0	7
198	鹿	30	30	0	30
199	麥	16	17	1	16
200	麻	7	7	0	7
201	黃	6	6	0	6
202	黍	4	4	0	4
203	黑	32	32	0	32
204	黹	3	4	1	3
205	黽	9	9	0	9
206	鼎	4	4	0	4
207	鼓	13	13	0	13
208	鼠	13	13	0	13
209	鼻	7	7	0	7
210	齊	6	5	−1	6
211	齒	31	44	13	31

续表

ID	部首	全韻玉篇	新字典	純增減	國漢文新玉篇
212	龍	5	5	0	5
213	龜	3	3	0	3
214	龠	4	4	0	4
計		10 977	13 084	2 107	11 000
3 種附錄		264			

4. 減 少 字

《新字典》共收 13 348 字,除了三種附錄 264 字以外,雖然比《全韻玉篇》增加了 2 116 字。但也有減少字,經過對比,共出現 7 例,其具體目錄則如下:

ID	標題字	《全韻》解字
1	倢	【첩】婦官,倢伃。又疾也,儇利。(葉)。婕捷通
2	娪	【와】女侍。(哿)。
3	宥	【유】寬也,赦罪,助也。(宥)。侑同。
4	嶇	【거】俗。【허】山路峻,崎嶇。(魚)。
5	畊	【경】耕古字。(庚)。
6	衝	【충】同衝。(冬)。
7	齌	【ᄌ】衣下縫。(支)。齊通。

減少字裏有些字是罕用字,很可能是有意撤掉,諸如嶇、畊等字,但其他很可能是遺漏的,諸如娪、倢、宥。因爲"娪"和"倢"字雖不出現於標題

字,但解字本文里共出現 2 次,本文出現而標題字不出現是不對的;尤其"宥"字爲 106 韻的韻目字之一,本文共出現 213 次,肯定是遺漏的。另外,"畊"爲"耕"的古字,到近代今字"耕"字更爲普遍使用,它替代了"畊"字的地位,"衝"爲"衝"的異體字,到近代"衝"更爲普遍使用,就撤掉"衝"字,但《新字典》保持非常豐富的異體字,没有理由只撤掉"衝"的異體"衝"字的理由。

5. 移動字及重出字

另外,《新字典》也有部首之間的移動,在歸部上有所調整。此例共出現 3 組,諸如:蝕、誾、髍。"蝕"字在《全韻玉篇》歸屬於食部,到《新字典》歸屬於虫部;"誾"字在《全韻玉篇》歸屬於門部,到《新字典》歸屬於言部;"髍"字在《全韻玉篇》歸屬於"麻"部,到《新字典》歸屬於骨部。

還有,《新字典》有重複出現的 3 個例子,如"辮"字出現於糸和辛兩部,"畚"字出現於大和田兩部,"躰"出現於矢和身兩部。

6.《新字典》增加字所反映的語言文化背景

以上統計,我們可以知道《全韻玉篇》共收 10 977 字,《新字典》共收了 13 084 字(除了附錄 3 種 264 字),共增加了 2 114 字。但部分部首有所減少,共有 7 例,實際增加數字爲 2 107 字。①

其中,20 字以上增加的部首共達 35 部,總數字爲 1 624 字,占增加全數的 77.1%。其具體目錄(以增字數由多到少爲次)爲:

---

① 另外,部首之間有所變動共有 3 例,則"髍"歸類於骨部(原歸於麻部),"誾"歸類於言部(原歸於門部);"蝕"歸類於虫部(原歸於食部)。

近代時期漢字需求的大轉變:《全韻玉篇》與《新字典》標題字增減考

ID	部首	新字典增字數	ID	部首	新字典增字數
75	木	158	120	糸	40
85	水	102	149	言	37
64	手	94	38	女	34
142	虫	72	30	口	33
140	艸	65	72	日	31
109	目	64	66	攴	30
112	石	62	76	欠	27
61	心	58	46	山	26
86	火	58	78	歹	25
94	犬	53	107	皮	24
104	疒	53	50	巾	24
96	玉	52	145	衣	23
9	人	50	157	足	23
93	牛	46	32	土	22
115	禾	45	128	耳	22
130	肉	45	116	穴	21
167	金	43	119	米	21
118	竹	41	計		1 624

另外,與《全韻玉篇》收字相比,增加30%以上的《新字典》部首共達26部,具體目錄(以增字數由多到少爲次)則如下:

ID	部首	增加比率	ID	部首	增加比率
168	長	5.00	107	皮	2.00
92	牙	3.00	93	牛	1.07

續表

ID	部首	增加比率	ID	部首	增加比率
34	夂	1.00	43	尢	0.43
45	屮	1.00	94	犬	0.43
65	支	0.80	135	舌	0.42
128	耳	0.76	211	齒	0.42
78	歹	0.76	104	疒	0.41
90	爿	0.75	132	自	0.40
127	耒	0.65	115	禾	0.38
76	欠	0.64	121	缶	0.37
191	鬥	0.60	123	羊	0.36
66	攴	0.59	91	片	0.36
109	目	0.52	119	米	0.36
110	矛	0.50	116	穴	0.35
133	至	0.50	86	火	0.34
114	內	0.50	105	癶	0.33
139	色	0.50	99	甘	0.33
165	釆	0.50	6	亅	0.33
82	毛	0.48	124	羽	0.33
112	石	0.45			

　　其中，長部、牙部的增加率達到 5 倍和 3 倍，但該部《全韻玉篇》原只收 1 字，到《新字典》共收 6 字和 4 字，增加的實際數字不大；皮部《全韻玉篇》原收了 12 字，但到《新字典》共收 36 字，增加了 2 倍；牛部《全韻玉篇》原收了 43 字，但到《新字典》共收 89 字，增加了 1 倍多。可見，皮部和牛

部不僅在增加比例上占首位,在增加數字上也占首位,在反映當時語言環境上,具有實際意義,需要闡釋該部增加的背景。與此相比,長部和牙部雖然在增加比例上占首位,但增加的數字極少,其在增加意義上遠不如皮部和牛部。

爲了分析增減字的文化意義,我們需要提高增減字的實際確定內容,故還要考慮增加比例和增加總數字上的幅度,進行了增加比率和增加總數上的重複篩選,得到同時滿足增加比率20%以上和增加總數字10字以上的部首,其篩選結果則如下:

同時滿足增加比率20%以上和增加總數字10字以上的部首:共有22部,共903字,占43%。

ID	部首	全韻	新字典	增加數字	增加比率
001	皮	12	36	24	2.00
002	牛	43	89	46	1.07
003	歹	33	58	25	0.76
004	耳	29	51	22	0.76
005	耒	20	33	13	0.65
006	欠	42	69	27	0.64
007	支	51	81	30	0.59
008	目	124	188	64	0.52
009	毛	33	49	16	0.48
010	石	137	199	62	0.45
011	犬	124	177	53	0.43
012	齒	31	44	13	0.42
013	广	129	182	53	0.41

續表

ID	部首	全韻	新字典	增加數字	增加比率
014	禾	117	162	45	0.38
015	羊	33	45	12	0.36
016	米	58	79	21	0.36
017	穴	60	81	21	0.35
018	火	172	230	58	0.34
019	羽	49	65	16	0.33
020	木	506	664	158	0.31
021	虫	233	305	72	0.31
022	玉	182	234	52	0.29

增加上位部首表

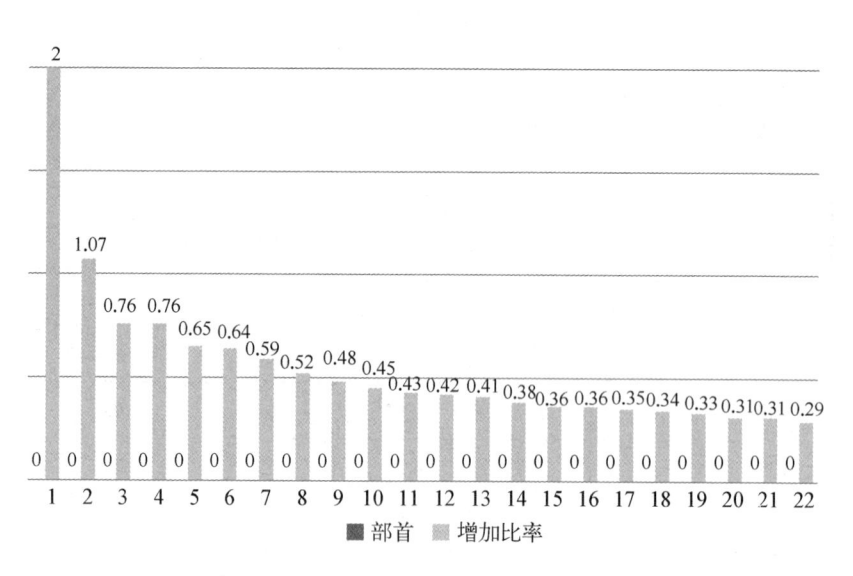

至於以上22種部首的屬性分類，則如下：

近代時期漢字需求的大轉變:《全韻玉篇》與《新字典》標題字增減考

動植物、昆蟲學	動　物	犬、肉、牛
	植　物	木、禾、火、米、田、木
	昆　蟲	虫
工産品、工藝品		巾、皮、手、攴
醫學		歹、耳、疒、目
礦物學		玉、石
建築		穴
其他		欠

從以上屬性分類,可以發現《新字典》增加字集中在如下幾點主題:

第一,有關動植物及昆蟲學的部字,有明顯的增加,諸如:犬、牛、肉部;木、米、禾、田、木部;虫部。這明顯反映近代時期從日本引進來的植物圖鑒、動物圖鑒、昆蟲圖鑒等自然科學、分類學的流行。

第二,有關疾病及醫學字亦有明顯的增加,諸如疒、耳、歹、目部字。這也積極反映當時從日本引進來的西方醫學的流行,當時西方醫學被認爲是近代科學的一大象徵。

第三,有關礦物學部字的增加,諸如石與玉部字。這也可以説是與近代科學的發達有聯繫,也是由當時日本的侵略戰爭急速發達起來的礦物學的反映。

第四,有關工産品類的部字有明顯增加,諸如:皮、巾部字。皮、巾部字的增加直接反映着當時皮革製品和纖維紡織産業的發達,此類産業也被稱爲近代時期的代表産業。① 另外,手部的一些字也與手工藝發達聯

---

① 例如,由韓國的開港開始有出入口産品的交易。據 1895—1896 年的統計,當時韓國的主要入口産品當中棉織品(包括襯衫料、高級薄布、床被料、衣服料、紡紗、其他棉織品、明綢布匹、苧麻布、染料等)和毛織品占最重要地位。其次依次是燈油、金屬、食料品(包括酒類)、其他類。與此相比,出口産品當中,占最大比率的是米、豆類的農産物,其次依次是人參、雜貨、牛皮、紙、海藻等。具體出入口産品目録及金額統計表,可以參看 Isabella Bird Bishop, Lee Innhua(譯),《韓國과 그 이웃나라들(Korea and Her Neighbours)》(Sallim, 1995, 6th ed.),第 529—531 頁。

繫,手工藝的重視可謂是日本的優越傳統。

第五,積極反映20世紀在近代韓國流行起來的近代漢語學習的潮流。當時的韓國,學習漢語的潮流大有轉變,從朝鮮時代的經學和古代漢語爲主的趨勢轉變爲近現代的白話學習,由文言文學習轉變到白話文學習。故《新字典》亦有有關現代漢語的專用詞,有如"很"字的增加。①

另外,在《新字典》本文最後,特別羅列了《朝鮮俗字部》、《日本俗字部》及《新字新義部》。其中,《日本俗字部》積極反映當時日本的影響;《新字新義部》積極反映當時引進來的西方度量衡單位的現實。

總而言之,《新字典》擺脱了傳統的《全韻玉篇》,大量增加了能代表近代文化的新字(包括舊字新用),尤其是科學、醫學、工業有關字的大大增加,以對應當時文字使用的實際環境。

參考文獻:

[1] Park Hyeongiik(朴亨益),"The History of Chinese Character Dictionaries in Korea"(韓國字典의 歷史),Paper presented at the CSCCK(韓國漢字研究所)Monthly Seminar,2016.01.

[2] Park Hyeongiik(朴亨益),*The History of Chinese Character Dictionaries in Korea*(韓國字典의 歷史),Seoul: Yeoklak(亦樂),2012.

[3] Park Hyeongiik(朴亨益),*The Annotated Bibliography of Chinese Character Dictionaries in Korea*(韓國字典의 解題와 目錄),Seoul: Yeoklak(亦樂),2016.

[4] Sim Kyonghoo(沈慶昊),*A History of Philology in Traditional Korea*(韓國漢文基礎學史)(1—3),Seoul: Tae Hak Press(太學社),2012.

---

① 當時韓國的現代漢語學習書的出版狀況,有《中華正音》《你呢貴姓》《學清》《華語抄畧》《漢語》《騎着一匹》《官話畧抄》等。

［5］Ha Gangjin（河岡鎮）,"The Status of Jeong Ik-ro's *Gookhanmun-shinokpyeon* in the History of Chinese Character Dictionary Studies in Korea"（鄭益老의"國漢文新玉篇"이 갖는 韓國字典史的位相）,Paper presented at CSCCK Monthly Seminar,Feb,2016.

［6］Ha Youngsam（河永三）,*Sinjajeon: New Dictionary of Chinese Character with Punctuation, Collation and Capious Indexes*（標點校勘電子排版《新字典》）,Busan：3Publication（圖書出版3）,April,2016.

［7］Ha Youngsam（河永三）,"Chinese Character Frequency in *Shengshengzipu* in the Late 18th-century Korea"（《生生字譜》에 反映된18世紀後期朝鮮時代의 文獻用漢字頻度）,*The Journal of the Research Institute for Korean Studies of Kyungsung University*（慶星大學韓國漢字研究所）,Vol.3（special edition）,2004.

［8］Wang Ping（王平）,*Chŏnun-okp'yŏn with Punctuation, Collation and Capious Indexes*（標點校勘電子排版《全韻玉篇》）,Busan：3Publication（圖書出版3）,April,2016.

［9］CSCCK（韓國漢字研究所）,Integrated Search System of Chinese Character Dictionaries in Chinese-Japan-Korean Digital Archive（韓中日漢字字典 統合檢索Database）,2016.

［10］Hong Yoonpyo（洪允杓）,For the documentary materials for the examination of Chinese characters and Hanja（國語漢字資料調查를 爲한 文獻資料에 對하여）,Paper presented at the CSCCK Monthly Seminar,mar.2016.

［11］Isabella Bird Bishop,*Korea and Her Neighbours*（韓國과그이웃나라들）,trans,Lee Innhua（이인화）,Seoul：Sallim,1995.

《全韻玉篇》與《新字典》增減字表

ID	部首	全韻玉篇	新字典	累計	純增減	增加	減少	移動	比率	增加字	減少字	移動字
001	一	23	24	24	1	1	0		0.04	丟		
002	丨	7	8	32	1	1	0		0.14	丨		
003	丶	3	4	36	1	1	0		0.33	丶		
004	丿	9	10	46	1	1	0		0.11	丿		
005	乙	11	12	58	1	1	0		0.09	乩		
006	亅	3	4	62	1	1	0		0.33	亅		
007	二	12	13	75	1	1	0		0.08	亙		
008	亠	12	14	89	2	2	0		0.17	亠,亡		
009	人	349	398	487	49	50	1		0.14	从,仉,勺,佮,仯,伕,倡,伎,倔,体,优,佺,侗,佸,佷,侟,倞,洗,饱,伽,俒,侠,侳,倧,倚,伤,偢,保,傕,僮,蛍,俺,傃,傗,儐,僠,僚,儋,儢,儦,儨,僡,儩,儰,儱,儁	一倛	
010	儿	20	21	508	1	1	0		0.05	儿		

近代時期漢字需求的大轉變:《全韻玉篇》與《新字典》標題字增減考

續表

ID	部首	全韻玉篇	新字典	累計	純增減	增加	減少	移動	比率	增加字	減少字	移動字
011	人	6	6	514	0	0	0		0.00	*		
012	八	13	13	527	0	0	0		0.00	*		
013	冂	11	13	540	2	2	0		0.18	冂,冋		
014	冖	8	9	549	1	1	0		0.13	冖		
015	冫	29	36	585	7	7	0		0.24	冫,冱,凍,凓,准,凌		
016	几	8	9	594	1	1	0		0.13	虱		
017	凵	6	7	601	1	1	0		0.17	凵		
018	刀	100	106	707	6	6	0		0.06	刟,刧,刮,劀,劓,劘		
019	力	47	49	756	2	2	0		0.04	㔩,勷		
020	勹	19	20	776	1	1	0		0.05	勹		
021	匕	4	4	780	0	0	0		0.00	*		
022	匚	17	19	799	2	2	0		0.12	匚,匭		
023	匸	8	9	808	1	1	0		0.13	匸		

續表

ID	部首	全韻玉篇	新字典	累計	純增減	增加	減少	移動	比率	增加字	減少字	移動字
024	十	14	14	822	0	0	0		0.00	*		
025	卜	6	6	828	0	0	0		0.00	*		
026	卩	16	17	845	1	1	0		0.06	卹		
027	厂	13	14	859	1	1	0		0.08	厂		
028	厶	6	7	866	1	1	0		0.17	厽		
029	又	13	13	879	0	0	0		0.00	*		
030	口	340	373	1252	33	33	0		0.10	哼,哏,咬,唔,啁,嗢,啥,垡,嘮,嗊,嗊,嘆,唰,嗾,噅,嗨,嗒,嚕,喃,嚕,嘆,嗩,瞶,噅,噭,嚦,吼		
031	囗	36	37	1289	1	1	0		0.03	囝		
032	土	212	234	1523	22	22	0		0.10	圤,圩,圫,圲,垺,垸,垬,垍,垻,墢,堨,塏,塏,墶,壖,壪,壛,壝		
033	士	9	9	1532	0	0	0		0.00	*		

110

近代時期漢字需求的大轉變：《全韻玉篇》與《新字典》標題字增減考

續表

ID	部首	全韻玉篇	新字典	累計	純增減	增加	減少	移動	比率	增加字	減少字	移動字
034	夊	1	2	1534	1	1	0	0	1.00	夋		
035	夂	5	6	1540	1	1	0	0	0.20	夋		
036	夕	8	8	1548	0	0	0	0	0.00	*		
037	大	41	45	1593	4	4	0	0	0.10	夯,奇,奫,奮		
038	女	206	239	1832	33	34	1	0	0.17	妗,妮,妞,姎,妌,妟,姼,姽,姀,婑,婍,媖,媞,婕,媢,婼,嫲,嫳,燃,嬐,嬒,嬙,嬛,孅,孋	-媒	
039	子	27	30	1862	3	3	0	0	0.11	孓,孹,孵		
040	宀	81	81	1943	0	1	1	0	0.01	宀	-宥	
041	寸	12	13	1956	1	1	0	0	0.08	尌		
042	小	9	9	1965	0	0	0	0	0.00	*		
043	尢	7	10	1975	3	3	0	0	0.43	尢,尬,尷		
044	尸	31	35	2010	4	4	0	0	0.13	屄,屌,屜,屧		

111

續表

ID	部首	全韻玉篇	新字典	累計	純增減	增加	減少	移動	比率	增 加 字	減少字	移動字
045	屮	1	2	2012	1	1	0		1.00	屮1		
046	山	154	179	2191	25	26	1		0.17	岎,岲,岬,岭,岮,峆,峠,岺,嵑,峒,嶙,嵾,嵂,嶫,嶠,嶬,嵥,嶂,嵃,嵄,嶒,嶜,嶴,嶠,嶰,巆,巀	一噓	
047	巛	4	5	2196	1	1	0		0.25			
048	工	6	6	2202	0	0	0		0.00	*		
049	己	9	9	2211	0	0	0		0.00	*		
050	巾	89	113	2324	24	24	0		0.27	帄,帋,帣,帎,希,幈,幓,幔,幒,幭,嵀,幤,幮,幰,幩,幨,幪,幱		
051	干	9	9	2333	0	0	0		0.00	*		
052	幺	7	7	2340	0	0	0		0.00	*		
053	广	71	85	2425	14	14	0		0.20	庍,庠,庘,庇,庬,庰,廁,廬,廋,廇,廣,廲		
054	廴	4	5	2430	1	1	0		0.25	廴		

近代時期漢字需求的大轉變：《全韻玉篇》與《新字典》標題字增減考

續表

ID	部首	全韻玉篇	新字典	累計	純增減	增加	減少	移動	比率	增加字	減少字	移動字
055	廾	12	13	2 443	1	1	0		0.08	廾		
056	弋	7	8	2 451	1	1	0		0.14	歒		
057	弓	42	45	2 496	3	3	0		0.07	犽, 弭, 彌		
058	彐	6	7	2 503	1	1	0		0.17	彐		
059	彡	13	14	2 517	1	1	0		0.08	彡		
060	彳	45	53	2 570	8	8	0		0.18	松, 很, 待, 徜, 徹, 徧, 徿		
61	心	349	407	2 977	58	58	0		0.17	忾, 忲, 忸, 忺, 怑, 怙, 恺, 悌, 悓, 悇, 悹, 恚, 悈, 悎, 悎, 惟, 悰, 悹, 悱, 惤, 惕, 愒, 愝, 愢, 愥, 愳, 憪, 憇, 憰, 憶, 慲, 憘, 憑, 懁, 懖, 懣, 懬, 懭, 懦, 戀		
062	戈	30	33	3 010	3	3	0		0.10	戣, 戛, 戥		
063	戶	19	19	3 029	0	0	0		0.00	*		

續表

ID	部首	全韻玉篇	新字典	累計	純增減	增加	減少	移動	比率	增加字	減少字	移動字
064	手	427	521	3 550	94	94	0		0.22	扔,扚,扞,扦,抪,扲,扷,担,扐,抁,扪,扫,抳,扺,拑,扻,拣,揔,揨,挀,捁,挄,拺,揰,揖,搸,挮,搳,撑,捎,揢,挱,撖,摬,捁,揁,撥,撗,搹,搤,搯,挠,搗,搂,捱,搥,搤,搒,摠,擎,搝,揼,挚,揟,揵,擩,擮,擉,擪,撤,撏,攦,擕,擘,擬,攔,攎,擸		
065	攴	5	9	3 559	4	4	0		0.80	攱,敚,邀,斀		
066	攵	51	81	3 640	30	30	0		0.59	攴,攸,攷,敂,敊,敄,敜,敫,敺,敪,敧,敳,敲,敔,敪,敽,敦,敺,敢,敬,斁,斀		
067	文	6	8	3 648	2	2	0		0.33	玟,斈		
068	斗	15	19	3 667	4	4	0		0.27	斜,斛,斝,斝		
069	斤	12	14	3 681	2	2	0		0.17	斫,斷		

近代時期漢字需求的大轉變:《全韻玉篇》與《新字典》標題字增減考

續表

ID	部首	全韻玉篇	新字典	累計	純增減	增加	減少	移動	比率	增加字	減少字	移動字
070	方	30	33	3 714	3	3	0		0.10	旗,旟,旝		
071	无	3	3	3 717	0	0	0		0.00	*		
072	日	154	185	3 902	30	30	0		0.20	昊,昰,晇,盼,映,昡,昺,晭,昪,暍,晜,晬,晫,晪,晦,暟,暙,暞,噎,嚉,曘,曨		
073	日	15	15	3 917	0	0	0		0.00	*		
074	月	27	27	3 944	0	0	0		0.00	*		
075	木	506	664	4 608	158	158	0		0.31	朷,杆,呆,杔,杝,玧,杭,枂,枅,枸,柖,枊,枃,柀,敀,柃,柆,柯,柙,柰,柽,柽,柉,栒,栭,柂,栓,柏,栔,柈,桒,枒,棌,栭,栿,栭,桥,栲,栯,栟,栭,栢,桪,桼,桸,橘,栛,栿,根,栰,梽,杮,棆,梣,棕,樬,梲,椂,棣,棒,椇,椆,椫,櫙,椧,椬,桖,楎,棯,梖,椸,棪,椛,椫,楈,楫,楠,榗,橲,榼,楒,榁,槿,樮,椊,榎,櫙,槦,榻,橺,欅,橻,樴,橚,楺,樮,榽,標,橵,橲,橼,樍,楥,槤		

115

續表

ID	部首	全韻玉篇	新字典	累計	純增減	增加	減少	移動	比率	增　加　字	減少字	移動字
075	木	506	664	4608	158	158	0		0.31	枕,梅,梗,棵,榕,權,楃,槯,槙,樎,槛,樸,榛,橋,橯,檖,楗,槊,槲,榊,樓,椵,樅,檆,榰,槥,楽,橭,榳,楈,榠,檯,檻,櫑,椳,櫘,樨,檪,檲,權,樒,欜,欈,檳,欏,樠		
076	欠	42	69	4677	27	27	0		0.64	伕,伩,欬,欯,欴,啟,歃,歈,歐,歋,歍,歓,歔,歕,歗,歘		
077	止	12	16	4693	4	4	0		0.33	歪,唲,竷,歸		
078	歹	33	58	4751	25	25	0		0.76	歺,歽,歿,殀,殃,殇,殈,殌,殓,殑,殗,殙,殝,殞,殟,殠,殢,殣,殪,殬,殭,殮,殯,殰,殲		
079	殳	20	22	4773	2	2	0		0.10	殳,殽		
080	毋	7	7	4780	0	0	0		0.00	*		

續表

ID	部首	全韻玉篇	新字典	累計	純增減	增加	減少	移動	比率	增加字	減少字	移動字
081	比	4	5	4 785	1	1	0		0.25	毘		
082	毛	33	49	4 834	16	16	0		0.48	氊,氀,毿,毧,耗,毽,耗,氄,耗,氊,氆,氇,氄,氋,氌,氃		
083	氏	4	5	4 839	1	1	0		0.25	昳		
084	气	4	5	4 844	1	1	0		0.25	气		
085	水	585	687	5 531	102	102	0		0.17	水,氽,氼,汗,汃,汈,汋,汏,汑,汒,沰,波,汕,泯,洤,泔,沖,洞,洝,泏,浹,浤,沊,沇,氿,浌,浍,涗,涋,涔,淁,淃,渁,渃,溁,渜,溡,滃,浨,洠,涢,淶,渼,湙,漁,漸,滘,潊,潉,澎,濊,潢,濞,濎,潹,濦,潝,漅,潢,濪,潚,濻,澻,瀡,澴,瀗,灠,瀐,瀢,瀪,瀯,瀼,灅,灋,灘,灗,灜,灢		

117

續表

ID	部首	全韻玉篇	新字典	累計	純增減	增加	減少	移動	比率	增加字	減少字	移動字
086	火	172	230	5761	58	58	0		0.34	灯,炂,炟,炨,炃,炉,炶,炷,炔,炵,烟,烟,烮,炧,炸,炷,烀,烰,焜,烜,炞,炫,烸,煬,煔,焞,煃,煠,燦,燓,熭,熲,熰,熷,斳,斷,鏳,燼,爀,爂,爌,爟		
087	爪	6	6	5767	0	0	0		0.00	*		
088	父	4	5	5772	1	1	0		0.25	爸		
089	爻	3	3	5775	0	0	0		0.00	*		
090	爿	4	7	5781	3	3	0		0.75	爿,牊,牆		
091	片	14	19	5800	5	5	0		0.36	牀,牁,牂,牃,牄		
092	牙	1	4	5804	3	3	0		3.00	牚,牚,牚		
093	牛	43	89	5893	46	46	0		1.07	牪,牰,牫,牬,牭,牮,牯,牰,牱,牳,牴,牶,牷,牸,牻,牼,牽,牾,牿,犀,犁,犂,犃,犄,犅,犆,犇,犈,犊,犋,犌,犍,犎,犏,犐,犑,犒,犓,犔,犕,犖,犗,犘,犙,犚,犛		

118

續表

ID	部首	全韻玉篇	新字典	累計	純增減	增加	減少	移動	比率	增 加 字	減少字	移動字
093	牛	43	89	5 893	46	46	0		1.07	犨,㸌,懂,㹂,犛,犖,犢,㹆,犍,懷,㹗,牠,㹠,扨,犺,犽,牬,牰,牫,牨,牭,㸱,㹌,牰,牲,牷,牸,牻,㸡,㹁,牿,犂,犃,犆,犌,犑,犙,犟,犢,犡,犥,犦,犫		
094	犬	124	177	6 070	53	53	0		0.43	犰,犴,犼,犽,狃,狆,狎,狙,狖,狘,狚,狟,狢,狠,狡,狨,狪,狫,狳,狶,狷,猌,猇,猊,猓,猗,猙,猣,猤,猧,猨,猭,猱,猳,猺,猻,獀,獃,獉,獎,獏,獕,獖,獙,獜,獝,獞,獟,獡,獦,獧,獬,獫,獮,獯,獺,獾,玃		
095	玄	5	5	6 075	0	0	0		0.00	*		
096	玉	182	234	6 309	52	52	0		0.29	玕,玗,玘,玠,玢,玦,玨,玭,玶,玷,珂,珅,珈,珉,珊,珌,珍,珎,珏,珐,珓,珖,珙,珝,珞,珣,珦,珧,琄,琅,琇,琉,琍,琎,琦,琨,琫,琺,瑄,瑆,瑎,瑐,瑑,瑒,瑗,瑤,瑨,瑩,瑪,瑱,瑲,璆,璇,璉,璋,璗,璘,璙,璠,璥,璩,璲,璺,瓊,瓌,瓏,瓘,瓛,靈		
097	瓜	11	11	6 320	0	0	0		0.00	*		
098	瓦	36	43	6 363	7	7	0		0.19	瓮,瓶,瓵,瓿,瓷,瓩,甄		
099	甘	3	4	6 367	1	1	0		0.33	嵌		

近代時期漢字需求的大轉變：《全韻玉篇》與《新字典》標題字增減考

續表

ID	部首	全韻玉篇	新字典	累計	純增減	增加	減少	移動	比率	增　加　字	減少字	移動字
100	生	6	6	6373	0	0	0		0.00	*		
101	用	5	5	6378	0	0	0		0.00	*		
102	田	62	68	6446	6	7	1		0.11	畇, 畟, 瞎, 疃, 赊, 疇	一畉	
103	疋	6	6	6452	0	0	0		0.00	*		
104	疒	129	182	6634	53	53	0		0.41	扩, 疤, 疝, 疣, 疠, 疬, 疢, 痄, 疨, 疲, 疳, 痃, 痔, 疰, 疳, 痨, 痳, 痪, 瘈, 痨, 瘠, 瘙, 痹, 瘘, 瘃, 瘊, 瘼, 瘭, 瘠, 瘛, 瘗, 瘡, 癉, 瘾, 瘦, 癯		
105	癶	3	4	6638	1	1	0		0.33	癹		
106	白	26	31	6669	5	5	0		0.19	旰, 鮓, 皟, 皞, 皥		
107	皮	12	36	6705	24	24	0		2.00	釘, 皱, 皴, 皲, 皺, 皷, 皵, 皶, 皸, 皽, 皻, 皼, 皾, 皿, 皯, 皲, 皶, 皷, 皸, 皺, 皱, 皾, 皼, 皻		
108	皿	34	41	6746	7	7	0		0.21	盂, 盆, 盖, 盉, 悠, 盤, 盭		

120

近代時期漢字需求的大轉變：《全韻玉篇》與《新字典》標題字增減考

續表

ID	部首	全韻玉篇	新字典	累計	純增減	增加	減少	移動	比率	增加字	減少字	移動字
109	目	124	188	6934	64	64	0		0.52	盯,旬,肜,旰,眈,吺,眏,眑,眗,昳,眂,眄,吡,眜,眬,眂,睎,眣,睎,眳,睒,睊,睗,睖,睚,睜,睙,睛,睫,睨,瞇,瞉,瞋,瞎,瞑,瞕,瞖,瞘,瞙,瞠,瞤,瞟,瞪,瞰,瞻,瞶,瞺,瞼,矉,矋,矌,矐,矘,瞿,矏,矒,矓,矔,矕,矖,矙,矚		
110	矛	8	12	6946	4	4	0		0.50	矜,稦,稺,稇		
111	矢	12	14	6960	2	2	0	+1	0.17	矮,狭		+狭
112	石	137	199	7159	62	62	0		0.45	矴,矺,矼,矻,矽,矾,砆,砋,砏,砐,砙,砜,砝,砟,砠,砢,砣,砤,砥,砨,砩,砪,砫,砬,砭,砮,砯,砱,砵,砼,硁,硃,硄,硅,硇,硊,硌,硎,硐,硑,硒,硔,硚,硜,硝,硞,硠,硡,硣,硦,硨,硪,硬,硭,硰,硱,硴,硶,硷,硺,硻,硽		
113	示	78	94	7253	16	16	0		0.21	礽,祆,祇,祊,祔,祕,祓,祙,祡,祤,祧,禊,禚,禡,禨,禩		

續表

ID	部首	全韻玉篇	新字典	累計	純增減	增加	減少	移動	比率	增 加 字	減少字	移動字
114	內	6	9	7262	3	3	0		0.50	肉, 蒡, 胤		
115	禾	117	162	7424	45	45	0		0.38	杆, 籹, 籼, 秙, 秝, 秞, 秡, 秱, 稄, 稆, 稈, 稌, 稐, 稑, 稒, 稘, 稙, 稝, 稤, 稫, 稬, 稰, 稴, 稵, 穓, 穅, 穇, 穊, 穋, 穔, 穖, 穗, 穛, 穜, 穝, 穟, 穠, 穡, 穤, 穧, 穨, 穮, 穱, 穳, 穲		
116	穴	60	81	7505	21	21	0		0.35	窎, 窋, 窌, 窐, 窔, 窕, 窙, 窛, 窞, 窡, 窣, 窤, 窧, 窨, 窬, 窭, 窶, 窹, 窺, 窼, 竁		
117	立	20	24	7529	4	4	0		0.20	竜, 竝, 竬, 競		
118	竹	222	263	7792	41	41	0		0.18	竻, 竾, 笀, 笓, 笕, 笟, 笣, 笧, 笨, 笪, 笳, 筁, 筀, 筂, 筅, 筈, 筍, 筎, 筓, 筝, 筤, 筰, 筱, 筲, 筳, 筴, 筶, 筸, 箊, 箌, 箑, 箠, 箯, 箲, 篁, 簀, 簉, 簜, 簞, 籔, 籛		
119	米	58	79	7871	21	21	0		0.36	杠, 籹, 柑, 粀, 粎, 粐, 粧, 粰, 粺, 粻, 粿, 粼, 粽, 糀, 糄, 糆, 糈, 糉, 糒, 糓, 糝, 糣, 糤, 糷		

續表

ID	部首	全韻玉篇	新字典	累計	純增減	增加	減少	移動	比率	增加字	減少字	移動字
120	糸	306	346	8 217	40	40	0		0.13	糸, 紅, 紨, 絞, 綵, 絟, 絣, 絓, 綋, 総, 綹, 綝, 綃, 綺, 緓, 緄, 緇, 緆, 緎, 緸, 緛, 緍, 緊, 緪, 緮, 緶, 緰, 緷, 緸, 緷, 緷, 縺, 縹, 繢, 繡, 繦, 繻, 繾, 繺		
121	缶	19	26	8 243	7	7	0		0.37	缶, 缷, 舒, 錂, 穀, 罆, 齒		
122	网	51	58	8 301	7	7	0		0.14	网, 罣, 罠, 罵, 罱, 羅, 麗		
123	羊	33	45	8 346	12	12	0		0.36	拝, 拜, 捌, 挣, 挵, 羹, 羹, 糨, 擂, 捊, 擈, 擯		
124	羽	49	65	8 411	16	16	0		0.33	翀, 翠, 翠, 翆, 翖, 翖, 翙, 翙, 翉, 翔, 翮, 翷, 翸, 翛, 翾, 翿		
125	老	8	8	8 419	0	0	0		0.00	*		
126	而	6	7	8 426	1	1	0		0.17	耍		
127	耒	20	33	8 459	13	13	0		0.65	耓, 耗, 耘, 耜, 耪, 耰, 耯, 耬, 耮, 耰, 耱, 耲, 耀		

續表

ID	部首	全韻玉篇	新字典	累計	純增減	增加	減少	移動	比率	增　加　字	減少字	移動字
128	耳	29	51	8510	22	22	0		0.76	耵,聎,耺,耻,䎱,䎵,聐,聙,聳,聭,䎹,䎺,䎼,䎽,䎾,聸,聼,䏀,聵,聺,聻,䏁		
129	聿	6	7	8517	1	1	0		0.17	䏂		
130	肉	197	242	8759	46	46	0		0.23	肰,肝,胆,肳,肌,肿,胚,胇,胈,胆,胭,肸,胸,胅,朕,腰,胎,腸,胹,膌,胑,胫,䐓,脺,廇,曠,朡,臏,朦,䑌,膧,腇,膎,膖,膞,膫,鵬,臚,臛,臞,膄,臝,臲,朡,䑍,臢		
131	臣	4	4	8763	0	0	0		0.00	*		
132	自	5	7	8770	2	2	0		0.40	臰,臲		
133	至	6	9	8779	3	3	0		0.50	臷,臸,臻		
134	臼	17	18	8797	1	1	0		0.06	臽		
135	舌	12	17	8814	5	5	0		0.42	舐,舑,舓,舔,舕		
136	舛	4	4	8818	0	0	0		0.00	*		

續表

ID	部首	全韻玉篇	新字典	累計	純增減	增加	減少	移動	比率	增　加　字	減少字	移動字
137	舟	49	56	8 874	7	7	0		0.14	舩, 舨, 舭, 艇, 艦, 艘, 艫		
138	艮	3	3	8 877	0	0	0		0.00	*		
139	色	4	6	8 883	2	2	0		0.50	艴, 艷		
140	艸	489	554	9 437	65	65	0		0.13	芀,芊,芄,苂,茾,苜,苠,苢,茛,蔳,蔆,酒,蒡,荋,荰,茉,菝,薜,蓎,蕷,萄,蔫,葲,蓳,葍,萪,糀,蘋,藩,蘠,薽,蘗,蘪,蘺,蘵,蘉,蘨,蘗,蘢,州,蘥,蘲,蘬,蘹		
141	虍	21	28	9 465	7	7	0		0.33	虍,虓,虩,虩,虪,虥,虨,虦		
142	虫	233	305	9 770	72	72	0	+1	0.31	虬,虺,蚍,蛋,蚖,蚜,蛉,蚓,蚧,蚋,蚖,蚰,蚺,蚹,蛉,蛃,蚼,蛄,蛑,蛒,蛔,蛨,蛘,蛙,蛞,蛟,蜈,蜉,蜊,蜍,蜑,蜓,蜚,蜛,蜢,蜣,蜥,蜦,蜨,蜪,蜰,蜱,蜴,蜵,蜷,蜸,蜻,蟒,蟆,蟇		

125

續表

ID	部首	全韻玉篇	新字典	累計	純增減	增加	減少	移動	比率	增加字	減少字	移動字
142	虫	233	305	9770	72	72	0	+1	0.31	蜂、蠟、螳、螻、蟄、螭、螗、蠛、蟾、蠟、蟬、蠔、蠱、蠲、蠶、蠖、蟎、蠼、蝀		+蝕
143	血	16	21	9791	5	5	0		0.31	衊、衄、衇、衊		
144	行	15	18	9809	3	4	1		0.27	衒、衜、衎	-衝	
145	衣	181	204	10013	23	23	0		0.13	襀、襴、衦、袜、袠、衹、綴、褒、襀、桓、裎、裕、褠、襈、襌、蘹、襞、襗、褥、襁		
146	襾	6	7	10020	1	1	0		0.17	覀		
147	見	26	29	10049	3	3	0		0.12	覓、覝、覡		
148	角	29	33	10082	4	4	0		0.14	觔、觩、觜、觫		
149	言	273	310	10392	37	37	0	+1	0.14	訽、詒、訐、誅、詥、訲、詒、詔、誐、譻、譁、謯、誤、誘、謳、譚、諆、諐、譏、譁、謊、謐、譖、譙、謕、譿、謿、譖、譎、譖、譝、譢、譌、譚、譔、譳		+閻
150	谷	12	13	10404	1	1	0		0.00	谿		

126

近代時期漢字需求的大轉變:《全韻玉篇》與《新字典》標題字增減考

續表

ID	部首	全韻玉篇	新字典	累計	純增減	增加	減少	移動	比率	增加字	減少字	移動字
151	豆	13	13	10417	0	0	0		0.00	*		
152	豕	23	27	10444	4	4	0		0.17	豝,豻,種,豬		
153	豸	26	30	10474	4	4	0		0.15	豼,貏,貗,貜		
154	貝	87	97	10571	10	10	0		0.11	貤,賨,賵,賭,賷,賵,賺,賻		
155	赤	11	12	10583	1	1	0		0.09	赨		
156	走	35	41	10624	6	6	0		0.17	趆,趌,趯,趲,趦,趨		
157	足	154	177	10801	23	23	0		0.15	趼,跫,跦,踁,踃,踆,踙,踣,踚,踠,踺,踾,蹕,蹘,蹞,蹟,蹣,蹩,蹮,躄,躒,躔,躕		
158	身	12	13	10813	1	1	0	-1	0.08	躺		-躰
159	車	120	134	10947	14	14	0		0.12	軞,軨,軕,軭,軮,軵,軸,軹,輀,輄,輨,輪,轂,轗		
160	辛	12	12	10959	0	0	0		0.00	*		

127

續表

韓國漢字史論叢

ID	部首	全韻玉篇	新字典	累計	純增減	增加	減少	移動	比率	增加字	減少字	移動字
161	辰	5	5	10964	0	0	0		0.00	*		
162	辵	136	149	11113	13	13	0		0.10	迮,迪,远,迴,逈,逶,逵,逆,遷,邊,遨,邅		
163	邑	96	106	11219	10	10	0		0.10	邦,郖,郑,鄒,酃,鄘,鄢,鄘		
164	酉	91	98	11317	7	7	0		0.08	酓,配,酸,醇,酺,酱,醰		
165	采	2	3	11320	1	1	0		0.50	釆		
166	里	5	5	11325	0	0	0		0.00	*		
167	金	254	297	11622	43	43	0		0.17	釟,鈜,鈺,鉇,鉧,鉀,鋯,鋌,鉑,鈴,鉿,鈰,鍘,鋡,鈷,銪,鍉,鐳,鑰,鏽,鏑,鑷,鑤,鑲,鐵,鐳,鐵,鑹		
168	長	1	6	11628	5	5	0		5.00	钊,䩞,镻,镻,镻		
169	門	68	70	11698	2	3	1	-1	0.04	閟,闈		-闈

128

近代時期漢字需求的大轉變：《全韻玉篇》與《新字典》標題字增減考

續表

ID	部首	全韻玉篇	新字典	累計	純增減	增加	減少	移動	比率	增加字	減少字	移動字
170	阜	97	102	11 800	5	5	0		0.05	防,陜,陡,陵,崎		
171	隶	4	4	11 804	0	0	0		0.00	*		
172	隹	27	28	11 832	1	1	0		0.04	雄		
173	雨	80	85	11 917	5	5	0		0.06	雱,霆,霍,霸,霰		
174	青	5	5	11 922	0	0	0		0.00	*		
175	非	3	4	11 926	1	1	0		0.33	啡		
176	面	6	7	11 933	1	1	0		0.17	靦		
177	革	78	92	12 025	14	14	0		0.18	釘,靴,靼,靶,鞋,鞍,鞘,鞦,鞭,鞬,鞳, 鞲,鞴,韃		
178	韋	20	22	12 047	2	2	0		0.10	韅,韜		
179	韭	4	4	12 051	0	0	0	0.00	*			
180	音	10	11	12 062	1	1	0		0.10	韽		

續表

ID	部首	全韻玉篇	新字典	累計	純增減	增加	減少	移動	比率	增加字	減少字	移動字
181	頁	75	87	12 149	12	12	0		0.16	頁,頂,頌,頭,頓,頗,頤,顆,顑,額,顎,顒		
182	風	37	37	12 189	0	0	0		0.00	*		
183	飛	3	3	12 152	0	0	0		0.00	*		
184	食	100	109	12 298	9	10	1	−1	0.10	饕,飪,飩,飫,餇,餒,餿,餞,餓,饐	−蝕	
185	首	5	5	12 303	0	0	0		0.00	*		
186	香	10	10	12 313	0	0	0		0.00	*		
187	馬	133	146	12 459	13	13	0		0.10	駉,駆,駛,駴,駿,駼,騟,騙,騮,騾,騺,騻,驠		
188	骨	30	36	12 495	6	6	0	+1	0.20	骭,骸,骼,髀,髏,髒,髒		+髒
189	高	1	1	12 496	0	0	0		0.00	*		
190	髟	48	54	12 550	6	6	0		0.13	髦,髫,髯,髻,鬆,鬅		
191	鬥	5	8	12 558	3	3	0		0.60	鬥,鬨,鬩		

近代時期漢字需求的大轉變:《全韻玉篇》與《新字典》標題字增減考

續表

ID	部首	全韻玉篇	新字典	累計	純增減	增加	減少	移動	比率	增 加 字	減少字	移動字
192	鬯	3	3	12 561	0	0	0		0.00	*		
193	鬲	6	6	12 567	0	0	0		0.00	*		
194	鬼	20	20	12 587	0	0	0		0.00	*		
195	魚	98	113	12 700	15	15	0		0.15	魰,魥,鮩,鮮,鮯,鮰,鮟,鮨,鯌,鯉,鯠,鯞,鯟,鰈,鱠		
196	鳥	166	167	12 867	1	1	0		0.01	鵰		
197	鹵	7	7	12 874	0	0	0		0.00	*		
198	鹿	30	30	12 904	0	0	0		0.00	*		
199	麥	16	17	12 921	1	1	0		0.06	麩		
200	麻	7	7	12 928	0	1	1	−1	0.14	麾		一麾
201	黃	6	6	12 934	0	0	0		0.00	*		
202	黍	4	4	12 938	0	0	0		0.00	*		
203	黑	32	32	12 970	0	0	0		0.00	*		

續表

ID	部首	全韻玉篇	新字典	累計	純增減	增加	減少	移動	比率	增加字	減少字	移動字
204	黹	3	4	12 974	1	1	0		0.33	黹		
205	黽	9	9	12 983	0	0	0		0.00	*		
206	鼎	4	4	12 987	0	0	0		0.00	*		
207	鼓	13	13	13 000	0	0	0		0.00	*		
208	鼠	13	13	13 013	0	0	0		0.00	*		
209	鼻	7	7	13 020	0	0	0		0.00	*		
210	齊	6	5	13 025	-1	-1	1		-0.17	*	一齊	
211	齒	31	44	13 069	13	13	0		0.42	齘,齕,齟,齣,齪,齩,齭,齱,齶,齲,齷,齳,齽,齺		
212	龍	5	5	13 074	0	0	0		0.00	*		
213	龜	3	3	13 077	0	0	0		0.00	*		
214	龠	4	4	13 081	0	0	0		0.00	*		
計		10 977	13 084	13 084	2 107	2 116	10	0	*	10 977+2 107=13 084		

17世紀初的中韓文字學交流：朝鮮版朱之蕃《玉堂釐正字義韻律海篇心鏡》簡介[①]

1. 引　　言

現藏於韓國國立中央圖書館的明代字書《玉堂釐正字義韻律海篇心鏡》（20卷10冊，以下簡稱《玉堂海篇心鏡》）的作者系朱之蕃。朱之蕃（1548—1624）是明代大臣、書畫家。他曾於1606年奉使到朝鮮，留下了不少詩賦和書法作品，影響極大，但《玉堂海篇心鏡》在中國所編的朱之蕃著作目録中卻没有反映。[②] 據初步調查，該書是根據1596年劉孔當所重訂《翰林重考字義韻律大板海篇心鏡》（以下簡稱《翰林海篇心鏡》）[③]而重新調整、編輯而來的。

本文目的在於：第一，簡要介紹至今没有向學術界正式介紹過的朝

---

① 本文根據第三届世界漢字學會（WACCS）年會宣讀論文（Hanoi，Vietnam，2015.08.13—16）《17世紀初的中韓文字學交流：朝鮮版朱之蕃〈玉堂釐正字義韻律海篇心鏡〉的編纂經緯之謎》修改而成。

② 諸如"百度百科"朱之蕃條。參見：http://baike.baidu.com/link?url=yTx0gW5JpDmo_Zq9y241e71N51LzSXC8Swrm0QVJ7tNlnYG0KywhhIbE8vdWuPXjPOXHOWiqMqhto-A7aFpo-K

③ 《翰林重考字義韻律大板海篇心鏡》，明萬曆二十四年（1596）書林葉天熹刻本。

133

鮮版《玉堂海篇心鏡》的内容及收藏情況；第二，介紹該書的作者、結構和編撰原委；第三，與明代各種"海篇"類進行比較，尤其與《翰林海篇心鏡》進行比較並找出他們之間的淵源關係；第四，總括《玉堂海篇心鏡》對17世紀以後朝鮮文字學界和文藝界的影響。

《玉堂海篇心鏡》共20卷10册，爲木版本，現收藏於韓國國立中央圖書館、臺灣"國立中央圖書館"、日本東京大學東洋文化研究所等地。該書體現了朱之蕃對《翰林海篇心鏡》的調整，即考慮實用性和簡約性，刪減部分資料，并進行順序調整和重編。於明萬曆30年（1602）在南都（南京）博古堂刊行，之後隨他出使朝鮮而在朝鮮複刻。經過這樣調整而重編出版的版本在當時廣泛流傳，這由至今留下來的各種明代"海篇"類中可以屢見，故仍以朱之蕃爲朝鮮版《玉堂海篇心鏡》的作者。《玉堂海篇心鏡》，尤其是該書中的"秦漢篆文"，和他出使朝鮮時帶來的《篆訣歌》影響了朝鮮書法界和文字學界，不僅使篆書書法流行了一個世紀之久，而且還引起了學者對編輯篆書字書以及古文的重視與研究。故在它的影響之下，景維謙的《篆韻便覽》（1651）、金振興的《篆大學》和《篆海心鏡》、許穆的《古文韻府》《金石韻府》和《金石韻律》等書出版。"篆書的流行"可謂是朝鮮中期書法史上的一個重要標誌和特徵，故朝鮮中後期對古文的關注和研究，朱之蕃《玉堂海篇心鏡》對此有不可磨滅的貢獻。

2. 朱之蕃與朝鮮使行

2.1 編　　者

朱之蕃（1548—1624）係明代大臣、書畫家。字符介、元介，號蘭嵎、定覺主人。先祖世居山東荏平，後附南京錦衣衛，之蕃復隸籍荏平。其父朱衣，官至知府。

明萬曆二十三年（1595）朱之蕃以殿試第一人授翰林院修撰，歷官諭德、庶子、少詹事，進爲禮部侍郎，改吏部。萬曆三十三年（1605）奉命出使朝鮮,與朝鮮才士互相辯難,賦詩贈答,應對如流,且語言得體,不辱使命。以老母去世服喪,不復出仕,朝廷屢召,皆辭。寓居南京(南京莫愁路附近至今仍保留一條朱之蕃居住過的朱狀元巷),寫書作畫。天啟四年(1624)辭世,享年69歲。卒贈禮部尚書。

朱之蕃工繪畫,竹石兼東坡神韻,山水酷似米芾等大家。又工書法,真、行書師法趙孟頫,又得顏真卿、文徵明筆意,日可寫萬字。在他出使朝鮮期間,朝鮮人以人參、貂皮爲禮品,請他作畫寫字。他將所獲得的禮品,盡行出售,另買書畫、古器以歸,故其收藏極爲豐富。他於泰昌元年(1620)所作《君子林圖卷》,現藏於故宮博物院。著有《南還雜著》《金陵四十景圖考》《莫愁曠覽》《奉使朝鮮稿》等文集,詩句書畫多收入《四庫全書總目提要》等書目中,書畫作品還有《杉禽圖》等。①

2.2　朱之蕃之朝鮮使行

爲了"皇元孫誕生,播告天下",即告知宋神宗玄孫的誕生(1605年11月14日),朱之蕃於1606年(朝鮮宣祖38年、明萬曆34年)以正使的身份被派到朝鮮,停留了40天。其具體使行行程如下:

1605年(萬曆33年)12月15日:明朝廷任命并派朝正使

1606年(萬曆34年)2月16日:從北京出發

1606年(萬曆34年)3月24日:渡鴨綠江而進入朝鮮

1606年(萬曆34年)4月10日:到達漢陽

1606年(萬曆34年)4月20日:離開漢陽

1606年(萬曆34年)5月2日:渡鴨綠江而回國

他把在朝鮮停留期間親眼所看到朝鮮情況和交流結果,匯輯成《奉使朝鮮稿》整理出版,其中所包含的《東方和音》,就是與朝鮮學者交流的詩文專集。②

---

① http://www.yingbishufa.com/ldbt/zhuzhibo.htm

② 《朝鮮王朝實錄》(《宣祖實錄》)中可以看到有關朱之蕃的使行記錄,可以(轉下頁)

3.《玉堂海篇心鏡》的版本及結構

3.1 版　　本

《玉堂海篇心鏡》現藏於韓國國立中央圖書館、臺灣國立中央圖書館、日本東京大學東洋文化研究所等地。具體敘述如下：

（1）韓國

據"韓國古籍綜合檢索系統"可知，韓國地區多處藏此書，諸如：國立中央圖書館收藏六套（包括零本）①，此外首爾大學奎章閣（20 卷 10 册）、

（接上頁）竊見當時朝鮮對朱之蕃的認識，諸如：（1）"翰林院修撰朱之蕃、禮部左給事中梁有年，齎詔出來，爲頒皇太孫誕生之慶也。以大提學柳根爲遠接使，禮曹判書李好閔爲館伴，辟許筠、趙希逸、李志完爲從事。時，金尚憲、洪瑞鳳皆斥守外邑，不得與焉。希逸方爲參下官，援朴增榮例，啓請陞品帶去。"[《宣祖實錄》40 卷，39 年(1606 丙午年、明萬曆 34 年)1 月 1 日(庚午)條.]（2）上曰："今此天使，有名之人乎？未知何如人也。"李好閔曰："朱之蕃乃乙未年狀元也。天朝科舉，不如我國，狀元必擇而爲之，非有名則不得爲也。以此見之，亦知其非尋常之人也。且中朝之人有新作書册者，使此人爲之序云。臣頃見李德馨，則德馨云：'中原之人，數學士文章，只稱焦竑、黃輝、朱之蕃三人。'蓋有名之人也。"（同上）（3）上曰："天使所製詩，於卿等所見如何？"李好閔曰："氣力格律，未知如何，而大概用功於詩之人也。凡人之於詩，非素業則固難勉强爲之。顧、崔之詩，猝劲而爲之，似非素業，此人則必（平）〔乎〕其從事者也。觀其所製，專務工巧，而格似不高，大概崇唐之詩也。"上曰："遠接使所見如何？"柳根曰："小臣何能知見？但人之於詩，不爲從事，則所製必生。而此則必致力於詩者也。"尹昉曰："小臣赴京聞，朱之蕃，學士中甚有名稱。見焦竑纂《史記奇評》、《漢書奇評》，而《史記》則黃洪憲爲序，《漢書》則朱之蕃爲序矣。"上曰："此書，予所未聞之書也。雖曰能文，人各有所長。未知以詩有名乎？"（同上）

① 諸如：(1) 1 卷（古朝 41-28）本（零本）：52 張；四周單邊，半郭 20.7×14.2 cm，10 行 18 字，上黑魚尾；25.9×13.2 cm。

(2) 1 册（義山-古 134-3）本（零本）：肅宗 44(1718) 濟州刊本；表題：白首文；卷首：大篆書義秦漢篆文；刊記：康熙五十七年戊戌(1718)五月日濟州開刊；藏書記：乙未(？)五月日[手決]；印記：李氏世家。

(3) 8 卷 4 册（古 3111-69）本（零本）：四周單邊，半郭 20.1×14.2 cm，有界，10 行字數不定，上下向 2 葉黑魚尾；31.6×18.4 cm；卷 3—4（册 1），卷 9—10（册 2），卷 17—18（册 3），卷 19—20（册 4）；表題：海篇心鏡。

(4) 12 卷 10 册（古朝 41）本：四周單邊，半郭 19.5×14.0 cm，10 行 18 字，上黑魚尾；26.9×18.8 cm。

（轉下頁）

17 世紀初的中韓文字學交流：朝鮮版朱之蕃《玉堂釐正字義韻律海篇心鏡》簡介

首爾大學中央圖書館(19 卷 10 冊)、韓國學中央研究院藏書閣(20 卷 10 冊；6 卷 3 冊)、成均館大學尊經閣(16 卷 8 冊；2 卷 1 冊；1 卷 1 冊)、忠南大學圖書館(20 卷 10 冊)、高麗大學圖書館(20 卷 10 冊；18 卷 9 冊；1 卷 1 冊)、東國大學圖書館(20 卷 10 冊)、韓國學振興院圖書館(5 冊)、啟明大學圖書館(9 冊；1 冊)、誠庵古書博物館(2 卷 1 冊；1 卷 1 冊)、國會圖書館(1 冊)收藏之。其中收藏 20 卷 10 冊完整本的有奎章閣、藏書閣、忠南大學、高麗大學、東國大學等 5 處。① 其代表者羅列如下：

① 首爾大學奎章閣藏本

20 卷 10 冊：四周單邊，半郭 19.8×14.1 cm，6 行 16 字，板心：上黑魚尾；31.0×19.3 cm

刊記：萬曆癸卯南都博古堂刊

序：萬曆癸卯(1603)……朱之蕃

板心題：官板海篇心經

表紙書名：海篇心經

印：侍講院

② 韓國學中央圖書館藏書閣藏本

線裝 20 卷 10 冊：四周單邊，半郭 19.2×14.1 cm，有界，半葉 10 行 16 字，注雙行，上黑魚尾；31.3×19.8 cm

刊記：萬曆癸卯(1603)南都博古堂刊玉堂釐正分類字義韻律

序：萬曆癸卯(1603)歲春王正月吉旦賜進士及第承德即翰林院修撰直起注紅左朱之蕃元价父書

識語(卷末)：鰲頭海篇心鏡

(接上頁)(5) 12 卷 10 冊(古朝 41-27)：四周單邊，半郭 19.5×14.0 cm，10 行 18 字，上黑魚尾；26.9×18.8 cm。

(6) 6 卷 4 冊本(零本)：卷 3—4(冊 1)，卷 9—10(冊 2)，卷 17—18(冊 3)，卷 19—20(冊 4)。

① http://www.nl.go.kr/nl/search/search.jsp?all=on&topF1=title&kwd=%E6%B5%B7%E7%AF%87%E5%BF%83%E9%95%9C

楮紙

版心題：官板海篇心鏡

表題：玉堂釐正字義韻律海篇心錄

印：茂朱赤裳山史庫所藏本　李王家圖書之章

③ 忠南大學圖書館藏本

線裝 20 卷 10 冊：四周單邊，半郭 19.0×14.6 cm，有界，半葉行字數不定，注雙行，上下向黑魚尾；26.0×18.5 cm

刊記：萬歷癸卯（1603）南都博古堂刊

序：萬歷癸卯（1603）歲春王正月　朱之蕃元價文書

紙質：楮紙

裏題：鰲頭海編心鏡

表題：海編心鏡

（2）日本

東京大學東洋文化研究所（20 卷 10 冊）①，朱之蕃，朝鮮刊本。② 此外，據韓國國立中央圖書館 2004 年調查，大馬歷史民俗資料館藏 20 卷 7 冊本，具體情況爲③：

四周單邊；半郭 19.5×13.8 cm，有界，半葉 6 行，字數不定，注雙行，上下向黑魚尾；28.8×18.0 cm；

序：萬歷癸卯（1603）　翰林院修撰直起居注江左朱之蕃元价父書

---

① 大岩本幸次，《明代"海篇類"字書群に關する二、三の問題—附：現存海篇類目錄—》，《東北大學中國語學文學論集》第 4 集（1999 年 11 月 30 日）。但網上提供的資料上（http://www3.ioc.u-tokyo.ac.jp/user/index.php）還找不到，故不知詳細情況，待後詳考。

② 早稻田大學所藏明萬曆葉會廷刊本《翰林重考字義韻律大板海篇心鏡》（http://wine.wul.waseda.ac.jp/search~S12*jpn?/X{214757}{21502}&SORT=D/X{214757}{21502}&SORT=D&SUBKEY=%E6%B5%B7%E7%AF%87/1%2C1883%2C1883%2CB/frameset&FF=X{214757}{21502}&SORT=D&2%2C2%2C）

③ http://www.nl.go.kr/nl/search/SearchDetail.nl?category_code=ct&service=KORCIS&vdkvgwkey=139815982&colltype=dan-old&place_code_info=&place_name_info=&manage_code=AJPN25&shape_code=B&refLoc=null&category=korcis&srchFlag=Y&h_kwd=%E6%B5%B7%E7%AF%87%E5%BF%83%E9%8F%A1&lic_yn=N&mat_code=RB

17世紀初的中韓文字學交流：朝鮮版朱之蕃《玉堂釐正字義韻律海篇心鏡》簡介

表題：海篇心鏡

（3）臺灣

臺灣"國立中央圖書館"收藏兩套朝鮮版《玉堂海篇心鏡》（10冊本、20冊本），具體情況則如下：

① "臺灣國立中央圖書館"收藏《玉堂釐正字義韻律海篇心鏡》[①]

書號：01043

資料類型：善本書-原件

著作者：（明）朱之蕃

裝訂：線裝

版本：朝鮮翻刻明博古堂本

序跋者：（明）朱之蕃

數量：10冊

高廣：（匡 19.1×14 公分　上欄高 6.4 公分）

來源：古籍文獻資訊網（http://rarebook.ncl.edu.tw/rbookod）

出版地：朝鮮

② "臺灣國立中央圖書館"收藏《玉堂釐正字義韻律海篇心鏡》

裝訂：線裝

版本：明萬曆壬寅（30年，1602）南都博古堂刊本

出版者：博古堂

序跋者：（明）朱之蕃

製作時間：1602

數量：20冊

高廣：（匡 14.9×14.3 公分　上欄高 7.3 公分）

來源：古籍文獻資訊網（http://rarebook.ncl.edu.tw/rbookod）

出版地：南都

管理權："國家圖書館"（http://www2.ncl.edu.tw/）

[①] http://catalog.digitalarchives.tw/item/00/07/e9/7e.html

(4) 中國及其他

中國大陸,中國國家圖書館只收藏(明)劉孔當撰《翰林重考字義韻律大板海篇心鏡》3套,不見《玉堂海篇心鏡》。① 另外,美國哈佛大學哈佛燕京圖書館亦收藏《翰林海篇心鏡》20卷(卷首,殘存第14卷)(參見後附書影)。

3.2 書　　影

在此呈現朝鮮刊本《玉堂海篇心鏡》(1606以後)(左)與中國南都刊本《玉堂海篇心鏡》(1602)(臺灣"國立圖書館"所藏本)(右)兩種書影參考如下。

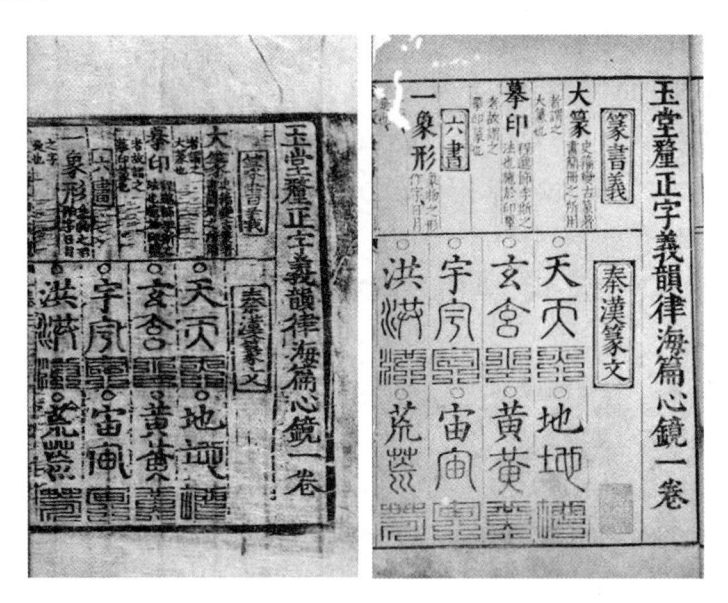

3.3 結構——與《翰林海篇心鏡》比較

《玉堂海篇心鏡》共20卷,分上下二欄,上欄主要介紹字學常識(第1卷)、韻字(第2卷~12卷)、《易》、《書》、《詩》、《禮》、《春秋》等五經難字

---

① 參見 http://www.nlc.gov.cn

17世紀初的中韓文字學交流：朝鮮版朱之蕃《玉堂鼇正字義韻律海篇心鏡》簡介

（第12~17卷）、通用字（第19~20卷）。此與《翰林海篇心鏡》在內容和順序上均有所變動，具體情況如下表：

（1）上層：

卷　次	《玉堂鼇正字義韻律海篇心鏡》	《翰林重考字義韻律大板海篇心鏡》
首　卷		"大板海篇心鏡" 王惺初識語 海篇心鏡引（何鹿門） 海篇心鏡序（劉孔當） 目錄 十字釋義 諸家篆式 夷字音釋
第1卷	海篇心鏡序（朱之蕃） 目錄 篆書義、六書、五音、四聲、定聲方位、八聲清濁、切韻字訣、字母切韻法、辨聲要訣、調聲掌訣、字學正訛（字母辨、字子辨）字義兼音（平聲、仄聲、平仄）	異施字義（純平、純仄、平仄）
第2卷	韻律平聲（1-東,2-支,3-齊上）	分毫字義（總要、天文門、地理門、人文門、身體門、聲色門、飲食門、文史門、干支門）
第3卷	韻律平聲（3-齊下,4-魚,5-模,6-皆,7-灰,8-真）	分毫字義（花木門、數目門、人事門、珍寶門、宮室門、器用門、鳥獸門、衣服門、通用門）
第4卷	韻律平聲（8-真下,9-寒,10-刪、11-先,12-蕭,13-爻）、	分毫字義(示礻類、弋戈類、日月類、氵冫類、木禾類、草竹類、亻彳類、屍户類、廣疒類、扌抈類、門冂類、攴支類、九丸類)
第5卷	韻律平聲（14-歌,15-麻,16-庶,17-陽,18-更,19-尤,20-侵,21-覃,22-鹽上）	經書難字（序、虞書、夏書、商書、周書、周易上經難字、下經）
第6卷	韻律平聲（22-鹽上）、韻律上聲（1-董,2-紙,3-薺,4-語、5-姥,6-解,7-賄,8-軫,9-旱、10-產、11-銑上）	詩經難字 （序、國風、小雅、大雅、頌四）

141

續表

卷　次	《玉堂鰲正字義韻律海篇心鏡》	《翰林重考字義韻律大板海篇心鏡》
第7卷	韻律上聲(11-銑下~22-琰)、韻律去聲(1-送~2-寘上)	禮記難字（序、曲禮上、曲禮下、檀弓上、檀弓下、王制、月令、魯子問、文王、禮運、禮器、郊特牲）
第8卷	韻律去聲(2-寘下~8-震上)	禮記難字（內則、玉藻、明堂位、喪服小記、大傳、少儀、學記、樂記、雜記上、雜記下、喪大記、祭法、祭義、祭統、經解、哀公問、仲尼燕居、孔子閒居、坊記、中庸、表記、緇衣、奔喪、問喪、服問、間傳、三年問、深衣、投壺、儒行、大學、冠義、昏義、鄉飲酒義、射義、燕義、聘義、喪服四制）
第9卷	韻律去聲(8-震下~17-漾上)	春秋難字（魯隱公上中下、魯桓公上中下、魯莊公上中下、魯閔公、魯僖公上中下、魯文公上中下、魯宣公上中下、魯成公上中下、魯襄公上中下、魯昭公上中下、魯定公上下、魯哀公上下） 小學難字（上序、題辭、立教、明倫、敬身、稽古、嘉言、善行）
第10卷	韻律去聲(17-漾下~22-豔)、韻律入聲(1-屋~3-曷上)	韻律平聲 1-東,2-支,3-齊,4-魚
第11卷	韻律入聲(3-曷下~7-陌上)	韻律平聲 5-模,6-皆,7-灰,8-真,9-寒,10-刪
第12卷	韻律入聲(7-陌下~10-葉)、易經難字（乾~未濟）、繫辭上傳、繫辭下傳、說卦傳、書經難字（序文、堯典、舜典、禹謨）	韻律平聲 11-先,12-蕭,13-爻,14-歌,15-麻,16-庚
第13卷	書經難字（皋陶~泰誓）、詩經難字（序、周南~秦）	韻律平聲 17-陽,18-更,19-尤,20-侵,21-覃,22-鹽
第14卷	詩經難字（陳~商頌）、禮記難字（序、曲禮上~曲禮下）	韻律上聲 1-董,2-紙,3-薺,4-語,5-姥~10-產

17世紀初的中韓文字學交流：朝鮮版朱之蕃《玉堂鰲正字義韻律海篇心鏡》簡介

續表

卷次	《玉堂鰲正字義韻律海篇心鏡》	《翰林重考字義韻律大板海篇心鏡》
第15卷	禮記難字(曲禮下~王藻)	韻律上聲 11-銑~22-琰
第16卷	禮記難字(明堂位~喪服四制)、春秋難字(魯隱公上)	韻律去聲 1-送~6-泰
第17卷	春秋難字(魯隱公中~魯哀公下)、小學難字(上序、題辭~善行)、分毫字義、總要上	韻律去聲 7-隊~12-嘯
第18卷	總要下、天文門、地理門~花木門	韻律去聲 13-效~22-豔
第19卷	花木門下、數目門~通用上	韻律入聲 1-屋~5-屑
第20卷	通用下(示礻類、弋戈類、日目類、冫氵類、木禾類、艸竹類、亻彳類、尸户類、廠廣類、扌牛類、門宀類、攴支類、九丸類)	韻律入聲 6-藥~10-葉

（2）下層：

下層爲字典，第1卷是《篆書千字文》，第2~20卷是字典，共分18門456部①，對55 643個標題字注明讀音和字義及異體信息，如："天：音添，上玄也。"（卷二、天文門、天部第一）

卷次	《玉堂鰲正字義韻律海篇心鏡》	《翰林重考字義韻律大板海篇心鏡》
第1卷	秦漢篆千文	字有六書 字有八體 字有五音

---

① 天文門(11部)、時令門(5部)、地理門(22部)、人物門(24部)、聲色門(11部)、器用門(40部)、身體門(28部)、花木門(25部)、宮室門(8部)、飲食門(7部)、鳥獸門(37部)、干支門(22部)、卦名門(3部)、文史門(3部)、珍寶門(4部)、人事門(70部)、衣服門(10部)、數目門(13部)、通用門(113部)。

續表

卷次	《玉堂鰲正字義韻律海篇心鏡》	《翰林重考字義韻律大板海篇心鏡》
第1卷	秦漢篆千文	字有四聲 定聲方位 分聲清濁 辨聲要訣 聲調掌法 背部字文 奇字便覽
第2卷	● 天文門（11部） （天,日,月,風,雲,雨,火,乾,元,氣,光） ● 時令門（5部） （歲,晨,夂,冫,更）	天文門（11部） 時令門（5部）
第3卷	● 地理門（5部） （京,山,水,井,阜）	地理門（5部）
第4卷	● 地理門（17部） （土,田,石,泉,巛,穀,凵,穴,廠,邑,裏,广,辰,鹵,巴,覃,門）	地理門（17部）
第5卷	● 人物門（24部） （舜,王,人,夗,臣,士,民,夫,父,毋,男,女,兒,子,予,兄,弟,儿,工,酉,癸,巫,由,鬼） ● 聲色門（11部） （音,色,彡,素,青,黃,赤,白,黑,玄,丹）	人物門（24部） 聲色門（11部）
第6卷	● 器用門（40部） （皿,戈,弓,矛,矢,殳,戉,盾,瓜,刀,方,斤,彙,侖,琴,磬,鼓,幾,爿,門,鼎,印,瓦臼,匚,缶,网,舟,厄,擊,車,壺,匸,韋,履,豊,末,刃,鬲,羂）	器用門（40部）
第7卷	● 身體門（11部） （身,血,心,頁,𦣲,囟,彡,面,兒,須,毛）	身體門（11部）
第8卷	● 身體門（9部） （耳,目,鼻,口,齒,牙,舌,皮,次）	身體門（9部）
第9卷	● 身體門（8部） 骨,肉,呂,手,爪,足,力,尸	身體門（8部）

續表

卷次	《玉堂鰲正字義韻律海篇心鏡》	《翰林重考字義韻律大板海篇心鏡》
第10卷	• 花木門（17部） （竹,木,朿,柰,乎,艸,弓,橐,辫,鹵,麻,米,甲,粦,鬯,華,香）	花木門（17部）
第11卷	• 花木門（8部） （禾,豆,朮,麥,黍,瓜,韭,艸）	花木門（8部）
第12卷	• 宮室門（8部） （广,宀,門,戶,囪,㐭,片,寧） • 飲食門（7部） （鹵,食,米,酉,甘,旨,鹽）	宮室門（8部） 飲食門（7部）
第13卷	• 鳥獸門（14部） （鳥,烏,隹,卵,羽,幾,飛,臬,巢,馬,牛,羊,豕,犬）	鳥獸門（14部）
第14卷	• 鳥獸門（23部） （象,豸,虎,鹿,鴈,麤,熊,雀,皂,兔,希,鼠,角,革,尾,蟁,血,虍,龍,魚,龜,黽,蟲）	鳥獸門（23部）
第15卷	• 干支門（22部） （干,支,甲,乙,丙,丁,戊,巳,庚,辛,壬,癸,丑,寅,卯,辰,巳,午,未,申,戌,亥） • 卦名門（3部） （爻,兆,卜） • 文史門（4部） （文,書,冊,句） • 珍寶門（4部） （金,玉,貝,玨）	干支門（22部） 卦名門（3部） 文史門（3部） 珍寶門（4部）
第16卷	• 人事門（9部） （才,齐,見,丮,去,言,勹,匕,㕙）	人事門（9部）
第17卷	• 人事門（49部） （走,夊,司,厶,吏,思,丩,止,至,炙,舜,處,出,入,交,生,束,殳,氏,示,興,喜,享,七,行,學,號,會,云,壹,乚,廾,口,虍,宂,舁,弋,用,乏,曰,來,令,立,老,尚,夂,甹,奉,癕）	人事門（49部）
第18卷	• 人事門（12部） （采,臥,辶,彳,攵,受,了,广,歹,凶,从,夗）	人事門（12部）

續表

卷次	《玉堂鰲正字義韻律海篇心鏡》	《翰林重考字義韻律大板海篇心鏡》
第19卷	• 衣服門(10部) (衣,巾,冃,帛,黹,糸,絲,索,章,系) • 數目門(13部) (一,二,三,四,八,九,十,丈,尺,寸,半,貝,卅)	衣服門(10部) 數目門(13部)
第20卷	• 通用門(113部) (高,甲,大,小,先,古,久,刄,曲,上,明,正,聿,負,冄,多,尚,氐,永,長,重,東,西,南,北,比,丨,果,彐,危,釆,有,旡,門,丌,其,臼,丂,豈,辟,可,華,必,丬,畐,丿,首,宀,非,弗,豐,凡,不,勿,左,中,僉,此,且,齊,自,亻,菫,卂,丨,夂,卓,疋,嗇,單,是,曼,亢,兮,丸,旱,臣,秝,尤,夭,幺,欠,共,本,亠,隶,丶,壴,能,乃,亦,叕,叕,臬,卑,卩,帀,亞,又,繼,贏,冉,而,市,爨,襾,之,乎,者,也,矣,焉,哉)	通用門(113部)

(3)收字情況

初步統計,該書共收55 643字,規模非常龐大。與中國歷代傳世字書相比,如東漢許慎《說文解字》(公元100年)正文9 353字,重文1 163字,共計收字頭10 516字;晉呂忱《字林》共收12 824字(已佚);梁顧野王《玉篇》(公元543年)共收22 726字;遼行均《龍龕手鑒》(公元997年)共收26 430字;宋陳彭年等《廣韻》(公元1011年)共收26 194字;宋司馬光等《類篇》(公元1066年)共收31 319字;宋丁度等《集韻》(公元1067年)共收53 525字;金韓道昭《改並五音聚韻四聲篇海》(公元1212年)共收35 189字;明李登《重刊詳校篇海》(公元1608年)共收39 047字;明梅膺祚《字彙》(公元1615年)共收33 179字;明張自烈《正字通》(公元1671年)共收33 549字;清張玉書《康熙字典》(公元1716年)共收47 035字,加上古文字字頭共收49 030字;《中華大字典》(公元1915年,中華民國,陸費逵等)共收48 000多字;《漢語大字典》(公元1986—1990年,中華人民共和國,《漢語大字典》編輯委員會)共收54 678字。可知其收字數量

17世紀初的中韓文字學交流：朝鮮版朱之蕃《玉堂鰲正字義韻律海篇心鏡》簡介

的龐大。其具體收字情況則如下：

門　類	部　首	收錄字數	門　類	部　首	收錄字數
天文門	天部第 1	62	地理門	土部第 1	930
	日部第 2	571		田部第 2	215
	月部第 3	85		石部第 3	627
	風部第 4	240		泉部第 4	8
	雲部第 5	19		巛部第 5	25
	雨部第 6	366		谷部第 6	57
	火部第 7	767		山部第 7	43
	钛部第 8	13		穴部第 8	390
	元部第 9	21		厂部第 9	170
	气部第 10	20		邑部第 10	629
	光部第 11	33		里部第 11	45
時令門	歲部第 1	15		户部第 12	12
	晨部第 2	6		辰部第 13	6
	夂部第 3	22		臽部第 14	12
	冫部第 4	156		巴部第 15	7
	更部第 5	13		章部第 16	10
地理門	京部第 1	20		門部第 17	48
	山部第 2	970	人物門	舜部第 1	3
	水部第 3	1 807		王部第 2	11
	井部第 4	18		人部第 3	1 342
	阜部第 5	429		卯部第 4	2

續表

門　類	部　首	收錄字數	門　類	部　首	收錄字數
	臣部第 5	34		彡部第 3	75
	士部第 6	24		索部第 4	14
	民部第 7	6		青部第 5	13
	夫部第 8	10		黃部第 6	63
	父部第 9	12		赤部第 7	40
	母部第 10	14		白部第 8	123
	男部第 11	27		黑部第 9	213
	女部第 12	953		玄部第 10	7
	兒部第 13	8		丹部第 11	11
	子部第 14	96		皿部第 1	186
	予部第 15	3		戈部第 2	145
	兄部第 16	9		弓部第 3	245
	弟部第 17	13		矛部第 4	86
	儿部第 18	31		矢部第 5	80
	工部第 19	19		殳部第 6	113
	酋部第 20	11	器用門	戌部第 7	3
	羹部第 21	4		盾部第 8	10
	巫部第 22	9		臥部第 9	58
	由部第 23	3		刀部第 10	475
	鬼部第 24	220		方部第 11	44
聲色門	音部第 1	76		斤部第 12	87
	色部第 2	46		橐部第 13	13

148

續表

門　類	部　首	收錄字數	門　類	部　首	收錄字數
	龠部第 14	20		豊部第 36	4
	琴部第 15	12		耒部第 37	98
	磬部第 16	39		刃部第 38	17
	鼓部第 17	118		鬲部第 39	61
	几部第 18	79		鬻部第 40	43
	爿部第 19	34	身體門	身部第 1	164
	斗部第 20	53		血部第 2	67
	鼎部第 21	9		心部第 3	1 382
	印部第 22	3		頁部第 4	509
	瓦部第 23	208		首部第 5	37
	臼部第 24	66		𠙵部第 6	8
	匚部第 25	87		髟部第 7	268
	缶部第 26	76		面部第 8	107
	网部第 27	227		兒部第 9	4
	舟部第 28	236		須部第 10	9
	卮部第 29	8		毛部第 11	288
	击部第 30	31	身體門	耳部第 1	258
	車部 31	519		目部第 2	827
	壺部第 32	9		鼻部第 3	68
	匸部第 33	21		口部第 4	1 758
	韋部第 34	131		齒部第 5	254
	履部第 35	48		牙部第 6	11

續表

門類	部首	收錄字數	門類	部首	收錄字數
	舌部第7	71		柒部第12	23
	皮部第8	167		巾部第13	14
	次部第9	5		鞣部第14	7
	骨部第1	254		邕部第15	7
	肉部第2	1 033		華部第16	5
	呂部第3	5		香部第17	53
	手部第4	117		禾部第1	550
	爪部第5	72		豆部第2	67
	足部第6	790		朮部第3	5
	力部第7	229	花木門	麥部第4	178
	尸部第8	223		黍部第5	55
	竹部第1	976		瓜部第6	90
	木部第2	1 584		韭部第7	19
	束部第3	6		艸部第8	1 967
	黍部第4	4		广部第1	447
	孚部第5	3		宀部第2	106
花木門	羋部第6	6		門部第3	364
	弓部第7	3	宮室門	戶部第4	77
	橐部第8	3		鹵部第5	3
	舜部第9	5		面部第6	5
	鹵部第10	6		片部第7	96
	麻部第11	27		宁部第8	5

150

续表

門類	部首	收錄字數	門類	部首	收錄字數
飲食門	鹵部第 1	56	鳥獸門	象部第 1	4
	食部第 2	460		豸部第 2	152
	米部第 3	391		虎部第 3	134
	西部第 4	452		鹿部第 4	146
	甘部第 5	24		鷹部第 5	7
	旨部第 6	5		麞部第 6	11
	鹽部第 7	7		熊部第 7	5
鳥獸門	鳥部第 1	873		萑部第 8	6
	烏部第 2	4		皀部第 9	10
	佳部第 3	264		兔部第 10	15
	卵部第 4	6		希部第 11	13
	羽部第 5	246		鼠部第 12	99
	几部第 6	35		角部第 13	212
	飛部第 7	8		革部第 14	434
	枭部第 8	7		尾部第 15	17
	巢部第 9	6		斐部第 16	8
	馬部第 10	545		瓜部第 17	17
	牛部第 11	349		虍部第 18	30
	羊部第 12	195		龍部第 19	30
	豕部第 13	158		魚部第 20	710
	犬部第 14	552		龜部第 21	51

續表

門　類	部　首	收錄字數	門　類	部　首	收錄字數
	黽部第 22	57		申部第 20	34
	虫部第 23	1 073		戌部第 21	8
干支門	干部第 1	15		亥部第 22	33
	支部第 2	64	卦名門	爻部第 1	11
	甲部第 3	57		兆部第 2	22
	乙部第 4	86		卜部第 3	93
	丙部第 5	30	文史門	文部第 1	39
	丁部第 6	51		書部第 2	21
	戊部第 7	30		冊部第 3	13
	巳部第 8	58		句部第 4	62
	庚部第 9	6	珍寶門	金部第 1	1 027
	辛部第 10	57		玉部第 2	594
	壬部第 11	23		貝部第 3	99
	癸部第 12	23		珏部第 4	14
	丑部第 13	24	人事門	才部第 1	1 340
	寅部第 14	9		齐部第 2	6
	卯部第 15	11		見部第 3	225
	辰部第 16	30		卂部第 4	14
	巳瓜部第 17	3		去部第 5	32
	午部第 18	17		言部第 6	1 031
	未部第 19	12		勹部第 7	108

續表

門　類	部　首	收錄字數	門　類	部　首	收錄字數
	匕部第 8	15		示部第 20	401
	癶部第 9	15		興部第 21	12
人事門	走部第 1	444		喜部第 22	10
	夊部第 2	32		享部第 23	14
	司部第 3	9		七部第 24	11
	厶部第 4	89		行部第 25	59
	吏部第 5	11		學部第 26	22
	思部第 6	8		号部第 27	7
	凵部第 7	6		會部第 28	9
	止部第 8	131		云部第 29	41
	至部第 9	29		壹部第 30	9
	炙部第 10	15		乚部第 31	15
	舛部第 11	6		廿部第 32	123
	處部第 12	15		口部第 33	193
	出部第 13	37		亏部第 34	8
	入部第 14	112		穴部第 35	4
	交部第 15	5		昇部第 36	8
	生部第 16	47		弋部第 37	62
	束部第 17	43		用部第 38	11
	殺部第 18	4		夊部第 39	15
	氏部第 19	10		曰部第 40	12

續表

門　類	部　首	收録字數	門　類	部　首	收録字數
	來部第41	34		衣部第1	767
	令部第42	15		巾部第2	359
	立部第43	154		冃部第3	23
	老部第44	44		帛部第4	12
	肖部第45	12	衣服門	㡀部第5	9
	夊部第46	16		糸部第6	870
	聿部第47	7		絲部第7	9
	幸部第48	3		索部第8	3
	瘖部第49	33		章部第9	21
	采部第1	12		系部第10	25
	臥部第2	8		一部第1	120
	辵部第3	728		二部第2	45
	彳部第4	263		三部第3	6
	女部第5	407		四部第4	29
	㝏部第6	8		八部第5	29
人事門	了部第7	11	數目門	九部第6	55
	疒部第8	775		十部第7	51
	歹部第9	383		丈部第8	3
	凶部第10	12		尺部第9	6
	亾部第11	15		寸部第10	48
	夗部第12	17		半部第11	21

續表

門　類	部　首	收錄字數	門　類	部　首	收錄字數
	貟部第 12	4		長部第 20	150
	卅部第 13	5		重部第 21	11
通用門	高部第 1	61		東部第 22	8
	甲部第 2	16		西部第 23	31
	大部第 3	304		南部第 24	13
	小部第 4	57		北部第 25	7
	先部第 5	4		比部第 26	14
	古部第 6	18		丨部第 27	4
	久部第 7	10		果部第 28	11
	韌部第 8	6		彐部第 29	56
	曲部第 9	6		危部第 30	11
	上部第 10	14		釆部第 31	5
	明部第 11	18		有部第 32	9
	正部第 12	16		旡部第 33	12
	聿部第 13	7		鬥部第 34	18
	貟部第 14	4		丌部第 35	8
	曰部第 15	4		其部第 36	13
	多部第 16	71		臤部第 37	7
	尚部第 17	7		丂部第 38	7
	氏部第 18	4		豈部第 39	5
	永部第 19	5		辟部第 40	7

續表

門　類	部　首	收錄字數	門　類	部　首	收錄字數
	可部第 41	7		亽部第 62	14
	華部第 42	5		菫部第 63	9
	必部第 43	16		卂部第 64	3
	虱部第 44	3		丨部第 65	8
	畐部第 45	5		夬部第 66	8
	丿部第 46	51		卓部第 67	24
	首部第 47	4		疋部第 68	15
	宀部第 48	45		齒部第 69	6
	非部第 49	23		單部第 70	9
	弗部第 50	15		是部第 71	21
	農部第 51	3		旻部第 72	3
	凡部第 52	11		亢部第 73	9
	不部第 53	57		兮部第 74	6
	勿部第 54	18		丸部第 75	7
	左部第 55	4		旱部第 76	4
	中部第 56	2		臣部第 77	4
	僉部第 57	9		秝部第 78	9
	此部第 58	27		九部第 79	97
	且部第 59	20		夭部第 80	5
	齊部第 60	6		幺部第 81	28
	自部第 61	52		欠部第 82	308

續表

門類	部首	收錄字數	門類	部首	收錄字數
	共部第 83	10		又部第 99	116
	本部第 84	11		䜌部第 100	20
	冖部第 85	91		嬴部第 101	15
	隶部第 86	12		冉部第 102	7
	丶部第 87	7		而部第 103	27
	豈部第 88	36		市部第 104	13
	能部第 89	5		爨部第 105	11
	乃部第 90	23		襾部第 106	22
	亦部第 91	3		之部第 107	8
	叒部第 92	11		乎部第 108	11
	叕部第 93	7		者部第 109	56
	自部第 94	14		也部第 110	54
	睪部第 95	3		矣部第 111	20
	卩部第 96	31		焉部第 112	14
	帀部第 97	5		哉部第 113	6
	亞部第 98	49	总計		55 643

3.4　與《翰林海篇心鏡》比較：以"天部"爲例

（1）排序

《玉堂海篇心鏡》以"卷二天文門天部第一"爲例，共收 62 字，與《翰林海篇心鏡》無別，但收字排列有所變動，諸如：《玉堂海篇心鏡》的第 23、

24、25、26 字,在《翰林海篇心镜》是第 25、26、23、24 字;《玉堂海篇心镜》的第 30、31、32、33 字,在《翰林海篇心镜》是第 32、33、34、30、31 字。其調動原因何在,需要進一步研究。

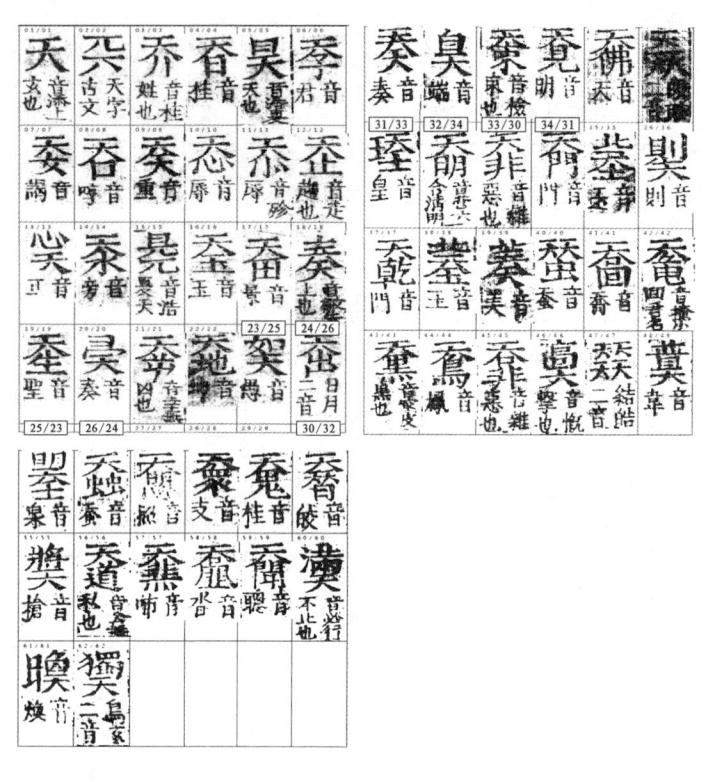

(2) 字體

以《玉堂海篇心镜》的"卷二天文門天部第一"收錄字爲例,其字體上有所差異的有一例,即"毡(yǎn)"字,《翰林海篇心镜》从天从竜(竜爲龍之俗體),"掩,小國君名",爲"龑"字的異寫。①《玉堂海篇心镜》卻从"龟","龟"爲"龍"之俗體,常用於朝鮮文獻,不同於中國習慣,可見《玉堂海篇心镜》已經反映朝鮮書寫環境和習慣。

---

① 《康熙字典》"毡"字云:"《字彙補》余險切,音掩。小國君名。"又"龑"字下云:"《篇海》於檢切,音掩。高明之貌。"又《南唐書》:"南漢劉龑改名龑,復改名龑。古無龑,龑取飛龍在天之義創此名,龑音儼。"

17世紀初的中韓文字學交流：朝鮮版朱之蕃《玉堂釐正字義韻律海篇心鏡》簡介

《玉堂海篇心鏡》		《翰林海篇心鏡》	
(篆書圖)	龟	(篆書圖)	竜

4. 交流與影響

朱之蕃既善於詩賦與書畫，並心地善良，有人格魅力，故他的朝鮮使行對當時朝鮮文團及社會影響頗大。

4.1 書法界

朱之蕃攜帶來的《秦漢篆文》（收於《玉堂海篇心鏡》第一卷）及《篆訣歌》引起了朝鮮書法界及文字學界對古文的重視。許多書法家開始關注小篆體，漸漸擺脫朝鮮初的重視宋雪體（趙孟頫）和朝鮮中期重視王羲之書法的窠臼。朝鮮中期代表性書法家有：呂爾徵（未詳）、金尚容（1561—1637）、金光炫（1584—1647）、李正英（1616—1686）、金壽恒（1629—1689）、閔維重（1630—1687）、金昌協（1651—1708）、閔鎮遠（1664—1736）等人。他們對篆書的喜好主要受朱之蕃帶來的《篆訣歌》《衡山石刻帖》及《玉堂海篇心鏡》中的《秦漢篆文》的啟發。

另外，他對書畫界也產生了影響，即他給朝鮮介紹了《千古最盛》《十二畫貼圖》以及《曆代明公畫圖》，這引起了朝鮮書畫界對中國書畫界的關注。

4.2 漢字學界

朱之蕃的影響不僅僅流於書法的好尚，有的學者還模仿他的書而專門編輯有關篆書及古文的字書，此為17世紀初之前朝鮮從來沒出現過的現象。其代表學者及著作有如下：

肯上人(未詳)①:《篆書金剛經》②

申汝櫂(未詳)③:《篆韻》④《篆千字文》⑤

金振興(1621—?)⑥:《篆大學》⑦《篆海心鏡》⑧《禮部韻玉篇篆書》

景維謙(1586—?)⑨:《篆韻便覽》⑩

---

① "昔余始識金生也,見其貌愨而侗,其視瞻薄而靜,類古所謂用志不分者。問其業,習篆籀家諸體,蓋自幼小,從東江呂公得筆意,既長,以藝遊諸名公間。惟日夕矻矻焉殫心力於其業,甚且飢食寒衣若不足爲切身患者。嘗倣肯上人《金剛經》,以各體書大學刊行。"《篆海心鏡序》,瑞石先生集(金萬基)卷五。

② 國立中央圖書館收藏"重刊本"《篆書金剛經》(韓古朝 21-82)。《(篆隸)金剛般若波羅蜜經》,鳩摩羅什奉詔譯,釋肯書。2卷 2册:四周單邊,半郭 24.8×14.5 cm,行字數不同,無魚尾;30.8×19.3 cm。序:至元十五年戊子(1288)陳叔昭序;印記:善山後人、金廷烘印。

③ "尤齋宋先生實序其首。又以我東申汝櫂篆韻未究字畫之變。"《篆海心鏡序》,瑞石先生集(金萬基)卷五。其書藏於日本東洋文庫。

④ 現收藏於國立中央圖書館(葦滄古 443-9),5卷 2册。四周雙邊,半郭 23.5×16.7 cm,有界,8行,字數不定,注雙行,內向 3葉花紋魚尾;30.5×21.0 cm。卷末:前行副護軍臣申汝櫂書。印:固城、李氏清然。

⑤ (梁)周興嗣撰;(朝鮮)申汝櫂書。啟明大學東山圖書館所藏本:東裝 1 册:四周單邊,半郭 19.5×14.2 cm,無界,6行 9字,黑口,內向黑魚尾;23.8×17.5 cm。高麗大學圖書館所藏本:1册:四周雙邊,半郭 16.4×12.0 cm,有界,4行 4字;21.6×15.4 cm。篆字下附楷字本,卷末記:有落張故永定秦尚弘效嚬著足於畫蛇。

⑥ "今呂監司聖齊希天,故學士東江諱爾徵之胤子也。東江公好古書,其於三十六體,無不精通,真所謂篆家三昧也。有儐人金振興者,朝夕侍傍,目覩心存,公見其有聞樂竊抃之意。作字時使執玄穎,以審點畫之濃淡而修補焉,則仍得頗窺其門户,遂大肆其力,而以遊諸公間,雖不敢直得其衣鉢,而要之自成一家,則不害爲明德坊之詩婢也。"《禮部韻玉篇篆書序》,《宋子大全》137 卷。

"○海篇心鏡,似指篆海心鏡,即金振興所寫韻書。先生弁其書,海篇二字,恐誤。"《隨箚》《宋子大全·隨箚卷之九》。

"世之寫古文者,用尺度模畫,以濃墨補填,全體死肉無一髮神采。如金振興能寫三十八體,刊傳雖廣,亦然矣。"《眉叟先生古篆評》,《息山先生文集卷之二十》。

⑦ 現收藏於國立中央圖書館(韓古朝 41-26)。1663年。116張:四周雙邊,半郭 28.1×18.7 cm,5行 5字,內向黑魚尾;37.3×23.9 cm。"歲在辛丑菊秋下澣善山後人金振興書"(卷末)。

⑧ 現收藏於國立中央圖書館(古 443-19)。27張:四周雙邊,半郭 10.5×7.1 cm,有界,6行 10字,注雙行,上下向白魚尾;13.3×9.0 cm。刊記:歲丙辰(?)九月寫。藏板記:古墨齋藏板。

⑨ "以我東申汝櫂《篆韻》,未究字畫之變。謙《便覽》,尤疏略無法。"《篆海心鏡序》,《瑞石集》,《瑞石先生集》卷五《序》,a_144_417b。

⑩ 現收藏於國立中央圖書館(葦滄古 443-70)。孝宗 2(1651)。1册(43張):四周雙邊,半郭 23.0×17.5 cm。行字數不同,注雙行,上 3 葉花紋魚尾;31.0×22.0 cm。序:己丑(1649)呂爾徵序。跋:辛卯(1651)景惟謙跋。印記:心齋、白門鏞。 (轉下頁)

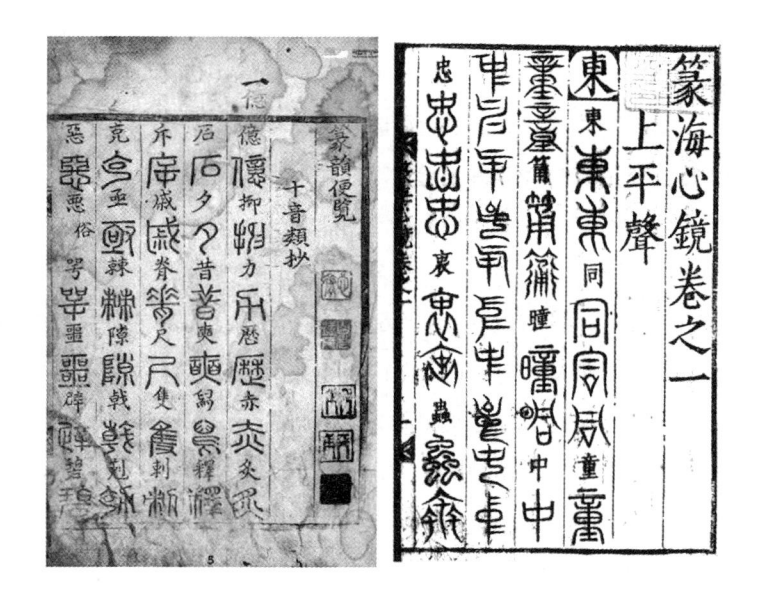

許穆(1595—1682)①：《古文韻府》②、《金石韻府》③、《古文韻律》④。

（接上頁）"粵若稽古，肇判以來，未有書契。至於伏羲氏，始畫八卦，而造書契，以代結繩之政。所謂書契即篆文，而夫子之韋編亦篆文也。以天縱之聖，豈不知變作簡易之體也？篆文乃古先聖之所作，故無所改變矣。秦始皇以衡石程書，文書浩繁，故使下杜人程邈改作隸書，以趣約易。邈本徒隸，即謂之隸書。自是以降，因用其體，而經文子集，無非隸書，故後世學，不識古跡之爲眞，反以隸書爲重，而不知古篆之如何，誠可恨也⋯⋯今之《篆韻》，雖存其舊，不解韻書之人，則孰知天字之懸於先韻乎？許多韻書，未易窺遍。故不揆鄙拙，作爲《便覽》。"景維謙《篆韻便覽跋》。參見河永三：《景惟謙的〈篆韻便覽〉與其在漢字學史上的價值》(《中國文學》第71輯，2013)。

① "眉老自成家，欲復先古之謹嚴，其自得處如古鐵苔蝕斷聯，老木霜皮剥落，猶有生氣，露出晶英，似非毫墨所及。先得其意，然後可幾及，若只倣其形體，謹變而放，古變而儷，豈不反爲尺度者所笑耶？"《眉叟先生古篆評》，《息山先生文集卷之二十》。
"今觀東海碑，其辭浩淼如洪濤，其聲鐺鞳如怒浪，若有海恠波靈，怳惚於筆端，嗚呼！非叟誰歟，能爲此者。"《題陟州東海碑》，《耳溪集卷十六》。
② 現收藏於國立中央圖書館(古3014-18)。(朝鮮)許穆書；許進編。石板本。京城：興文堂書店，1929年。2冊：四周雙邊，半郭26.8×18.2 cm，無界，上下向2葉花紋魚尾；32.7×21.6 cm。
③ 現收藏於國立中央圖書館(古3014-9)。(朝鮮)許穆著；許進編。京城：興文堂書店，1929年。77張；32.5×22.0 cm。
④ 現收藏於國立中央圖書館。(朝鮮)許穆書；許進編。京城：興文堂書店，1929年刊。線裝2卷2冊：四周雙邊，半郭27.8×18.5 cm，7行，每行字數不定，上2葉花紋魚尾；32.8×21.7 cm。省軒。洋紙。

4.3　文　學　界

　　《奉使朝鮮稿》共二卷,第一卷是朱之蕃的雜記,第二卷是《東方和音》,即朱之蕃在朝鮮時與柳根等 29 人酬唱而輯成的詩集,可見他與朝鮮文人交流之密切。另外,他把《世說刪補》《詩雋》《古尺牘》等書贈送給當時著名文學家許筠(1569—1618);許筠則專門爲他選抄朝鮮歷代 124 人的 830 首古詩以及《後山詩》6 卷,讓他了解朝鮮古詩的傳統。朝鮮有代表性的女詩人許南雪軒(許筠的姐姐)的詩集得以在中國刊行,也是得益於朱之蕃的引介。同時,當時以接伴使的資格參與的柳根也受他的影響,留下了《世說刪補注解》《古詩選》《唐詩選》《唐絕選刪》以及"尺牘"。①

5.　餘　　論

　　《玉堂海篇心鏡》是韓國 17 世紀重印的極爲重要的一部明代字典,但至今沒有正式向學術界介紹,中國也不知道此書刊於朝鮮,故亦不見於朱之蕃的著作目録。

　　但此書未列於朱之蕃之著述目録這一點讓我們思考此書是否出於朱之蕃之親手這個問題。因爲正如上文提到,此書的結構和內容幾乎與《翰林海篇心鏡》一致,只是對《翰林海篇心鏡》進行了結構變動和部分修改。

　　根據《序文》可知,《玉堂海篇心鏡》爲朱之蕃所寫,《翰林海篇心鏡》爲劉孔當所寫,但正文完全一樣,只在最後寫序日期和作者部分有差別而已。參看下面文章和書影:

---

　　①　辛泳周:《朱之蕃의 朝鮮使行과 文藝交流에 關한 一考》,《漢文學報》16(2007),第 45 頁。

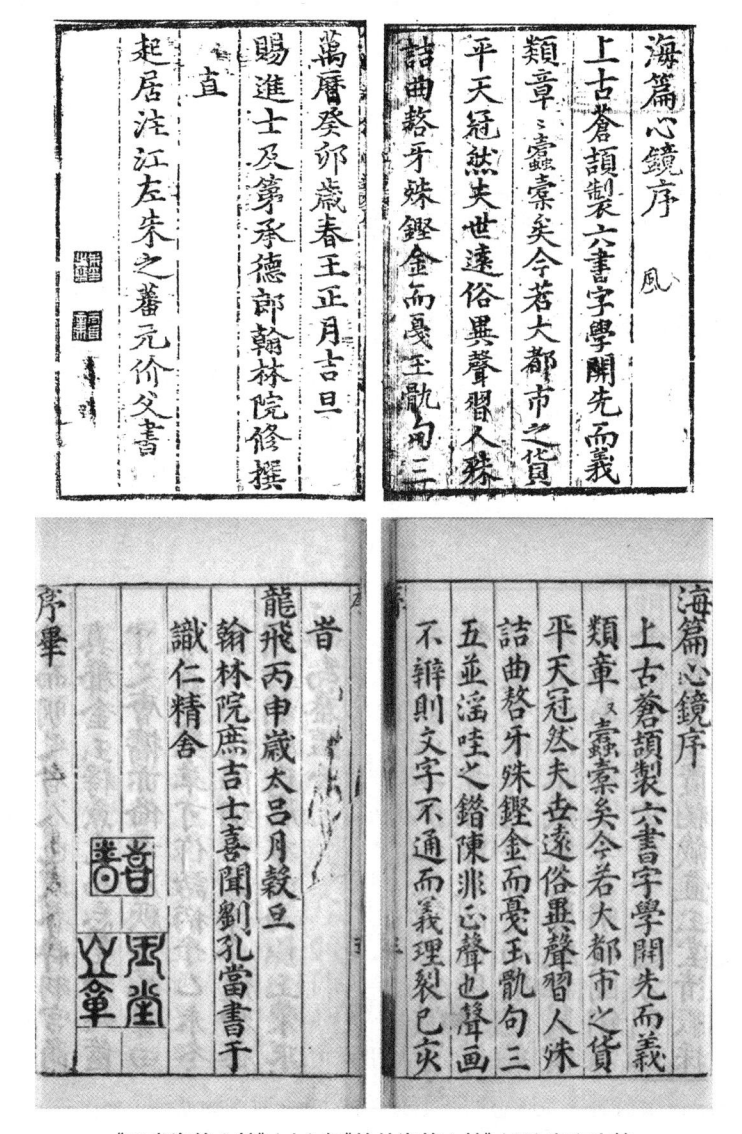

17世紀初的中韓文字學交流：朝鮮版朱之蕃《玉堂釐正字義韻律海篇心鏡》簡介

《玉堂海篇心鏡》(上)與《翰林海篇心鏡》(下)序文比較

《玉堂海篇心鏡序》

萬曆癸卯歲春王正月吉旦

賜進士及第承德郎翰林院修撰直

時

起居注江左朱之蕃元价父書

《翰林海篇心鏡序》

時

龍飛丙申歲太呂月穀旦

翰林院庶吉士喜聞劉孔當書于識仁精舍

如爲兩部不同的書,至少"序"不可以一樣。故此兩部著作之間的關係,需要進一步深入研究。但也不能排除《玉堂海篇心鏡》是在朝鮮遽然編輯而掛朱之蕃之名出版的可能性。因爲朱之蕃在當時的影響力特別大,深受朝鮮人的歡迎,故借他之名以表示敬愛是可以理解的。

6. 附錄及書影

明朝時期,朱之蕃爲朝鮮王朝迎恩門題寫的"迎恩門"匾額現存於韓國國立中央博物館。朱之蕃在韓國留下來的書法作品,有如下幾種:

i. 全羅北道全州市全州客舍"豐沛之館"匾額(466×179 公分)。

ii. 全羅北道益山市王宮面廣岩里"望慕堂"匾額(地方有形文化財第 9 號)。①

iii. 全羅南道南原市金池面宅内里安處順(1492—1534)思齋堂"永寺亭"匾額。

iv. 江原道鏡浦臺"第一江山"匾額。

v. 忠清北道槐山郡槐山邑霽月里孤山亭"湖山勝集"匾額。

vi. 首爾(漢陽)"迎恩門"匾額(國立中央博物館所藏)。

vii. 首爾(漢陽)成均館"明倫堂"匾額。

viii. 漢陽趙氏"碑文"二石。

---

① http://blog.naver.com/so_sostory/220264874136。1593 年宋英耉使行到北京時結識了朱之蕃,幫助鼓勵他。朱之蕃於 1595 年考取狀元,1606 年到朝鮮時,不忘前年師弟之緣分,親自到全州拜見宋英耉,贈送了從北京帶來的 80 餘種書籍,并給他題字。

17世紀初的中韓文字學交流：朝鮮版朱之蕃《玉堂鰲正字義韻律海篇心鏡》簡介

朱之蕃的書法作品（i, vii）

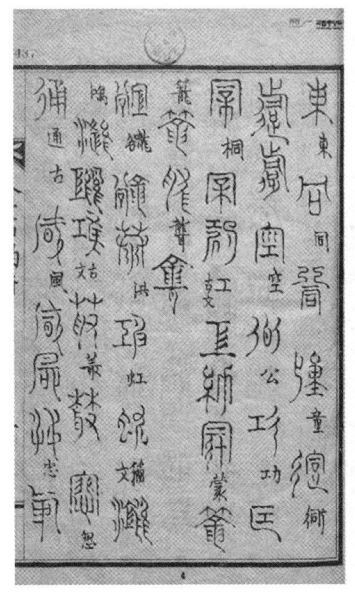

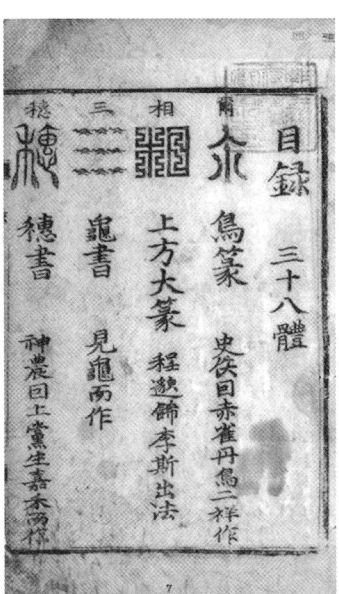

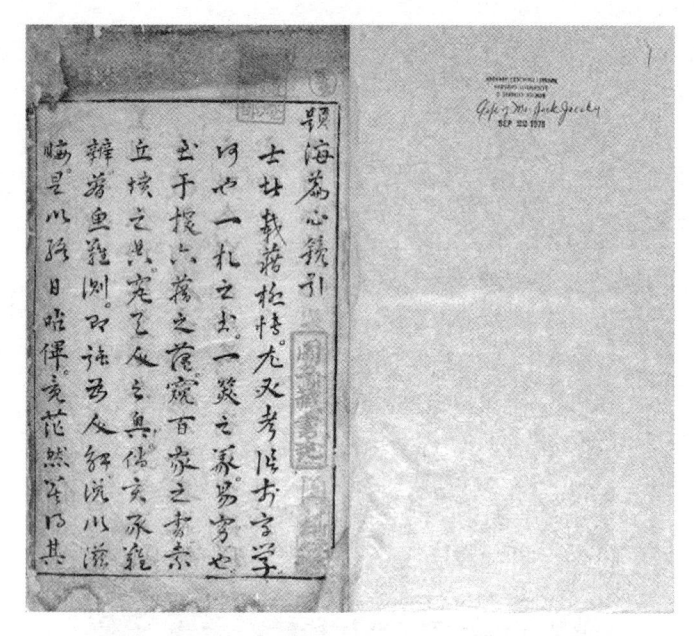

哈佛大學所藏《翰林重考字義韻律大板海篇心鏡》書影

參考文獻：

[1] Zhu Zhifan(朱之蕃), *Yutang lizheng ziyi yunlv Haipianxinjing*(《玉堂釐正字義韻律海篇心鏡》)(20卷10冊), Possession of Nationnal Library of Korea(韓國國立中央圖書館藏本)(古朝41)

[2] *Nationnal Library of Korea*(國立中央圖書館), http://www.dibrary.net

[3] Institute for the Translation of Korean Classics(韓國古典翻譯院), *DB of Korean Classcis*(《韓國古典綜合DB》), http://db.itkc.or.kr

[4] *Kyujanggak Institue for Korean Studies in Seoul National University*(首爾大學奎章閣韓國學圖書館), http://e-kyujanggak.snu.ac.kr/home/main.do?siteCd=KYU

[5] *Nationnal Library of Chiina*(中國國家圖書館), http://www.nlc.gov.cn

[6] "*Nationnal Library*" *of Taiwan*("臺灣國家圖書館"), http://www2.ncl.edu.tw

[7] *Nationnal Diet Library Digital Collections*（日本國會圖書館電子圖書館），http://dl.ndl.go.jp

[8] *The Institute of Oriental Culture*,*University of Toykyo*（東京大學東洋文化研究所漢籍善本資料庫），http://shanben.ioc.u-tokyo.ac.jp

[9] Ha Youngsam（河永三），"Kyung Yugeom's *Jeonyunpyeonlam* and it's scientific value in the Chinese Characters Studies"（《景惟謙的［篆韻便覽］與其在漢字學史上的價值》），*Chinese Literature*（《中國文學》），Vol.74,2013.

[10] Shin Youngju（辛泳周），"Research on Messenger Zhu Zhifan's Korea Visit and Literary Comunication"（朱之蕃의 朝鮮 使行과 文藝交流에 關한 一考），*Journal of Korean Claasiss*（《漢文學報》），Vol.16,2007.

[11] Ouiwamoto Kouzi（大岩本幸次），"Some Preliminary Problems Concerning the "Hai pian lei（海篇類）" Dictionaries Appeared in Ming Period"（明代「海篇類」字書群に関する二、三の問題—附：現存海篇類目録—），*Journal of Art and Letters in Tohoku University*（《東北大學中國語學文學論集》），Vol.4,1999.

許傳《初學文》在韓國漢字字典史上的意義

1. 序　　論

　　所謂漢字字典,一般乃指將漢字選定爲標題字後,以其爲代表依序排列,再將與其有關的讀音、意義、用法等各種有關信息一一記述的工具書籍。雖然單字是記述的主要對象,但有時也收單語。①

　　標題字的排列法,傳統上大致可分爲: ① 意味分類法,② 部首分類法,③ 發音分類法等三類。意味分類法乃根據該標題字具有的意味範疇來分類。中國的《倉頡篇》《爾雅》《釋名》等屬此。部首分類法乃許慎創案,依部首來分類,《説文解字》《玉篇》《字彙》等②,皆屬此類。讀音分類法乃依據韻的排列來區分,《廣韻》即屬此類。依此分類法,在韓國採用意

---

① "字典是为字词提供音韵、意思解释、例句、用法等等的工具书。在西方,没有字典的概念,是中国独有的。字典收字为主,亦会收词;词典或辞典收词为主,也会收字。为了配合社会发展需求,词典收词数量激增并发展出不同对象、不同行业及不同用途的词典。随著吸收百科全书的元素,更有百科辞典的出現。"(http://www.chazidian.com/zi)

② 部首分類法可依其實際形式分爲: 1. 如《説文解字》,以部首的意味爲中心來分類;2. 如《龍龕手鏡》《四聲篇海》,以部首的韻字(讀音)爲中心來分類;3. 如《五經文字》,以形體爲中心來分類;4. 如《字彙》和《康熙字典》,以筆劃爲中心分類。詳細狀況參考河永三(1995)。

味分類法的字典有《訓蒙字會》《字類注釋》;部首分類法則有《全韻玉篇》《國漢文新玉篇》等;讀音分類法則有《奎章全韻》等,皆具有代表性。①

然而,各種漢字字典到底屬於上述何種分類,並不是件簡單的事情。因爲許多漢字字典並非只選擇一種排列法,選擇兩種以上排列法的情形常可見到。例如,在部首排列法部分,《説文解字》採用了這種分類法,將部首間的排列和部首的收錄法,以形體的連貫性和其意味爲主來排列。到《字彙》,它雖屬於部首排列法,但部首的排列卻依筆畫順序來排列,收錄字的排列順序也用相同的方式。同時,《龍龕手鏡》等卻是先將分出的部首,依據韻的順序來排列,即使稱之爲部首分類法,也是依據讀音排列法來分類,具有和韻書相似的體系。

此外,各種漢字字典又因其使用目的和用途不同,大致可分爲:① 爲學習漢字的蒙求書;② 爲找尋漢字的各種用例而編出的玉篇(漢字字典);③ 爲尋找漢字語源的語源字典②;④ 爲求漢字讀音的韻書等。因此,依據其編纂目的來作機能性的分類,也是可能的。③

根據以上的識別,筆者將漢字字典定義的解説全部綜合起來,以最寬泛的意義來解釋之,不過也有人認爲應除去意義分類法和發音分類法,只將依部首分類法的,列爲漢字字典的範圍内。④ 但這卻嫌分類的過分狹窄,忽視

---

① 景惟謙(1586—?)的《篆韻便覽》和沈有鎮(1723—?)的《第五游》,其標題字都依韓國讀音的韻來分,以其獨特的方式運用。十六世紀中葉出刊的《篆韻便覽》,其分析對象爲小篆體 1 627 字,分成十音體系,即,億[-ㄱ],殷[-ㄴ],乙[-ㄹ],音[-ㅁ],邑[-ㅂ],應[-ㅇ],牙[-ㅏ],於[-ㅓ],于[-ㅜ],而[-ㅣ]等。150 年後,出刊的《第五游》中,採用了工[-ㅇ],于[-ㅜ],乃[-ㅣ],這種方式是以意味爲中心的部首體系,依據韓國讀音來分類,其長處乃將檢索的方便性完全擴大。參見河永三(2013b)。

② 關於韓國的語源字典歷史,參見河永三(2014)。

③ 此外,在韓國還有分類成字譜者,現在有《生生字譜》和《奎章字藪》等九種。此乃製作活字時,記載所製作的活字種類和數字的書籍,可以推算當時漢字的種類數和頻度數,可以視爲一種有特殊目的的漢字字典。另外,並非用來解釋個別漢字,而是一種語彙解釋的書籍,如《玉彙韻考》或《物名攷》等,也有總結代譯語的《譯語類解》。

④ 例如,朴秉翼(2012)認爲韓國的漢字字典,應該限定爲第二種分類法。即"韓國的字典應是在標題字排列出部首和筆劃以後,收錄號碼、形態、使用頻度、發音、定義、用例、書體等各種訊息,并收錄由標題字開始或結尾的漢字語以及慣用表達等,易於簡便檢索的漢字和詞語字典"。朴秉翼(2012),27 頁。

了漢字字典的形成期實際的狀況,只依據現代的字典概念作出定義。

由此看來,本論文所定義的漢字字典,取其廣義,指的是全體的字典解說書籍。同時,本論文的目的也期待能以這種定義爲基礎,來闡明許傳《初學文》所具有的漢字字典性質,和其在韓國漢字字典史上所具有的特徵和意義。

2.《初學文》的性質

《初學文》乃許傳(性齋,1797—1886)在 1877 年,將學習經典時所需要的 4 544 個漢字,分成十七個類別,附上訓讀和韻符,並解釋其意義,成爲學習經典和熟悉漢字的參考書籍兼實用字典。

《初學文》目前在國立中央圖書館和釜山大學圖書館都有筆寫本。國立中央圖書館的筆寫本,其保管狀態極爲良好,但只有上卷(收錄 2 272 字),釜山大學的筆寫本上下卷都有(各收錄 2 272 字),可以知道其全部的內容,但筆寫狀態不好,一部分標題字記錄了訓讀和韻符的信息,字釋幾乎完全沒有,有關的微視信息也相當不完全。可以説是一個不完全的版本。①

(1) 由編纂目的來看其特點

爲闡明《初學文》的特點,首先必須分析其編纂目的。過去,將其視爲初學者學習漢字的書籍,是一種蒙求書。② 蒙求書在中國是《倉頡篇》《千字文》,在韓國是《類合》《新增類合》《兒學編》等,是爲學習漢字的初學者提供的學習書籍,乃將漢字以適當的方式排列,並將其讀音(讀)及意義(訓)注釋之,但仍採用意義排列法爲主。③

---

① 金珉同(2003),2 頁,4 頁。國立中央圖書館本在一頁上,四字一組,分八行構成。釜山大學版本一頁上,八字一組,分十二行構成。

② 在某些狀況,沒有任何規則,只羅列其字(《兒學篇》屬此),在某種情形下,依其意義部類來羅列(《字類注釋》、《初學文》屬此)。

③ 例如,"《初學文》是許慎爲了讓兒童學習漢字,而編纂的書籍"(國立中央圖書館,《初學文》解題)。《訓蒙字會》與其極爲相似,而李基文(1983)在"《訓蒙字會》的性格"中指出,"《訓蒙字會》是爲了我國兒童學習漢字而編纂的漢字初學書籍"(152 頁),韓國學中央研究院的"藏書閣"(http://jsg.aks.ac.kr)分類中,也將其分類爲"經部、小學類、蒙求書"。可知對《初學文》的性格,有各種不同的意見。

許傳《初學文》在韓國漢字字典史上的意義

許傳在《初學文》的《序》中,就其編纂背景指出:

> 夫文字者,形容言語之所不能模畫者,以名萬事萬物者也。詳其音義,辨其點畫,然後乃可分別,否則豕亥魚魯,伏獵杖杜,終亦爲沒字碑而已。余爲是抄出字書中四千五百四十字,彙分成編,爲目一十有六。散之則各有字義,合之則自成文理,循序而教之,則由是而可進於《孝經》、《小學》、《大學》、《論》、《孟》云爾。(《性齋先生文集》卷之十二)

由此可知,許性齋在編纂《初學文》時,有兩個目的:一、矯正當時非常混亂的漢字字形、讀音和意義,定下其標準。二、以此爲基礎,來學習漢字,並可以熟習儒家經典。前者乃上述所說,編纂漢字字典的主要目的,亦即將漢字的形體、讀音和義項等標準化;後者也是爲了達成此一目標,故常引用儒家諸書的語彙和成語故事,將重要的義項做成目錄,由此導出漢字的定義。同時,從後者中可以看出,此雖是爲初學漢字者提供方便,但,其卻具有一種特殊目的,亦即更好的學習儒家經典、事實上,許傳在編纂此書的前後,一直對漢字的字釋極爲關心,並努力將漢字的字形、訓讀形成標準化。他在《初學文》完成的六年前,亦即在1871年時,著述過《字訓》一書,在其《年譜》中指出:

> 朝鮮的韻書中,讀音和意義的繆誤太多,故參考《説文》、《通韻》、《字彙》、《韻玉》等①,首先形成本韻,在其下附記各書籍的文字,便利其閱覽。歲月流逝,書籍隨之完成,共有106篇。(《性齋先生文集》附錄卷之二《年譜》)

---

① 大概《通韻》是由《廣韻》誤傳,用通韻一名的,有清朝毛奇齡著述的《古今通韵》(12卷),但此書究竟傳來朝鮮否,許傳有否參考此書,已不可考。《韻玉》是指《群府韻玉》。

《字訓》的主要編纂目的也是因爲朝鮮的韻書中所載漢字,讀音和訓釋誤謬太多,爲矯正其錯誤而編。然而,可惜的是,此書未能流傳下來,無法得知其具體的樣子,然而,通過性齋的門生朴致馥(1824—1894)所寫《字訓》的《序文》可知其大概。他首先説明了性齋著述此書的動機:在説明象形和轉借的法則時,《爾雅》、《比雅》和《説文》都有幫助,但《廣韻》乃各種關於解釋意義的書籍中最好的綜合版。然而,各種字書越來越粗曠,越來越混亂,對字的解釋也衆説紛紜(如水皮鞭犬),連字體也修改了(如影娥金根),增加了許多爭執。

許性齋認爲這都是極大的弊病,必須糾正,乃作此書,其特徵如下:

盖以釋之愈詳,而言之愈煩;言之愈煩,則考據愈難矣。性齋許先生惟是之病,迺於講學談理之暇,就韻府四聲,別其棼紊,而彙其故實。音義之錯出者,参互而訂焉,授據之生割者,比類而聯之。其常調而平淡易之者,難澀而鄙俚無用者,不與焉。(朴致馥《晚醒先生文集》卷一,《字訓序》)

由此觀之,《字訓》和其年譜中所述之事實完全相符。《字訓》承續了在古文和經學方面都非常有研究的許穆之傳統,對漢字的解釋都有根據,達到了相當的水準。

非但如此,許傳在著述《初學文》七年後,亦即1884年,將日常生活所需的漢字,加以選擇,編纂出《入學文》[①],可惜的是,此書亦未能流傳下來。然而,此書應當是從《初學文》中選出基礎漢字,再編輯而成的。

當然,《初學文》和六年前完成的《字訓》,它們究竟是何等關係,雖無從查考,但至少《字訓》的編纂目的和《初學文》相當類似。《初學文》是一種漢字字典,目的在選出當時所必需的漢字,説明其意義和讀音,矯正其

---

① 金喆凡(2001),11頁。

錯誤,使之標準化。同時,年愈七十的老人在完成《字訓》後,不到幾年,又編纂出載有4 544字,規模龐大的《初學文》,絶非容易的事。

因此,《初學文》可以說是《字訓》的增補版。書的名字雖是《初學文》,但卻不是初級階段的漢字學習書籍,綜合上述編纂的第二目的所言,可以把它解釋成"愈求習學問,必須熟悉的基礎階段文字"。尤其是《字訓序》所說"未包含常習平淡、容易了解或卑俗不用的字",卻也達到了4 544字,可知此書絶非初學者的漢字學習書籍。①

(2) 由提供的信息,看其性格

其次,再看《初學文》的構造和其提供漢字的微視信息。《初學文》就如許性齋所言,選出"做學問時所必需的基礎漢字"4 544字,再依其內容分類,總共分成十七個部類,對每個漢字分"韻部"、"韓文訓讀"、"義項"三項,提供書誌信息,其具體狀況如下:

1. 卷數:2卷(上下)
2. 收錄字數:4 544字②
3. 部類:十七種部類。③ 國立中央圖書館本(上卷)中,見有人道、形貌、天道、飲食、衣服、農業、宮室、人性等八個部類的名稱。其他不得而知。然而,就如金敏圀(2003)的分類所知,人道(298字)、形貌(496字)、天道(192字)、飲食(256字)、衣服(288字)、農業(160字)、宮室(320字)、人性(352字);下卷有山川(216字)、草木

---

① 根據現代中國的研究,最普遍使用的第一級漢字,有五百字,在一般報紙、雜誌和書籍,有百分之八十可以解讀。連用字在內,有九百字,則有百分之九十可以解讀,如加上次等常用字,則有2 400字,可解讀百分之九十九。因此,中國在初等教育階段,推廣這2 400個漢字。參見河永三(2013a),388頁。

② 其中,鼓、明、盤、頰、弗、類等六種重複出現。金珉同(2003),23頁。"戾"字也被發現重複出現。

③ 這種分類是由《類合》開始,而變成直到《通學經篇》的傳統。但在細部順序方面,一般皆為"天—地—植物—動物—人—住—器—食—衣",在《兒學篇》中,把和人有關的字,放在最面前,意圖強調人倫的重要性,較之觀念,傾向於更重視實際。金秉權(2005),6頁。這種意圖在初學文中,極為明顯的反映了出來,以後接下來就是正蒙類語等分類體系了。

(328字)、羽毛鱗介(512字)、器用(480字)、帝王興亡(288字)、恤刑(160字)、禮樂(128字)、文字卜筮(96字)、辨似(64字)等十七個部類。①②

4. 個別漢字的信息狀況。

① 標題字：用楷書體的大字來表示，意圖增加字形的正確性和學習漢字的效率性。

② 韻字：標示在右上方，如歸屬韻字有二個時，在左上方補上標示，然而也有未見標示者。如玅字，只有一個歸屬韻字[嘯]，卻在左邊標示之。

③ 韓國訓讀：在標題字讀下面，從左到右記之。訓有兩種時，將空間作最大的活用，來標示。主要的是在左邊的邊上，從上到下記錄之。

如將此圖表和實際的書影合併提示，則如下：

① 標題字	② 韻屬	③ 韓文訓讀	④ 釋義
尚	漾	슝 샹	止也；餘也；高也；猶也；庶也；曾也；嘉也；配也；主也
妻	齊霽	안히 쳐	婦與己齊之者；判合也
襲		엄습홀습 껴입을 습	重也；因也；衣單複具一襲

① 金珉囘(2003)，26頁。
② 由鄭允容(1792—1865)在1856年撰述的《字類注釋》收錄了10 965字，總共有五部(天道部、地道部、人道部(上下)、物類部等。五部中，"天文類、天時類、造化類(以上，乃天道部)；土石類、水火類、山川類、地形類、方域類、郡國類、四夷類、田里類(以上乃地道部)；倫常類、身體類、性情類、善惡類、學業類、言語類、事爲類、農業類、飲食類、衣冠類、居處類(以上乃人道部上)；器用類、寶貨類、疾病類、喪祭類、政教類、法禁類、兵陣類、音樂類(以上乃人道部下)；名數類、草木類、禽獸類、魚鼈類、蟲豸類(以上乃物類部)"等，總共分成三十五類。

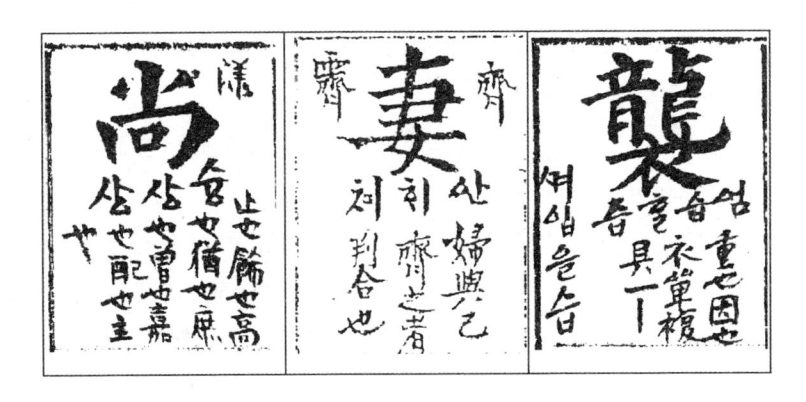

如以上所分析,《初學文》乃將學習儒家經典時所需要的 4 544 個漢字,把它們的韻部、韓文訓讀、義項等漢字字典所必須具有的基本微視信息都收集起來,從其編纂目的或其提供的信息體系來看,實屬具有完整體系的漢字字典。

3. 與歷代漢字字典的比較

《初學文》絕非單純的漢字學習書籍訓蒙書(或者蒙求書),而是實用的漢字字典(玉篇),和韓國的古代和近代主要漢字相比後,其所具有的性格即可更爲明確。

韓國的漢字字典和編纂史,大體方面來説,可以分爲甲午改革(1894)以前(古代),甲午改革到光復爲止(近代),以及光復以後(現代)等三個時期。① 古代時期的代表字典是崔世珍(1468—1542)的《訓蒙字會》(1527)和《韻會玉篇》(1536),洪啟禧(1703—1771)的《三韻聲彙》(1751)等。

同時,古代時期,韓國漢字字典依其内容不同,其性質又有:① 學習漢字爲目的之"蒙求書",② 有漢字字典機能的字典(玉篇),③ 提供韻部歸屬信息的韻書,④ 有特殊目的之特殊字典等。

---

① 王平(2012),《全韻玉篇整理與研究》,"導讀",9頁。

现在,僅將其中目的和體系相似的①和②比較後,來查看其性格。

(1) 和蒙求書籍的比較

首先,先比較傳統上被分離爲蒙求書的《訓蒙字彙》《注解千字文》《新增類合》和《兒學篇》。①

1752年,南漢開元寺刊行的《注解千字文》,和過去的《千字文》形式完全不同,雖仍具有四字一句的形式,由一字一訓變成一字數訓,由韓文訓讀增加漢文注解。"成爲具有1 000個漢字機能的字典"。② 尤其是在1804年(純祖4年)廣通坊所刊行的《增補千字文》,更廣爲發展,增加了一字數解的字數,也加上了清濁標示、小篆體和聲調標示,被評價爲《千字文》的確定版。

然而,誠如上述所説,《字訓》是提示和漢字有關的微視信息,與《新增類合》相比,較之增加了一字數解和用例的《訓蒙字會》,或附加"聲調和清濁標示"的《注解千字文》,樣式更多,也增加了韻部的機能,漢字字典所應有的信息就完整了。在收錄的字量,也比《千字文》的1 000字、《新增類合》的3 000字、《訓蒙字會》的3 360字多,達到4 544字。如果考慮到作者堅持"不收錄常套平淡、容易了解的字,也不收錄卑俗不用的字"之原則,可知其實際反映的漢字量遠比此數字更龐大,絕對是真正的漢字字典。③

(2) 與漢字字典的比較

下面再將傳統上被分類爲漢字字典的各種書籍作出比較。

一般而言,都把《全韻玉篇》當成是韓國漢字字典的出發點;但將這種

---

① 一般將十五世紀作者不詳的《類合》,十六世紀崔世珍(1468—1542)的《訓蒙字會》(1527年),柳希春(1513—1577)的《新增類合》(1576年),19世紀李承熙(1847—1916)的《正蒙類語》(1884),許傳的《初學文》,丁若鏞的《兒學編》,20世紀黄應斗的《通學徑編》(1916)等,都看做蒙求書。《類合》收錄1 512字,《訓蒙字會》收錄3 360字,《新增類合》收錄3 000字,19世紀李承熙《正蒙類語》收錄2 000字,《通學徑篇》收錄1 400字。可知,《初學篇》收錄的字最多。

② 朴秉喆(2013),21頁。

③ 四字一句的排列方式是蒙求書的特徵。《初學文》分成十七個主題部類,顯然意識到分類的問題,同時爲了方便學習,故將類似的漢字集合在一起。

許傳《初學文》在韓國漢字字典史上的意義

字書	編纂時期	天	玄	泰	犀	男
訓蒙字會	1527	天하늘텬 天道尚左,日月右旋。	玄가믈현	泰영통태	犀모쇼셔 一云似豕,蹄有三甲,頭如馬,水犀三角,山犀二角。	男아들남 男女之對.又兒息曰男.
新增類合	1576	天하늘텬	玄가믈현	泰영통태	犀모쇼셔	男아들남
註解千字文	1752	D23)天:하늘텬.地高之陽,至高無上。	●玄:가믈현黑而有赤色幽遠.			●男:亽나헤남.丈夫.(又)아들남.男子.(又)벼슬일홈남.伯子南.
兒學編	1908?	하늘쳔텬(先)	검을현(先)		믈쇼셔	亽나희남
初學文	1877	[先]하늘쳔. 積氣也.輕清之陽,至高在上,一大圓形,左旋周行。	[先]사믈현包黑赤色也.幽遠也.玄孫以後稱來孫,昆孫,雲孫。	[泰]클태. 甚也。	[齊]믈쇼쳐. 徼外牛,似豕,一角在頂,一角在鼻,一角在頷。	[單]亽나다히남. 人之陽也。丈夫也。五等爵也。

標題字典左邊左邊上方所標示的是該單字的清濁,○是全清,D是次濁,●是全濁,●是不清不濁。
此外,中國語的發音和聲調,日語的訓(日語和韓文),英語(英語和韓文)等,皆有明文記之。此處採用韓文訓讀和嶺南符的資料。

韓國漢字史論叢

字書	編纂時期	天	玄	泰	犀	男
全韻玉篇	1819	텬 至高無上, 乾也。[先]	빗 黑赤色。幽遠。微妙。深寂。天曰上弦。[先]	뗴 通也。寬也。大也。安也。侈也。甚也。山名。卦名。尊也。[泰]	뮈 獸名, 似豕, 一角在鼻。又堅也。瓠瓣。[齊]	남 人也。남。五等爵。
字類註釋	1856	하늘 텬 至高無上。	감을 현 黑色。天色。上玄, 九月, 又徵妙, 淵玄也, 清靜。玄武, 北方神。玄酒, 水也。玄孫, 曾孫之子。	클 태 泰山, 大也, 通也, 卦名。	무쇼 쉬 似水牛, 毛如豕, 頭似馬, 牛尾, 角在頂在鼻, 山犀二角, 水犀三角。	사나히 남 丈夫。五等爵。
初學文	1877	[先] 하날 텬 積氣也。至高在上, 一大圓形, 左旋同行。	[先] 어들 현 幽遠也。玄孫以後稱來孫, 晜孫, 雲孫. 輕清之陽, 至高在上,	[泰] 클 태 大也。甚也。	[齊] 물쇼 쉬 似牛, 一角在頂, 一角在鼻, 一角在頂。	[單] 사나히 남 人之陽也, 丈夫也, 五等爵也.
字典釋要	1909	(텬) 至高無上이니 날 텬〈先〉斂소	(현) 黑色이면셔幽遠함을일온〈先〉玆通	(태) 大也큼때○通也틍할때○安也펀안할때○太通	(셔) 仰家豕角 像소角을소이라 뵈辯바속이다〈齊〉犀見	(남)丈夫 사나히 남〈單〉
新字典	1915	[텬] 至高無上이니하날 텬 [易] 乾爲天[荀子]天無實形天地之上至虛者皆天也의星名鈞天(先)	[현] 黑赤色검붉을현 [禮]疏]玄衣赤色法天○上玄이라하날 텬 [隨書]受命上玄○幽遠검을현○清靜고요할현 [漢書]人君以玄默爲神之理之玄○妙묘할현 [參同契]玄抱眞也○惟昔聖賢懷玄抱眞[先]	[태] 大也큼태○通也틍할태 [易]天地交泰○甚也심할태 [詩]吴天泰憮○寬也넉넉할태니안겨할태○安也퍤안할태 [論語]君子泰而不驕○侈也샤칠할태 [晉語]恃其富寵以泰於國○山名卦名에卦名(泰)	[셔] 南徼外牛仰鼻在鼻로에살소 在鼻角也可足[漢書]器不足也○瓠瓣박속이씨[詩]齒如瓠犀如瓠犀(齊)	[남] 丈夫對父母曰男○산이이○산예子對父母曰男[易]乾道成男○爵名五等之爵曰男숨작(單)

見解再深層分析，可以將其歷史提前到《訓蒙字會》（1527）。《注解千字文》（1752）和《初學文》（1877）等都繼承了這個傳統。

在有"玉篇"爲名的書籍中，崔世珍的《韻會玉篇》（1537以後），洪啓禧的《三韻聲彙補玉篇》（1751）等，都因"玉篇"之名，被歸屬於漢字字典，成爲韓國最初具有代表性的字典①；但是依筆劃數分類，並未提供代表字的微視信息，故還不能稱之爲真正的"玉篇"（漢字字典），只能看作提供了有關微視信息的《古今韻會》和《三韻聲彙補》的索引。因此，下面的比較，《韻會玉篇》和《三韻聲彙玉篇》將被排除在外。

當然，依據傳統的分類法來看，以上的資料中，《全韻玉篇》被視爲韓國最初的字典，其他《訓蒙字會》和《新增類合》及《兒學編》等，皆是漢字學習書籍（即蒙求書），《字類注釋》則爲漢字語彙詞典。②

依其屬性來比較《初學文》和《全韻玉篇》，然後再附以《訓蒙字會》，其詳細內容如下：

分　類	蒙求書	《初學文》	《全韻玉篇》	《訓蒙字會》
目的	學習	標準化	標準化	標準化
排列形式	4字1句	4字1句	標題字	4字1句
主題分類	無	17部類	部首分類（依筆劃數）	32部類
微視信息	基本信息提供	詳細信息提供	詳細信息提供	詳細信息提供
韓文訓讀	提供	提供	提供	提供
字釋	一字一釋	一字數釋	一字數釋	一字數釋

---

① 朴亨益（2012），第五章"韓國的代表自動"，377頁。
② 例如，根據韓國學中央研究院的"藏書閣"（http://jsg.aks.ac.kr）分類，經部、小學類中，有①訓詁，②字書，③韻書，④蒙求書；而在①裏有《爾雅》等，②裏有《全韻玉篇》《字類注釋》《字典釋要》等，③裏有《奎章全韻》《三韻通考》《華東正音通釋韻考》等，④裏有《千字文》《類合》《訓蒙字會》等。

續表

分 類	蒙求書	《初學文》	《全韻玉篇》	《訓蒙字會》
韻府信息（讀音/聲調）	未提供	提供	提供	未提供
標題字數	1 000—3 000	4 554	10 977①	3 360
用例引用	無	一部分有	無	無

　　從上表中可看出,《新增類合》和《兒學篇》中,沒有釋義,只提示了韓文韻讀,可以說是《千字文》之類,純粹的漢字學習書籍,亦即蒙求書。然而,《訓蒙字會》和《全韻玉篇》,在體系上沒有太大的差別。如說有的話,那就是並未對所有的標題字提供解釋,因此並不完全;而且,也沒有提供韻符的資料(韻符的信息資料,在韓國因提供有韓文讀音,並不是漢字字典一定要有的要件),收錄的漢字也比較少(《全韻玉篇》10 977字)。

　　因此王平(2012)在最近的研究中指出,不應將《訓蒙字會》列爲蒙求類,應列爲字典類。如此,比《訓蒙字會》收錄的字數更多,韓文訓讀、韻部信息、字義等信息都比較完全和詳細的《初學文》,就不能被單純的分類爲蒙求書籍,應歸屬於漢字字典的"字序"類。

4. 特徵和意義

　　將具有此種性格的《初學文》和其他漢字字典比較時,有下列幾種特徵。

　　第一,書籍的性質。在標題字方面就收錄有 4 544 個字,每個字都有訓讀、韻部,也有字釋的微視信息。在字釋方面,非一字一解,而是一字數解,漢字字典應具備的基本條件都完備了,故不是初學者的漢字學習書

---

① 參照工平(2012),"導讀"。朴秉翼(2012,401 頁)却認爲收錄有 10 840 字。

籍,應該是對當時主要漢字提供標準字形和釋義的常用漢字字典。同時,引用了《詩經》、《禮記》、《論語》、《孟子》等,大多數儒家經典的核心語彙和原文,都在作者編纂目的中,同時是解釋經典的橋樑。可知其是學習經典和解釋經典、有特殊目的的漢字學習書,是解説漢字的漢字字典。

第二,提供信息的特徵。在選定的標題字中,其字形、讀音、釋義等方面,都帶有保守性。

① 字形的保守性:可以看出許多痕跡,其在選定字體的時候,盡量選擇古文體,"此乃繼承崇尚古文,標榜六經古學許穆的傳統,源自近畿學學脈。這也是性齋藉恢復古體,試圖振興儒學,大體上對古道、古學和古經特別關心,實行古道,著述古文"①,完全一致。其例如下:

贒(賢);眉(眉)②;哭(哭);殿(殿);更(更);畏(畏);留(留);卒(卒);嗇(嗇);散(散);史(史);亡(亡),神(神),夬(夬);宜(宜);田(田);旁(旁);喜(喜);保(保);奔(奔);面(面);暴(暴)。

② 讀音的保守性:在其提供的韓國漢字音中,可以看出相當的保守性。和本書相比,前面所編纂的《全韻玉篇》,或在相似的時期所編纂的《校訂全韻玉篇》,都已經提示了俗音。而此書,雖已可推定其變化的現實音,卻仍固守過去的讀音,這種情況屢見不鮮。其例如下:

初 學 篇	全 韻 玉 篇	校訂全韻玉篇
嫂(소)	嫂(嫂) 소	嫂(嫂) 소.俗 슈.
嫗(우)	嫗 우.俗 구.	嫗 우.俗 구.
媪(오)	媪 오.	媪 오.俗 은

---

① 金哲凡(1997),22—24 頁。
② 媚,或楣等,皆由"眉"來構成。由同一偏旁構成的例子,沒有另外提示出來。下同。

續表

初學篇	全韻玉篇	校訂全韻玉篇
胲 (키)	胲 키.俗 히.	胲 키.俗 히.
舐 (시)	舐 시.俗 디.舐 上同.	舐 시.俗 디.舐 上同.
覡 (덕)	覡 혁.俗 격.	覡 혁.俗 격.

第三,體系的革新

（1）空間安排的效率性：在前面的書影中可知,在四個角的方塊中,和標題字有關的四個微視信息,都很有效的配置排列。標題字用大的楷書體,方便學習,其他的信息則在左右和下方,均衡配置,將空間和時間作最大的利用。這是繼承了《千字文》類的形式,發展出來的形態。以後池錫永於 1908 年將《兒學篇》再編輯,形成的獨特構築,很可能是由此得到靈感。

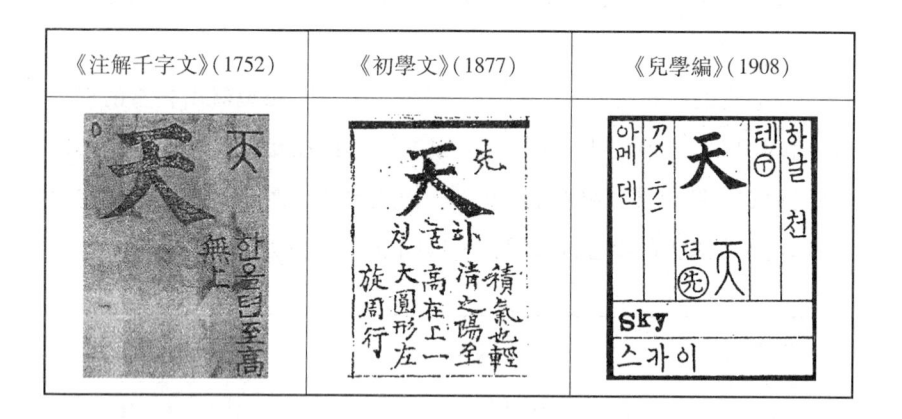

《注解千字文》(1752)	《初學文》(1877)	《兒學編》(1908)

（2）用例的提示：在字釋中,與其他的蒙求書或字典相異。在體系上,引用了一部分儒家經典,即《孝經》《論語》《孟子》《易經・繫辭傳》《史記》《管子》等内的核心文句和典故,這都是在《全韻玉篇》所没有的,以後到《新字典》,才增加了用例,因此可以說《新字典》繼承了這個傳統。

第四,標題字排列上的特徵。

由標題字的排列,可以看出其作出各種努力,欲忠實地展現儒家傳統思想,《初學文》首先分出十七個主題,但卻跟千字文一樣,分類爲四字一句,因此,各個的單字都是獨立存在的。作者也指出,"如把字打散,則各個單字都有其意思,合起來則成文章,依順序教導,直到《孝經》《小學》《大學》《論語》《孟子》,都可以貫通"。因此可知,盡可能在意思上,使其互相連接,形成關聯的字句,而字句的內容都盡量能表現儒家的傳統思想。如強調士大夫和個人應具備的耿直意志時,則説:"窒遏 * 忿欲,斬割己私;朝聞夕死,鈔契單訣;洙泗源活,濂洛派澈,篠蕢隱遯,轍鐸棲屑;楊墨老佛,偏詖寂滅;僧尼巫覡,誣妄誑譎;侏倡娼妓,耍浪淫媒。"(人性,138—141條),強調克服憤怒和欲望,除去自己的利己之心,達到精進大道。

同時,其強調對聖人的欽慕和其堅強的意志,實踐窮行時,則説:"希賢慕聖,壹意至誠;智得愚失,勇進忉退;覃思力踐,立志勿懈,孔孟儼臨,嚴師詔誨;……容像肅恭,言語寡黙……允詣中庸,期于睿哲……即性善説,四端七情,九思,四勿等,以及"小學"的實踐規範,中庸的精神,鄉約的規則等等。

此外,由其對佛教的認知,也可知其守護儒家學問,強調其精神的目的。其對"佛"字的解釋爲:"佛:(物)佛家的佛,不諟;戾也;覺也;西域化人。"在後面的文章中,將僧尼和巫覡並列,指其"誣妄誑譎",展露其對佛教的否定見解。① 更提倡斯文,排斥異教和異端,爲守護朝鮮的性禮學,反

---

① 這種解釋在《第五游》的解釋中,顯示得非常明顯。對"佛"字,指出説"西方神名。其道悖於吾道,故從弗,見弗注。弗音,兼意"。將剎解釋成佛教的[寺刹],此字由"杀"和"刀"字合成,"杀"是用大棍子打人的意思(大木擊人),因此雖然極爲微小,卻將[寺刹]解釋成了殺人的地方,無意識中,定下了否定的意思。此外,在解釋原是珈藍之意的"伽",和僧侶之意的"僧"時,使用了"浮屠"二字,浮屠原是梵語 Sanha-arama,其意思乃 Buddha(佛佗)或 Sutupa(塔婆),事實上,這種音譯語有浮圖、浮頭、薄圖、佛圖,各種解譯法,但卻用了有"屠"字的浮屠,讓人聯想到屠殺,使其帶上了否定的形象。與此相較,在解釋"儒"字時説:"碩德。蓋需世之人也,需音,兼意。又曰區別古今之人也。"將"儒"定性爲有大德的人(碩德),"儒"是人世中,最需要的人(需世之人),或者區別古今之人,大大的提高了"儒"的價值。詳細狀況參照河永三(2011b)。

映出其積極的思考方式。

第五,收録字的特徵。從收録字來看,《初學文》首先強調了禮學,故關於禮服的漢字(288 字),宮室(320 字),器用(480 字),禮樂(128 字),飲食(256 字)等,非常之多。其次,強調以人爲中心的理念。故關於人道的有 298 字,人性有 352 字,堅持實事求是的態度,關於農業(160 字)的字也相當多。

綜合以上各種論説,可知《初學篇》在漢字字典方面所需的微視信息都全部具備,因此,首先,其絶非蒙求書,而是正式的漢字字典,應分類爲"字書"。第二,不是單純的提供訓讀和義項,具備單字典用法,對原文的引用極爲靈活,成爲《新字典》等近代時期編纂漢字字典的模範。第三,選出解釋儒家經典時所需的 4 544 字,分別解釋之,各處皆可見性善説及四端七情、九思、四勿等,《小學》的實踐規範,強調實現《中庸》的精神,是爲了加強學習儒家經典的特殊漢字字典。第四,尤其是大舉包含了實踐禮學精神的漢字,可以説是此漢字字典的另一特徵。

參考文獻:

金珉囧(2003):《性齋許傳的〈初文學〉研究》,慶星大學校教育大學院碩士論文。

金秉權(2005):《兒學編的著述和刊行在傳統教育的意義》,《兒學編》(丁若鏞原著,池錫永注解,金秉權解題,退溪學釜山研究院)。

金喆凡(1997):《性齋許傳的生涯和學問淵源》,《文化傳統論集》(慶星大韓國學研究所),Vol.5.

金喆凡(2001):《許性齋著述考略》,《文化傳統論集》(慶星大韓國學研究所),Vol.9.

朴秉喆(2013):《〈千字文〉編纂的變化樣相研究》,《語文研究》(韓國語文教育研究會),Vol.41 No.3.

朴亨益(Hyong Ik Pak)(2012):《韓國字典的歷史》,首爾:亦樂。

王平(2012):《全韻玉篇整理與研究》,上海:上海人民出版社。

王平、河永三(主編)(2012),《域外漢字研究叢書——韓國卷》(6冊),上海:上海人民出版社。

李基文(1983):《訓蒙字會研究》,首爾:首爾大學校出版部。

鄭景柱(2005):《性齋許傳的〈初學文〉》,《市民教養講座》(退溪學釜山研究院)第3輯。

河永三(1995):《中國漢字辭典部首配列體系的變遷》,《中國學》(大韓中國學會)Vol. 10.

河永三(2010):《韓國歷代〈説文〉研究綜述》,《中國語文學》(嶺南中國語文學會),Vol. 56.

河永三(2011b):《文化觀念對漢字解釋影響的原理:由〈第五游〉的字釋來看沈有鎮的政治意識》,《中國學》(大韓中國學會),Vol. 40.

河永三(2011a):《漢字和 에크리튀르(Chinese Characters & écriture)》,首爾:AKANET。

河永三、郭賢淑(2012):《字類注釋整理與研究》,上海:上海人民出版社。

河永三(2013a):《漢字的世界:由起源到未來》(增補版),首爾:新雅社。

河永三(2013b):《景惟謙的〈篆韻便覽〉與其在漢字學的價值》,《中國文學》(韓國中國語文學會)Vol. 74.

河永三(2014):《韓國歷代漢字字源研究史淺析》,《世界漢字學會第2回國際學術大會論文集》(2014.8.25—28.日本福岡)。

《新字典》導讀：韓國近代時期最有代表性的漢字字典

1. 導　　論

　　正如"言以足志，文以足言"所説的，語言和文字使人類的思考成爲可能，也是區分人類和動物的最重要的手段。語言的使用要準確無誤，字典就是參考的典範。因此，字典的編纂也成爲衡量文明發展的尺度。一本優秀的字典能代表一個民族和一個國家的文化水平。

　　雖然在 1445 年世宗大王發明的用於記録韓語的韓文（Hangul，訓民正音）已經問世，但直到 20 世紀，用來記録韓語的中國漢字的主導地位才慢慢被韓文所替代。所以，在此之前韓國並不具備編纂韓文詞典的條件，而是完全致力於漢字字典的編纂上。雖然這些字典並非是將漢字的字義收録在内，而是以收録漢字讀音的韻書爲主，但是僅是這些韻書的編纂已足以讓我們感受韓國民族的自尊心及力圖振興的決心。

　　步入 20 世紀，西方和日本文物洪水般洶湧而至，韓國國民對韓語和韓文的覺悟也隨之漸長。世人對韓語的重視比過去任何時候都高漲。事實上，直到那時韓國和中國都是共存的狀態。甚至於什麽是韓國的，什麽是中國的都難以區分。尤其是在文字的使用上，對韓文的覺悟仍然不足，對漢字的崇拜依然如故。因此，對於漢字的解釋也並不使用韓文，仍是多以漢字爲主。

例如：朝鮮時代最權威的漢字字典《全韻玉篇》也僅是在讀音上使用韓語標注，所有的字義解釋全部使用漢字。這樣的傳統直到近代的第一部字典——《國漢文新玉篇》問世才有所改變。它爲漢字的義項使用韓語解釋開了先河。但是，《國漢文新玉篇》也並非是對所有義項進行韓語解釋，而是只針對其中最具代表性的一個義項。並且，基本上只是將《全韻玉篇》的標題字和義項全盤照搬，所以存在很大的局限性。

1915年，《新字典》問世。這部字典正如其名——"新的字典"。《新字典》不僅在標題字上有所增加，而且對大量添加的義項進行了韓語解釋。不僅如此，對該義項的出處和用例也一一進行明示，使這部字典更具可信度。《新字典》並非一人之作，它是以"朝鮮光文會"爲骨幹，在周密的籌劃後集體完成的著作。添加了現代字典所需要具備的多種屬性。所以，稱這部字典爲韓國最早的近代漢字字典也絕不爲過。它爲之後的漢字字典起到了模範作用，對之後漢字字典的編纂影響甚大。

2.《新字典》的編纂

2.1 編纂背景

據柳瑾(1861—1921)和崔南善(1890—1957))所作的兩篇序文可將該字典的編纂背景歸納爲如下幾點：

(1) 確立了韓國語言文字的獨立性

《新字典》編纂最重要的背景是通過對韓國語言文字和文化的獨立性的認識，確保相對於漢字的韓語的獨立性。在序文中這樣說道：

> 漢字並不是以韓國天生的語言爲基礎，也不是根據韓國人本身的性情而發明的。因此漢字無法精確地闡明韓語的妙趣，無論如何

學習也無法擺脫晦澀,如何崇尚也無法運用自如。因此即使歎息用來傳達信息的文辭不順暢又有什麼用呢?(崔南善《序文》)

韓國是與中國一衣帶水的鄰邦。受中國文化的影響,長久以來韓國對中國漢字的崇尚和尊重已超過韓語。因此,漢字和韓語的分界線漸漸模糊,兩者之間的關係也被人們所忽視,混淆使用的情況屢見不鮮。《新字典》的編纂對修正這些錯誤具有重大意義。柳瑾在序文中這樣說道:

況邦人言自言,字其字,雖宏學博識之士,未免佔畢之歎,而歷代以來,尚無以邦文邦語彙集其字義者,只有簡略摘要之《全韻玉篇》、《奎章全韻》而止,新進後生之學漢字者,從何以析其疑難哉。(柳瑾《序文》)

韓國開化時期,通過與世界其他國家的交流,韓國接觸到了新的語言和文化,對本國語言和文字的重視日益加深。之前以漢字為主的時代正慢慢結束,韓語逐漸獨立出來。因此,使用韓語解釋漢字、理解漢字、開闢新的領域已勢在必行。於是就需要一本能夠作為向導的漢字韓語對譯及漢字釋義字典。在這樣的環境下,《新字典》應運而生。

(2) 弘揚啟蒙意識,完成歷史使命

開化期的衝擊和新鮮感都是暫時的。面對西方列強的蠶食,最終韓國被日本吞併成為日本的殖民地。面對這樣殘酷的現實,開化國民,增強國力則成了重中之重。因此,崔南善、玄采、朴殷植等人在1910年結成"朝鮮光文會",致力於振興古代文化和古代文獻的啟蒙事業。崔南善這樣描述《新字典》編纂完成時的社會現狀:

如今我們正面臨著韓國文明史上的一大轉機,在這個可以發揮光明的絕好時機,我們可能無法判斷是生存還是滅亡。那麼我們應該如何繼承先輩的傳統,如何面對現在危急的狀況,如何開創我們的

《新字典》導讀:韓國近代時期最有代表性的漢字字典

未來?(崔南善《序》)

危機一詞包含"危險"和"機會"兩層含義。但是,在"危機"一詞中,危險和機會並非同等的存在。相比危險,機會更占上風。換句話説,當時的危機可以算是一個新的機會。然而重要的是,如何抓住這個機會開創文明的未來。也就是説,應該如何將危機轉化成機會?當然可能有很多種途徑,然而,崔南善的主張是這樣的:

> 過去的已經過去,現在仍然混沌,未來還很迷茫,但胸懷大志的光文會崛起並豎起了"修史"、"理言"、"立學"等三大旗幟。(崔南善《序》)

朝鮮光文會將"修史""理言""立學"等作爲自己的使命。崔南善在《序文》中説道:"在辭典的編纂和文法的整理兩大使命中,可以用於語言對照翻譯的辭書的編纂將成爲辭典計劃中不可或缺的一部分。"通過字典的編纂,不僅是爲了實現國民啓蒙,也爲編修歷史和確立文化體系奠定基石,《新字典》的編纂正回應了此使命。

(3)完善了漢字字典的不足

朝鮮時期,尤其是步入實學時期,有關漢字、漢字讀音、漢字詞、物名、周邊國家語言的字典以及百科類的辭書雨後春筍般湧現出來,迎來了辭書編纂的鼎盛時期。正如崔南善所説,"正祖時期發行的《全韻玉篇》和《奎章全韻》,前者爲朝鮮最早的一部按部首分類,同時具有較爲系統體例的字書,後者爲韻書中最全面的字書"(《序》)。之後,《華東正音通釋韻考》(朴性源,1747)、《三韻聲彙》(洪啓禧,1751)、《玉彙韻考》(李景羽,1812)等韻書出版,《古今釋林》(李義鳳,1789)、《字類注釋》(鄭允容,1856)等詞典也隨後出版,《物譜》(李嘉焕、李載威,1770 年李嘉焕完成初稿後,李載威於 1802 年將該初稿系統化)、《家禮釋義》(高汝興,1792)、《名物記略》(黄泌秀,1870)、《物名攷》(丁若鏞,19 世紀)等有關物名的字書也隨後發行。除此之外,當時《才物譜》(李晩永,1789)、《廣才物譜》(未詳)等也隨即出爐。翻譯用書《譯語類解》(愼以行等,1690)、《譯語類解補》(愼以行等,1775)、《方言類釋》(洪命福,1778)等則擔當了漢字字典及漢字詞詞典的功能。

然而,這些辭書僅夠應對初露萌芽的近代時期,用作研究近代學問的工具書還遠遠不夠。近代《新字典》問世之前的大量字典都是如此。因此,柳瑾也歎息說:"除只摘選要點的《全韻玉篇》及《奎章全韻》之外,基本上沒有使用韓語解釋字義的字書,這給漢字的學習帶來了很大的困難。"崔南善也這樣說道:

> 雖然已修繕了幾本書籍,但這些書不僅缺乏內涵,訓釋反面存在很多不當之處,而且筆畫錯誤、訓詁不當及注解粗疏的情況也是數不勝數,作爲求學者實用的工具書還遠遠不夠。字書中出現的例句和典故的出處目前還不曾在哪本字典中有過標注,這不僅是文學界的一個遺憾,甚至於作爲一般人的日用工具書還存在很多不便。這些字和文章以被使用了幾百年,但世人至今還不明確它們真正的含義,這是何等的玩忽懈怠呀!(崔南善《序》)

正如大家所說的那樣,《全韻玉篇》當之無愧是朝鮮時期最傑出的漢字字典。步入現代,雖有幾部字典已編纂發行,但都頗具局限性。例如,近代最早出版的漢字字典《國漢文新玉篇》(鄭益魯,1908)也僅僅是在《全韻玉篇》的基礎上,對具有代表性的其中一個漢字義項添加了韓語的訓讀。標題字方面也幾乎未作修改而完全繼承了《全韻玉篇》。《字典釋要》(池錫永,1909)是將義項進行大幅地篩選,提高了字典的實用性。《日鮮大字典》(朴重華,1912)不過是添加了日語解釋而已。上述幾部字典基本上都屬於同一範疇。嚴格地說,都是以《全韻玉篇》爲模板編纂的。爲了彌補上述字典的不足,迎接新時代,那就需要有新體系的漢字字典的出版。《新字典》止是在這樣的背景下誕生了。

《新字典》導讀：韓國近代時期最有代表性的漢字字典

2.2 編纂過程

因此，《新字典》的編纂已刻不容緩。崔南善也說"所有的書都可不具備，但是唯獨字書決不能不具備"。然而集一個國家的語言和文字之大成的詞典的編纂絕非想象的那樣簡單，加上中國和韓國的語言及文字長時間混同共存，在韓國你我不分的特殊時代背景下，對於剛剛步入近代，與現在的物質基礎完全無法相比的20世紀初的韓國來說，編纂一部優秀的字典更是難上加難。崔南善對於這些困難這樣討論道：

字書的編纂確實並非易事。需要聰敏的頭腦來分析，需要銳利的判斷來思辨，需要博學多識來訓詁，需要敏捷的手腳來編纂收集。要想恰當地表達清事物、感情及世間萬象，不僅要上識天文，下知地理，中曉人和，還要博覽群書，通曉古今。在應對無時無刻不在變化的世間萬象時，要如同以諸子百家下酒，以四書五經為伴奏，還需精通字源和文典。在考證時，要求具有裁判官的心理；收集和搜索時要求具有探險家的洞察力。這些怎能是一般的學者或者文人可以具備的才能呢？

詞典的編纂確實如崔南善所言，用聰敏的頭腦分析、用敏銳的判斷思辨、用廣博的知識訓詁、用敏捷的手腳編纂收集。不僅如此，還需要洞悉世間萬象從而進行準確地表達。通過對大量文獻的熟知來舉例，通過裁判官的心理來證明和探險家的冒險精神來收集。這些才能並非一般的學者或是文人可以具備的。這還不夠，編纂的學者們還要對其內容提供準確詳細的語源。對變遷史的介紹要提供確鑿的證據，要有條理地提供典故，對這些介紹和典故要有打破砂鍋問到底的精神，對於難表達的字詞更是添加了圖畫來介紹。除此之外，還需經過無數次地校對和修改，需要活字版、紙張及最後一道工序裝訂才能完成這項龐大的任務。

這正是唯獨字典才具有的特殊性。它是語言和文字所要遵循的模範和標準。因此對於字典來說，內容的準確性是基本，且是連一個錯字也決不能容納的對精確性要求極其高的作業。

其他任何書籍的錯誤都可以得到原諒,唯獨字書絲毫的錯誤都無法被允許。其他書籍的解讀,一個人一次就可以完成,但字書的解讀需要眾多的學者專家經過數十數百次的努力才能最終完成。

編纂字典是文化事業中最緊急也是最重要的事情,是可以展示一個民族的整體性的大作。它反映了一個民族和一個國家的自尊心。因此,字典的準確性要求極高,編纂要极其慎重,是用語言無法形容的相當艱巨的任務。

世上所有作品的創作都非易事,對於字典這樣一件龐大的作業更是如此。在先輩成就的基礎上進行補充、完善,添加具有創意的構想和更爲詳細的解説從而誕生一部新的作品。

《新字典》也是如此。《新字典》是在當時最權威的字典《全韻玉篇》的基礎上誕生的。漢字讀音的體系和釋義的排列都是仿照《全韻玉篇》編纂的。但像《序》中描述的,《新字典》的編纂是以中國最權威的《康熙字典》爲基礎文獻編纂而成的。

是書也,以《康熙字典》字作本位,以邦文邦語解正義,苦心講討,五年於玆,始乃停手,而篇什浩大,遽難付刊,自既草中,更選其簡易緊要者,編成一卷,名曰《新字典》(柳瑾《序》)。

《康熙字典》作爲最具權威的漢字字典,其收錄字之多,内容之詳細,對於《新字典》的編纂具有極高的參考價值。但因《康熙字典》涉及內容多,對使用者來説有諸多不便,於是,急需編纂出一部能够取其精華,更簡練更實用的字典,這便是《新字典》。書名中仍然使用"字典"二字,説明它繼承了《康熙字典》,加"新"字以示它是一部嶄新的著作。不僅如此,體裁上不僅參考了中國出版不久的《新字典》而且吸取了近代西方字典的精華。

然而,《新字典》的編纂源於從柳瑾執筆的《漢文大字典》。即"朝鮮光文會的同仁向柳瑾拜托執筆《漢文大字典》原稿,柳瑾在李寅承和南基元的協助下耗時將近 5 年完成初稿。但由於原稿規模龐大難以在短時間內出版。然而,朝鮮光文會要求早日出版該字典,於是柳瑾取《漢文大字典》原稿之精華,將其重新編輯後,加以'新字典'的名稱。柳瑾執筆的《漢文大字典》因朝鮮光文會内部原因没能出版。但是,於 1915 年 12 月以縮小版的《新字典》在京城的新文館出版。至於《漢文大字典》原稿的規模及其所在至今不爲人知"。

《新字典》便是在這種背景與在尋求韓文獨立性的艱難編纂過程中,歷經千辛萬苦完成的。在當時的時代背景及物質基礎下,作爲韓民族追求韓語和學問獨立性的遠大理想的工具,它絕對可以被視爲集漢字字典之大成。

2.3 作　　者

關於《新字典》的作者至今流傳"柳瑾説"、"朝鮮光文會説"以及"崔南善説"等。其中,"柳瑾説"最通用。原因是《新字典》的編纂是由柳瑾主導,在字典最前面有柳瑾的《序》文爲證。然而,該書是在眾多學者和專家的共同努力下完成的。在書的内封皮上印有"朝鮮光文會編纂"等字樣,所以就主張作者是"朝鮮光文會"也無可非議。雖然如此,但筆者仍舊認爲《新字典》的主要編纂者是崔南善。原因有以下幾點:首先,這本字典絕非一人之作,僅崔南善在的《序》中就提到柳瑾、李寅承、南基元、周時經、金枓奉、崔誠愚等人參與了字典的編纂工作,由此可知,字典的編纂是在多名學者的共同努力下完成的。當然絕不否認柳瑾作爲該字典編纂的主導這一事實,但是這樣説並不代表字典是柳瑾個人的著作。其次,崔南善《序》末尾這樣説道:"如果這本書對我們的社會和文化發展起到積極作用的話,那功勞當屬上述的各位學者;因爲該字典的從策劃到整體的設計都是由我個人主管負責的,因此如果該字典出現問題或遭到世人的批判、指責的話,那麼這些批判和指責應該由我一人來承擔。"由此,我們可以推斷該書整體的構思和設計是由崔南善領導指揮的,因此可以認爲崔南善是《新字典》的總負責人。加上新文館的所有者是崔南善,《新字典》的策劃、執筆班子的組織、監督、出資、印刷等由崔南善負責完成。那麼,他必然是當之無愧的《新字典》的代表編纂者。另外,1947 年出發行的縮印版《新字典》——《大版新字典》的扉頁中印有"作者兼發行者:崔南善"的字樣。因此,筆者認爲《新字典》的代表作者是崔南善。

3.《新字典》的版本及體裁

3.1 版　　本

《新字典》於 1915 年 12 月在京城新文館初版初次出版後,直到 1947 年一共印刷 8 次。全部使用活字印刷,共 255 張(内封皮 1 張,序文 8 張,正文 245 張,扉頁 1 張,共 498 頁)。據朴亨翌(2016,13 頁)的調查,版本現狀整理如下:

① 1915.12.《新字典》,京城:新文館。初版。國立中央圖書館收藏,4 卷 1 册,22.2×15.6 cm。

② 1918.03.《新字典》,京城:新文館。再版。國立國語院,朴亨翌收藏。

③ 1920.02.《新字典》,京城:新文館。3 版。朴亨翌收藏。

④ 1922.《新字典》,京城:新文館。

⑤ 1924.《新字典》,京城:新文館。高麗大,東國大,世宗大圖書館收藏。

⑥ 1925.《新字典》,京城:新文館。大邱天主教大學中央圖書館收藏。

⑦ 1928.11.《新字典》,京城:新文館。5 版。韓國學中央研究院,首爾大,慶北大圖書館收藏。

⑧ 1947.《大版新字典》,京城:東明社。

其中⑧1947 年東明社刊本雖然書名以"大版新字典"出版,實際上是

①—⑦的縮印版。朴亨翌教授認爲這一本是影印本,但仔細查看後得知它是在不改變原先頁數的前提下,將錯字和漏字進行了修正和補充。爲了檢索的便利將正文部分的頁碼(1—498)重新進行了標注。可以看作是"部分修訂版"。並且,光復以後初版被影印過,而且,還有高麗大學亞細亞問題研究所六堂典籍編纂委員會(編)的《新字典》(1973)及東陽古典學會編輯部的《新字典》(1997)的存在。但令人費解的是,1973年高麗大學影音本卻以《六堂崔南善典籍》第七版爲名。並且,對《新字典》補充及修正的原稿以"補訂新字典"的名稱被添加在字典末尾。該原稿按"一"部首到"廠"部首排列由30頁組成。

3.2　體　　裁

（1）整體結構

《新字典》的封皮裏有一張前扉,然後是柳瑾和崔南善先生的兩篇《序》。接著,是由11條構成《範例》。之後是根據《康熙字典》的214個部首構成的《部首目錄》及《檢字目錄》。內文共收錄13 084個漢字,214個部首按從"一"到"龠"的順序由4卷(第一卷:"一"部～"彳"部;第二卷:"心"部～"犬"部;第3卷:"玉"部～"襾"部;第4卷:"見"部～"龠"部)構成。"龠"部的最後一個漢字—"龥"之後收錄的《朝鮮俗字部》(107字),《日本俗字部》(98字),《新字新義部》(59字)等264個特殊漢字。這是在之前的字典裏未出現過的獨特體裁。與內文的13 084個漢字合計13 348字。詳細內容可參考下表:

前扉	朝鮮光文會編纂,金敦熙題字,京城新文館藏板	1頁
序文	柳瑾《序》 崔南善《序》	2頁 6頁
範例目錄	《新字典範例》(11條) 《新字典部首目錄》(214部) 《檢字》	2頁 2頁 4頁

續表

內文	第1卷：一部—彳部	2 570字	13 084字	13 348字	492頁
	第2卷：心部—犬部	3 501字			
	第3卷：玉部—襾部	3 950字			
	第4卷：見部—龠部	3 063字			
附錄	《朝鮮俗字部》	107字	264字		
	《日本俗字部》	98字			
	《新字新義部》	59字			
扉頁	大正4年（1915）11月1日印刷，編輯兼發行者：崔南善，總發行所：新文館				1頁
合計					498頁

爲了方便搜索標題字，並更有效地利用空間將頁面分爲上中下三行，標題字被縱行排列。相同部首內部，筆畫數轉換時，在左右空格後標出筆畫數。這種方式是與其他字典不同的，便於使用者掃視標題項的各項內容。不僅如此，《新字典》中還含有39幅插圖，這種解釋漢字字義的方式也是在之前的字典中未曾出現過的，對後來《字典釋要》（15版）的編輯影響甚大。

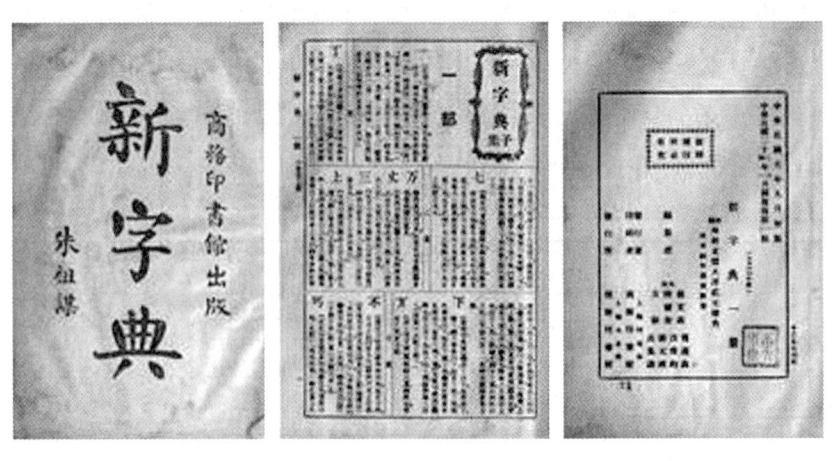

中華民國24年（1935年）第2版《新字典》（商務印書館，上海）（河永三收藏本）

《新字典》導讀：韓國近代時期最有代表性的漢字字典

然而上中下三行的頁面處理方式和插圖的應用也不能完全被視爲是《新字典》的獨創，應該說是受到國內外字典的影響。之前的《三韻聲彙》等有將頁面一分爲三的傳統，《海篇心鏡》和《玉彙韻考》等則將頁面一分爲二。對《新字典》影響最大的應該要數中國出版的《新字典》。正如《新字典》裏說的"此書初稿既成後,支那《新字典》出,體例注釋,可合參考。故不害原定之義例者,間或參互,以資解明之一助", 在 1911 年 9 月中國商務印書館上海本館出版的《新字典》(蔡文森、陸爾奎、方毅、傅運森、沈秉鈞、張元濟、高鳳謙編)中可以找到答案。尤其是同一部首內部變化筆畫數時,左右空格後標注筆畫數的形式和必要情況下插入圖畫解釋說明的形式,可以說是直接受中國《新字典》的影響,加之兩本書名稱一致,更證明了兩者的密切關係。

(2) 標題字

① 收錄字字數

據韓國漢字研究所此次完整的《新字典》數據庫(2016)可知,《新字典》標題字字數共 13 348 個。由按 214 個部首(一一龠)順序排列的内文中的 13 084 字,以及《朝鮮俗字部》(107 字)、《日本俗字部》(98 字)、《新字新義部》(59 字)等 264 個特殊字構成。214 個部首收錄字的具體情況如下：

部首	收錄字	部首	收錄字	部首	收錄字	部首	收錄字	部首	收錄字
一	24	亠	14	彳	36	匚	19	又	13
丨	8	人	398	幾	9	匸	9	口	373
丶	4	兒	21	凵	7	十	14	囗	37
丿	10	入	6	刀	106	蔔	6	土	234
乙	12	八	13	力	49	卩	17	士	9
亅	4	冂	13	勹	20	厂	14	夂	2
二	13	冖	9	匕	4	厶	7	夊	6

197

續表

部首	收錄字	部首	收錄字	部首	收錄字	部首	收錄字	部首	收錄字
夕	8	彐	7	毋	7	田	68	羽	65
大	45	彡	14	比	5	疋	6	老	8
女	239	彳	53	毛	49	疒	182	而	7
子	30	心	407	氏	5	癶	4	耒	33
宀	81	戈	33	气	5	白	31	耳	51
寸	13	户	19	水	687	皮	36	聿	7
小	9	手	521	火	230	皿	41	肉	242
尢	10	支	9	爪	6	目	188	臣	4
尸	35	攴	81	父	5	矛	12	自	7
屮	2	文	8	爻	5	矢	14	至	9
山	179	鬥	19	爿	7	石	199	臼	18
巛	5	斤	14	片	19	示	94	舌	17
工	6	方	33	牙	4	内	9	舛	4
己	9	无	3	牛	89	禾	162	舟	56
巾	113	日	185	犬	177	穴	81	艮	3
幹	9	曰	15	玄	5	立	24	色	6
幺	7	月	27	玉	234	竹	263	艸	554
廣	85	木	664	瓜	11	米	79	虍	28
廴	5	欠	69	瓦	43	糸	346	蟲	305
廾	13	止	16	甘	4	缶	26	血	21
弋	8	歹	58	生	6	網	58	行	18
弓	45	殳	22	用	5	羊	45	衣	204

《新字典》導讀：韓國近代時期最有代表性的漢字字典

續表

部首	收錄字	部首	收錄字	部首	收錄字	部首	收錄字	部首	收錄字
西	7	辛	12	青	5	骨	36	黍	4
見	29	辰	5	非	4	高	1	黑	32
角	33	辵	149	面	7	髟	54	黹	4
言	310	邑	106	革	92	鬥	8	黽	9
穀	13	酉	98	韋	22	鬯	3	鼎	4
豆	13	釆	3	韭	4	鬲	6	鼓	13
豕	27	裏	5	音	11	鬼	20	鼠	13
豸	30	金	297	頁	87	魚	113	鼻	7
貝	97	長	6	飛	3	鳥	167	齊	5
赤	12	門	70	風	37	鹵	7	齒	44
走	41	阜	102	食	109	鹿	30	龍	5
足	177	隸	4	首	5	麥	17	龜	3
身	13	佳	28	香	10	麻	7	龠	4
車	134	雨	85	馬	146	黃	6	合計	13 084

② 增加字字數

《新字典》共收錄 13 084 字（附錄 264 字除外），與《全韻玉篇》收錄的 10 977 字相比增加了 2 104 個字。與《全韻玉篇》相比，增加字數超過 10 個。其中增加百分率超過 20% 的部首的收錄字情況整理爲下表：

編號	部首順序	部首	《全韻玉篇》收錄字字數	《新字典》收錄字字數	增加字字數	增加百分率
001	107	皮	12	36	24	2.00
002	093	牛	43	89	46	1.07

續表

編號	部首順序	部首	《全韻玉篇》收錄字字數	《新字典》收錄字字數	增加字數	增加百分率
003	078	歹	33	58	25	0.76
004	128	耳	29	51	22	0.76
005	127	耒	20	33	13	0.65
006	076	欠	42	69	27	0.64
007	066	支	51	81	30	0.59
008	109	目	124	188	64	0.52
009	082	毛	33	49	16	0.48
010	112	石	137	199	62	0.45
011	094	犬	124	177	53	0.43
012	211	齒	31	44	13	0.42
013	104	疒	129	182	53	0.41
014	115	禾	117	162	45	0.38
015	123	羊	33	45	12	0.36
016	119	米	58	79	21	0.36
017	116	穴	60	81	21	0.35
018	086	火	172	230	58	0.34
019	124	羽	49	65	16	0.33
020	075	木	506	664	158	0.31
021	142	蟲	233	305	72	0.31
022	096	玉	182	234	52	0.29

③ 部首排列

《新字典》的部首體系采用了《全韻玉篇》的214部首體系。214部首體系是由明朝《字彙》最早發明,通過《康熙字典》的傳承形成了最具代表性的部首體系。韓國的漢字字典基本上都是采用這種部首體系。同爲214部首體系,與《康熙字典》的214部首體系相比較,"風"部、"飛"部、"玄"部與"玉"部在順序上稍有不同。之前的《全韻玉篇》也是如此。由此可知,《全韻玉篇》的214部首體系在《新字典》中得到了很好的繼承。

(3) 解説體式

《新字典》中對於各標題字的注解大體爲:① 韓語讀音,② 漢字注釋,③ 韓語釋義,④ 漢字例句,⑤ 韻目,⑥ 異體字。下面以"一"字爲例作詳細介紹:

| 一 | 【일】數之始。한。한아。凡物單箇曰一。○誠也。정성。《中庸》:所以行之者,一也。○純也。슌젼할。凡道之純者曰一。《書》:惟精惟一。○專也。오로지。如言一味、一意。《禮》:欲一以窮之。○同也。갓흘。《孟子》:前聖後聖,其揆一也。○統括之辭。왼。왼통。如言一切、一概、一家、一門、一國。《詩》:政事一埤益我。○或然之辭。만약。如言萬一、一旦。《漢書》:歲一不登,民有飢色。○第一。첫재。○一一。낫낫。(質)。壹通。 |

首先,關於標題字"一",①"【일】"爲其韓語讀音,②"數之始"爲其漢字注釋,③"한。한아"爲其韓語釋義,④"凡物單箇曰一"爲其漢字例句。存在其他義項的情況以"○"隔開後。並且標明了漢語例句的出處,對於義項"誠也,정성"的漢語例句"所以行之者,一也"的出處標注了"《中庸》"。爲了追求字典的簡明性,非特殊情況只標注書名而不標注篇名。"一"字展示了ⓐ 數之始、ⓑ 誠也、ⓒ 純也、ⓓ 專也、ⓔ 統括之辭、ⓕ 或然之辭、ⓖ 第一等7個義項,而ⓗ"一一"則更像是由"一"字構成的漢字詞。⑤之後的"(質)"則是"一"字的"韻目",該韻目體系爲106韻體系。⑥之後的"壹通"則展示了"一"字的"異體字"信息,意爲"壹"與"一"是通用字。

正如上述描述的那樣,對於漢字義項的解釋可以說是具體、系統而且很具科學性。尤其是對於義項數繁多的漢字,在義項的排列上展示了與《全韻玉篇》的傳統所不同的獨創性。各字典中"一"字的注釋整理如下表:

漢字	書　名	字　　義
一	《全韻玉篇》(1805)	(일)① 數之始,② 畫之初,③ 均也,④ 同也,⑤ 誠也,⑥ 純也,⑦ 天地未分,元氣泰一。(質)。壹通。
	《國漢文新玉篇》(1908)	(일)① 數之始,② 畫之初,③ 均也,④ 同也,⑤ 誠也,⑥ 純也,⑦ 天地未分,元氣泰一。(質)。壹通。
	《字典釋要》(1909)	(일)① 數之始,하나일。(質)。壹通。
	《(大增補)日鮮新玉篇》(附音考)(1926再版)	(일)① 數之始。한。② 同也。같을。③ 一一。낫낫。④ 誠也。정성。⑤ 專也。오로지。⑥ 或然之辭。만일。⑦ 第一。첫재。⑧ 或也。어느。(質)。壹通。 (イツ)(イチ)ヒトツ。ヒト。ハジメ。ヒトスニス。マジハリナシ。マコト。ヒトタビ。アル。
	《韓鮮文新玉篇》(1913)	하나(일)① 數之始,② 畫之初,③ 고를(일),均也,④ 갓흘(일),同也,⑤ 정셩(일),誠也,⑥ 슌일(일),純也,⑦ 갈(일),專也,⑧ 天地未分,元氣泰一。(質)。壹通。
	《新字典》(1915)	(일)① 數之始,한。한아,凡物單箇曰一。⑤ ○同也,갓흘,《孟子》: 前聖後聖,其揆一也。 ⑨ ○一一,낫낫,② ○誠也,졍셩,《中庸》: 所以行之者,一也。③ ○純也,슌젼할,凡道之純者曰一。《書》: 惟精惟一。④ ○專也,오로지,如言一味、一意。《禮》: 欲一以窮之。 ⑥ ○統括之辭,왼。왼통,如言一切、一概、一家、一門、一國。《詩》: 政事一埤益我。 ⑦ ○或然之辭,만약,如言萬一、一旦。《漢書》: 歲一不登,民有飢色。 ⑧ 第一,첫재,(質)。壹通。

尤其是在義項方面,《新字典》比《全韻玉篇》和《國漢文新玉篇》多出兩項: 義項⑥和義項⑦,並對重要義項做了韓語解釋,對於各個義項的順

202

序也進行了重新排列。例如:《全韻玉篇》和《國漢文新玉篇》的第一個義項①"數之始"在《新字典》裏也是第一項,而第四項的"④同也"在《新字典》裏則被調成第二項,第五項的"⑤誠也"則被調成第四項。漢字義項的排列順序表明了該漢字的本義和其延伸義之間的關係,對義項排列順序調整的意義還需進行進一步的研究。而且,《新字典》中引用了很多古文獻中的用例,並對該用例的出處一一作出標注。這些標注爲該義項的解釋提供了文史證據,並且爲使用者進行漢字的高級解讀提供了方便。

4.《新字典》的特徵

4.1 收字特徵

(1) 增減字

《新字典》的收錄字數合計爲 13 348 字,比之前的《全韻玉篇》及《國漢文新玉篇》(11 000 字)有大幅的增加。爲詳細介紹增加字的情況,與《全韻玉篇》比較後,《新字典》在書的後部添加了對各個部首的說明。例如,本文 502—505 頁 107_皮部的介紹:

107_皮部:共 36 字

增 24 字:皯,皱,皷,皰,皳,皴,皵,皶,皷,皸,皹,皺,皻,皼,皽,皾,皿,盀,盁,盂,盃,盄,盅,盆

皮部從 6671_(皮)字到 6706_(皷)字共收錄了 36 個漢字,比《全韻玉篇》皮部收錄的 12 字多出 2 倍,添加字爲:皯,皱,皷,皰,皳,皴,皵,皶,皷,皸,皹,皺,皻,皼,皽,皾,皿,盀,盁,盂,盃,盄,盅,盆。我們由此可以了解,從《全韻玉篇》到《新字典》收錄漢字的變化情況,對研究漢字的變化軌跡有很大幫助。漢字的具體變化情況可參照部首後的詳細說明。

（2）異體字

《新字典》同其他漢字字典一樣提供了異體字的詳細內容："俗字""同字""通字""古字""今字""籀文"等。下面來詳細了解一下"一"部裏收錄的漢字中的異體字信息：

① "俗字"	20_丟：【듀】一去不還。아조갈。古俗謂遺失物件曰丟。（有）。俗作丢。 22_所：所俗字。 10_丐：【개】乞也。빌。달랄。……（泰）。匂俗字。
② "古字"	21_丌：酉古字.
③ "同字"	05_万：【만】萬同。（願）。【묵】蕃姓，万俟。（職） 12_不：【부】未定辭。아닌가。……（宥）。丕通。【불】末也。非也。아니。아닐。못。……（物）。弗同。 23_並：竝同。
④ "今字"	24_䇂：【두】禮器，眾屬。큰술국이。（宥）。今作鬥。
⑤ "通字"	01_一：【일】數之始。한。한아。……（質）。壹通。 02_七：【칠】數名。일곱。《書》：以齊七政。○文體名。글톄격이름。……（質）。柒通。 09_三：【삼】數名。석。셋。（覃）。參通。 13_丑：【츄】地支第二位。둘재디지。……（有）。杻通。 19_丞：【승】繼也。이을。○佐也。도을。○副貳，官名。벼슬이름。《戰國策》：禹有五丞。○丞相。정승。（蒸）。承通。

綜上所述，"一"部一共收錄了24個漢字，其中13字(14種)附有"俗字""同字""通字""古字""今字"等異體字信息。即：①"丟"與"所"爲"丢"與"所"的"俗字"，②"丌"爲"酉"的"古字"，③"萬"與"万"，"不"與"弗"，"並"與"竝"爲"同字"，④"鬥"爲"䇂"的"今字"，⑤"一"與"壹"，"七"與"柒"，"三"與"參"，"不"與"丕"，"丑"與"杻"，"丞"與"承"等爲"通字"，將其之間的關係做了詳細的介紹。

尤其是"俗字"在文字學上具有極其重要的研究價値。因爲它對理解韓國漢字字形的標准及傳統有重要意義。同時，對理解在漢字形體方面編纂者的標准提供了資料。據筆者統計，《新字典》中共出現196例俗字；

《新字典》導讀：韓國近代時期最有代表性的漢字字典

"A,B 俗字"（132 例），"A,俗作 B"（45 例），"A,俗 B 字"（13 例），其他（6例）。"同字"則是出現頻率最高的異體字類型，共有 3 053 例類型分如下幾類：

通過"非"或"不同"等用詞，我們能够了解作者對於異體字的見解。

　　3390_枾：【시】俗作果名，同柿，非。（紙）。【폐】削木劄。대패밥。（隊）。柹同。

　　4027_柿：【시】赤實果。감。《禮》：棗栗榛柿。（隊）。俗作枾，非。

　　4429_樣：【양】貌樣，法也。골。본。즛。법。모양。《唐書》：柳公權在元和間書法有名，劉禹錫稱爲柳家新樣。（漾）。㨾同。【상】栩實。도토리。（養）。橡同，非。

　　4461_橃：【벌】海中大船。배。（月）。俗作筏，非。

　　5182_湆：【읍】俗。【음】幽濕。축축할。（緝）。與湇不同。

上述的"枾"字，大多數人將其誤寫作"柿"。因此，應將"枾"及"柿"視爲不同漢字。不僅如此，將"樣"及"橡"視爲同一漢字也是不恰當的，將"橃"寫作"筏"字也是不準確的，以及"湆"字及"湇"也是不同的漢字。通過這些異體字信息可以得知當時對標準字形的認識。對自《全韻玉篇》以來的各種異體字信息進行歷時的比較，可以了解到有關字形標准的變化。

（3）特殊字

《新字典》的最顯著的特徵要數 214 部首後附的《朝鮮俗字部》（107字）、《日本俗字部》（98 字）和《新字新義部》（59 字）。收録了韓國的固有漢字、日本的固有漢字及近代時期發明的新漢字。固有漢字即由中國傳入、因韓國和日本的需要而重新發明的漢字，新漢字指在原有漢字的基礎上添加新的讀音的國音字及在原有漢字的基礎上添加新的意思的國義字。這些漢字有助於了解漢字在韓國和日本的傳播及變異過程。尤其是有關韓國的固有漢字。自李德懋的《青莊館全書》(卷 55、59、60、68) 開始,到李圭景《五洲衍文長箋散稿》的《東國土俗字辨證説》及《日本土字辨證説》等著作對韓國及日本的固有字進行了詳細的論證。

這些傳統在近代時期的漢字字典中也可窺一斑,無論是《新字典》還是《字典釋要》都對韓國固有的漢字另做標注。《日鮮大字典》(朴重華,廣東書局,1912)用 10 頁的篇幅在附錄中對"國字"另做説明。這些著作將在韓國發明或者具韓國特性的漢字公告於世。現代以後,檀國大學東洋學研究所的《韓國漢字語辭典》(1996,4 册)將用於韓國人名、地名、制度名、吏讀、鄉劄及口訣的韓國式的漢字及漢字詞做了史上最爲詳細的整理。並且,在台灣"教育部"開發的《異體字字典》(http://dict.variants.moe.edu.tw)中也收錄了大量的韓國固有漢字。

4.2 釋義形式

《新字典》在釋義形式上標新立異,在之前漢字字典的基礎上添加了大量的例證,從而提高了該用例的可信度。不僅僅是《全韻玉篇》《國漢文新玉篇》及《字典釋要》等僅對漢字的義項和釋義進行解釋,對該義項的出處及用法卻只字未提。而《新字典》則彌補了這些字典的不足,對其義項的出處作了標注,通過用例可以很容易地理解該義項的使用環境,對古文的學習幫助甚大。

01_一:【일】數之始。한。한아。凡物單箇曰一。○誠也。정셩。《中庸》:所以行之者,一也。○純也。슌젼할。凡道之純者曰一。《書》:惟精惟一。○專也。오로지。如言一味、一意。《禮》:欲一以窮之。○同也。갓흘。《孟子》:前聖後聖,其揆一也。○統括之辭。왼。왼통。如言一切、一概、一家、一門、一國。《詩》:政事一埤益我。○或然之辭。만약。如言萬一、一旦。《漢書》:歲一不登,民有飢色。○第一。첫재。○一一。낫낫。(質)。壹通。

從上述"一"字的解釋可以看出,《新字典》盡可能地對其各個義項的出處進行標明：①"數之始"出自《中庸》,②"純也"出自《書經》,③"專也"出自《禮記》,④"同也"出自《孟子》,⑤"統括之辭"出自《詩經》,⑥"或然之辭"出自《漢書》。

雖然未對各典籍的引用頻率進行統計,但可以了解到這些引用不僅出自四書五經,而且還出自史書、哲學書、文集等。這些做法在之後的大型漢字字典中得到傳承。

4.3 編輯體系的特徵

《新字典》除了上述在內容上標新立異之外,在編輯體系上也有創新,其中最值得一提的是：1. 爲難解釋的概念添加了插圖。2. 在版式上將頁面分爲上中下三部分。

尤其是對於插圖的應用是史無前例的。這是《新字典》的一大創新。如之前所述,書中共有插圖39個,其具體目錄如下：

亭(1－3b),俎(1－6b),侯(1－7a),冕(1－13a),幾(1－13b),匜(1－17b),匱(1－18a),卣(1－18b),戈(2－7b),戟(2－8a),敔(2－19b),斝(2－21a),斧(2－21b),旂(2－22a),枕(2－29b),爵(2－61b),莖(3－27a),簋(3－28a),簠(3－28b),簫(3－28b),籩(3－29b),罩(3－37b),臟(3－45b),舟(3－47b),衰(3－65a),艦(4－2b),豆(4－8a),登(4－8a),足(4－12a),蹼(4－14b),輪(4－16b),鉔(4－25b),錞(4－26b),鐸(4－28b),馬(4－42a),鰭(4－48a),蔽(4－53b),蕭(4－53b),鼎(4－54a)

但在初版中"冑"(1－12b)字下方保留了一定空間但沒有內容,在1947年的版本中卻添加了圖畫,可以推斷在初版中插圖可能被漏掉了。對於字典中有插圖的漢字的解釋有的是在正文中,有的是在附錄中另作整理,雖位置有所不同,但添加插圖的形式對之後字典的編纂影響巨大。

例如《字典釋要》從 1909 年的初版開始到 1914 年的第 14 版一直沒有添加插圖,但在 1920 年的第 15 版中卻添加了 590 個插圖,甚至題目也被改爲《增正附圖字典釋要》。

同時,爲了標題字檢索的便利及空間的有效使用,將頁面分爲上中下三欄的形式也是史無前例的,之後受其影響的《模範鮮和辭典》(博文書館)將頁面一分爲四,《懷中日鮮字典》也是以上中下三欄的形式排版的。步入現代後,《國漢文新玉篇》(永昌書館,1959)仍使用一分爲四的排版形式,《大漢韓辭典》(張三植,成文社,1964 年初版)使用一分爲五的排版形式,《漢韓大字典》(民眾書林,1981)使用一分爲四的排版形式,這種形式成了韓國漢字字典排版的主要形式。

5.《新字典》的地位

綜上所述,《新字典》在收錄字字數、讀音的詳細程度、漢字義項的個數、義項的出典標注及異體字屬性的多樣化等各個方面具備了強大的優勢,是一部很有價值的漢字字典。不僅如此,插圖的使用和頁面上中下三行的排版形式、部首目錄和檢字的提供,以及韓國與日本近代時期發明的新漢字的收錄等意義空前,對後世字典的編纂影響巨大,成爲後世漢字字典編纂的模板。其內容及體裁等使之成爲近代時期字典的代表,成爲繼《全韻玉篇》之後最具創新意義的漢字字典。

一方面因當時技術和時代的限制,另一方面因字典規模龐大,而且是活字排版,所以字典中別字、漏字情況頻頻出現,但並不影響閱讀。作者也曾爲了修改、補充而做《訂補新字典》,但最終以失敗告終。該書的一部分原稿的影印本附錄在高麗大學《六堂全集》裏,但原稿整體現在下落不明,甚是遺憾。

但願經過標點校正及電子排版的《新字典》的初版,能讓更多的學者更加客觀地對其進行深入的研究,使韓國字典的歷史更加飽滿。

6.《新字典》主要研究目録(韓國國內)

Rainer Dormels,《玉篇類的漢字音比較研究：全韻玉篇、新字典、漢韓大辭典大字源爲中心》,首爾大學研究所碩士學位論文,1994。

姜旻九,《初中高漢文學習字典現況與編纂方案：學習字典的方向與開發之建議》,《漢文教育研究》第41卷,2013。

郭藝,《中國與韓國的漢字音口蓋音化研究》,仁荷大學研究所碩士學位論文,2010。

權正厚,《近代啟蒙期漢字字典之研究》,釜山大學研究所碩士學位論文,2009。

金鍾勳,《六堂的〈新字典〉研究：朝鮮俗字爲中心》,《學術論叢》第3卷第1期,1975。

羅榮圭,《新字典體言的訓釋研究》,啓明大學研究所碩士學位論文,1976。

徐守百,《訓蒙字會的異字同釋研究——同一寫法的漢字5字以上爲對象》,《韓國語文學》第22卷,2005。

徐守百,《字類注釋體部類的異字同釋"臉"研究——語義分析與辭典處理樣相爲中心》,《韓國語文學》第25卷,2008。

許在克,《新字典的創新詞研究》,《國文學研究》第5卷,1976。

孫熙夏,《漢字注釋詞研究》,全南大學研究所博士學位論文,1991。

申銀正,《中學教育用基礎漢字代表訓研究》,東亞大學校教育學院碩士學位論文,1999。

安燦久,《身體語消失詞彙研究：以漢字初學書爲中心》,江南大學校大學院碩士學位論文,2010。

呂燦榮,《我們語言的鳥類命名研究》,《語文學》第57卷,1996。

吳鍾甲,《〈新字典〉之漢字音研究：特別是韻母之對應爲中心》,《韓民族語文學》第2卷,1975年。

李恩實,《〈新增類合〉之漢字音研究》,公州大學研究生院碩士學位論文,

2004年。

李準煥,《朝鮮光文會編纂〈新字典〉之體裁、漢字音及詞義解析》,《語文研究》第40卷第2期,2012年。

李準煥,《中世、近代、開化期之韻書與字書編纂之歷史》,《東洋學》第57卷,2014年。

李忠久,《〈新字典〉之近代字典特性考察》,《韓中哲學》第6卷,2000年。

李忠久,《韓國字典成立之考》,《泮矯語文研究》第3卷,1991年。

Lee Ho-Chun,《〈新字典〉所顯示之新詞形容詞研究:類意語爲中心》,啓明大學教育研究生院碩士學位論文,1976年。

Jang So-Rim,《韓國二十世紀代表性字典收錄之異體字研究》,釜山大學研究生院碩士學位論文,2014年。

田日周,《〈康熙字典〉與韓國初期字典之比較研究:以〈字典釋要〉與〈新字典〉爲中心》,《漢文教育研究》第26卷,2006年。

田日周,《近世韓國韓字字典之研究》,嶺南大學研究生院博士學位論文,2002年。

崔美賢,《字典類之漢字音消失樣相之研究》,《我們的語言研究》第40卷,2015年。

河永三,《於〈新字典〉中之"同字"類型考》,《漢字研究》(韓國漢子研究所)第10卷,2014年。

河永三,《崔南善〈新字典〉之"俗字"考》,《中國語文論譯叢刊》第33卷,2013年。

河永三,《許傳〈初學文〉在韓國漢字字典史上之意義》,《退溪學論叢》第24卷,2014年。

韓中瑄,《韓國之日本語辭典研究》,韓國外國語大學研究生院博士學位論文,2015年。

玄淑子,《日韓兩國漢字音之對比研究》,久留米大學研究生院博士學位論文,2003年。

玄淑子,《漢字音之歷史研究:以ㄷ,ㅌㅁ蓋音化爲中心》,《日語日文學研究》第 37 卷第 1 期,2000 年。

Hong Seon-Bong,《〈新字典〉之用語訓釋研究》,啓明大學教育研究生院碩士學位論文,1976 年。

黃卓明,《韓國朝鮮時代漢字學文獻之研究》,慶星大學研究生院博士學位論文,2011 年。

7. 參 考 文 獻

朴亨翌:《韓國字典之歷史》,韓國漢字研究所"韓國近代漢字字典論壇"資料,2016 年 01 月。

朴亨翌:《韓國字典之歷史》,亦樂出版社,2012 年。

沈慶昊:《韓國漢文基礎學史》(第 1—3 册),太學社出版社,2012 年。

河岡震:《鄭益魯的〈國漢文新玉篇〉在韓國字典史中的地位》,韓國漢字研究所"韓國近代漢字字典論壇"資料,2016 年 02 月。

河永三:《〈全韻玉篇〉與〈新字典〉之收錄字比較》,韓國漢字研究所"韓國近代漢字字典論壇"資料,2016 年 01 月。

韓國漢字研究所:"韓中日漢字字典綜合檢索數據庫",2016 年。

洪允杓:《關於國語漢字資料調查的文獻資料》,韓國漢字研究所"韓國近代漢字字典論壇"資料,2016 年 03 月。

景惟謙《篆韻便覽》之
漢字學價值

　　1651 年出版的景惟謙(1586—?)的《篆韻便覽》①是朝鮮出版的現存最早的篆書字典兼學術研究著作②，其在漢字學上具有非常重要的價值。本論文旨在客觀評價尚未在學界得到充分介紹的《篆韻便覽》的學術價值③，並明確其在漢字學史中的重要意義。爲此，除了介紹《篆韻便覽》的

---

　　①　吕爾徵的《篆韻便覽序》是在景惟謙 64 歲時，即 1649 年 3 月 16 日寫成的。1651 年 6 月下旬，當他 66 歲時，他自己寫的跋文被收録其中。

　　②　之前已經出版的有一部申汝權的《篆韻》，它是一本簡單的篆書字典，其中包括了小篆體(古文、篆文包含)。該書按照上平聲(15 韻)、下平聲(15 韻)、上聲(29 韻)、去聲(30 韻)、入聲(17 韻)的 106 韻系統排列。全書共 5 卷 2 册，現存於國立中央圖書館(編號：葦滄古 443-9)。該書没有序文，但在第五卷的末尾寫有"前行副護軍申汝權書"。關於申汝權，《朝鮮王朝實録》光海卷 139,11 年(1619 己未/明萬曆 47 年)4 月 19 日(壬申)有相關記録。與景惟謙相比，他似乎生活在稍早的時代。該記録如下："傳曰：'奏文中，後金汗寶，以後金皇帝陳奏，未知何如？令備邊司因傳教詳察以奏。'回啓曰：'胡書中印跡，令解篆人申汝權及蒙學通事翻譯，則篆樣番字，俱是後金天命皇帝七個字，故奏文中，亦具此意矣。今承聖教，更爲商量，則不必如是翻譯，泛然以不可譯見之意，删改宜當。敢啓。'傳曰：'允。'"

　　③　在朴尚均(1986)、申英珠(2007)、金明熙(2009)的論文中曾簡單介紹過。朴尚均(1986)從書籍學的觀點，分别介紹了撰者、著作的動機和目的、著作的形式和内容、學術的特色等方面。申英珠(2007)簡單介紹了明朝的朱之蕃(1556?—1624)於 1606 年訪朝時對《海篇心鏡》和《篆訣歌》的影響。金明熙(2009)是在描述金振興的書學關係時提及的，不是對《篆韻便覽》的專門分析，且從漢字學的價值及綜合研究的角度看，都還不足夠完整。

結構和體系外,我們還計劃從以下幾個漢字學的角度討論其價值:
(1)篆書資料的彙編,(2)隸變規則的歸納,(3)創新的分類方法。

1.《篆韻便覽》簡介

1.1 作　者

　　關於《篆韻便覽》的作者景惟謙,"生卒年代不得而知,只知據《司馬榜目》記載,他於1586年出生。於1611年,26歲時考中進士,被任命爲主學"。① 之外,並無其他太多資訊。然而,從《凝川日錄》中關於庚申年(1620年,光海君12年)8月的記事"遠接使中,選擇官員時,包括了篆字官司果景惟謙",和《承政院日記》仁祖4年丙寅年(1626年,天啓6年)3月8日(辛亥)的"天使若要查看篆字,應帶算員景惟謙,此爲延接都監遠接使的啟請"的記事來看,他在篆書方面的造詣深厚,於光海君12年(1620)被選爲篆字官,並擔任司果的職位。其在篆字方面的名聲,甚至得到了當時的仁祖皇帝的認可。

　　他當時被認爲是從著名的書法理論家和書法家呂爾徵(1588—1656)與金振興(1621—?)一起學習並習得篆書的②。從呂爾徵的《篆韻便覽序》中,可以看到"我和他有長久的友誼,他來請教並要求我爲他的書寫序言,所以我爲他的書寫了開篇"(以余有夙好來,而求正要序,其首書以歸之)。從這可以部分確認他們之間的深厚關係,但目前還難以找到其他相關資料。

　　對於《篆韻便覽》的評價,迄今爲止僅有金萬基(1633—1687)在《篆海心鏡》③的序文中提及。他表示:"再者,我們朝鮮的申汝櫂的《篆韻》並未

---

① 金明熙(2009),23頁。
② 金奎鎮:《國立中央圖書館篆韻便覽的解釋》[摘要內容]參考。
③ 金振興所著的篆書字典,分爲五卷兩部,於肅宗元年(1675)出版。卷首收錄了金萬基的《篆海心鏡序》,第一卷名爲"上平聲",第二卷名爲"下平聲",第三卷名爲"上聲",第四卷名爲"去聲",第五卷名爲"入聲"。每卷按照韻目和標題字下分配小篆字體,又收錄了從38種字體中選出的篆書異體字。第五卷的末尾收錄了呂聖齊的《篆海心鏡跋》。

深究字畫之變,而景惟謙的《便覽》則更爲簡略且無章法(又以我東申汝穫《篆韻》,未究字畫之變,景惟謙《便覽》,尤疏略無法)"。① 從這可見,他批評《篆韻便覽》爲過於簡略且無章法。然而,這樣的評價不可避免地被視爲是忽略了《篆韻便覽》在漢字學上的價值,是一種偏狹的評價。

1.2 編撰動機

朝鮮中期的書法界在孝宗(1649—1659年在位)時期開始受到了北伐政策的影響,並受到由對異民族(非漢族)建立的清朝的排斥意識,再加上對伏羲和殷商後代的自豪,以及對程朱學派的反感,都驅使他們強烈地希望回歸先秦的古學。正如之前強調的,由於這些原因,朝鮮中期的書法風格強烈地表現了對小篆體的重視②。到了朝鮮中期,許多書法家開始對小篆體表現出濃厚的興趣。除了前面提到的呂爾徵外,還有金尚容(1561—1647)、李正英(1616—1689)、閔維重(1630—1708)和閔鎮遠(1664—1682)的《古文韻府》《金石韻府》《古文韻律》和金振興的《篆大學》以及《篆海心鏡》等。③

景惟謙亦反映了這種趨勢。雖然隸書和楷書等簡單而易於理解,但從漢字的角度來看,小篆在轉變爲隸書等前,是漢字的根源。他認爲,小篆不僅是由聖人所創,還包含了古時代的精神。因此,他痛批自從秦始皇命程邈製定隸書後,大家放棄了小篆,而選擇了簡單易寫的隸書,從而喪失了古代聖人的精神。他在自己所寫的《篆韻便覽跋》中這樣説:

> 粵若稽古,肇判以來,未有書契。至於伏羲氏,始畫八卦,而造書契,以代結繩之政。所謂書契即篆文,而夫子之韋編亦篆文也。以天縱之聖,豈不知變作簡易之體也?篆文乃古先聖之所作,故無所改變矣。秦始皇以衡石程書,文書浩繁,故使下杜人程邈改作隸書,以趣

---

① 《篆海心鏡序》,韓國文集叢刊,《瑞石集》,《瑞石先生集》卷五,a_144_417b。
② 李以優(2000),113—131頁。
③ 金明熙(2009),7頁。

景惟謙《篆韻便覽》之漢字學價值

約易。遨本徒隸,即謂之隸書。自是以降,因用其體,而經文子集,無非隸書,故後世瞽學,不識古跡之爲真,反以隸書爲重,而不知古篆之如何,誠可恨也。

從這裏可以看出,恢復秦始皇之後消失的篆書,並尋找蘊含著聖人精神的文字的起源,是他寫這本書的根本動機。另一方面,他也對現有書籍在檢索時的不便表示了不滿。他這樣說道:

今之《篆韻》,雖存其舊,不解韻書之人,則孰知天字之懸於先韻乎?許多韻書,未易窺遍,故不揆鄙拙,作爲《便覽》。(《篆韻便覽跋》)

即之前有關於篆書的字典《篆韻》,但是《篆韻》是按照傳統的韻書的4聲106韻進行排列,對於不熟悉韻書的人在查找時非常不便,所以他對這種排列方法進行了修正,使之"便於查看"。他所創新的排列方法基於漢字的韓文讀音,即"發音檢索法",按照韓語的終聲(或稱尾音)分爲10個類別。即閉口音終聲,如億[-ㄱ]、乙[-ㄹ]、邑[-ㅂ]等三個類別;鼻音終聲,如殷[-ㄴ]、音[-ㅁ]、應[-ㅇ]等三個類別;開口音終聲,如牙[-ㅏ]、於[-ㅓ]、于[-ㅜ]、而[-ㅣ]等四個類別。只要是懂韓國漢字音的人都能輕鬆查找①,這在朝鮮的漢字字典編纂史上也有重大意義。

因此,《篆韻便覽》這本書的名稱可能是來自申汝櫂的《篆韻》,而"便覽"這個名稱則是爲了彌補《篆韻》在檢索上的不便,意在"方便查看"②。

---

① "無論高低而就億、殷、乙音之類,定爲十音,類聚其各音。"
② 在《東江遺稿》的第6卷中,也刊有吕爾徵的《篆韻便覽序》相同的內容,但標題爲《篆韻玉篇序》。由此可見,1649年吕爾徵最初稱其爲《篆韻玉篇》。但在1651年6月下旬的作者發文中,它被稱爲《篆韻便覽》。因此,我們可以推測,在出版時已經改名爲《篆韻便覽》。此外,從字典的意義"玉篇"變爲強調字典查詢功能便利性的"便覽",我們可以看出這一改變。

1.3 版　　本

根據目前國立中央圖書館的《韓國古典著綜合目錄》和韓國古典翻譯院的《韓國古典綜合數據庫》等資料,顯示《篆韻便覽》於國立中央圖書館內有孝宗 2 年(1651)的刊印木版本 1 部和刊寫年未詳的木版本 1 部。此外,韓國中央研究院的藏書閣(K1-190)亦有 1 部。還有,成均館大學的尊經閣擁有孝宗 2 年(1651)的刊印木版本 1 部,誠庵古書博物館有孝宗 2 年(1651)後刷木版本 2 部,建國大學的尚許紀念圖書館內有孝宗 2 年(1651)刊印木版本 1 部,而法國東方語言文化學院(Institut National des Langues et Civilisations Orientales)中有肅宗 37 年(1711)的刊本 1 部。另外,該書亦被收藏於京畿道博物館內。

本論文所使用的資料來源於國立中央圖書館所藏兩種版本,其書誌事項如下:

① "葦滄古 433-70"本

－書名及版本與出版事項:《篆韻便覽》,景惟謙(朝鮮)編,木板本,[刊寫地未詳]:[刊寫者未詳],孝宗 2 年(1651)。

－形態事項:1 冊(43 張):四周雙邊,半郭 23.0×17.5 cm,行字數不同,注雙行,上三葉花紋魚尾;31.0×22.0 cm。

－周期事項:序:己丑(1649),呂爾徵;跋:辛卯(1651),景惟謙。

② "古朝 41-97"本

－書名及版本與出版事項:篆韻便覽:(並)篆字玉篇/景惟謙編,木板本(後刷),[刊寫地未詳]:[刊寫者未詳],[刊寫年未詳]。

－形態事項:55 張:四周雙邊,半郭 22.7×17.0 cm,7 行 16 字,內向三葉花紋魚尾;33.1×22.0 cm。

－周期事項:序:[仁祖]巳丑(1649),呂彌徵;跋:[孝宗]辛卯(1651),景惟謙。

"葦滄古 433－70"本包含 77 章（序 14 頁、篆韻 22 頁、上方 7 頁、目錄 4 頁、玉篇 27 頁、各體 12 頁、跋 3 頁）。從"各體名及出處"至"景惟謙跋"部分部份因爲蟲蛀而受損，但對解讀没有太大影響。"古朝 41－97"本有 55 章，與"葦滄古 433－70"本的內容和順序基本相同。但在版式上，前者是 7 行 12 字，而後者是 7 行 16 字。並且在"古朝 41－97"本中對"葦滄古 433－70"本的部分內容進行了修正。因此，可認爲"古朝 41－97"本是參考"偉昌古 433－70"本後的再版。從這些資料中，我們可以推斷《篆韻便覽》並非一次性印刷，而是進行了部分修正後再次印刷。再者，考慮到法國東方語言文化學院所藏有肅宗 37 年（1711）的版本，該書似乎在之後還繼續被印刷。

2. 結 構 與 體 例

《篆韻便覽》現存版本爲上下兩卷一册之結構。上卷部分，首先列有呂爾徵的《序》，隨後是目錄（根據韓文終聲進行的 10 種音分類，分別爲：億[－ㄱ]、殷[－ㄴ]、乙[－ㄹ]、音[－ㅁ]、邑[－ㅂ]、應[－ㅇ]、牙[－ㅏ]、於[－ㅓ]、于[－ㅜ]、而[－ㅣ]，總共列出 1 627 字）、《左邊》（用於左側的偏旁，共 48 種）、《右邊》（用於右側的偏旁，共 85 種）、《用上》（上下結構中，用於上部的偏旁，共 105 種）、《用下》（上下結構中，用於下部的偏旁，共 26 種）、《用外》（內外結構中，用於外側的偏旁，共 17 種）、《左右上下換排》（描述字符間結構的變化，其中有 9 例是描述同一字符的左右結構變化，11 例描述字符的正反結構，以及 14 例描述上下結構到左右結構的變化）、《上方大篆》（在國家文書等重要文件中使用的上方大篆，按照 10 音分類列出 580 例）①、《十音類抄》（按照目錄中列出的 10 音分類，再次列出 1 627 字）②。

---

① 在《上方大篆》的後語中寫道："右體……名爲上方大篆……故摘出難寫的字 490 字。"但實際統計是 580 字。
② "十音所抄之字，在億韻者，不摘於殷韻，在殷韻者，不摘於乙韻，音韻一下，亦如是。與隸書同筆的易書字，均不摘出。若考查其左右部分，組合成字則没有不可書的字。"來自《十音類抄》的後語。

《篆韻便覽》之下卷名爲《篆字玉篇》。首先,展示了《篆字玉篇目錄》(根據十音分類體系,從易1至甾227,共有227部的目錄)。在《篆字玉篇》的細節項目中,描述了在隸變過程中出現的同化現象,即《隸同篆異》,根據《篆字玉篇目錄》列舉了227種歸納的例子。另外,也列舉了異化現象,即《隸異篆同》的例子,總計121種(其中同一偏旁的分化有93種,同一字的分化有28種)。此外,關於偏旁的移動,也就是《左右上下換排》,給出了34種例子。在描述了總共28種書體的變體中所發生的筆劃變化後,於《各體中變畫》中根據其十音體系列出了473種的標題字,並在這28種書體下展示了824個字①。此外,也提供了《各體名及出處》(簡單描述了與小篆相關的奇字、碧落篆、小篆、上方大篆、鳥跡書等共28種的書體)。最後,附有作者的《跋》。

3. 漢字學上的價值

《篆韻便覽》作爲一本漢字學的經典書籍,在學術價值上有多方面的討論點。在此,我們將從以下三個方面來探討其學術重要性:

1. 各類小篆資料的彙編與整理:《篆韻便覽》對多種小篆資料進行了彙編,使得學者和研究者可以更容易地查找和參照這些資料,對於深入研究和學習小篆有著不可或缺的價值。

2. 隸變規則的提煉與歸納:書中不僅對隸變過程中的變革規則進行了詳細的提煉,還對其進行了歸納。這種系統性的整理對於理解漢字的演變規律和特點極爲重要。

3. 歸屬字的創意分類及新的檢索方法:《篆韻便覽》通過對歸屬字進

---

① 在朴尚均(1986)的研究中,指出"《篆韻便覽》收錄了億韻326字、殷韻346字、乙韻178字、音韻136字、邑韻84字、應韻418字、牙韻132字、於韻80字、于韻426字、而韻564字,總計2690字。再加上左邊100字、右邊162字、用上216字、用下56字、用外36字、左右上下換排90字、上方大篆450字,總共收錄的字符數達到3 800字。"(254頁)。該數據與本論文的統計數據存在顯著差異,可能是將標題字和楷書體合併計算的結果。

行了創意的分類,並提出了新的檢索方法,使得讀者在查找和使用時更加方便快捷,大大提高了其實用性。

透過上述三點,我們可以看到《篆韻便覽》在漢字學研究上所具有的深遠影響和重要價值。

3.1 小篆資料的彙編與整理

3.1.1 小篆

現今,依賴考古學的挖掘成果,我們得以知悉秦代文字系統(即小篆及大篆)的多樣性。目前流傳的小篆資料,大致可分爲出土文獻和傳世文獻兩大類。出土文獻中,我們可以見到如《石鼓文》《詛楚文》和《泰山刻石》等的石刻文字,以及《秦公簋》和權量文字等的青銅文字;還有如《睡虎地秦簡》和《郝家坪木牘》等的簡牘文字,加上馬王堆的部分帛書文字,以及璽印文字等。而在傳世文獻方面,《説文解字》和《三體石經》爲最具代表性的文獻。

然而,在景惟謙編纂《篆韻便覽》的時期,也就是17世紀中葉的朝鮮社會,能見到的主要資料仍是《説文》。關於小篆及其他相關的碑文等部分石刻文字的摹本資料,很可能是作爲補充資料被使用。

《篆韻便覽》在選材時,排除了與楷書相同的部分①,收錄了與楷書不同的小篆資料1 627字(未包含異體字),並依據他所建立的10音體系進行分類。從中可以推測,他所引用的幾乎所有資料主要參考了明代朱之蕃(？—1624)的《篇海心鏡》。其中的小篆資料以《説文解字》爲主,而28體等的資料似乎主要來自宋代的《汗簡》《古文四聲韻》和《峋嶁碑》等文獻。值得注意的是,《説文解字》中提到的異體字,即重文,在《篆韻便覽》中會在該字的下方特別標注"古文"或"籀文"等。這些異體字的資料可以在後續的《異體字》部分中查閲。

---

① "十音所抄之字,在億韻者,不抄於殷韻,在殷韻者,不抄於乙韻,音韻一下,亦加之。而與隸書同畫易書者,並不抄出。若考其左右邊,合以成字則無不可書之字矣。"

3.1.2 異體字

《篆韻便覽》中所提及的異體字,被標注爲"俗""上同""古文""籀文"等。

根據近期王平的研究,《説文》中有被稱爲"古文""籀文""奇字""篆文"等的共計1 275個異體字①。雖然《篆韻便覽》所提的"古文""籀文"和"俗"等詞彙在某程度上承襲了《説文》,但其意義與《説文》中的並不完全相同。例如,被標爲"古文"的字中,壄是野的古文,旹是時的古文,弃是棄的古文。除此之外,考與攷、同與仝、草與艸在《説文》中被視爲屬於不同的部首,是獨立的字。在《説文》中,戀被視爲籀文,而法則被認爲是今文,而和、以、迺等字在《説文》中根本未出現。再者,被標爲"籀文"的災,在《説文》中被認爲是裁的"古文",而灾則被視爲"或體"。

然則,標示爲"俗"的,似乎是表示當時的通用關係,其中包括了具有意義的俗字,如"麥—麦""陣—陣""歸—皈""刺—刾"和"冀—翼"等。再者,在標爲"上同"的例子中,也混合了部分通假字如"弁—卞""弟—第""于—亐"等,甚至也包括了後期的衍生字[累增字],如"帀—迊",並且,《説文》中將遲的籀文定爲"上同"字。從這些看來,對於景惟謙所使用的異體字各種詞彙的涵義,顯然還需要更深入的研究。

3.1.3 28體

如前所述,正如可以將小篆體的興起視爲朝鮮中期書法風格的一個特點,朝鮮中期的申汝櫂、呂爾徵、許穆、金振興等書法家對小篆體和古文等都表現出了濃厚的興趣,而《篆韻》《古文韻府》《金石韻府》《古文韻律》《篆大學》和《篆海心鏡》等專關於篆書的辭典也被編撰出來。

其中,《篆韻》按照106韻對收錄字進行排序,並將篆書和楷書進行對

---

① 具體地説,收錄了"古文480字、籀文209字、奇字3字、篆文35字、小篆1字、或體501字、俗字15字、今文1字、司馬相如説8字、杜林説2字、譚長説4字、楊雄説4字、《漢令》1字、《祕書》1字、《夏書》1字、《虞書》1字、《墨翟書》1字、《逸周書》1字、《禮經》1字、《魯郊禮》1字、《春秋傳》1字、《司馬法》1字、秦刻石2字"等。參考王平(2011),38頁。

照,這主要是爲了學習而設計的簡單辭典。然而,《篆韻便覽》則對與篆書相關的 28 體提供了定義和具體的例子,這在朝鮮的漢字研究史上可以被評價爲此領域最早的討論。他所提出的 28 種與小篆相關的書體名稱和描述如下。

01. 奇字:甄豐定古文六體①,此其一。
02. 碧落篆:唐元嘉子李譔作。
03. 小篆:胡毋敬作,比籀篆頗省改。
04. 上方大篆:程邈飾李斯出法。
05. 鳥跡書:蒼頡觀鳥跡,始製文字。
06. 懸針篆:曹喜以此題《五經篇目》。
07. 柳葉篆:衛瓘三世②攻書善眾體。
08. 大篆:史籀變古文六體,著書十五篇。
09. 轉宿篆:熒惑退舍,司星子韋作。
10. 玉筯篆:陽冰善作。
11. 墳書:配合男女,書證文。
12. 太極篆:象太極圖。
13. 鐘鼎書:三代以此體刻銘鐘鼎。
14. 古鼎書:似鐘鼎體而細。
15. 垂露書:曹喜作,點若濃露之垂。
16. 倒薤篆:仙人務光見薤偃風作。

---

① 《説文解字・序》云:"及亡新居攝,使大司空甄豐等校文書之部.自以爲應制作,頗改定古文.時有六書:一曰古文,孔子壁中書也.二曰奇字,即古文而異也.三曰篆書,即小篆.四曰左書,即秦隸書.秦始皇帝使下杜人程邈所作也.五曰繆篆,所以摹印也.六曰鳥蟲書,所以書幡信也."

② 衛瓘(220—291)三代所稱的是衛瓘和其父親衛覬(155—229)和其子衛恒(?—291)。他們三代都在書法上有著出色的成就。據清代陳煉的《印説》記載:"有稱柳葉文,是指晉代的衛瓘三代傑出的書法。他們皆擅長多種書體,此體仿照古代的蝌蚪文,但其筆法的頭尾均較爲細緻,形似柳葉,因此被稱爲柳葉文。"

17. 鳳尾書：鳳鳥適至而作。

18. 刻符書：秦壞古文定八體，此其一。

19. 龍爪篆：羲之見飛字，如龍爪形作。

20. 剪刀篆：韋誕作，史游造其極。

21. 鵠頭書：漢家尺一之簡，如鵠首。

22. 垂雲篆：皇帝因慶雲之見而作。

23. 星頭文：夜觀天象作。

24. 秦璽篆：程邈作。

25. 芝英篆：陳遵因芝生漢武殿作。

26. 龍書：太昊獲景龍之瑞而作。

27. 穗書：神農氏因上黨生嘉禾而作。

28. 纓絡篆：劉德昇夜觀星宿而作。

　　這 28 體的定義和相關資料的彙編直接影響了後來的金振興①，而且也很可能在一定程度上影響了在朝鮮中期被認爲是篆書頂尖大師的許穆。特別是金振興在 28 體的基礎上擴展到 38 體時，如果不考慮與景惟謙的 28 體不重複的星頭文，那麼奇字已被轉化爲奇字篆，垂露書已被轉化爲垂露篆，垂雲篆已被轉化爲垂雲書。除此之外，兩者之間幾乎完全匹配，從中我們可以看出景惟謙的觀點被完整地傳遞下去②。

　　尤其是對於"上方大篆"，他認爲這是對國家有用的資料，因此特地彙編了 580 字，按照他自己的 10 音分類法進行編輯。在卷 2 的"篆字玉篇"的"各體中變畫"中，他對 28 體進行了彙編，將 473 個標題字和 28 體的

---

　　① 金萬基在《篆海心鏡序》中提道："嘗倣肯上人《金剛經》，以各體書《大學》刊行。尤齋宋先生實序其首。又以我東申汝櫂《篆韻》，未究字畫之變，景惟謙《便覽》，尤疏略無法。乃用玉筯體寫四聲，且字具其變法。"（見於《瑞石先生集》卷五）。由此可知，金振興在編纂《篆大學》時，模仿了肯上人的《金剛經》，並參考了申汝櫂的《篆韻》和景惟謙的《便覽》。

　　② 關於景惟謙的 28 體、金振興的 38 體以及許穆的 35 體之名稱與來源的比較，請參見金明熙(2010)的著作，25—42 頁。

824字放在一起①。從這點可以看出，這對後來的金振興編輯《篆大學》有直接的影響。

3.2 隸變規律

"隸變"是指近現代隨著簡化運動興起，在漢字形狀變遷史中，從古代漢字至近代漢字經歷的巨大變化的過渡過程，是漢字發展史中的一個非常重要的階段。有些學者更寬泛地解釋它，認爲它代表戰國時期各地區的漢字從線條化到筆劃化的整體變革②。然而，一般的認識是從"戰國中期開始，經過秦文字系統的小篆，再到古隸，最後變爲今隸"的過程③。特別是在秦文字系統的小篆階段到楷書階段的變化過程中，這一變化被稱爲隸變。

"隸變"一詞，據知於唐代宗大歷十一年（776）由張參所著的《五經文字》中首次亮相④27）。於此，他將字形的轉變分爲"隸變""隸省"和"俗"三大類。其中，"俗"指的是訛變，"隸省"指省略，而"隸變"則涵蓋了其他如變化和交換等概念。隨後，在開成二年（837）出版的唐玄度的《九經字樣》中，亦用此以指代與《説文》的小篆相對的變形概念。然而，在宋代郭忠恕的《佩觽》中，他將其與"隸省"（省略）、"隸加"（添加）、"隸行"（位置交換）並列，更爲精確地用於指節代書法中的字形訛變。因此，隨著時期的推移，其所代表的涵義也略有不同。

《篆韻便覽》雖未明確使用"隸變"一詞⑤，但其主要內容乃是對小篆進化至篆書後至現代的文字變革進行對比，並歸納其變化模式及規律。

---

① "就各體抄其異於大小篆畫者，八百餘字，而其中二十八字之體名及出處，列書于左方，其餘各體之載於《中庸》及《金剛經》《百壽圖者》，兹不及焉。"
② 王貴元（2011），156頁。
③ 趙平安（2009），6頁。
④ 王貴元（2011），158頁。
⑤ 但在吕爾徵的《序》中提道："古文始於軒頡，象物制形一出，造化之自然，縱橫曲折，左右上下，各有義夫，豈用智之所爲也。因其法變，其體若篆若隸，作者寔繁，隸變而古字廢。"在此，他將"隸變"解釋爲由小篆到隸書，再到後來的書體的變遷。

在這歸納過程中,其所采取的謄寫方式並非專注於篆書,而是轉而使用了楷書,即使這樣的楷書在結構上以篆書爲主,但仍然採納了部分楷書的形式。由此可見,《篆韻便覽》並未僅僅將"隸變"局限於漢代成熟的篆書,也即分隸,而是將其視爲包含漢代之後的現代漢字,涵蓋篆書和楷書的廣泛概念。換句話說,從當代的觀點來看,"隸變"並不僅限於古隸與分隸時期,而是廣泛地包括了漢代之後的楷書,也就是今隸。這一點與近代開始討論的"隸變"過程的廣泛解釋相吻合,即"從秦代至漢代只是走了一半的路,另一半則從分隸開始,經歷了楷書,從漢代末期開始,經過兩晉和南北朝的動盪、變革和融合,直到唐代楷書成爲正體"①,這一觀點與陸錫興的看法相符。

《篆韻便覽》在探討"隸變"的现象时,可将其大致分类为四种模式:同化、異化、移動和變化②。在《篆韻便覽》中,其標題詞"隸同篆異"指代的是同化,"隸異篆同"則表示的是異化,"左右上下換排"涉及到字形結構因移動而发生的变化,而"各體中變畫"則关乎于笔画之间的变化。具體地看这些分类如下:

3.2.1　同化:"隸同篆異"③

這是指在小篆階段中的文字在篆書階段中相同的例子,它描述了在隸變過程中被統一的"同化"現象。在《篆韻便覽》中,將隸變過程中發生的同化例子歸納爲 227 种。其中的一些例子如下:

001④. 昜昜:踢,惕,踼,蜴,錫,賜,並從昜;陽𤾗,他皆從昜.

004. 夕夘:炙𤋳,麥𪋿,舛𥫗,盈,亦從夘;鹿𪋮,麥舛之類,並從𥫗,而他皆從夘.

---

① 陸錫興(1992),52 頁。
② 河永三(1987)以前即對"隸變"的現象進行了詳細的分類,將其分爲以下三大類:(1)繁化(筆劃的增多,形符的加複);(2)简化(筆劃的減少、部分的省略、偏旁的部分省略、重疊部分的省略);(3)移易(偏旁的移位和替換、聲符的移位和替換、形符的移位和替換)。具體的例子請參考 76—141 頁。
③ "寫篆不辨篆隸之畫而雜之,則字失其直,故抄成玉篇,覽此則不失篆法矣。"
④ 此謂 227 種之中的排序。以下亦是如此。

129. 黑󠄀[篆]：魚、燕、羔、鹿、熊，並從 [篆]，乃象形之字；棥、僉、兼、鷹；鳥、烏、焉、舄，並從 [篆]；聯、顯、濕，並從絲；馬、爲.魚及羔字之類，並從 [篆]，僉類從 [篆]，鳥烏之類，並從 [篆]，而他皆從 [篆]。

189. 己[篆]：巳[篆]，包[篆]，圯，起，熙，並從[篆]；异[篆]，危[篆]，卷，宛，沇，巽，倦，並從[篆]；厄，尼字俗，巷[篆]，犯[篆]，氾，範，范，並從[篆]，包字之類從[篆]，宛類從[篆]，而他皆從己。

首先，在範例(001)中，討論了在小篆階段中不同的字如昜和易，在篆書階段中實現"同化"而被相同地使用的現象。具體地說，在小篆中，易、踢、惕、踢、蜴、暍和賜都是由易組成的，而與使用陽的小篆形式有所不同。但到了篆書階段，它們被統一了。再者，如範例(129)所示，在篆書階段被統一爲灬的字符，在小篆階段有多個不同的內源。例如，魚、燕、羔、鹿和熊在小篆中都是由"火"表示魚或燕的尾巴，以及鹿和熊的脚形象化的形式，都變成了四點[灬]的形式。再如棥、僉、兼、鷹；鳥、烏、焉、舄等，在小篆中都是由"灬"或"火"組成的，代表著人、鳥或獸的尾巴等都變成了四點[灬]。而聯、顯、濕等，都是表示絲的下部的結合部分變成了四點[灬]。再者，如範例(189)所示，小篆階段中由[篆]、[篆]、[篆]、[篆]等形式組成的字符在篆書階段都被統一爲己([篆])。這一分析相當詳細和具體，通過徹底比較分析小篆的形體結構和後續文字的結構，我們可以看出其分析結果的得出過程。

3.2.2 異化："隸異篆同"

這是指在隸書中不同，但在小篆中卻是相同的例子，總共提供了121種。這表示在小篆體中原本相同的字經過預變過程後產生了"異化"。他進一步將預變過程中產生的異化例子分爲"同一偏旁的分化"(93種)和"同一字的分化"(28種)兩大類進行說明。①

---

① "隸書左右上下縱橫之畫各異而篆畫則相同者，及俗字畫之同異者，並爲抄錄，與《玉篇》相爲表裏，可疑之畫者，覽此則昭然可知矣。"《隸異篆同》後語。

① 同一偏旁的分化

"同一偏旁的分化"彙總的 83 種例子如下：

表 1

01. 垂,素,乖,差,脊,華.	29. 悉,卷,糞.	57. 昊,槀.
02. 孚,爭,印,稱.	30. 收,叫,州.	58. 因,囦.
03. 光,朕,赤,票,寮,尉,並從火.	31. 胄,粤,畏,鬼,亦從甶.	59. 冉,那.
04. 册,典,侖,龠,並從㑃.	32. 正,定,是,亦從止.	60. 肺,姊.
05. 川,巡,㐬,㡿,並從川.	33. 彭,廚,樹,亦從壴.	61. 呈,廷.
06. 干,庚,舌,亩,刊,並從干.	34. 叟,史,央.	62. 往,狂.
07. 票,農,曌,要,並從㔾.	35. 巾,京,不.	63. 禹,禼.
08. 商,裔,齏,並從冏,攜.	36. 言,競,善.	64. 崔,截.
09. 責,策,棗,刺,棘,並從朿.	37. 甲,戎,早.	65. 鸘,飲.
10. 网,罕,罪,罩.	38. 以,台,异.	66. 傅,敷.
11. 手,才,上同.奉,舉,亦從手.	39. 邑,阝,上同.叩.	67. 灾,叟.
12. 夭,走,幸,奔.	40. 炙,䍃,將,亦從月.	68. 隸,肆.
13. 水,氵,上同.泰,黍,亦從水.	41. 骨,別,過,亦從冎.	69. 桀,乘.
14. 又,寸,右,灰.	42. 才,在,存,亦從才.	70. 東,曹.
15. 老,壽,考,孝,並從老.	43. 厂,丿,上同.匚.	71. 棄,糞.
16. 厚,覃,亨,郭,並從㫪.	44. 餐,饔,鏖,並從歺.	72. 至,晉.
17. 夏,寡,夒,夒,並從頁.	45. 思,毘(毗).	73. 貨,肖.
18. 旬,包,軍,冡,並從勹.	46. 漕,澈.	74. 立,並.
19. 祟,敖,歈,隸.	47. 布,斧.	75. 危,侯.
20. 米,康,亦從米,竈.	48. 夢,曹.	76. 玄,茲.
21. 斥,逆,罟,幸.	49. 㝫,滴.	77. 幹,戟(戟).
22. 心,小,恭,慕,忝,並從㣺.	50. 乞,氣.	78. 從,旅.
23. 臥,咎,亦從人,死,以.	51. 泉,原.	79. 用,甯.
24. 未,制,鏊.	52. 炎,舞.	80. 丑,玜.
25. 勝,朕,送.	53. 邕,雍.	81. 舟,亘.
26. 眚,青,毒,亦從生.	54. 裏,表,並從衣.	82. 武,戒.
27. 禾,稟,秦,穎,並從禾.	55. 坐,留.	83. 俯,屑.
28. 爻,希,教.	56. 旨,嘗.	

以上的例子中，(3)是關於"火"的異化。在小篆中，都是由"火"組成的，但到了隸書階段，它們分別變成了"光"、"朕"、"赤"、"票"、"寮"、和

"尉"等,形體有所不同。另外,(11)是關於"手"的異化,原先在小篆中都是由"手(㞢)"組成,但在隸書階段,它們變成了"手"、"才"、"奉"和"舉"等,形態也發生了變化。

② 同一文字的分化

"同一文字的分化"彙總的 28 種例子如下:

表 2

01. 阜—阝,上同.	11. 秊—年,上同,俗.	20. 卮—厄,上同,俗.
02. 享—亨,上同.	12. 齋—賫,上同.	21. 宀—冖,上同.
03. 木—朩,上同.	13. 忽—怱,上同.	22. 於—扵,上同,俗.
04. 長—镸,上同.	14. 火—灬,上同.	23. 刀—刂,上同.
05. 它—匜,上同.	15. 所—所,上同,俗.	24. 犬—犭,上同.
06. 蓋—盖,上同,俗.	16. 勾—丐,上同,俗.	25. 于—亏,上同.
07. 参—叄,上同.	17. 堇—堇,上同.	26. 珍—珎,上同.
08. 畫—畵,上同.	18. 趍—趋,上同,俗.	27. 門—冂,上同.
09. 弁—卞,上同.	19. 幺—么,上同.	28. 沈—沉,上同.
10. 卻—却,上同,俗.		

這是在隸變過程中彙總了分化的代表性偏旁,當可以看作俗字關係時,特別標注爲"俗"。

3.2.3 移動:"左右上下換排"

《篆韻便覽》中對於位置移動有提及"左右上下換排",共提供了 34 種例子,如下表:

表 3

秋—秌,和—咊,綿—緜,朗—朖,鷗—䲵,夥—夥,鵝—䳘,谿—豀,甑—甗

永(永)—辰(辰),司(司)—后(后),欠(欠)—旡(旡),比(比)—從(从),身(身)—𦣻(𦣻),予(予)—幻(幻),人(人)—匕(匕),印(印)—抑(抑),少(少)—止(止),斷(斷)—繼(繼)

攀—𢳶,咎—𠮩,照—𤈶,磨—𥕌,恐—𢟴,墮—𡐦,舅—䁒,攬—𥅀,勇—𠠈,界—畍,絮—𦀗,嵩—𡸫,資—䝢,柴—𣑭

這內容可大致分爲以下三個部分：

1. 如"烁—秋"及"咊—和"等，由於左右結構的變化而產生的同一字的變化，共有 9 例。

2. 形成正反結構的字，例如"永—辰"和"司—后"等，共有 11 例。

3. 正如"󰀀—攀"，"󰀁—咎"，原本爲上下結構後變爲左右結構，或者如"畠—嵒"等，上下結構之間的位置發生變動的字，共有 14 例。

3.3 獨創的字序法

字典中所收的歸屬字，通常可以根據意義、形體、讀音等進行分類。基於意義的分類，如《爾雅》和《釋名》是最具代表性的。基於形體的分類，通常是所謂的部首分類法，如《說文》和《玉篇》最具代表性。基於讀音的分類，如《廣韻》等韻書是典型的代表①。其中，部首分類法又可以分爲意義排序法、發音排序法和形體排序法。意義排序法中，如《說文》和《玉篇》；發音排序法中，如《龍龕手鏡》和《四聲篇海》；形體排序法中，如《五經文字》和《字彙》是最具代表性的。

朝鮮時代編纂的字典與中國沒有太大差異，總體上也是基於韻目進行分類，如《三韻通考》《東國正韻》《四聲通考》等韻書；按部首分類的如《訓蒙字會》《全韻玉篇》《新字典》等字典；按意義組分類的如《字典釋要》《物名攷》《廣才物譜》等字典和詞匯集。

景惟謙的《篆韻便覽》在分類小篆體時，採用了與篆書不同的 1 627 個字母。他根據自己創設的韓文字母的終聲（韓文的韻尾）所構建的 10 音系統，即億［-ㄱ］、殷［-ㄴ］、乙［-ㄹ］、音［-ㅁ］、邑［-ㅂ］、應［-ㅇ］、牙［-ㅏ］、於［-ㅓ］、于［-ㅜ］和而［-ㅣ］等，進行了系統性的分類。這種分類法超越了之前朝鮮字典中使用的部首分類法和韻部分類法，是基於韓文讀音的創新分類，這可能是迄今爲止使用韓文字母進行分類的先驅，具

---

① 參見河永三（1995），31—56 頁。

有字典編纂史的重要意義①。這種獨特的分類法後來也影響了朝鮮的字典,例如看起來最遲在 1792 年之前出版的沈有鎮(1723—?)的《第五游》中也應用了這種分類法②。比較這些分類,結果如下:

	폐음절					개음절			
	입성운미			비음운미					
	-p	-t	-k	-m	-n	-ɦ		Ø	
篆韻便覽	邑 [-ㅂ]	乙 [-ㄹ]	億 [-ㄱ]	音 [-ㅁ]	殷 [-ㄴ]	應 [-ㅇ]	牙 [-ㅏ]	於 [-ㅓ]	于 [-ㅜ]	而 [-ㅣ]
第五游	入 [-ㅂ]	乙 [-ㄹ]	億 [-ㄱ]	深 [-ㅁ]	人 [-ㄴ]	工 [-ㅇ]	于 [-ㅜ]		乃 [-ㅣ]

《篆韻便覽》與大約 150 年後出版的《第五游》相比,後者採用了 8 音系統而非 10 音系統。但是,閉音節的入聲韻母和非音韻母的 6 音沒有變化,只是開音節的[-ㅏ]、[-ㅓ]、[-ㅜ]韻母被統一到[-ㅜ]韻母中。而且,代表該音的字母中,邑改爲入、音改爲深、隱改爲人、應改爲工、而改爲乃,其他沒有變化。

3.4 字素概念之應用

《篆韻便覽》的另一特色是它徹底從結構上分析了漢字,將其認識爲上下、左右、內外的結構。且僅在此結構中提供了用作字素(或部件)的字符。字素這一術語最初是由李圃(1934—2012)先生提出的,他說:"漢字的字素是組成漢字的結構要素,它是漢字的形態、讀音和意義都一致的最小構成單位。"③這種字素可以分爲可以獨立使用的獨立字素(free form)

---

① 韓文音素的初聲按照順序排列,最早見於 1846 年出版的《諺音捷考》。該書根據相對應的漢字解釋韓文意思,並按照讀音順序排列。而像現代詞典那樣,根據該漢字的韓語音按照標題字排列的,似乎是 19 世紀末到 20 世紀初出版的《音韻捷考》和《音韻反切彙編》。參考康寔鎮(2012),4—18 頁。
② 參見河永三(2012),《導讀研究》,7 頁。
③ 李圃(1995),9—10 頁。

和只能在與其他字組合時才使用的依賴字素(bound form)。但在此,我們將這兩種概念結合在一起使用。

　　景惟謙在第一卷中列出了左側使用的偏旁48種,右側使用的偏旁85種,上側使用的偏旁105種,下側使用的偏旁26種,外側使用的偏旁17種,總計提供了233種字素。這233種字素,正如作者所說,除了小篆和隸書相同的部分之外的數量,通過提供上下左右的偏旁,可以自由地寫出任何新的字符。① 當然,景惟謙並未有意提出現代意義上的字素論,但他對小篆字的結構進行了上下、左右、内外的分析,並將小篆按部分分解,從中歸納出按位置使用的偏旁,這與現代漢字學中的字素分析論完全相同。考慮到他提取的233種字素中除去小篆和隸書形體相同的偏旁的數量,他歸納的小篆的實際字素數量似乎接近自甲骨文至現代漢字所知的字素總數,約400個。但遺憾的是,它不能直接與近代研究的金文的404字素或《說文》的540部首等進行比較。②

4. 價值與影響

　　從上文分析,我們可以總結《篆韻便覽》在漢字學中的價值和影響爲以下四點:
　　首先,它是小篆資料的系統整理和研究。《篆韻便覽》是現存的朝鮮時代最初兼具小篆詞典功能的專業研究著作。在那時小篆資料尚缺的背景下,作者將《說文》中的小篆資料整理成爲詞典,大大促進了小篆資料的利用。不僅如此,他還驗證了《說文》中所含的"古文"和"籀文"等異體字,以及稱之爲篆書變體的28種書體473種824字,並整理出相關的字形,從而確保了多樣的小篆書體資料。特別是關於"上方大篆",他認

---

　　① "而與隸書同畫易書者,並不抄出。若考其左右邊,合以成字則無不可書之字矣。"
　　② 甲骨文至現代漢字的各時期漢字部首總數,一般認爲約有400個。參考李圃(1993)。

爲是國家可以有效使用的資料,因此特地單獨整理了580個字符①,這對於後來的金振興的《篆大學》和《篆海心鏡》等著作的編纂産生了直接的影響。

其次,它是隸變規律的歸納以及具體例子的詳細呈現。朝鮮中期之前後發布的《篆韻》《古文韻府》《金石韻府》《古文韻律》《篆大學》《篆海心鏡》等篆書詞典僅僅提供了簡單的詞典功能,而《篆韻便覽》則是一部對小篆和隸書的結構進行了徹底分析的研究書。

雖然"隸變"這一名稱從唐代就開始出現,但中國對此問題的關注始於清代初期。蔣和的《説文字原集注》和吳照的《説文偏旁考》等著作已開始關注隸變後的漢字形體問題,但這些著作中所討論的問題僅限於《説文》的部首,並未進行深入的探討。② 關於隸變規律的正式研究被認爲始於易本烺(? ~1864)的《字辨證篆》。在《字辨證篆》中,作者將隸變過程中的字形變化分爲五種形式("五異門"):"首異""腹異""脚異""左異"和"右異",並討論了總計124種的規律("首異"53種、"腹異"32種、"脚異"20種、"左異"14種、"右異"15種)③。特別考慮到在1933年的楊振淑的《隸變考》(《女師學院期刊》第1卷第2期,1933.7.)和杜鎮球的《篆書各字隸合爲一字篆書一字隸分爲數字》(《考古學社社刊》第2期,1935)等著作中,關於現代意義的"隸變"開展了正式的研究,景惟謙對於隸變規律的詳細而具體的分析和歸納,可以說是相當前瞻性的研究。在韓國,甚至在中國的漢字研究史上,這具有重大的學術意義。

第三,徹底的漢字結構分析。這表明了他們已擁有現代漢字學所稱的"字素"(或"部件")的初步概念。正如之前提到,雖然只限於平面結

---

① "右體,李斯出法而程邈篩之,名曰上方大篆。……各體之中,此體最切於國家之用。故抄出難寫者四百九十字,倣此而他求,則加減之法與左右上下之曲,不難知矣。雖然當寫之時,視字畫之多寡,從城郭之大小,不必盡爲九曲或七曲而止,或五曲而止,量宜書之,亦可也。"《上方大篆》後語。

② 胡家全(2010),36頁。

③ 同上。除此之外,清代顧藹吉(生卒年不詳)在其《隸辨·偏旁五百四十部》中,對《説文》的540部首的隸變過程進行了詳細的論證,但它局限於《説文》的部首。

構,但他們已從左右、上下、內外的角度解析漢字,且除了與目標漢字,即預書階段形體相同的子體外,他們將其餘的子體資料進行解構,並根據使用位置將其歸納爲 233 種,這在漢字結構學中具有重要的先鋒意義。

　　第四,依據韓文讀音建立了獨創的分類系統和提出了新的搜索功能。過去的字典如《訓蒙字會》(1527 年)主要是根據意義進行分類,或如《韻會玉篇》(1536 年)根據部首進行分類,或如《三韻通考》(高麗時期)根據韻部進行排序。即使後來的《篆海心鏡》也採用了傳統的韻部排序方法。然而,《篆韻便覽》選擇了一種與過去不同的,基於韓文讀音的排序方法,這不僅極大地提高了使用者的便利性,而且在編輯歷史上創建了新的字序法。

　　從以上的研究中,我們主要是想要向學界介紹《篆韻便覽》及其所反映的漢字學的成果。對於《篆韻便覽》在朝鮮漢字研究史上的影響,以及其所採用的基於韓文讀音的字序法從何時何地開始,如何被廣泛地多樣化地使用,以及景惟謙歸納的隸變規則和例證在韓中漢字學史上的位置,以及包括 28 種體的資料來源和使用術語的定義等,這些都還沒有詳細地進行論證。對於這些更細致和深入的研究,將留待下一次研究討論。

參考文獻:

康寔鎭(2012):《韓國의"字序法"考察——字典類를 中心으로》,《中國學》第 43 集。

景惟謙(1651):《篆韻便覽》,首爾:國立中央圖書館 所藏本("葦滄古 433‐70"本,"古朝 41‐97"本)。

國立中央圖書館(http://www.dibrary.net)

國立中央圖書館:《韓國古典籍綜合目錄》(http://www.dibrary.net/korcis)

金明熙(2009):《松溪 金振興의 篆書 研究》,益山:圓光大學校 東洋學大學院 書藝文化學科 碩士論文。

金振興(1663):《篆大學》,首爾:國立中央圖書館 所藏本(한古朝

41-26)。

金振興(1675):《篆海心鏡》,首爾:國立中央圖書館 所藏本(한고조 82-34)。

陸錫興(1992):《"隸變"問題討論(下)——隸變是一個文字發展階段》,《歷史教學》_1992年09期。

朴尚均(1986):《韓國 字書의 書誌學的 研究》,《京畿大論文集》_ 제19집 제1호.

申汝櫂(미상):《篆韻》,國立中央圖書館 所藏本(葦滄古443-9)。

申榮柱(2007):《朱之蕃의 朝鮮 使行과 文藝交流에 有關一考》,《漢文學報》(우리한문학회) 제16집.

王貴元(2011):《隸變問題新探》,《暨南學報》(哲學社會科學版)2011年03期。

王 平(2011):《說文研讀》,上海:華東師範大學出版社。

李義優(2000):《朝鮮 中期의 書藝》,《韓國書藝예 2000년 특강 논문집》,서울:예술의 전당.

李 圃(1993):《說字素》,《語文研究》1993年第1期。

李 圃(1995):《甲骨文文字學》,上海:学林出版社。

張玉金(1992):《"隸變"問題討論(上)——隸變中偏旁變形的文化成因》,《歷史教學》1992年第08期。

張再興(2004):《西周金文文字系統論》,上海:華東師範大學出版社。

趙平安(2009):《隸變研究》,保定:河北大學出版社。

河永三(1987):《顧藹吉〈隸辨〉之研究》,臺北:臺灣政治大學碩士論文。

河永三(1995):《中國 漢字辭典 部首排列體系의 變遷》,《中國語文論集》第10輯。

河永三(2012):《第五游整理與研究》,上海:上海人民出版社。

韓國古典翻譯院:《韓國古典綜合DB》(http://db.itkc.or.kr)

胡家全(2010):《易本烺〈字辨證篆〉說略》,《南陽師範學院學報》2010年第10期。

現存朝鮮時代第一部《說文解字》
——《第五游》的體例及解釋特點

一、《第五游》的作者和撰寫背景

1.1 作者介紹

作者沈有鎮,慶尚道青松人,字有之,號愛廬子(或作愛盧子)。生於朝鮮景宗四年(1723)。英祖五十年才及第於廷試文科乙科,正祖元年(1776)任弔倭接慰官,後歷任修撰、靈光郡守、承旨等職。一七八二年(60歲)和一七八三年(61歲)任過兩次大司諫職,一七八四年(62歲)任漢城府左尹,後因儺禮都監的過失被革職,一七八六年(64歲)復任大司諫。

他去世時間尚不能具體確定,但據其子沈來永所寫《跋》云"丙午(1786年)春患候彌篤,無以對卷操筆,命不肖呼寫者,僅千有餘字",可以推斷,一七八六年沈有鎮已經患病嚴重,無法繼續工作,沒能最終完成撰寫任務。又據壬子(1792年)季秋上澣海州吳載純所寫《跋》云"公既卒,公胤子上舍君以余與公交遊之久,請題語於卷端"之語,可以推斷,一七九二年沈有鎮已經去世了①。

1.2 著述目的

《第五游》之書名來自於"書居六藝之五,夫子有游藝之訓"(吳載純《第五游跋》)、"第五游,游於藝之義,書於六藝居其第五也"(沈來永《第五游跋》)之義。

《第五游》的撰寫目的,已於沈來永《跋》中作了詳細敘述:沈有鎮平時認爲"書之爲藝,豈徒然乎哉","畫生於理,字生於畫,音生於字。一舉手而有陰陽、奇偶、五行、象爻之體,一開口而有四聲、七音、清濁、高下之分"。故想對字的筆劃、構型、義和聲的來源進行解釋,但他認爲:"《説文》、《字彙》等書失之太簡,《字通》、《字典》等書涉於太繁,或闕略而難悟,或迂泥而不通。"並且"至於音釋,則前輩率多略之,只言某字之爲某音,不解某音之爲某義,則是豈造字之本意也哉",因而"上自許氏《説文》,下至《字通》、《字典》十數家,編帙莫不旁羅博證,沉潛玩賾者十餘年於兹",而撰寫《第五游》。又云:"將欲蒐輯諸家要語,參互己意,彙成一通之書,而一從《三韻通考》字數,逐字解義,因義附音,蓋該聲類。則江、河、松、柏等字,其音易解。至若指事之上、下,象形之日、月,會意之武、信,轉注之考、老,假借之令、長,其音難解,故皆以字母推之。而字母不同,則或以清濁注之,或以七音辨之。"又云:"字類則亦依《字典》檢字,部因以檢字目之。"

又"恨東音之不明,欲以俗音旁注於字字之下,使世之操觚佔畢者,便於考閱,則庶可爲六藝中一助矣"。但作者"丙午(1786年)春"已經"患候彌篤",無法完成,"嚮所云俗音旁注"的設想也沒有實現。

二、《第五游》版本介紹

《第五游》是一部未完稿,手寫本,共一册一百零三張。此書可謂韓國

---

① 李圭甲:《第五游初探》,《中國語文學論集》(中國語文學研究會)第49輯,2008年。

現存最早的有系統的漢字字源研究專著之一,現藏於韓國延世大學圖書館和國立中央圖書館兩處。一九七八年一月五日至三月三十一日,韓國國立中央圖書館主辦在國立中央圖書館展示室展示的"古辭典展示"目錄中首次披露其面目,二零零八年延世大學李圭甲教授才向學術界作了介紹,《第五游》的學術研究纔開始了。

現存《第五游》版本情況如下:

① 延世大學校學術情報院(http://library.yonsei.ac.kr)所藏本
  • 筆寫本
  • [刊寫地未詳],[刊寫者未詳],[刊寫年未詳]
  • 103 張:四周雙邊 半郭 22.3×15.3 釐米,有界,6 行字數不定,注雙行,無魚尾;30 釐米。
  • 《跋》:上之十二年戊申(正祖十二年,1788 年)陽復日沈來永謹識;壬子年(1792 年)秋上澣海州吳載純跋。
  • DDC:742.12 18

② 國立中央圖書館 所藏本
  • 古朝-41-73,登錄番號 16991。
  • 沈來永父原撰;沈來永編;[刊寫者未詳];1792 年。

以上兩本雖爲筆寫本,但內容沒有差異。本書以國立中央圖書館所藏本爲對象進行研究。

三、研究概況

有關《第五游》的學術成果,到現在只有學術論文三篇,還沒有發表過學位論文,也沒有在中國出版或發表的論文。

① 李圭甲《第五游初探》,《中國語文學論集》(中國語文學研究會)第 49 輯,2008 年。此文主要探討有關《第五游》的一般狀況,通過講述該書的内容與形式而向學術界介紹其價值。通過對《第五游》的初步觀察,著者認爲:此書在内容方面雖然有勉強推定無聲字的字音、將不能獨立的部件看成文字、字釋上的誤謬等問題,但考慮到當時的學術環境,還頗有學術價值;同時在漢字資源研究史上,與《説文解字翼徵》相比還早一百多年,很有價值。尤其從該書的字形分析、初文與後起字關係的解釋、音義之間關係的敘述等,發掘出該書的學術價值。

② 李圭甲《第五游字形分析誤謬考》,《中國語文學論集》(中國語文學研究會)第 56 輯,2009 年。此文主要分析《第五游》在字形分析上的一些誤謬,認爲該書存在不少勉強把非文字看做文字,或隨意編造原本不存在的小篆字形的例子。這幾點的確爲該書的局限,但考慮到當時的環境,這是不可避免之事。

③ 河永三《文化觀念之對漢字解釋所影響的機制——〈第五游〉字釋所見沈有鎮的政治意識》,《中國學》(大韓中國學會),2011 年。此文主要分析《第五游》作者沈有鎮的文化背景對該書的字釋機制所產生的影響。從維護尊儒排佛的統治理念、尊崇君權和統治階級、提倡儒家統治思想而追求和平和諧、强調儒家社會階層秩序及輕視官爵等角度,具體分析沈有鎮的文化背景在釋字過程中產生影響的各種例子,並指出漢字亦與其他文字一樣,通過主觀的解釋而服務於政治權力爲其主要特性。

四、《第五游》的文本結構

全書由目錄、本文、跋三部分組成,具體情況即如下表:

分 類	標 題	字 數	頁 碼
目錄	目錄		1a – 5a①
本文	檢字類	203 字(2 字重複)	1a – 15b
	億音類	133 字(2 字重複)	16a – 24b
	人音類	181 字	25a – 35a
	乙音類	83 字(1 字重複)	36a – 40b
	深音類	68 字	41a – 44a
	入音類	36 字	45a – 46b
	工音類	233 字(1 字重複)	47a – 59b
	于音類	458 字(4 字重複)	60a – 85b
	乃音類	138 字(3 字重複)	86a – 94b
跋	沈來永《跋》		1a – 2a
	吳載純《跋》		3a – 3b
解字總數		1 535 字,13 字重複	

  《第五游》解字總數達 1535 字,但其中 13 字重複②,實爲 1522 字。字頭先按照韻母分爲億音類、人音類、乙音類、深音類、入音類、工音類、于音類、乃音類等八類。同類中的字序,正如沈來永《跋》所云"一從《三韻通考》字數,逐字解義",依據《三韻通考》而排列。

  解字時,《第五游》特别重視"音釋",認爲:"前輩率多略之,只言某字之爲某音,不解某音之爲某義。則是豈造字之本意也哉?"因而對每個字

---

① 表原書的頁碼,a 代表陽面,b 代表陰面。
② 複字爲:丯、他、亶、二、乍、夅、救、曲、服、兀、乃、隶、哉。

現存朝鮮時代第一部《說文解字》——《第五游》的體例及解釋特點

詳細盡地解釋該字讀音的來源。我們認爲這實際上只不過是爲了讓韓國人容易記住漢字讀音的一種措施而已。另外,《第五游》還曾經企圖"以俗音(朝鮮漢字音)旁注於字之下,使世之操觚佔畢者便於考閱",以便查閱,但沈有鎮疾患嚴重,最終没有實現這個目標。

五、《第五游》的體例

5.1 解字體例

《第五游》解字的基本體例可以概括爲:[標題字(楷體)]-[小篆體]-[釋形]-[釋義]-[釋構]-[釋音]-[字義引申]-[補充說明]。舉例如下:

標題字		釋形	釋義	釋構	釋音	字義引申	補充說明	分類及頁數
楷體	小篆							
赤	炎		南方色也。	從大從火,會意。	而蓋是南方朱雀之色,故雀音,俱是齒音。	赤子、赤地,以色而言,赤族、赤貧,皆貧乏無餘之意,赤地之類推,與尺同。		億音類,18b
匡			方器。	象形。	而從枉省音。古作匸,其形方,亦作筐。故方音,見方注。		本作匡,而省作匚。又作筐。	工音類,59a
票		篆作奧。	火飛也。	從火,從一,從囟。自下漸上之義。從掆臼,救火邉之狀。	火焰搖揚,故搖音。			于音類,84b

239

续表

標題字		釋形	釋義	釋構	釋音	字義引申	補充説明	分類及頁數
楷體	小篆							
阝	𠂤	與阜同。或作𠂤	土山。	象形。	蓋山之無石者土厚,故厚音。	阜財之阜,盛也;孔阜之阜,也,皆可類推。寺名之香阜、蟲鳴之阜螽,亦是大義。	𠂤是山字横側之形,見阜注。	檢字類,2a

下面對《第五游》的解字體例進行具體的闡述。

5.2　標 題 字

　　［標題字］爲楷體;楷體後附着《説文》［小篆體］,以作解字的依據,同時提供字形參照①。但從工音類的"亭"字(7071②)以後,就闕列小篆體。

　　李圭甲在對《第五游》的小篆字形進行分析研究時認爲,《第五游》所舉的小篆字形特徵有"把非文字字形文字化"、"把異體字作標題字",結果"發現不少誤謬",但"若進一步觀察該書的分析字形,解釋初文與後起字關係,以及敘述音義生成過程等,我們可以知道此書的價值顯然不毀矣"。③《第五游》所引小篆字形與《説文》小篆的詳細對比研究,需要進一步深入。

---

　　①　小篆與《説文》小篆比較,參看李圭甲《第五游字形分析誤謬考》,《中國語文學論集》(中國語文學研究會)第 56 輯,2009 年。

　　②　第一位數字代表分類:1 代表億音類,2 代表人音類,3 代表乙音類,4 代表深音類,5 代表入音類,6 代表工音類,7 代表于音類,8 代表乃音類。其後三位數字,代表該分類中的排列順序,則位於音類第 71 個字。以下皆同。

　　③　參看李圭甲《第五游字形分析誤謬考》,《中國語文學論集》(中國語文學研究會)第 56 輯,1—25 頁,2009 年。

5.3 釋　　構

《第五游》主要借助傳統"六書"的名稱分析漢字結構類型。但除了象形之外,指事、會意、諧聲(形聲)、轉注、假借等的含義,與《説文》稍有不同。譬如:指事,與象形相比,指事物的抽象意義而言;會意,指引申義的結合而言;"轉注",專指分化字之間的關係而言;"假借",指字義的引申而言。又用"從某從某"、"從某某音"、"某義某音"、"從某從某,某音"、"從某省,某音"、"某省聲"之語説明該字的結構屬性。同時常用"指事兼諧聲"、"象形兼指事"、"意兼聲"、"會意兼諧聲"之語,説明該字的字形結構。亦用"與某字之上/下/外/頭"、"與某字不同"等形式分析字形結構。

(1) 用六書之名而釋構者(篇幅有限,只舉一例代表之)

① 象形:

以"象形"釋構的字,共出現112例,諸如:

1006-冫:水結也。水結時有層,象形也。層音。冰本字,或曰冰、凝本字。

② 指事:

以"指事"釋構的字,共有26例,諸如:

1003-丿:蓋舉首申體而至於地之形也。有拖曳之義,故曳音。指事也。乃、乂等字屬於此部。

之外,以"象形兼指事"釋構的字,共有3例:

8003-又:叟也。右手之形。三指者,手之列多,略不過三也。左則與右相反,既有左,又有右,爲叟義。右手食,食爲先,故口音。象形兼指事也。凡字之從又者,皆爲手持之義。

另外,以"指事兼諧聲"釋構的字,也出現過 1 例:

  1037－攴:與扑同。小擊蓋箠撻也,又右手也。卜音。指事兼諧聲也。

③ 會意
以"會意"指稱而釋構的字,共有 255 例,諸如:

  1021－束:木芒也。象木之有芒,會意。以其善刺,故剌音。

此外,以"從某某""從某從某""從某從某從某""從某省,從某""從某省,從某省"的形式釋構的字,亦屬於會意。
"從某某"者,例如:

  1048－寽:一手持物,一手取之也。從爪、又,一成字,會意。所持有物,故物音。

"從某從某"者,例如:

  1011－阝:與邑同。四井也。從口,從卩。口者,圍也,四境之形也。人眾,故有分義。以圍爲音,俱是喉音,而入聲也,地名字皆屬於此。此當屬右邊,右邊阝,邑也;左邊阝,阜也。邑與悒通。

"從某從某從某"者,例如:

  4039－刷:拭也。從人,從巾,從刀。巾以拭之,刀以刮之,會意。刮音。

"從某省,從某"者,例如:

1090 -富:古福字。從高省,從田,高有尊之義。田,所以厚生也。會意。福之加人,如身之被服,服音。

"從某省,從某省"者,例如:

1147 -臥:監之上也。監,臨下也,從臨省,從眾省。會意。臨音。

④ 諧聲:
《第五游》不用"形聲"而用"諧聲",以"諧聲"釋構的字,共有 12 例:

1026 -肙:小蟲也。從肉口。篆作𠕇。圓音。諧聲。

此外,以"從某某音"的形式釋構的字,亦屬於會意,例如:

2010 -玨:篆則從人作玨,古琴字。禁人之邪心,故從人,禁音。雙玉,蓋琴之具也。各有其美,故各音。

"某義某音""從某從某,某音""從某省,某音"者,諸如:

2026 -黓:黑色也。黑義,弋音。

"某省聲"者,有 1 例:

1089 -夏:與夏同,作復。行故道也。富省聲。

"某省音"者,共有35例,例如:

2134-責:求也。從貝,會意。棘省音。求之極,則有誚責之義,欲免人之誚責,則爲任也之義。

"意兼聲"者,共有2例:

1080-巠:本作𡕢。水脈也,一地形也。川在地下,脈絡相通也。壬音。或曰壬,北方生水之。意兼聲。與經、陘通。

"會意兼諧聲"者,有1例:

1096-𠫵:貪濫也。從爪,刮取之義;從壬,亦多取之義。壬音。會意兼諧聲。篆或從人作𠆢,非。

⑤ 轉注:
以"轉注"而釋構者,共有2例,例如:

8168-以:用也。已者,止也,從反已爲用,仍以已爲音。轉注也。

⑥ 假借:
共有9例,諸如:

2036-革:變也。蓋一世三十季而道更,故從三十,又從臼,臼音。爲變革之革,而爲卦名。獸皮之去毛亦曰革,蓋皮之去毛而爲革,如人道之一變故也。或曰瘦羊之皮去毛而肋見,迂泥難通。從前,則皮革之革,假借也。

（2）以其他形式釋構者

以"與某字之上/下/外/頭"、"與某字不同"的形式而分析字形結構者，有下幾類：

① "與某不同"者，共有 52 例，諸如：

8034 -麻：枲也。朩與木不同，分枲莖剝皮之形。

② "某字之上"者，共有 16 例，諸如：

1104 -宷：塞字之上也。……與寒字之上不同。

③ "某字之下"者，共有 2 例，諸如：

1162 -冏：此商字之下也。

④ "某字之外"共有 2 例，諸如：

1168 -邒：鄉字之外也。

⑤ "某字之頭"者，共有 1 例：

1169 -亠：爲字之頭，故頭音。義闕，蓋不成字也。

⑥ "或曰"者：

《第五游》"或曰"共出現 55 例，其中有關釋構或釋形之例共有 23 條，諸如：

1006 -冫：水結也。……或曰冰、凝本字。

5.4 釋　　義

《第五游》首先簡單明瞭地提示了該字的本義,主要依據《説文》。如與《説文》不同,或有更合理的本義時,則另作説明。

(1) 解釋字形意義

① 指稱"某也"之例,例如:

1007 -彡:毛長也。羽旄爲飾則彡,彡然至纖,故纖音。

② "某之對"者,共有 19 例,諸如:

8025 -與,奪之對。

③ "某之反"者,共有 12 例,諸如:

8149 -久,暫之反。

④ "與某通"之例,例如:

3146 -喧:譁也。從口,宣音,兼意。與讙、嚾、誼通。

(2) 解釋引伸義

《第五游》在對字形和字義進行解釋的同時,也積極解釋由該字組成詞族的詞義來源,也充分表現出此書之追求實用性的目標。譬如:"8133 -胥:相也。許慎曰:蟹醢。黄公紹曰:其肉疋。疋,解也,蓋其足个个可解之義也。疋音,俱是全清。古者相隨坐爲刑徒,此所謂胥靡也。成羣赴役,故爲胥匠之胥。胥,相也,相從目,故轉爲胥字之胥。凡字之轉生音義,此類甚多。蝴蝶雙飛,故又爲蝴蝶之名。與且通,爲語辭。""胥"

有多義,諸如有:蟹醢;助也;相也;刑徒人;胥靡;繫鐵鎖刑;儲胥(儲積待用);胥吏(小官吏);皆;蝴蝶;語助詞等。但《說文》只云"胥"有"蟹醢"之義,故不容易理解後來產生的一些引申義及由"胥"組成詞彙的意義來源。"胥"本爲從肉疋聲,蟹爲多足動物,故用於會蟹醬之義,疋表聲兼表義。因此沈有鎮特別提出從"胥"字有"相(互相)"之義,認爲"互相"爲"胥"字之後起主要義項,從而解釋出"胥靡"、"胥匡"及"胥"字多種意義的引申過程。

① 或曰:

《第五游》"或曰"共出現55例,其中有關釋義之例,共有24條,諸如:

1002 -、:小黑也。象形。有自小漸大之義。漸音。、之爲點,後人之層加也。或曰與主通,而主之點尖頭直上,與釘相混;而釘之點圓而無角。

② "又曰":

《第五游》"又曰"共出現23例,其中有關釋義之例,共有20條,其餘3例爲釋音之例,諸如:

7216 -冥:暗也。……又曰十六日而月虧。

③ "一說":

《第五游》"一說"共出現2例,諸如:

1018 -朵:……一說宜從朮,而省作木。

④ "類推":

"類推"爲《第五游》中使用類推的方法解釋引伸義和派生詞匯時最常用的方法,共出現96例,例如:

1019 -镸：古長字。短之對也。古解甚多，而皆迂泥不通。以篆觀之，則蓋毛髮綿延之形。久遠、常永之義，皆可類推。髮長則有炎，故章音。

⑤ "某之訛"：
《第五游》"某之訛"，共出現 4 例，諸如：

8146 -所：本作所。處也。先四畫，戶之訛；後四書，斤之訛。其實一也。戶謂戶之材也，以斤伐木，其聲如所。與許通，故伐木許許。斤之着木，必有當處。戶音。

（3）"闕"：
《第五游》中，沈有鎮用"闕"表示對該字的解釋存疑。"闕"之例共出現 1 條，如：

1065 -彔：或曰古穉字，或曰禾麥下垂之形，或曰刻木彔彔，皆近傅會。且字畫增減不一，不可臆斷，姑闕之。

5.5 釋　　音

該書解釋讀音的由來時，儘量利用同音字或音近字來說明其讀音的來源，提供難讀字的讀音，很好地傳承了《釋名》以來的"聲訓"傳統。特別重視究明讀音來源，提供難讀字的讀音，爲韓國讀者提供方便。

（1）清濁
釋音時，用聲母的清濁（有無聲帶振動）作爲發音特點來說明，有：次清、全濁、不濁、不清不濁等。

① 次清：共有 5 例。

　　7169 －卿：皀（古香字）音，俱是次清也。

② 全濁：共有 4 例。

　　1081 －裹：眔音，俱是全濁也。

③ 不濁：共有 1 例。

　　1054 －夋：允音，一次清，一不濁，諧聲。

④ 不清不濁：共有 7 例。

　　2041 －易：難易之易、變易之易，東人雖作二音，而俱以喻爲母。字義則一串可解。日月皆爲其音，而俱是不清不濁也。

（2）七音

按發音部位不同把聲母分爲七類，即有：牙、舌、脣、齒、喉、半舌、半齒音。其中六音出現，而半舌音不見。諸如：

① 牙音：共有 11 例。

　　1099 －夆：降，牛音，俱是牙音。

② 舌音：共有 1 例。

　　3165 －旦：日始出也。一，地也，日出地上，會意。地音，俱是舌音。

③ 唇音：共有 12 例。

    8034 -麻：麻字木音，俱是唇音也。

④ 齒音：共有 33 例。

    1070 -丮：持音，俱是齒音也。

⑤ 喉音：共有 1 例。

    8171 -伊：維也。人義，尹音，俱是喉音也。

⑥ 半齒音：共有 1 例。

    8081 -耳，故入音，俱是半齒音也。

（3）"或曰"

《第五游》"或曰"共出現 55 例，其中有關釋音之例，共有 8 條，諸如：

    1009 -氵：與水同。天一生也。……或曰準音，此義也，非音也。

（4）"又曰"

《第五游》"又曰"共出現 23 例，其中有關釋音之例，共有 3 條，諸如：

4005 -日：太陽之精。……又曰一理在中，故一音。

（5）"俗音"

8395 -哥：兄也。通作歌，亦作謌。詠也，詠歌之際，聲之出口，其形如可，而又如可，蓋長引之形也。聲自喉中出，加欠，見欠注。永言，故加言，皆會意。可音。呼兄以哥，蓋俗音也。

5.6 重　　文

如有與所附小篆不同的或體，則以"某作某、或作某、亦作某、古某字、某本子、本作某、同某、俗某、某字之上（外、頭）、與某不同"等語説明之。

（1）本字

① "某,某本字"，共有如下24例：

1033 -臣，頤本字。8010 -佗，他本字。1006 -冫，冰本字，或曰冰、凝本字。

② "本作某"，共有如下26例：

8001 -于，本作亏。8146 -所，本作所。1023 -灥，本作灅，古顯字。

（2）今字
"今作某"，共有如下4例：

1172 -尣，今作尪，從尪省。2116 -斤，今作庐。7131 -凝，古作冰,今作凝。

(3) 古字
① "古某字",共有如下 37 例:

　　7222 -夌,古陵字。7231 -囱,古牎字。8144 -且,古俎字。1019 -镸,古長字。

② "古作"共有如下 55 例:

　　7212 -靈:零古作霝。7225 -匠,古作匚。8024 -覆,古作西。8040 -自,古作鼻。

(4) 或字
① "或作某"共有如下 4 例:

　　1012 -卪,或作㠯。1059 -尣,或作尢豫之尢。8431 -妻,或作宴。7023 -方,或作匚。

② "亦作某"共有如下 5 例:

　　1013 -歹,亦作卢。亦作歺、歲。5043 -唅,亦作噉。5044 -噉,亦作啖。

③ "又作某"共有如下 3 例:

　　7225 -匠,又作筐。1088 -㮆,又作㮆。9001 -乃,又作弓。

④ "且作某" 共有如下 1 例：

8432 －寠：貧乏也。貧家之狀先見於屋室，故從宀。音義見婁注。且作窶。

（5）通用字
《第五游》中主要用"通作某"的形式解釋通用字，共有如下 38 例：

7230 －匆，通作忽。1089 －复，通作復。1102 －冖，通作冪。2076 －勣，通作績。2090 －殻，通作㲉。

（6）俗字
① "俗作"共有如下 21 例：

7227 －匆，俗作旁。7228 －尨，俗作獷。8137 －頫，俗作俯，非。1060 －同，俗作垌。

② "俗某字"共有 5 例，諸如：

8009 －他：俗佗字，解見佗注（重出）。

③ 亦有"俗某"、"俗之某"、"俗省作"、"俗也"者，例如：

1050 －咼：俗喎。口戾，會意。咼音，與和通。《淮南子》"和氏"謂之"咼氏"。

（7）篆字
需要以篆字說解字形時，《第五游》以"篆作某"釋之，共有 14 例，諸如：

  7232 -厷,篆作右。8115 -乍,篆作亾。1026 -冃,篆作○。1139 - 气,篆作三。

(8) 省字
"省作某"共有 12 例,諸如：

  7225 -匡：本作匡,而省作匡。

亦有"省形"之例,如：

  2123 -冊：編簡也。古作冊,古者施之於臣下而已,後世祭享、加謚皆用之。一長一短,中有二編之形。俗省作冊。諸侯受符命於天子,責之以識事,故責音。省形。

(9) 訛字
"訛作"共有 2 例,諸如：

  3021 -愬,訛作愬。

"某之訛(也)"共有 4 例,諸如：

  8146 -所：先四畫,户之訛；後四畫,斤之訛。其實一也。

5.7 引　　證

引證又可分爲引書、引通人説、引古訓、引束俗之類。

現存朝鮮時代第一部《說文解字》——《第五游》的體例及解釋特點

（1）引書
① 引《詩》共有2例，諸如：

2104 －叔：季父。……又拾朩之義，《詩》所謂"九月菽苴"者也。

② 引《書》共有1例，如：

3087 －俾：見也。《書》曰"方鳩僝功"。人義，脣音。

③ 引《易》共有2例，諸如：

1113 －艸：與草同。百卉之總名，蓋從中之衆多。萬物中最初生者艸，故初音。《易》之屯，次於乾坤，此可知也，見屯注。

引《周易》有1例：

8436 －无：古無字。《周易》"無"皆作"无"。天字西北邊，畫曲而不伸，天不足西北，此爲无字之義。與凵通，俱是脣音。誣之爲言，以無爲有，其實無，故誣音。

引《易卦》有1例：

1126 －學：學字之上。受教也。……或曰小學之學與大學之學似不同，君將何以解之？答曰：《易卦》只六十四統天下萬事萬理，而設著得卦，無不吻合，而可解。字之爲畫，亦同卦之爲畫，大學之學以大字爲主而解，自是此理。小學之學，若以小字爲主而解，則又是此理，何往而非此理也哉？甚至於譯學、蒙學皆可以成說，而不違於理，知未到此者，難與相議，惟在學者妙解之如何。耳學而覺悟，故覺音。

255

會意。與舉字上不同。

④ 引《大學解》有1例。《大學解》爲《第五游》作者沈有鎮之作,可惜現不傳。

　　1126 －똬:學字之上。受教也。愛廬子《大學解》曰:大學之所學者,大也。

⑤ 引《韻補》有1例:

　　8176 －似:肖也。同異之別,亦人事。以音,出《韻補》。

⑥ 引《史記》有1例:

　　8157 －事:由也。從之,從史。《史記》中所説"去者,事也。"史音,兼意。

⑦ 引《淮南子》有1例:

　　1050 －咼:俗喝。口戾,會意。冎音。與和通。《淮南子》"和氏"謂之"咼氏"。

⑧ 引"道經"者有1例:

　　7072 －亭:舍也。從高省,下從丁,有獨立高出之義。丁音,兼意。亭亭類推。道經亭毒之亭,所鍾之義也;亭午之亭亦類推。

⑨ 引《楚辭》有1例:

現存朝鮮時代第一部《説文解字》——《第五游》的體例及解釋特點

3045 -曼：路遠也。望遠，故從橫目。遠，故仍有長字之義。《楚辭》曰："蛾眉曼只"。轉爲美義，故從又，又即手，蓋以手冶容也。冒省音，俱以明爲母。

此外，只稱"字書"而引證者，共有 8 例，例如：

1029 -壴：陳樂。象簴上懸鼓之形。樂之處所，故處音。從中，從豆，象簴形。而字書屬土部，非。

（2）引通人説
① 引許慎説，有 1 例：

8133 -胥：相也。許慎曰：蟹醢。黄公紹曰：其肉疋。疋，解也，蓋其足个个可解之義也。疋音，俱是全清。古者相隨坐爲刑徒，此所謂胥靡也。成羣赴役，故爲胥匡之胥。胥，相也，相從目，故轉爲胥字之胥。凡字之轉生音義，此類甚多。蝴蝶雙飛，故又爲蝴蝶之名。與且通爲語辭。

② 引李陽冰説，有 1 例：

1039 -頁：頭也。從百，古首字；從人。古以纈爲音，而李陽冰謂當以首爲音。

③ 引黄公紹説，有 1 例：

8133 -胥：相也。許慎曰：蟹醢。黄公紹曰：其肉疋。疋，解也。蓋其足个个可解之義也。疋音，俱是全清。古者相隨坐爲刑徒，此所謂胥靡也。成羣赴役，故爲胥匡之胥。胥，相也，相從目，故轉爲胥字之脣。凡字之轉生音義，此類甚多。蝴蝶雙飛，故又爲蝴蝶之名。與且通爲語辭。

④ 引唐人説，有1例：

　　8008－謠：徒歌也。無度曲聲節，而但搖曳作聲，故謂之童謠。亦作䚻，唐人謂徒歌曰肉聲，故從肉、䚻，該聲。䚰亦該聲。

⑤ 引東人説：東人是指朝鮮人而言，其例出現1次：

　　2041－易：變也。從日，從月，會意。周易之易類推。仍爲難易之易。日月之一日一變，蓋必然之理，爲難易之易類推。難易之易、變易之易，東人雖作二音，而俱以喩爲母。字義則一串可解。日月皆爲其音，而俱是不清不濁也。

(3) 引古訓
① "古訓曰"共有7例：

　　2018－卡：菽本字。卡，古訓曰山頂。

② "古解曰"有1例：

　　1018－杀：古解曰：指大木擊人，蓋從乂，左右揮擊之形，而其音察。以是則一點無去處，篆亦有點，則宜作杀，而然則無木擊人之義。且朮從木，中間必有訛誤處，或各字而然耶。殺字亦從杀，而成音；若從杀，則殺音，從何而生耶？古人皆曰未詳，不敢臆解。一説宜從朮，而省作木。

（4）引東俗

東俗是指當時朝鮮風俗而言，其例雖只有一例，但可見自身爲朝鮮人的沈有鎭用當時的風俗解字之例。

2027－木：樹木。象木之中立，有枝榦之形也。且上象春氣之上升，下象秋氣之下降。獨立，故獨音。木屬字近千字，太半木名，各有其性，亦各有其用處。而東俗眠食外更不一分費心，有書而不識，其某字有目而不知其爲某木。字書，牛之經傳，生物，越之章甫，不無譏裸之嫌，而可嘅也。

5.8 其　他

首先，有避諱者：如《第五游》出現"旦"字，以圓圈處理（如作㊀），以示其爲諱字①。"旦"爲朝鮮太祖李成桂（1335—1408）之諱②。此外，"爲""伴""決""侯"字有缺筆現象，這是否與避諱有關係，需要進一步研究。

其次，中國字書所說的筆劃數和韓國不一致時，特別提出説明。諸如：

7027－蟲：與他同。爲鱗介之總名。凡蟲之屬皆從虫。蟲象其蠢動之形。從三，聚會之義也。昆蟲者，因陽氣相比以生之義也。蠢動，故動音。蟲字，書或從六畫，從五書爲可。蓋虫之爲形，一條而已。

另外，还有提及朝鮮固有汉字和朝鮮独用的字義，如解刀字时提到從

---

① 《目録》"人音類"（2a）頭注云"諱"。
② 朝鮮第一代王。籍貫全州，字仲潔，號松軒。姓李，諱成桂。謚號至仁啓運聖文神武大王。即位後諱改爲旦，字改爲君晉。

舟刀声的"舠"字,其義爲小船(거룻배),顯然作者意识到了韩国固有汉字的存在。

5.9　補充說明

正如對興(1126)注云"……與舉字上不同",對興(1127)注云"……凡器之破而不離皆從興,且與豐、嚳通"之語,對於類似字形作補充說明。

另外,對異體字、字形相似而需要辨別的字、備注參考等,必要時進行補充說明。

六、《第五游》的解字特點

6.1　解字態度上的特徵

(1) 堅持字畫實證主義

《第五游》根據小篆形體,對被釋字的每個筆劃進行盡可能詳細的解釋,從而揭示出每筆劃所代表的意義,諸如:

4005－日:太陽之精。從圓,象形也。陽一,故中有一點。實理在此,故實音;又曰一理在中,故一音。象形,而合一則會意也。

4006－月:太陰之精。從圓而缺,月有盈虧也。陰二,故中從二點。缺,故闕音。象形,而合二則會意也。朔、望字從之。

8073－皮:皮膚。生物皆有皮膚,而皮之爲字,以剝獸之義爲字。從尸,屍之省;又,手也;又上⊐畫,剝開之形。尚帶毛,將治而爲革,故治音。

8106－黍:稷屬。黍合爲酒,故從入、水。大暑而種,故暑音。

6016－廿:二十并也。下一畫,并之義也。二十并集,故集音。此其之上也,亦作廾,此與共下兩手共捧之。丌,篆作𠬞,不同。

現存朝鮮時代第一部《説文解字》——《第五游》的體例及解釋特點

"日",象太陽之形;"月",象月亮之形,但對其中橫畫所代表之義,歷代意見紛紛。沈有鎮卻認爲:日和月之形,可分爲外圈和内畫兩部分,而日字之内的一橫畫就代表着陽,日字之内的二橫畫就代表着陰;"月"字"從圓而缺,月有盈虧也。陰二,故中從二點"。

"皮",小篆作 ᄇ(説文小篆) ᄇ(説文古文) ᄇ(説文籀文),《説文》謂:"剥取獸革者謂之皮。從又,爲省聲。"但沈有鎮卻認爲"皮"之小篆可分爲三部分,最左部爲屍字之省,右上部爲剥開來的皮,右下部爲整治之手。皮字金文作 ᄇ ᄇ,與小篆稍有不同,但沈有鎮卻根據小篆得出如上解説。

另外,對"黍"字的結構解釋,也與《説文》不同。《説文》云:"黍,禾屬而黏者也。以大暑而種,故謂之黍。從禾,雨省聲。"但沈有鎮卻採用了《説文》引用的孔子之語"黍可爲酒,禾入水也",而把黍字拆開爲禾、人、水三部,認爲把穀物和水合併變成酒,釀酒的原料就是黍。又認爲"廿"字下面的一橫畫就代表把兩個十合併之義。

(2) 特別講究字音解釋

① 追究讀音之來源,以便使用者記憶。

《第五游》特別重視"音釋",認爲"前輩率多略之,只言某字之爲某音,不解某音之爲某義。則是豈造字之本意也哉",所以在對漢字進行解釋時力求追究其讀音來源。具體例子,已在體例部分敘述過,不復贅述。

應該注意的是,這裏雖然説是讀音的來源,實際上只是爲了讓韓國人容易記住漢字讀音而採取的措施,未必是該字讀音的真正來源。

② 通過聲符的類型化,把語義系統化。

由同聲符組成的合成字,常有共同之義,《第五游》多處提出漢字聲符表意的功能,而用"某有某之義"的形式歸類之,而後常附"音兼意"之語。諸如:

9072 －傀:天貌。人義。鬼有可畏之義,音兼意。

之外,還有如下幾例:

"包有圓大之義"(匏);"甬有聳出之義"(勇);"莫有大字之義"(募);"庚有續字之義"(庚);"占有一定之義"(佔);"奴有大字之義"(努);"丁有必着之義"(叮);"儿有行之義"(兆);"采有分辨之義"(㣇);"曲有縮小之義"(佃);"八有分離之義"(宂);"啻有商字之義"(啻);"弗有違戾之義"(咈);"癹有夷去草之義"(發);"門有開口之義"(問);"弋有必捉之義"(必);"夭有矯其頭頸之義"(走);"八字蓋有易分之義"(分);"冓有相對酬酢之義"(講);"有圻開之義"(毆);"蓋肖有少刮之義"(削);"氐有墜落之義"(低);"冓有兩相見之義"(覯);"卷有閉卻之義"(倦);"㕙有巧黠之義"(㕙);"冓有相交之義"(媾);"庚有續字之義"(庚);"從戍,有悉字之義"(咸)。

此外,對"浸"字解釋云:"漬也,又曰漸進也。……侵字則以侵伐,亦人之事爲注。駸,馬步不絕,亦漸進之義。綅、梫、寢俱是該聲。"舉與"侵"字同源的字族系聯起來對其進行解釋。又對"誇"字解釋云:"大也,奢也。從大,會意。虧音,以虧爲音,未詳。誇大者,其言易過,故過音。誇,大言,蓋與誇同,而爲轉注;侉同誇、恗,自大,蓋與誇同,而爲轉注。姱,好也,蓋與誇同,而爲轉注。"將"誇、誇、恗、姱"等字系聯起來對其進行解釋。

③ 因聲求義,"音相近而義相通"。

"因聲求義",即通過字音去研究字義,是傳統訓詁方法之一。在中國,到清代這種訓詁法達到鼎盛,顧炎武、戴震、段玉裁、王念孫、王引之等學者都曾經運用過。沈有鎮也在釋字過程當中運用過這種方法。

8140 -叚:非真。古假字。篆從二皮。一體二皮,則一皮假也,假皮加於身,則所謂檀也。加音。與昭格之格同母,音相近而音①相通。

---

① 應爲"義"之訛。

現存朝鮮時代第一部《説文解字》——《第五游》的體例及解釋特點

2066 -則:常法也。貝,物貨也;刀,裁制也。裁制物貨合於義爲法。貝音,俱是全清。然則之則亦法之類推。又與即字音同、義通。

9048 -奚:小奚。雞之大腹者善孳,以爪抱卵之義也。從系省,音雛,生相繼之意也。兒奴謂之奚,眇小之義。與何音近,相通。

4073 -末:木杪。象形。枝達,故達音。末奈之末與莫母同、義通。

(3)不拘泥於傳統,多發揮創意解釋。
《第五游》不拘泥於《説文》的傳統,多提出創意解釋,諸如:

5003 -朕:天子自稱也。從勝而無力,威天下不以兵革之義也。其德可任天下,故任音。

8398 -我:己稱。我字,訓詁愈多而愈晦,乃参以己見而爲之説,曰:從戈、手、手或曰古殺字,蓋以戈夸人之義爾。焉能當我之我,我字本義,與予、余等字義些有間。戈音。鵝之從我,我首似傲故也。此可爲左證也。

"朕",甲骨文作 ,金文作 ,《説文》小篆作 ;據甲骨文,從舟從兩手舉東西之象。對兩手所舉的具體物件是什麼,歷來眾説紛紜,大致有火炬、斧、祭器、船槳之説。到小篆字形明確變爲舉火炬之象,隸書以後變成今天用的形體。至於其本義,由於此字在甲骨文時代已經用於專指商王或自身之稱,故很難確定。所以一般認爲我、餘之義爲假借義。如羅振玉認爲"訓兆爲初誼,訓我者,殆後起之誼矣"。李孝定也認爲"象兩手舉器罋之形,故引申之兆璺亦謂之朕。……爲我、予、朕、爾之類大抵爲假借"。于省吾也説:"朕當從舟籴聲。朕訓我,乃假借義"。①

之前,《説文》只云:"朕,我也。闕。"保留着慎重態度。後來的中國

---

① 于省吾:《甲骨文字詁林》,中華書局,第 3162—3164 頁,1996 年。

字書多受到《說文》的影響,朕字雖然是個常用字,盡可能避開探究其字源。如《玉篇》只提及其詳細用例,而沒有對其進行解釋:"朕(朕),馳錦反。《尚書》帝曰:'有能庸命巽朕位。'《漢書》:'朕未有又天子稱朕。'《爾雅》:'朕,我也。'野王案:自稱我也。又曰:朕,身也。朕,予也。《史記》秦始皇廿六年,天子自稱曰朕。蔡邕《獨斷》曰:'古者,上下共之,貴賤不嫌,則可以同號。皋陶與舜言朕,屈朕皇考曰伯庸,秦獨天子以爲稱,漢因不改。又音直忍反。'《考工記》'凡甲視其朕欲其直也'。鄭衆曰:謂革剝。《淮南》'行無跡,遊無朕'。許叔重曰:朕,兆也。野王案:《莊子》不明其朕以遊,無朕是也。"同樣傾向也見現於日本字書,如《篆隸萬象名義》也只說:"(朕,)馳錦反。我也。身也。子①也。"直到戴遂良(Leon Wieger)(1912)根據小篆字形將其解釋爲象兩手舉火炬之形時②,才從《說文》的傳統中解放出來。但戴遂良(Leon Wieger)也仍舊解釋不出其字形與我、予之義之間的關係。

與之相比,沈有鎭非常積極地解釋其字形與意義之間的關係,認爲"朕"字是從勝字省略力字而來的,此意在於君主治理天下、與敵國爭力之時,不應該採用武力之義。還强調了能實踐這樣的人才可以"擔任"天下,這就是其讀音"任"的來源。

"我",《說文》云:"施身自謂也。或說我,頃頓也。從戈從手。手,或說古垂字。一曰古殺字。凡我之屬皆從我。徐鍇曰:從戈者,取戈自持也。五可切。𢦏古文我。"我,甲骨文作 ⿰𢦏𢦏、金文作 ⿰𢦏𢦏,象帶齒的戈形。但本義爲何,歷來衆説紛紜。因爲甲骨文時代已經用於第一人專稱,故一般認爲我(們)爲假借義。但從我從羊的

---

① 據於《玉篇》,應爲"予"之誤。
② "朕: Cheng 4. To caulk the seams of a boat(月 for 舟 L 66); or rather, to 艹 curve with 火 fire planks to build 舟 a hull. — Phonetic series 511, in which the radical is inserted at the bottom of 关,勝,騰 ect. — From the year B.C.221. 朕 was used (chia-chieh) to write the personal pronoun chen by which the Emperor desiguated himself." (Lesson 47-J, p.131.) *Caracters Chinois: Etymologie, Graphies, Lexiques* (1912);根據英語翻譯本(1965)。

"義",本象上端有羊頭裝飾的儀杖,是指在共同體裏必須遵循的道理和義理。從而可以推測"我"不是砍伐敵人的對外用武器,而是用於整理内部造反的、宣示權威用的儀式用武器。既然"我"是限用於同族内部之間的象徵性武器,從而"義"字有了"我們"之義的可能性也不能排除。另外,從義兮聲的"羲"字也本來象用儀式用武器"義"砍掉豬用於祭祀之形,從而有了犧牲之義。以後隨着"羲"字假借爲呼吸之義,加牛而分化爲"犧"字。可見"義"字的確有砍伐之義,故組成義字的"我",可以說是用於討伐内部造反的象徵性武器。故《第五游》對我字解釋曰:"從戈、扌,扌或曰古殺字,蓋以戈夸人之義爾。"也是有道理的。

(4)充分活用文字解釋上的變通法

《第五游》爲了記字容易、認字方便,多用解字的"活法"或"變通"之法。諸如:

7068-况:發語辭。此是况也。永歎之況,與況少異。兑之爲說,開口之時,上下唇皆有皺紋,發語之際,其紋在旁。兄音。或曰從二、從兄,則宜以兄爲音。而既以上下紋爲釋,則從兄似無條理。答曰:字有活法、通變,然後合於造字之妙矣。

3017-天:地之上配也。從一、大,會意。古篆作 ☰,上覆之形也。其高無上,故顛音。愛廬子以臺臣先大王朝講元亨利貞之元字曰:"天從二、人,元、仁亦皆從二、人。二,兼愛之義;人,萬物之主。天從二、人,兼愛萬物之義;元是氣之流行也;仁人之稟是氣也,其兼愛生生之義。三字自是一字,而隨時變化者也。象其下覆,則爲天象;其流行,則其脚曲而爲元;稟於人,則先人作仁。其終聲則尚今無異。殿下盡仁字,兼愛之義,則是所謂浩浩其天其時,適有事故,演義如此。"丨,上曰"新聞之語也",又曰:"爾年幾何?"對曰云云。一大雖是本義,以二人解義,無害於畫,不違於理,此字學之活法也。

此外,解"1143-韌"、"2039-籥"、"9083-兊"、"9028-大"、"5055-

淹"字時也用"字學之活法"等語進行解說。

"天",甲骨文作🯄🯅🯆,金文作🯇🯈🯉,象人之大頭部,後來頭部變爲橫畫"一",表示與人的頭相接之處就是"天"之義。由此引申出在上的、頂部、最高、天空、自然的、氣候、上帝等義。但到楷書階段,楷體再不能表現出原來的形體結構。因而沈有鎮解釋爲"從二從人",同時視之爲與此同音的人、仁、元等字的同源字,認爲與這些字在意義上有密切聯繫。雖然作者也承認"天,一大雖是本義",但以上解釋卻可以説是相當獨特、頗有哲理性的説解。正如他所説"以二人解義,無害於畫,不違於理",故可以視之爲"字學之活法"。

(5)合理解釋派生詞彙的語義引申

《第五游》雖爲"説文解字",但在説解難字或難以理解的引申義的産生過程時,常常用"類推"之語,解釋其詞義的引申過程,諸如:

7025 –生:産也。從屮在土上,會意。萬物之中惟草易生,故從草,而萬物之生皆通用。生則成,故成音。人死之前俱是生,故有平生、一生之稱。行高者尊,而曰先生,仍有門生、後生之號。諸生之生,其道學未熟,故從生熟之生。

8068 –牙:牡齒。象上下相錯形。比他齒差長,故差音。衝牙玉如牙形也。牙旗非徒以象牙飾之立於帳前,如牙在口中也。犬牙相制甚固,故稱之。

"生"字從草長出來去得義。《第五游》還對由本義引申出來的"平生"、"一生"、"先生"、"門生"、"後生"、"諸生"等一些辭彙的得義過程,進行詳細的解説。此外,作者還從"牙"的基本義,解釋出"衝牙"、"牙旗"、"犬牙"等引申義的産生過程。

(6)保持慎重的科學態度

《第五游》對漢字的解釋頗爲仔細,但義有難釋時,不作勉強附會,

"必當闕疑",表現出作者在釋字過程中的謹慎態度。作者常用"不可臆斷,姑闕之"、"不可臆斷,姑俟知者"等語標誌之。用"不可臆斷,姑闕之"之例,共有2例:

1065-彔:或曰古稑字,或曰禾麥下垂之形,或曰刻木彔彔,皆近傅會。且字畫增減不一,不可臆斷,姑闕之。

1169-亠:爲字之頭,故頭音。義闕,蓋不成字也。

另外,用"不可臆斷,姑俟知者"之例,共有8例,見於:7142-鳳、9119-啼、4080-疋、2064-刻、4038-刮、9058-來、7042-強、9130-疑。

(7)充分體現陰陽思想

在韓國,無論什麼朝代,陰陽思想一直是一種影響最深的哲學思想。因而《第五游》裏到處可以發現運用這種思想解字的例子,諸如:

8051-子:嗣也。象形。冬至日夜半,一陽之氣,自地底而生,纔出地外,氣猶寒,故不能伸而曲。草木之新生,其頭曲,一理而子其形也,此所謂天開於子也。人之父子,其父則先天子,即後天之開於子者也。稟是氣而生,故其頭不得不圓,其臂不得不張,其脚宜爲歧。而新生兒易驚於風,故以褓裹之,並以爲一,所以畏風也。其頭象雷,(子之頭、雷之下同)雷爲風,風易動,而雷乃地底雷也。兒生之形即天地自然之氣,天地爲人之大父母者,此也親見倉皇而質此解,則未知其所答果何如耳。陽氣漸滋,故滋音。兩脚分而成人,頭容直,則爲大字,此所謂大人,有天子、君子之稱。女亦子,故曰內子。以字畫言之,則象形也;究其理,則會意也;以兩脚之並歧言之,則指事也。古作孚,象頭髮也。

8048-土:地之質也。天一,地二,則二,地也。中之竪畫,萬物挺出之形也。蓋二者,土之體,竪畫,土之用也。萬物呈露,故露音。或曰下一畫短,古下字從下而生也。

此外,甲乙丙丁和子丑寅卯等干支字、一到十的數字以及有關生命和變化的一些字,《第五游》也像《説文》一樣多用陰陽學説解釋。

(8) 多活用韓語資料

沈有鎮身爲朝鮮人,對韓國固有漢字、辭彙和韓國的特殊用法不能避開而不論,故有幾處特別注明:

4073-末:木杪。象形。枝達,故達音。末奈之末與莫母同、義通。

1036-刂:同刀。兵也。有脊,有刃,象形也。慮其傷害,故有韜,韜音。又曰斬伐之際到其所,故到音。小船之謂刀,形相似也。

2007-勺:飲器。所抱者,只一略小之器也。今文書中"十夕爲一刀"之夕,此字之變也。略音。指事。

1098-厶:與私通。自營而爲私,其心邪曲,故象形。毋論公私,心有所思,故思音。北道名禾主人曰私主人,故從禾作私。

於上既云"末奈"之"末""與莫母同、義通",事實有"無也,遠也"之義①,則"無奈"之義。此爲韓國漢字裏的用法。

又云"小船之謂刀",韓國漢字裏刀稱作"거룻배",義爲小船,與從舟刀聲的舠字同。"夕"爲韓國固有容量單位之一,十夕爲一合,與勺通用。如:"黃角汁真油一斗八升六合三夕"(《萬機要覽·財用編-1》)。"私主人"是指朝鮮時代在首都替鄉下來的官員們提供食宿並繳納他們的貢品,而拿取幾倍高率服務費或中介費的人。②《朝鮮王朝實録》51(中宗19年8月庚子條)云:"今個司防納,至爲猥濫,法司當推外方人來京入借私主人,移位防納者,若有之,先推官員,次懲其人,可也。"韓語裏現在没留下"禾主人",但由此可知"私主人"來自於"禾主人"。

---

① 崔世珍:《四聲通解》,1517年,上第75頁。
② 檀國大學校東洋學研究所:《韓國漢字語詞典》,1995年,第3册656頁。

6.2 解字内容上的特徵

（1）維護統治理念：尊儒排佛

朝鮮王朝在高麗之後，但統治思想與高麗迥異。朝鮮排斥前高麗王朝的國教佛教，而以儒家思想作統治思想。諸如：

4024 -佛：西方神名。其道悖於吾道，故從弗，見弗注。弗音，兼意。

4041 -刹：僧寺。蓋釋家上立幡柱，中藏舍利者也。從朵，會意；從刀，削立之義也。朵音。宜從朮而省作木，朮、木蓋相通用也。見朵注。

4052 -咈：違也。從口，弗有違戾之義，音兼意。

4083 -孛：妖氣。彗星之光芒，人之猝然變色，皆是不常之氣也。本是草木盛長之形，其形雜辭，故爲不祥之氣。人之變色，故從子。蓋孛有二音，孛非常理，故星孛之孛弗音，弗是背理之形，故也。言之違理爲誖，心之違理爲悖。背於理，故背音。

1018 -朵：古解曰：指大木擊人，蓋從义，左右揮擊之形，而其音察。以是則一點無去處，篆亦有點，則宜作朵，而然則無木擊人之義。且朮從木，中間必有訛誤處，或各字而然耶。殺字亦從朵，而成音；若從朵，則殺音，從何而生耶？古人皆曰未詳，不敢臆解。一說宜從朮，而省作木。

8183 -伽：伽藍。蓋神名，浮屠所居也。人義，加音。

7109 -僧：從浮屠教者。人義。會音。

正如於上所引，對佛之道宣佈"悖於吾道"，因爲組成佛字的"弗有違戾之義"，此與孛字同，有背理之義。因此一些朝鮮時代文獻裏，佛字的俗體寫成"伕"，從人、從夭，認爲是個"夭人"。另外，解釋有僧寺之義的"刹"字時，認爲該字從朵、從刀；朵爲以木擊人之義。這也充分表示對佛教的貶低。又説明伽藍、佛僧、佛教時,都用"浮屠"之語。"浮屠"是從梵語"Sanha-arama"而來的,其義或曰"Buddha(佛佗)",或曰"Sutupa(塔婆)"。而與"浮屠"同義的音譯詞既有浮圖、浮頭、薄圖、佛圖等幾種,而故意選用包括"屠"字的"浮屠",以表現出對佛教的蔑視。

與此相反,《第五游》對儒家思想概念詞,表示出了極大的尊崇和肯定。例如:

8227－儒:碩德。蓋需世之人也,需音,兼意。又曰區別古今之人也。

3061－仁:好生之心。人之仁、義、禮、智,猶天之元、亨、利、貞。從二、從人爲元,仁亦從二、從人,其原出於天,天亦從二、從人,見天注。人音。果核中實有生氣者亦曰仁,可以類推。肢體之不順謂之不仁,違於生生之理也。

"儒"原作需,象洗浴戒齋之形,從而得祭祀長或宗教帶頭人之義,這樣的人具備豐富的經驗和學識,故由此引申出儒人和儒家之義。《第五游》認爲儒有"碩德"之義,是稱"需世之人"或"區別古今之人"。他對儒家核心觀念詞"仁"字這樣理解,認爲"仁"由人和二組成,與"天"和"元"字同構同義。此所云"二人"之一是我,另一人是他者,故形成我和對方的關係,則產生我和對方、我和父母、我和子女、我和學生、我和朋友等之間的關係之義。因此"仁"可以解釋爲"我和他者"之間的關係和溝通,其具體實踐方法有:孝、悌、忠、信、禮、義等。此種解釋傳統亦見於朝鮮實學大師丁若鏞(茶山),認爲"仁者,二人也"(《論語古今注》)。這種思想也表現在對於"天"和"元"字的解釋:

3017－天:地之上配也。從一、大,會意。古篆作 ᄅ,上覆之形也。其高無上,故顛音。愛廬子以臺臣先大王朝講元亨利貞之元字曰:"天從二、人,元、仁亦皆從二、人。二,兼愛之義;人,萬物之主。天從二、

人,兼愛萬物之義;元是氣之流行也;仁人之稟是氣也,其兼愛生生之義。三字自是一字,而隨時變化者也。象其下覆,則爲天象,其流行,則其脚曲而爲元,稟於人,則先人作仁。其終聲則尚今無異。殿下盡仁字,兼愛之義,則是所謂浩浩其天、其時,適有事故,演義如此。"|,上曰"新聞之語也",又曰"爾季,幾何?"對曰:云云。一、大,雖是本義,以二、人解義,無害於畫,不違於理,此字學之活法也。

3091-元:始也。天氣之流行,故從天而變畫,從儿。元,四德之首,有始也之義。元屬春,春爲一歲之首,故人之首亦曰元。其原出於天,故原音。

(2) 尊崇君權和統治階級

儒家思想的統治秩序,以縱的關係爲特徵。沈有鎮自己曾經當過正三品的大司諫職,故順從儒家統治秩序,儘量維護君王和統治階級的地位。這在對相關漢字進行解釋時充分表現出來,例如:

3130-君:主也。從尹,見尹注;從口,發號施令也,后亦從口。治貴均平,故均音。

7208-皇:君也。古作皇。天皇,星名,居北極,其精生人,蓋萬世人庶之所自出,故以爲有天下者之稱天曰皇矣。上帝、大也之義類推。與煌通。皇皇又與遑通。王音。

3131-尹:治也。手有所持,會意。治貴均平,均音。

8148-主:守也。古作丶,守此之義也。人主守一國,故加王作人主之主。賓主之主、主宰之主類推。心之所主亦曰主。如樹之有定處,樹音。

通過沈有鎮的如上解釋,賦予了君、皇、后、主、尹等字保衛國家、保護百姓的領導形象,從而使這些字以新的形象出現。他還對臣僚階級同樣予以肯定,但强調他們對君王的服從,諸如:

8284 -奏：進也。從中，見中注；從兩手；從本，凡百事自初至末，奉而徹上之義也。進奏，故進音，俱以精爲母。

7169 -卿：公卿。本作卯，從卪，從卪，見卪注。節奏，人臣事君之義也。皂（古香字）音，俱是次清也。

3032 -臣：事君者之稱。象屈服之形。敬恭之義也。古人通爲自卑之稱，主臣者惶恐之義，蓋如臣之於主也。臣似爲七畫，而字書皆從六畫，豎畫及下一畫相連故也。然則與上一畫爲人字中間屈服之形，宜以人爲音。而或曰一心牽於君，故牽音。

沈有鎮對他自己所屬的士層階級特別重視和肯定，而云："8049 -士：四民之首。既非農賈，又非工匠，則所業者，惟究天人之理而已。一者，數之始；十者，數之終。無細無巨，盡爲通達，然後始爲士，可使之從政，故使音。又曰其才可以需用於世，故事音。"

（3）提倡統治思想：追求和平與和諧

5003 -朕：天子自稱也。從勝而無力，威天下不以兵革之義也。其德可任天下，故任音。

正如上述，對朕字，《說文》、《玉篇》和《篆隸萬象名義》都沒有解釋其字形依據。但《第五游》卻把朕字與勝字繫聯，當然，其解字依據可能不可靠，但作者對政治的看法倒可以由此窺見。

此外作者還提倡平均、均衡、公正、節儉、義氣等價值觀念，諸如：

3130 -君：主也。從尹，見尹注；從口，發號施令也，后亦從口。治貴均平，故均音。

7145 -刑：法也。本作开，象二干對構。上平，刑法貴平。干音，兼意。加刀作刑，以平爲音。

8186 -侈：奢也。從多，從人，會意。識者恥之，恥音。

8248 －利：害之反。秋成則刈禾，利莫大於此矣。財用吉慶之義類推。利屬於義，故義音。

（4）強調社會階層秩序

儒家社會裏，把社會成員分級分層而排列，從而把它秩序化是很重要的理念。因此，儒學要求先把社會階層規劃而系列化，以便賦予整個社會階層之間的關係以與之相應的宇宙秩序（天理）和人間世界的秩序（人倫）。

《第五游》在對君臣、父子、夫妻、兄弟、男女、妻妾、士吏等有關社會階層字群的解釋中，把這種秩序觀念一貫而明顯地表現出來了，諸如：

3130 －君：主也。從尹，見尹注；從口，發號施令也，后亦從口。治貴均平，故均音。

8306 －后：君也。從一、人，會意。發號施令，故口音，兼意。與後通。

3032 －臣：事君者之稱。象屈服之形。敬恭之義也。古人通爲自卑之稱，主臣者惶恐之義，蓋如臣之於主也。臣似爲七畫，而字書皆從六畫，豎畫及下一畫相連故也。然則與上一畫爲人字中間屈服之形，宜以人爲音。而或曰一心牽於君，故牽音。

可見作者對君臣關係的認識。此外，作者對父子關係的看法見於：

8067 －父：生我之稱。看篆畫，則手持杖之形。生子，則其父已老矣，可扶杖，且教子，父之職，教之後支籜撻之義，所以持杖也。世人之無行者，皆其父溺愛不撻之致，不究字義之弊，胡至於此？借爲男子之通稱，故有漁父、田父之稱。俯育其子，故俯音。

8051 －子：嗣也。象形。冬至日夜半，一陽之氣自地底而生，纔出地外，氣猶寒，故不能伸，而曲。草木之新生，其頭曲，一理，而子其形也，此所謂天開於子也。人之父子，其父則先天，子即後天之開於

273

子者也。稟是氣而生,故其頭不得不圓,其臂不得不張,其脚宜爲歧。而新生兒易驚於風,故以襁裹之,並以爲一,所以畏風也。其頭象雷,(子之頭、雷之下同)雷爲風,風易動,而雷乃地底雷也。兒生之形即天地自然之氣,天地爲人之大父母者,此也親見,倉皇而質此解,則未知其所答果何如耳。陽氣漸滋,故滋音。兩脚分而成人,頭容直則爲大字,此所謂大人,有天子、君子之稱。女亦子,故曰內子。以字畫言之,則象形也;究其理,則會意也;以兩脚之並歧言之,則指事也。古作孚,象頭髮也。

而作者對夫婦和妻妾關係的認識見於:

7003-良:朗賢也。……婦稱夫曰良、精巧曰良皆可類推,良夜、良久有深久之義,良以之良有誠字之義,皆深思,則亦可類推。

8119-妻:妻妾。從聿省,紡績之意,各衣其夫妻之職也。古作齌,齊音,俱是齒音。與夫齊體也。亦作娞,肖,古貴字,女中貴字①也。

6032-妾:不聘女。侍側,故從立。立音,兼意。

對兄弟、男女的關係的認識見於:

7116-兄:長也。口在人上,與弟俱是兒,而兄勝於弟,可以教弟之義也。先弟而長成,成音。

9038-弟:兄弟。象韋束物之形。蓋人之生子,如韋之束物,彼此一般,而其中自有次第。後生者爲弟。爲兄之下,故底音。

8065-氏:氏族。氏蓋側山山岸欲墮者之形。墮則與山爲二物,人之同本而分族者,猶岸氏之分於山。姓氏之稱,始此岸崩之氏。加

---

① 應爲"者"之誤。

阜作阺,蓋氏族之氏假借也。岸之始墮者爲氏,始音。與阺通。

8114 -甫:男子美稱。從父,從用,會意。大也類推。始也之義,今始見之尊仰之意。章甫,士子之冠。父音。

7197 -郎:官名。……從良,仍爲男子之稱。轉爲官名。

8050 -女:人之陰也。象兩手相掩婉孌之形。女性貞一,故卑音。無轉聲,漢曰𠆢,東曰녀,舌頭音。

7168 -卬:我也。篆作兩人相對之形。一人有節止,一人對立而矯首,蓋女人仰望其夫之義。而女人自稱曰我,我音,俱以疑爲母。不待人邊,而自有仰望之義。與抑字之卬不同。

7081 -伕:諸侯。二,古上字,以女子之道事上,伕之道也。隨事巧應,故應音。

最後對士吏的關係的認識見於:

8049 -士:四民之首。既非農賈,又非工匠,則所業者,惟究天人之理而已。一者,數之始;十者,數之終。無細無巨,盡爲通達,然後始爲士,可使之從政,故使音。又曰其才可以需用於世,故事音。

8302 -吏:官吏。吏之治人,心主於一、史,治事之義也。理其縣内,故理音。

(5) 輕視官爵

沈有鎮五十二歲時才進入官僚世界,雖兩任大司諫,又任過漢城府左尹,但也經歷過數次政治挫折。這可能導致他對官職表現出輕視態度,諸如:

2102 -爵:爵位。蓋象雀形,頭、腹、尾、足皆具,而爲酒器,從又,手所以持也。雀輕佻,無久持之義,戒沉湎之義也。官位亦不可久居,故仍爲爵位之爵。古人存戒,其可忽哉?雀不持久而善躍,故躍音。

追求政治權力可謂人之常情,但作者認爲這種願望是虛無的。官位本來是短暫的、不可久居的,這可與《老子》"功成而弗居,是以不去"之語相通。

七、《第五游》的地位和價值

7.1 朝鮮現存第一部有系統的字源研究著作

整個朝鮮時代的文字學者對《説文》本體研究得比較少,連一次翻刻也沒有出現過,可以説《説文》不太受朝鮮學界的重視。

這顯然與以各種形式多次刊行過的"韻書"大有不同。譬如,朝鮮時代韻書中,複刻中國韻書的有《新刊排字禮部韻略》(5卷)(中宗十九年,1524年),《古今韻會舉要》(30卷)(宣祖六年,1573年),《洪武正韻》(16卷5册)(英祖四十六年,1770年);韓國人撰寫的中國式韻書有《三韻通考》(未詳),《三韻補遺》(朴斗世,肅宗二十八年,1702年);用諺字(訓民正音)注明當時的朝鮮漢字讀音的有《東國正韻》(申叔舟等,世宗三十年,1448年),《華東正音通釋韻考》(朴性源,英祖二十三年,1747年),《華東葉音通釋》(朴性源,正祖十二年,1788年),《三韻聲彙》(洪啓禧,英祖二十七年,1751年),《奎章全韻》(李德懋,正祖二十年,1796年)等;用諺字注明當時的中國漢字讀音的韻書和韻圖有:《洪武正韻譯訓》(申叔舟等,端宗三年,1455年)、《四聲通考》(申叔舟等,世宗時代,失傳)、《四聲通解》(崔世珍,中宗十二年,1517年),《經世正韻》(崔錫鼎,肅宗四年,1678年),《韻解訓民正音》(申景濬,英祖二十六年,1750年)、《理藪新編》(黄胤錫,英祖時代)等①。

《説文》的價值於十八世紀開始受到重視,相关研究成果有:李瀷(字子新,號星湖,1681—1763)的《説文》;尹行恁、徐榮輔、南公轍、李書九、李家焕、成大中、柳得恭、朴齊家等對"六書"問題詳細辨證,

---

① 參康寔鎮:《老乞大朴通事研究》,臺灣學生書局,1985年,第41—42頁。

著有《六書策》①;李圭景(字伯揆,號五洲、嘯雲居士,1788—1856)的《説文辨證説》②等。與之同時,真正的《説文》研究也始於十八世紀末,諸如:南正和(號心淵,生卒年月未詳)的《説文新義》③、洪良浩(字漢師,號耳

---

① 譬如朴齊家(1750—1805,字次修,在先,修其,號楚亭,貞蕤,葦杭道人)和李德懋(1741—1793,字懋官,號炯庵,雅亭,青莊館,嬰處,東方一士,信天翁)的《六書策》的主要内容可以概括如下幾類:(1)本質論:主要討論"文字"之名義問題,即包括"文字"之名義,"字"之本義,"文"和"字"之區分等問題。(2)結構論:主要討論"六書",即包括"六書説""四經二緯説""對轉注""假借的説解"等問題。(3)演變論:主要討論"書體變化",即包括"古文"的特徵,"文"和"字"和"書"之間的關係,以及"八體和六體""筆寫方式""藝術書體""書法批評""河洛圖書"等問題。(4)功能論:主要討論"小學的定義",即包括"名物小學"與"義理小學"的問題。參看河永三《六書策所見朴齊家與李德懋之文字觀比較》,《國際中國學研究》(韓國中國學會)第6輯,2003年。

② 此文是專門對《説文》的錯誤進行辨證的。之前,李五洲已在《洪亮吉字學辨證説》中説過:"予間閱洪亮吉所著《卷施閣文乙集》,有《莊進士書》及《孫季述贈蒼頡篇序》,知其於字學不後於人也,爲一辨證。"基於此他提出今本《説文》的局限:"夫篆之降隸,增減見於斯篇,文以括音,精博昭於許説。今召陵之書,廣傳於學者,而上蔡之論,半墮於梵編。此季述所急爲搜輯也。"基於以上認識,根據清顧炎武《日知錄》、明陳大科《説文異同》、趙宧光《説文長箋》、清周亮工《因樹屋書影》、明王士禎《漢簡•跋》、方中履《古今釋疑》、方以智《通雅》等,闡明了今本《説文》中的錯謬之處,並證明《説文》引用的經典爲許慎當時的異本。他説:"以引書與六經異,愚不佞,以《説文》中所引經傳,乃當時異本,故叔重但取自家所讀而記載,未及他本者也。何以證其爲然。如《漢書•蔡邕傳》……則石經之前,六經文字,人各異焉。故邕有此請正定者也。則叔重所引之經傳,烏得無異,此其一證也。""如《漢書•儒林傳序》……又見《李巡傳》……取此考之,則先此諸儒,有五經文字私記,各有異同。""又按,黄思伯《東觀餘論》漢石經與今文不同者,亦一證也。按,萬斯同《漢魏石經殘碑》則與今經文字多異矣。叔重引經異字,何足疑哉!且顧炎武以爲五經文字不同多矣。有一經之中,而自不同者……愚以是證叔重《説文》引經之有異也。"李五洲根據明清以來《説文》研究的主要成果,對《説文》的錯謬和局限進行徹底辨證。這可以説是朝鮮時代的代表性辨證成果之一,從此可以瞭解朝鮮時代學者的《説文》研究水準。此文同時介紹了趙宧光《説文長箋》傳入朝鮮的情況:"《長箋》之來我東者,凡四套四十卷。江都行宫及洪啓禧、金相國致仁、沈蕉齋念祖家俱藏之。然弱部以下,自食部至甲部,二十五部並缺,四處收藏皆同。"參看河永三《韓國歷代〈説文解字〉研究綜述》,《中國語文學》(嶺南中國語文學會)第56輯,2010年。

③ 可惜此書已經失傳而不存。但據李忠翊(字虞臣,號椒園,1744—1816)的《説文新義序》所云:"今南子養心之新意,不師心而妄鑿,獨泝源而覽變,脫略偏旁聲注之微曲,究觀情形造化之奥妙。貫穿三極,倉絡六籍。危者安,昧者著。使許氏之擘曲者伸,痿弱者强。而後知者知其忠於許氏,而不處其薄也。""今老白首矣,其所別易於許氏者,非苟爲異也,蓋其潛心默識,累十載而定者,譬如射禦者,惟不詭殼軌而期其當而已。後之覽斯文者,無南子之累工而流眄於翰墨,率意排攻,自附爲許氏之徒,則其於南子之説,萬分未得其一。"可窺見已失傳的《説文新義》的一些主要内容及其基本性質。

溪,1724—1802)的《六書經緯》、沈有鎮的《第五游》和二十世紀初朴瑄壽(字温卿,號温齋,1821—1899)的《説文解字翼證》①等。

這與當時流行的"實學"(即重視文字研究)有密切聯繫,根本原因可能是壬辰倭亂以後朝鮮人進行的内在反省和清代樸學的影響②。

這種背景下產生的《第五游》可以説是朝鮮現存的第一部系統的字源研究專著。《第五游》不僅總結了十八世紀以來朝鮮《説文》學的成果,而且

---

① 該書是由朝鮮末期的朴瑄壽(温齋)撰述,經過金晚植(字器卿,號翠堂,1834—1900)的校閲而完成的朝鮮時代《説文》研究的集大成者。朴温齋的外甥金晚植校閲過朴温齋的手稿,並撰寫《附記》,還在書眉附注而補充温齋的學説;朴温齋的弟弟金允植(字洵卿,號雲養,1835—1922)也撰寫了概括全書内容的《序文》和《附記》。1912年得到寺内總督的補助,由光文社石印出版,現藏於國立中央圖書館等。

《説文解字翼徵》是一部用金文資料專門研究並補充《説文解字》的文字學著作,也是朝鮮時代流傳至今的最重要的一部文字學著作。它對《説文》不準確、不够充分的832字的説解進行辨證,所徵字數爲1351字。辨證時所引用的銅器共有35類387種(任食器9類211種;酒器14類107種;盥水器2類24種;樂器3類31種;武器4類7種;工具2種;貨幣4種;璽印1種)。

該書不僅對《説文》的錯謬進行辨證,還對漢字結構理論提出新的理論。特別在文和字的區別問題上提出新的分類法,根據聲符的有無,有聲符則是"文",無聲符則是"字";"文"再細分爲繁從、聯從、疊從、專義、專省等。同時重新調整《字彙》以來繼承下來的214部首體系,在部首設定和部首歸屬問題上也作了新的嘗試。辨證時,還儘量運用科學研究方法,積極反映朝鮮主流思想性理學的傳統和朝鮮後期實學的"利用厚生、實踐躬行"精神和"實事求是"的研究法,提高學術品質。

由於這些成果,該書被稱爲朝鮮朝《説文》研究的集大成作,樹立了朝鮮有特色的漢字解釋傳統,是一部根據金文資料批評和糾正《説文》的最早成果,其貢獻決不亞於吴大澂的《説文古籀補》和孫詒讓的《古籀拾遺》。參看河永三《朴瑄壽〈説文解字翼徵〉的文字理論解釋體系特徵》,《中國語文學》(嶺南中國語文學會)第38輯,2001年。

② 譬如朝鮮"實學派"代表人物丁若鏞(字美鏞、頌甫、號茶山、三眉、與猶堂、俟菴、紫霞道人、籜翁、苔戒、門巖逸人、鐵馬山樵,1762—1836)在他的最後著作《尚書知遠録》中,概括他一生的學術生涯,説:"余惟讀書之法,必先明詁訓。詁訓者,字義也。字義通而後句可解,句義通而後章可析,章義通而後篇之大義斯見。諸經盡然,而書爲甚。"(《尚書知遠録序》)又云:"古者小學專習字書,字字講究象形會意諧聲之所以然,無不瞭然於心目。方屬文而爲篇章也,字字鳩合,用適其宜。……後世不習字書,直讀古文。故文字之在心目者,皆連二字三四字,多至數十字,而各字各義都圇圇不明。及其發之於篇章也,古文全句隨手使用,其中字義有迥與事情乖戾者,而亦罔覺,故文皆陳腐,不切事情。"(《與猶堂全書·字説》)。可見他主張以文字爲基礎,從訓詁、音韻、典章制度方面闡明經典大義,即反對"空言説理,輕憑臆解"的毛病。此與戴震(《東原集》卷九《與是仲明論學書》)所説極爲相近:"經之至者,道也。所以明道者,其詞也;所以成辭者,字也。由字以通其辭,由辭以通其道,必有漸。"

開啟了以後朴瑄壽的《說文解字翼徵》、許傳的《字訓》①、權丙勳的《六書尋源》②、李隣鎬的《說文考異》③等深層研究,可謂朝鮮《說文》學的重要著作。

---

① 許傳(性齋,1797—1886)所撰《字訓》已經失傳。據朴致馥(字薰卿,號晚醒,1824—1894)《字訓序》所云,可知《字訓》的大概內容。首先,對《字訓》的撰述動機,說:"性齋許先生惟是之病,迺於講學談畢之暇,就韻府四聲,剔其芬藁,而匯其故實。"對該書的價值,評價如下:"是以,爲書才若干,而石渠琅嬛之富,可一寓目而淹也。館閣摛文之士,圭竇佔畢之儒,庶乎其知所程矣。嗚呼,文是載道之器,而未有捨乎字學,而爲文則文字之黽黙,未必不爲志道家之疵纇也。是編也,衰萃於齷齪浩穰之中,輗軏乎六經之輻,畦畛乎百氏之圃,而用之備訓詁箋疏,名物度數咸龤如也。"許性齋是被稱爲朝鮮最精通古文和經學家許穆的學術繼承人,故《字訓》一定具有漢字解釋上的學術根據,水準也相當高,但其書不傳,惜之又惜!

② 權丙勳(惺臺,1867—1943)所著《六書尋源》是油印本,1936年完成,1938年出版,首編2册、本文27册、補編2册,共31册,8766頁,是一部總字數達到600多萬字,解說超過6萬多字的浩瀚大作。董作賓在《鄭重介紹六書尋源》(《大陸雜誌》第11卷第1期,1955年)一文中首次向學術界介紹了此書,但由於分量過大,具有韓國獨特的解說方式等種種原因,一直沒有進一步研究,但到二十一世紀受到重視,2005年出版了兩篇博士論文和一本資料集,喚起學界的關注。《六書尋源》是儘量彙集《說文》《玉篇》《字彙》《康熙字典》《廣韻》《集韻》等傳統字書而有意做成字書的代表性集大成者。所以它在解字的總數和分量上實現了空前的大規模,大大超過了以前任何字書,是一部充分體現韓國字書傳統的代表作。尤其是通過對漢字結構理論的深入研究,作者提出了"贅劃論"和"隱義說"等很有理論意義的創見。他在《首篇》中建立了他自己的六書分類法,反映他自己的理論,他將六書重新分爲象形類、指事類、會意類、諧聲類、轉注類、假借類等。其中,諧聲類分得特別詳細,按照韓國漢字音的終聲(韻母)而分類,同時認爲聲符也是"隱義"因素。解說字形時,儘量利用該字的讀音來解說其字義。此很可能是繼承了以《第五游》爲代表的韓國歷代字書中的傳統"音訓"解說法,也是《釋名》以來"音訓"法的發展。

③ 李隣鎬(字瓊錫,號醒齋,1892—1949)有《說文考異序》及《說文考異二十四條》。《說文考異序》就闡明《說文考異》撰寫目的,云:"今觀諸子所引《說文》,間多與今本《說文》不同。"又云:"世或有與我同志者,因全所錄而益加深考,使無復有不同之嘆。則豈徒於《說文》有功,不佞亦與有榮焉。是則不能無望於今與後之博友君子。"然後列舉其"不同"的情況:"有所引無於今本者,有今本字句少於所引者""有所竄改者,有誤句讀者"。進而指出"不同"的原因分別是:"此以校本之闕誤","此以後人之妄率也"。最後將《說文》中錯誤和不當之處分爲四類,每一類都舉出實例,共計二十四條。諸如:

(1)《說文》逸字當補者:"謠""濤""笑"等三條;

(2)《說文》逸字及注中逸句奪字及錯簡,當補者共列出"桎""桔""蛤""癎""嵞""築""瞇"等七條;

(3)《說文》爲後人篡改,當訂正者:"態""蹢""瑞"等三條;

(4)後人誤爲句讀,當辨者:"湫""昧""詁""參商""離黃""烽燧""胎響""雋周""旁滂""綢"等十一條。

李醒齋別在《字音假借考序》,也辨證過《說文》和《史記》等歷代文獻所見六(轉下頁)

7.2　反映了漢字的權力化與服務於政治的機制

不管哪種文字,都服務於政治權力,這是文字的主要特性。與拼音文字相比,意象性強、形象性豐富的漢字更是這樣。正如上述,通過沈有鎮的重新解釋,很多漢字變成更積極服務於政治、更富有權力的文字符號。其明顯的例子,可見於對"三"和"大""父"等字的解釋上:

> 5017－三:數名。天一,地二,合則爲三才。參者。
>
> 9028－大:小之對。人爲人中之一則爲大,貫一理而中立則爲大學之大。三畫,三綱領也。下有八,條目之形。此字學之活法也。可以庇覆天下,故蓋音。
>
> 8067－父:生我之稱。看篆書,則手持杖之形。生子,則其父已老矣,可扶杖,且教子,父之職。教之後支筆撻之義,所以持杖也。世人之無行者,皆其父溺愛不撻之致,不究字義之弊,胡至於此?借爲男子之通稱,故有漁父、田父之稱。俯育其子,故俯音。

"三"字只是由三畫組成的數位而已,但《第五游》給"三"字賦予了天地人三才之義。當然這並不是《第五游》的獨創,是從《說文》沿流下來的傳統。《說文》云:"天地人之道也。"《玉篇》亦云:"《說文》云:天地人之道也。"《老子》曰:道生一,一生二,二生三,三生萬物。"《老子》又云:"天大,地大,人亦大。"這樣普普通通的數字"三"變成組成宇宙的三大要素,具有形而上的概念。這樣把宇宙的三要素組織化,而給人賦予了與天地相應的意義。《說文》由此賦予了"王"至高的地位,將其解釋爲:"王,天下所歸往也。董仲舒曰:'古之造文者,三畫而連其中謂之王。三者,天、

(接上頁)十一條假借例。他說:"余讀經典,於文字形聲音義之間,苦莫得其要。或音同而字異,或字同而音異,亦或有同字音而異義者。訓詁不同,襲謬而昧正者既多,而膠守而不變通者亦不少矣。""余於讀之暇,隨錄所見,爲字音假借考,凡六十一字。"這是具體辨證《說文》誤謬和《說文》所見假借例的極好的研究成果,充分表現出日益精深的朝鮮《說文》研究的水平。

地、人也,而参通之者王也。'孔子曰:'一貫三爲王。'"

又從《第五游》"大"字的解釋,可以看出作者認爲"大學的大字"的三個筆劃代表着人倫上的三個綱領,則君臣、父子、夫妻之間的綱領。尤其,"大"字的下部認爲"八",這代表着人該具備的八項美德,即三綱和五倫。另外,"父"字象手持原始石之形,後人多解釋爲象手持木杖之形。《第五游》給這個木杖賦予了父親教子的象徵和由此引申出來的"父權"。

這樣,《第五游》通過對漢字的字形結構、語義形成的解釋、漢字的系列化等,儘量把各種事物(宇宙秩序和人倫)組織化,從而使沒有理念意義的"君臣、父子、夫妻、兄弟、男女、妻妾、士吏"等字都獲得政治、倫理、秩序理念,還通過陰陽理論的闡釋使之獲得尊卑等價值觀念。由此我們可以看到漢字怎麼變成一種利於實現人倫秩序的工具,從漢字中無論統治者或被統治者都獲得人倫秩序的理論依據的過程。這樣開放型的漢字,一方面積極服務於統治理念,一方面獲得文字的"權力",一直發揮着漢字的無比力量。因而我們可以説,所有字典外表上看起來似乎都在傳達中立性的資訊,實際上卻無一不反映着字典編寫者的態度和價值觀。《第五游》的字釋就是明顯的例子。

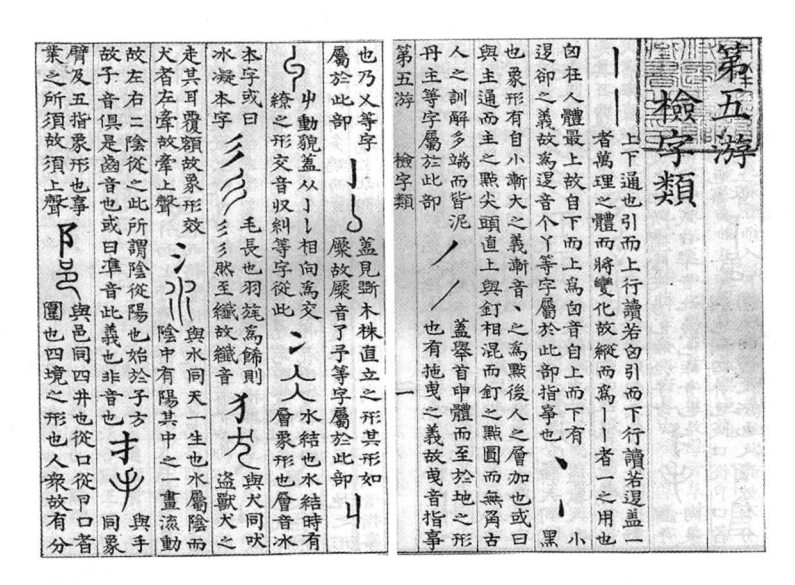

《第五游》書影

韓國歷代《說文》研究綜述

1. 漢字的傳入

漢字何時傳入韓國半島的準確記録,到現在没有留下來。但是,在韓半島北部成立衛滿朝鮮(公元前二世紀),設立漢四郡(公元前 108—107)時期,韓國已經與中國本土交流頻繁,不管怎麽樣,其時漢字已經進入韓國是不成問題的。

不過,1988 年在慶尚南道昌原市東邑茶户里出土的公元前一世紀的"毛筆"(共 5 支,黑漆木頭筆幹,兩端有筆毛)和"黑漆書刀"(長 29.2 cm),卻證明當時在韓國已經使用過漢字①。尤其,這

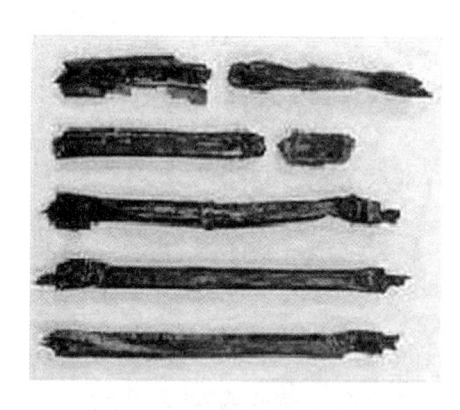

慶南昌原茶户里出土實物"毛筆"

---

① 李健茂:《茶户里遺蹟發掘的意義》(《茶户里遺蹟發掘紀録》(國立中央博物館,2008),167 頁。参看《茶户里遺蹟出土的"筆"》,《考古學志》(韓國考古美術研究所)4 (1992.12),5—29 頁。

些文物和天平、五銖錢、砝碼、銅環等一起出土,證明這些毛筆和書刀是使用於以鐵爲媒介作貿易的商貿活動時代①。又茶户里位於韓半島的東南端,此地與中國直接接壤,有漢字進入時期提前的可能性②。

另外,離茶户里不遠的金海良洞里公元一世紀的伽倻遺迹出土了口緣帶漢字的一件漢代銅鼎,口緣部刻著漢篆體:"西口銅鼎,容一斗,并蓋重十一斤,第七。"這證明於西元前已與中國交流頻繁,理解漢字也達到一定水準③。

以後,到高勾麗《廣開土大王碑》(《好太王碑》)(414)和新羅《壬申誓記銘石》(552?)時,漢字使用達到非常成熟階段,日常生活上也普遍使用。

2.《説文解字》傳入與使用

《説文解字》何時傳入韓國,到現在還不知道其確切年代。一般推測《説文》在晉代,《玉篇》在宋初,《廣韻》在宋代,《洪武正韻》就與《廣韻》同時期傳入韓國④。

爲了確認現傳文獻裏的《説文》傳入時期和使用例,根據河永三的《韓國歷代中國語言學文論資料集成》(2003);KoreaA2Z(東方 Media 韓國學 DB);KRPIA/MMPIA(NURIMedia 韓國學/Multimedia DB);韓國學中央

---

① 李健茂:《茶户里遺蹟發掘的意義》,171 頁。
② 此外,《漢書新注》(卷 96 下)《西域傳》有云:"傅子至孫右渠,所誘漢亡人滋多,又未嘗入見;真番、辰國欲上書見天子,又雍(壅)閼弗通。元封二年,漢使涉何譙諭右渠,終不肯奉詔。"可見元封 2 年(B.C.109)韓半島北邊的真番和東南部的辰國已經使用過漢字。
③ 李學勤初次考釋爲:"西口宮鼎,容一斗,并重十七斤七兩,七。"(《韓國金海良洞里出土西漢銅鼎》(《失落的文明》上海文藝出版社,1997,179—181 頁),但以後修訂如上。並認爲西字後一字爲鄉字,是地名,爲諸侯的封地名。此地爲《漢書·地理志》所説的"涿郡有西鄉",當過西鄉侯的只有漢元帝初元五年(公元前 44)封過的劉和繼他的劉景兩個人,故此鼎的年代即可姑定在西漢晚期元帝或稍後一點的時間。參看李學勤:《韓國金海良洞里出土西漢銅鼎續考》(《中國古代文明研究》,華東師範大學出版社,2005,123—125 頁)。
④ 陳榴:《〈康熙字典〉對韓國近代字典編纂的影響》,《中國字典研究》(第二輯),中國社會科學出版社,2010。

研究院的"韓國歷史情報通合系統(http://www.koreanhistory.or.kr)等資料庫,可以找到如下幾點。

朝鮮時代以前的史料,諸如《三國史記》《三國遺事》《三國史節要》《東國通鑑》《麗史提綱》等,裏面都沒有出現,也沒有引用過《説文》。到《高麗史》出現兩條:

> 卷073 志27/選舉/科目/科舉:"仁宗五年三月,詔復用詩、賦、論。九年三月,判防丁監試,雖入仕,必以詩、賦、選取。十四年八月……凡明書業式,帖經二日內,初日,帖《説文》六條,五經字樣四條,全通,翌日,書品,長句詩一首,真書、行書、篆書、印文一,讀《説文》十機,內破文兼義理,通六機,每義六問,破文通四機。……"(1134年)
>
> 卷074 志28/選舉/學校/國學:"仁宗朝,式目都監,詳定學式,……有暇兼須習書,日一紙,并讀《國語》、《説文》、《字林》、《三倉》、《爾雅》。五年三月,詔諸州立學,以廣教道。……"(1128—1134年在位)

從此可以知道高麗時《説文》已經用於科舉教材。上文提到的高麗仁宗(1122—1146年在位)14年爲西元1136年。那時《説文》是官吏們不可或缺的必讀書,已經受到足夠的重視。

3. 朝鮮時代有關《説文》的文論與專著

據以上所舉幾種資料庫,查得朝鮮時代《説文》研究到18世紀以後才正式出現;之前,主要是《説文》的單純引用,或僅用於對某字的解釋以及説解器物名。

(1) 引用《説文》例

"歷代文獻"、《承政院日記》、《王朝實錄》、《高純宗實錄》、"韓國文集總刊"、"國學原典"等所引用《說文》的具體例和總次數如下：

出　處	次數	例　子
"歷代文獻"	71	1. 丁若鏞:《經世遺表》卷9 地官修制 2. 崔岦:《簡易集》卷9 稀年録 ……
《承政院日記》	2	1. 高宗 38 年辛丑(1901.8.11.甲辰)條 2. 高宗 38 年辛丑(1901.12.27.己未)條
《王朝實録》	11	1. 世宗 12 年(1430) 1 條 2. 世宗 五禮 5 條 　128 五禮/吉禮 瑞禮/樂器圖説/鏡 　133 五禮/軍禮 瑞禮/兵器/槍・長劍・劍 　133 五禮/軍禮 瑞禮/兵器/甲冑 　133 五禮/軍禮 瑞禮/兵器/鐸・鉦 　133 五禮/軍禮 瑞禮/兵器/矛・戟・鉞 3. 中宗 16 年(1521) 1 條① 4. 光海君 2 年(1610) 2 條 5. 英祖 26 年(1750) 1 條 6. 正祖 13 年(1789) 1 條
《高純宗實録》	2	1. 高宗 38 年(1901) 1 條 2. 高宗 39 年(1902) 1 條
"韓國文集總刊"	15	1.《青莊館全書》卷之二十・雅亭遺稿(十二)・應旨各體 2.《泠齋集》卷之十一・策・六書策・奎章全韻校正諸臣製進 a_260_125d 3.《貞蕤閣集》・[陳鱣]序 a_261_596a 4.《貞蕤閣集》・文集卷之二・文・六書策 a_261_625a 5.《弘齋全書》卷五十一・策問四・文字韻書編輯諸臣應制及抄啓文臣親試更試 a_263_287a 6.《惕齋集》卷之七・對策・[文字] a_270_155c 7.《研經齋全集》外集卷九・詩類・毛許异訓 a_275_423a

---

①　辛酉,左議政南袞啓曰:"昨日問安天使時,臣題詩副使畫簇以與之。至昏時,副使遣其房守別監于臣家,致小簡云:'律製形容殆盡,可謂擲地金聲者也。獲璧西歸,予無所憾,第貴職不書,是何意耶? 既弁其首,亦當跋其終以給之。'且以其横幅幷還送。其意蓋欲使跋其尾,而具書銜也,並以香藥、焦布、胸背等物寄送。今日早朝,上使亦遣人贈臣以聖人圖一軸,許氏《說文》一件。此皆上國人所贈,故敢啓。昨日即當來啓,而日暮未及,其横幅、跋尾,亦不得已製給也。傳曰:"其所請文,卿可製之。所贈物,可受之。"此爲有關中國使臣送來《說文》的紀録。

續表

出　處	次數	例　子
"韓國文集總刊"	15	8.《研經齋全集》外集卷二十・孝經類・今古文辨 a_276_193a 9.《研經齋全集》外集卷二十二・總經類・十三經考上 a_276_229a 10.《與猶堂全書》第二集經集第二十二卷・尚書古訓・堯典 11.《臺山集》卷十七・闕餘散筆・榕村第叁 a_294_591a 12.《阮堂全集》卷一・尚書今古文辨［下］a_301_024c 13.《鳳栖集》卷之六・杞溪俞莘焕景衡著・雜著・文學難 a_312_096b 14.《瓛齋集》卷之十・書牘・與王霞擧軒 a_312_490a 15.《雲養集》卷之十・序［二］・説文翼徵序 a_328_404c
"國學原典"	28	1.《五洲衍文長箋散稿》天地篇・天文類・風雲雷雨雹虹・［0043］風雲雷雨雹虹皆有神物辨證説 2.《五洲衍文長箋散稿》天地篇・地理類・邦國・［0164］東土九夷六部辨證説 3.《五洲衍文長箋散稿》天地篇・天地雜類・鬼神説・鬼神辨證説 ……

（2）文論和專著類

朝鮮時代所撰述的有關《説文》的文論和專著，按時代順序排列，即如下。

① 李衡祥（1653—1733，字仲玉，號瓶窩），《字學》一卷

此爲李瓶窩自54歲在慶北永川浩然亭開始隱居，至1728年76歲止，約20年間，鑽研學問和培養學生期間所撰成。該書爲《瓶窩全書》所遺漏未收，其裔孫家藏（封面1張，本文76張151頁），是李瓶窩親筆行草筆寫本。該書原先屬於《更永録》第二卷。1993年由陳甲坤首次向學術界介紹，2008年金彦鍾等出版《譯注字學》進一步介紹。①

其撰述目的，則在《字學提綱》之首道：

---

① 金彦鍾：《譯注字學》，18—19頁。

韓國歷代《說文》研究綜述

六書之義,各有所取,而世久傳譌變,舉失其真。或有有意變體者,或有無知誤畫者,亦或有古今通用者。蓋其偏旁所取,尤係意義,而錯亂無徵,皆由於韻學不講而然也。蓋上古有音無字,中古以字通音,猶有有聲無字者。及至季世,沿字而失音,訛聲而變音,一毫之差,魚魯變形,齊正之間,唇齒異呼,駸駸然莫可挽回。夫沈約《類譜》,雖曰韻學之始,神珙繼以《等韻》,列爲三十六母,分爲平上去入。《爾雅》以後,《說文》、《釋名》、《海篇》、《字彙》,無慮數十家,總爲十六餘萬字。雖其反切有正訛,皆所以攄性靈之奧,洩造化之玄矣。今列聞見於下,以提其大綱。

其書包括如下內容:《字學提綱》《字母生成》《字義》《行久義差》《形犯實異》《二字相似》《三字相似》《四字相似》《五字相似》《二字相合》《三字相合》《四字相合》《怪字》《石鼓字》《亢倉字怪字》《周禮怪字》《禮記異音》《左傳異音》《古俗同異》《古今變字》《變久行便》《誤畫字》《一字變音》《二字變音》《聲韻本始說》《疊韻》《葉韻說》《半切說》《方言》《六書》《語錄》(儒家語錄、修養家隱語、禪家梵語、漢語錄)、《天竺文字說》《外夷文字說》《倭諺》《追錄諺文半切說》《梵字五音假令》《韻學始終》《葉音》等。其中,《字義》是據造字原理解釋字義的,《六書》爲應用鄭樵《六書略》而介紹《說文解字》《說文繫傳》《周禮正義》等有關內容的。

此書可以說是一部在小學未嘗綜合研究的 18 世紀初朝鮮時代對文字、訓詁、聲韻綜合介紹的小學概論書。尤其是"不僅漢語,還涉及日語、梵語的一些外語,可謂特徵"。①

② 李瀷(字子新,號星湖,1681—1763),《說文》

此文見於《星湖僿說》第 18 卷《經史門》,介紹了《說文》的價值和局限,是屬於朝鮮時代對《說文》的早期評論。它首先強調了許慎《說文解

---

① 金彥鍾:《譯注字學》,50 頁。

字》的權威性和可信性,認爲:"漢許慎《說文》其說最古可信","而慎乃漢時人……,比後之雜家爲可信"。但不盲從,說"而多與今文不同",同時指出《說文》在說解上的不當之處,說:"又云揮作弓,杜康作秫酒,神農作琴,庖犧作瑟,宿沙初作煮海鹽,夷牟作矢……然弓矢之始見於《繫辭》,慎豈不知而云爾耶?"可見被稱爲朝鮮實學開創者的李星湖對《說文》和許慎的勇於質疑和批判的積極態度。

③ 洪良浩(字漢師,號耳溪,1724—1802),《六書經緯》

《六書經緯》係朝鮮太史洪良浩所著。洪良浩初名良漢,有所避,改今名。字漢師,號耳溪。其先出於安東之豐山。24 歲時爲生員,29 歲時及第於庭課文科。1777 年(正祖元年)貶謫於韓半島最北端慶興之地生活三年,在那時撰述《六書經緯》《萬物原始》《朔方風土記》等①。之後,1782 年和 1794 年去燕京時,向清翰林戴衢亨和《四庫全書》主編紀昀請教過《六書經緯》,其内容見於《後序》。

《六書經緯》初名爲《六書妙契》②,其書分爲自序、本文、後序。《自序》介紹撰寫《六書經緯》的緣由和該書的特徵。本文據《爾雅》《釋名》《六書精蘊》《周易繫辭》之例,分爲仰觀、俯察、近取、遠取、雜物、撰德、辯名等七類,共收 1 754 字③,以楷體作標題字進行簡單字釋④。諸如:

天者,一大無上也。

---

① 《耳溪集》卷十八《太史氏自序》:"正祖初年,權兇洪國榮……斥補慶興府使。慶興極北不毛之地也,良浩居之晏然,閉門讀書以自娛,著《六書經緯》《大象解》《萬物原始》、《朔方風土記》等書。居三年,國榮敗,始召還。"
② 《耳溪集》卷十五《與戴翰林衢亨書(附答書)》云:"渴慕已久,因使期匆促,不得一晤,徒增悵仰。承惠手書,並讀新什,欣慰無似。所著《六書妙契》,理解精到,不讓古人。謹作長句一首題後,並以贈行。尊紀在門,走筆爲之,知無當於大雅也。名紙極佳,輒書一幅呈上。餘珍種種,如數拜登,敬謝敬謝。長途萬裏,伏惟珍重珍重。不宣。二月五日。衢亨頓首上朝鮮副使洪先生足下。"
③ 對聯綿字的解釋,一律分開計之,如駃騠、驊騮、蝴蝶、蝌蚪計爲各二字。
④ 爲了形體解釋的必要,亦有以古文、籀文作標題者,諸如:"霱:雪本文者,雨從彗陰,氣散而淨也。""䨓:雷古文者,雨含回陽,氣激而轉也。""思:懼占义者,心目瞿瞿也。"

地者,土中包池也。

人者,中天下而立,具陰陽之體也。

陽者,日在月上也。

陰者,雲在天下也,陰陽皆從阝者,二氣不相雜也。

據《自序》,首先説明文字的形成過程和文字的偉大功能,接着嘆息漢字從發生到大篆、小篆、隸書、楷書的演變過程當中,已經發生了意義變化,卻都注重韻書的研究而不重視字義解釋的現狀,即云:

字體屢變,而六書之義不傳。世之爲字學者,惟從諧聲焉求之,故盈天下者,大抵三韻四聲之譜而已。獨《説文》一書,專詳字義,而舉母遺子,略而不備,古聖人製作之精義奧旨猶不見矣。

筆者平時痛恨這些弊病,利用貶謫北方期間,選1 700餘常用字而解釋其義,這就是《六書經緯》。故云:

余嘗恨之。往歲謫官北塞,閉門窮居,不與外物接,專精默思,若有悟焉。乃取今文恒用者千有七百餘字。形也,意也,事也,聲也,各因其象而釋其義焉。點畫戈趯,俱有指歸,轉注假借,錯出互見,觸類旁通,可以盡天下之文矣。分彙則本之《易・係》《大傳》,立言則放乎《爾雅》《釋名》。要之辭約而意明,使夫愚夫愚婦皆可與知,命之曰《六書經緯》。

書撰寫之後,爲了提高字義解釋的可靠性,利用燕京使行的機會,購買明魏校《六書精蘊》而進行過比較,云:"後數年西游中國,博求六書之學,得所謂《精蘊》者,即皇明太常魏校所撰也。字凡千有餘,上沂鐘鼎之積,下求篆隸之變,自謂得古人心法,庶幾乎六書之遺也。"

可見,《六書經緯》的寫作目的是,當時韻書的字義說明過於簡單,所以選出當時的1 700餘常用字,根據《說文》而詳細解釋其原義。

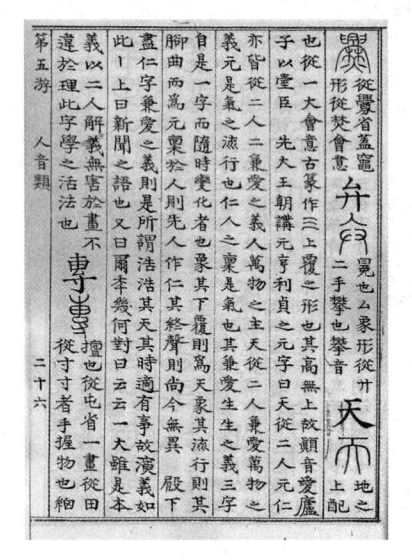

④ 沈有鎮(字有之,號愛盧子,1723—?),《第五游》

該書名來自于"第五游,游於藝之義,書于六藝居其第五也"(沈來永,《第五游跋》)之義。《第五游》爲未完稿,是寫本,共1冊,凡103張。此書爲韓國現存最早期漢字字源研究專著之一,現藏于韓國延世大學圖書館和國立中央圖書館(古朝-41-73,登錄號碼16991)。最近由李圭甲教授首次介紹於學界①。

先看其結構:

目錄;檢字類:203字(2字重複);億音類:133字(2字重複);人音類:181字;乙音類:83字(1字重複);深音類:68字;入音類:36字;工音類:233字(1字重複);於音類:458字(4字重複);乃音類:138字(3字重複)。

共羅列1 535字(13字重復)。之後,對此1 535字進行解釋字源。同部裏的字序,則依據《三韻通考》而排列。

其具體解釋體例,舉例則如下:

赤夼:南方色也,從大從火,會意。而蓋是南方朱雀之色,故雀音,俱是齒音。赤子、赤地,以色而言;赤族、赤貧,皆貧乏無餘之意,

---

① 李圭甲:《第五游初探》,《中國語文學論集》(中國語文學研究會)第49輯,2008。

韓國歷代《説文》研究綜述

赤地之類推。與尺同①。(億音類,18b)

其體例爲:[標題字(楷體)]-[小篆體]-[本義]-[形體結構]-[讀音的由來]-[由該字組成詞族的詞義來源]。[標題字]爲楷體;楷體後附着《説文》[小篆體],以便提供字形依據;之後,注明該字的[本義]和[形體結構];接著解釋了[讀音的由來]和[由該字組成詞族的詞義來源]。該書解釋[讀音的由來]時,儘量利用同音字或音近字來説明其讀音的來源,積極傳承了《釋名》以來的"聲訓"傳統。特別重視究明讀音來源,同時積極解釋[由該字組成詞族的詞義來源],充分表現出此書追求實用性的目標。

天 兲:地之上配也。從一大,會意。古篆作 亖,上覆之形也。其高無上,故顛音。愛盧子以台臣先大王朝講"元亨利貞"之元字,曰:天從二人,元、仁亦皆從二人。二,兼愛之義,人,萬物之主。天從二人,兼愛萬物之義。元,是氣之流行也。仁,人之稟是氣也。其兼愛生生之義。三字自是一字,而隨時變化者也。象其下覆則爲天,象其流行則其脚曲而爲元,稟於人則先人作仁,其終聲則尚今無异。殿下盡仁字兼愛之義,則是所謂浩浩其天,其時適有事,故演義如此。上曰:新聞之語也。又曰:爾年幾何? 對曰云云。一大雖是本義,以二人解義,無害於畫,不違於理。此字學之活法也。(人音類,26a)

"天",甲骨文作 ,金文作 ,象人之大頭部,以後頭部變爲橫畫(一),表象與人的頭相接之處就是"天"之義。由此引申出:在上的,頂部,最高,天空,自然的,氣候,上帝等義。但到楷書階段,楷體再不

---

① 赤與尺的反切完全一致,屬於同音字(《康熙字典》:"赤,古文作烾。《唐韵》、《集韵》、《韵會》、《正韵》,昌石切,音尺。")故赤與尺可以説是同音假借,《韵會》亦雲尺與赤通用。

能表現出原來的形體結構。因而解釋爲"從二從人",同時視之爲與此同音的人、仁、元等字的同源字,認爲與這些字在意義上有密切聯繫。這樣解釋,當然作者也承認過"天,一大雖是本義",但可以説是相當獨特、頗有哲理性的説解。正如他所説"以二人解義,無害於畫,不違於理",故可以視之爲"字學之活法"。朝鮮漢字形體解釋上的獨特傳統,尚需要進一步研究。

⑤ 李忠翊(字虞臣,號椒園,1744—1816),《説文新義序》

《説文新義序》是爲了説明南正和(號心淵,生卒年未詳)的《説文新義》(失傳)而寫的。此文見於《椒園遺稿》第 255 卷,514—515 頁。它不僅介紹和評價了《説文新義》一書作者所做的工作及其貢獻,而且闡發了李忠翊本人對《説文》研究的認識和思考,表現出他在《説文》研究、許慎個人以及文字流變等方面的學識和修養。即云:

今南子養心之新意,不師心而妄鑿,獨溯源而覽變。脱略偏旁聲注之微曲,究觀情形造化之奧妙。貫穿三極,倉絡六籍。危者安,昧者著。使許氏之攣曲者伸,痺弱者強。而後知者知其忠於許氏,而不處其薄也。

今老白首矣,其所別易於許氏者,非苟爲異也。蓋其潛心默識,累十載而定者,譬如射御者,惟不詭彀軌而期其當而已。後之覽斯文者,無南子之累工,而流眄於翰墨,率意排攻,自附爲許氏之徒,則其於南子之説,萬分未得其一。

由此《序》可以推測現已失傳的《説文新義》的主要内容和基本性質。

⑥ 朴齊家和李德懋等的《六書策》

正祖大王於正祖 16 年(壬子,1792)8 月御命李德懋等人撰修《奎章全韵》。該書完成之後,閣臣尹行恁、徐榮輔、南公轍、承旨李書九、李家焕,校書校理成大中,檢書官柳得恭、朴齊家等人參加校對;又向諸位閣臣提問有關"六書"問題。《六書策》是答覆這些問題的"對策"。

現在留下來的朴齊家(1750—1805,字次修、在先、修其,號楚亭、貞蕤、葦杭道人)的《六書策》見於《貞蕤閣全集》(下,115—132頁);李德懋(1741—1793,字懋官,號炯庵、雅亭、青莊館、嬰處、東方一士、信天翁)的《六書策》見於《青莊館全書》(卷20,286—291頁)。其主要内容可以概括如下幾類:

　　本質論:主要討論"文字"之名義問題,即包括"文字"之名義,"字"之本義,"文"和"字"之區分等問題。

　　結構論:主要討論"六書說",即包括"六書說"、"四經二緯說"、"對轉注"、"假借的說解"等問題。

　　演變論:主要討論"書體變化",即包括"古文"的特徵、"文"和"字"和"書"之間的關係、"八體和六體"、"筆寫方式"、"藝術書體"、"書法批評"、"河洛圖書"等問題。

　　功能論:主要討論"小學的定義",即包括"名物小學"與"義理小學"的問題。

　　關於"六書",《六書策》涉及的範圍相當廣泛,可窺當時朝鮮漢字學的認識和理解水平。詳細内容以及朴、李二人之間文字學認識上的特徵和差異,可參拙文①。

　　⑦ 李圭景(字伯揆,號五洲、嘯雲居士,1788—1856),《説文辨證説》

　　李五洲被稱爲整個朝鮮時代最有代表性的辨證家。此文見於《五洲衍文長箋散稿》(卷8上,270頁),是專門對《説文》的錯誤進行辨證的。之前,李五洲已在《洪亮吉字學辨證説》説過:"予間閱洪亮吉所著《卷施閣文乙集》,有《莊進士書》及《孫季逑贈蒼頡篇序》,知其於字學不後於人也,爲一辨證。"基於此他提出今本《説文》的局限,則云:"夫篆之降隸,增

---

① 河永三:《〈六書策〉所見朴齊家與李德懋之文字觀比較》,《國際中國學研究》(韓國中國學會)第6輯,2003.12。

减見於斯篇；文以括音，精博昭于許説。今召陵之書，廣傳于學者，而上蔡之論，半墮於梵編。此季述所急爲搜輯也。"①

由以上認識出發，根據顧炎武《日知録》、陳大科《説文異同》、趙宦光《説文長箋》、周亮工《因樹屋書影》、王世貞《漢簡跋》、方中履《古今釋疑》、方以智《通雅》等，闡明今本《説文》中的錯謬之處，並證明《説文》引用的經典爲許慎當時的异本。他説：

以引書與六經異，愚不佞以《説文》中所引經傳乃當時異本，故叔重但取自家所讀而記載，未及他本者也。何以證其爲然，如《漢書·蔡邕傳》……則石經之前，六經文字，人各異焉，故邕有此請正定者也。則叔重所引之經傳，烏得無異，此其一證也。

如《漢書·儒林傳序》……又見《李巡傳》……取此考之，則先此諸儒，有五經文字私記，各有異同，加知。是亦一證也。

又按，黃伯思《東觀餘論·漢石經與今文不同》者，亦一證也。按，萬斯同"漢魏石經殘碑則與今經文字多異矣"。叔重引經異字，何足疑哉！且顧炎武以爲五經文字不同多矣，有一經之中，而自不同者……愚以是證叔重《説文》引經之有異也。"

正如以上所述，李五洲根據明清以來《説文》研究的主要成果，對《説文》的錯謬和局限進行徹底辨證。這可以說是朝鮮時代的代表性辨證成果之一，由此可以瞭解朝鮮時《説文》研究水準②。

---

① 《五洲衍文長箋散稿》，65—67頁。
② 此文同時介紹了趙宦光《説文長箋》傳入朝鮮的情況，即云："《長箋》之來我東者，凡四套四十卷。江都行宫及洪啓禧、金相國致仁、沈蕉齋念祖家俱藏之。然彌部以下，自食部至甲部，二十五部全缺，四處收藏皆同。是或中國版本見落若此也，並記之，以待後世之篤論《説文》者考。"

另外,李五洲還對中國歷代字書作過詳細辨證。他在《字學集成辨證說》①説:

> 凡爲字學者,以六書爲宗,《説文》爲祖,此乃不刊之論也。雖好辯之士,此不敢移易。而字書中集大成者,梅氏《字彙》,張氏《正字通》。取《字彙》《正字通》,折衷爲書者,即《康熙字典》。而有王錫候者,以字典爲有未盡善,纂輯一書,名以《字貫》,頗有發明,竟以此書被禍,然書則流行於世,更無雌黃云,其精可知也。

可見當時朝鮮對中國傳統字書的理解和認識的一面。

⑧ 朴瑄壽(字温卿,號温齋,1821—1899),《説文解字翼徵》

該書由朝鮮末期的朴瑄壽(温齋)撰述,經過金晚植(字器卿,號翠堂,1834—1900)的校閲而完成的朝鮮時代《説文》研究的集大成者。朴温齋的外甥金晚植校閲過朴温齋的手稿,並撰寫《附記》,還在書眉附注以補充温齋的學説;金晚植的從弟金允植(字洵卿,號雲養,1835—1922)也撰寫了概括全書内容的《序文》和《附記》。1912 年得到寺内總督的資助由光文社石印出版,現藏于國立中央圖書館等。

《説文解字翼徵》是一部用金文資料專門研究並補充《説文解字》的文字學著作,也是朝鮮時代流傳至今的最重要的一部文字學著作。它對《説文》不準確、不够充分的 832 字的説解進行辨證。辯證時所引用的銅器共有 35 類 387 種(食器 9 類 211 種,酒器 14 類 107 種,盥水器 2 類 24 種,樂器 3 類 31 種,武器 4 類 7 種,工具 2 種,貨幣 4 種,璽印 1 種)②。

該書不僅對《説文》的錯謬進行辨證,還對漢字結構理論提出新的

---

① 《五洲衍文長箋散稿》經史篇、經史雜類(2)、典籍雜説。
② 參見河永三:《朝鮮時對〈説文解字〉研究的一個水平:〈説文解字翼徵〉》,《中國文字研究》,2001。

理論。特別對文和字的區別提出新的分類法。根據聲符的有無,有聲符則是"文",無聲符則是"字";"文"再細分爲繁從、聯從、叠從、專義、專省等①。同時重新調整過《字彙》以來繼承下來的 214 部首體系,對部首設定和部首歸屬問題上也作過新的嘗試。辨證時,還儘量運用科學研究方法,積極反映朝鮮主流思想性理學的傳統和朝鮮後期實學的"利用厚生,實踐躬行"精神和"實事求是"的研究法,提高學術上的品質。

由於這種成果,《翼徵》被稱爲朝鮮《説文》研究的集大成之作,樹立了朝鮮有特色的漢字解釋傳統,是一部根據金文資料批評和糾正《説文》的最早成果,其貢獻决不亞于吳大澂的《説文古籀補》和孫詒讓的《古籀拾遺》②。

⑨ 朴致馥(字薰卿,號晚醒,1824—1894),《字訓序》

此文見於《晚醒先生文集》第 11 卷,扼要地介紹了許傳(性齋,1797—1886)所撰《字訓》的撰述背景、經過和該書的特徵。介紹其書的撰述目的和特徵,説:"性齋許先生惟是之病,迺於講學談理之暇,就韻府四聲,剔其棼紊,而彙其故實。音義之錯出者,參互而訂焉,授據之生割者,比類而聯之。其常調而平淡易之者,難澀而鄙俚無用者,不與焉。"並對該書的價值評價如下:"是以爲書才若干,而石渠琅寰之富,可一寓目而淹也。館閣摛文之士,圭竇佔畢之儒,庶乎其知所程矣。嗚呼,文是載道之器,而未有捨字學而爲文,則文字之黑黝,未必不爲志道家之疵纇也。是編也,哀粹於氄襛浩穰之中,輗軏乎六經之輻,畦畛乎百氏之圃,而用之備訓詁箋疏,名物度數咸齦如也。"

許性齋是被稱爲朝鮮最精通于古文和經學家許穆的學術繼承人,故《字訓》一定具有漢字解釋上的學術根據,水準也相當高,但其書不傳,惜之又惜!

---

① 文準彗,《〈説文解字翼徵〉解説字譯解》(首爾大學博士學位論文,2007)。
② 該書的研究可以參看金順姬:《〈説文解字翼徵〉相關研究》(1995);金玲敬:《〈説文解字翼徵〉研究》(2004);文準彗:《〈説文解字翼徵〉解説字譯解》(2007)等。

(3) 朝鮮時代《說文》研究特徵

通過以上考察，我們可以發現如下幾點特徵：

首先，與《說文》的學術地位和價值相比，整個朝鮮時代對《說文》本體研究得比較少，可以說《說文》不太受到朝鮮學界的充分重視。更不用說對《說文》的新研究，就連《說文》的翻刻本都沒有出現過，《說文解字翼徵》是唯一的正式研究《說文》成果。《說文》的用途主要是簡單引用《說文》用於說解難字或器名，這顯然與以各種形式屢次刊行過的"韻書"大有不同。

與此相反，中國字典的另一代表《玉篇》，在朝鮮一直受到極大的矚目。在韓國，"玉篇"甚至已經不再是專有名詞，而是指稱"字典"的普通名詞。

當然對此成因還需要進一步深入研究，但其中原因之一應該從韓國使用字典的背景上去尋找。在韓國，相對來說更需要便於查明字義和讀音的使用性強的"字典"，而不太是追求漢字本義和來源的《說文》。

韻書發達的原因，也緣於漢字的非表音特徵。對韓國人來說，最重要的是怎樣掌握不斷變化的漢字的讀音。因爲這個原因，與《說文》相比韻書更受到歡迎。

第二，《說文》要到18世紀以後才開始受到重視，主要由於壬辰倭亂以後進行內在反省，並受到清代樸學的影響而導致的。

因而，朝鮮"實學派"中最有學術成就的丁若鏞（字美鏞、頌甫，號茶山、三眉、與猶堂、俟庵、紫霞道人、襲翁、苔戒、門巖逸人、鐵馬山樵，1762—1836）在他最後著作《尚書知遠錄》裏概括他一生的學術生涯，說：

> 余惟讀書之法，必先明詁訓。詁訓者，字義也。字義通而後句可解，句義通而後章可析，章義通而後篇之大義斯見。諸經盡然，而《書》爲甚。（《尚書知遠錄·序》）

> 古者小學專習字書，字字講究，象形、會意、諧聲之所以然，無不

瞭然於心目。方屬文而爲篇章也,字字鳩合,用適其宜。……後世不習字書,直讀古文,故文字之在心目者,皆連二字,三四字,多至數十字,而各字各義都圇圇不明。及其發之於篇章也,古文全句隨手使用,其中字義有迥與事情乖戾者,而亦罔覺,故文皆陳腐,不切事情。(《與猶堂全書・詩文集・說・字說》)

此與戴震《東原集》卷九《與是仲明論學書》所說極爲相近:"經之至者,道也。所以明道者,其詞也;所以成詞者,字也。由字以通其詞,由詞以通其道,必有漸。"以文字爲基礎,從訓詁音韻、典章制度方面闡明經典大義,反對"空言說理,輕憑臆解"的毛病。

4. 日帝强占時期的《說文》研究

日帝强占時期是在韓國整個歷史上最艱難的時期之一。從 1910 年到 1945 年,在 36 年的漫長歲月裏,韓國人的唯一的目標就是擺脫日本殖民統治而爭取獨立。語言和文化是一個文明國家的象徵,所以這個時期韓國人爲了保護韓國語和韓字付出巨大努力。在韓國人的心目中,漢字具有兩種矛盾的性質,它既是和韓文混用的"韓國文字",同時又是從中國借來的"外來文字"。故很大程度上韓國人的關心只集中在維護韓語和韓字上,沒有餘力研究漢字,漢字的研究比較邊緣化。

在這個時期所作出的成果,僅有權丙勳的《六書尋源》和李隣鎬的《說文》研究。其實,權丙勳的《六書尋源》雖然出版於這個時期,但其書實撰於朝鮮時代,因其篇幅過大,未能出版,直到得到朝鮮總督府的出版支援才得以出版。李隣鎬的《說文》研究,既繼承了朝鮮末的學術傳統,其時間也離朝鮮末不遠,故兩者都不妨看作朝鮮時代的產物。

1. 權丙勳(惺臺,1867—1943),《六書尋源》

《六書尋源》是油印本,1936 年完成,1938 年出版。首編 2 冊,本文 27 冊,補編 2 冊,共 31 冊,凡 8 766 頁,總字數達到 600 多萬字,解說了 6 萬多個字。

董作賓《鄭重介紹〈六書尋源〉》(《大陸雜誌》第 11 卷第 1 期,1955)一文首次向學術界介紹了這部書。但由於篇幅過大,又具有韓國獨特的解說方式等種種原因,一直缺乏進一步研究。直到 21 世紀才受到重視,至 2005 年止,出版了兩篇博士論文和一本資料集,喚起學術界的關注。

《六書尋源》是彙集《説文》《玉篇》《字彙》《康熙字典》《廣韻》《集韻》等傳統字書而集大成者。此書解字的總數和全書篇幅上達到空前的大規模,大大超過了以前任何字書,是一部充分體現韓國字書傳統的代表作。尤其對漢字結構理論作過深入研究,提出的"贅劃論"和"隱義説"都是很有理論意義的創見。他在《首篇》建立了他自己的六書分類法,重新分爲象形類、指事類、會意類、諧聲類、轉注類、假借類等六類。反映他自己的字學理論。其中,諧聲類分得特別詳細,按照韓國漢字音的終聲(韵母)而分類,同時認爲聲符也有"隱義"因素。解說字形時,儘量利用該字的讀音來解說其字義,這很可能是繼承了《第五游》等韓國字書"音訓"解說法,也是《釋名》以來"音訓"法的典型性應用。

2. 李隆鎬(字瓊錫,號醒齋,1892—1949),《説文考異序》及《説文考異 24 條》

二文見於《醒齋先生文集》第一卷(《韓國文集叢刊》第 2922 卷),爲闡明《説文考異》撰寫目的,云:"今觀諸子所引《説文》,間多與今本《説文》不同。……敢分四類而録之,以爲隨考隨入之端。"又云:"世或有與我同志者,因全所錄而益加深考,使無復有不同之嘆。則豈徒於《說文》有功,不佞亦與有榮焉。是則不能無望於今與後之博文君子。"然後列舉其異同情況:"有所引無於今本者,有今本字句少於所引者。""有所篡改者,有誤句讀者。"進而指出"不同"的原因分別是"此以校本之闕誤","此以後人之妄率也"。最後將《說文》中錯誤和不當之處分爲四類,每一類都舉出實例,共計二十四條。

(1)《說文》逸字當補者:"謠""濤""笑"3條。
(2)《說文》逸字及注中逸句奪字及錯簡當補者:"桎""梧""蛤""癇""簹""築""睽"7條。
(3)《說文》爲後人篡改當訂正者:"態""躋""瑞"3條。
(4)後人誤爲句讀當辨者:"湫""昧""詁""参商""離黄""烽燧""胗響""雋周""旁""滂""綢"11條。

李醒齋又在《字音假借考序》中,也辨證過《說文》和《史記》等歷代文獻所見61條假借例。他說:

余讀經典,於文字形聲音義之間,苦莫得其要。或音同而字異,或字同而音異,亦或有同字音而異義者。訓詁不同,襲謬而昧正者既多,而膠守而不變通者亦不少矣。……余於讀書之暇,隨錄所見,爲字音假借考,凡六十一字。

這是具體辨證《說文》誤謬和《說文》所見假借例的研究成果,充分表現出日益提升的朝鮮《說文》研究的水準。

5. 韓國現代《說文》研究

1945年從日本殖民統治擺脫出來,終於回復了主權,漢字研究也與其他學問一樣逐漸開始恢復起來。但經過日本殖民統治時代,最大的損失是到朝鮮末所維持下來的"漢學"傳統被隔離,幾乎沒有繼承下來,失去了良好的漢學基礎。還有,新出發的韓國人都認爲漢字已經不是"韓國"的,而是從中國借來的。

爲了查尋1945年以後的《説文》研究,我們根據韓國國立中央圖書館(www.nl.go.kr)、韓國教育學術情報院(KERISS;www.riss.kr)和韓國研究財團(www.nrf.go.kr)的資料庫,以"説文"爲題目檢查,查到了如下結果。

(1)學術論文

提取原則爲:年限到2010年爲止;以期刊論文作對象,不包括專著;在韓學者在韓國發表的學術性文章;通過題目檢索,包括副題,不包括關鍵詞;系列論文一律計爲一篇。

結果,從1954到2010年共檢到128篇,其主題分類、年代分類則如下表①。

分類	通論	版本	體例	書體	六書	部首	研究史	音韻	文字理論	文化	域外説文	翻譯	教學	計
篇數	4	9	25	14	9	7	16	9	4	8	14	7	2	128
百分比	3	7	20	11	7	5	13	7	3	6	11	6	2	100%
備注		校勘7篇	引經1篇								域外傳播1篇			

從内容分類來看,可見《説文》的體例、研究史、域外《説文》研究、字體的研究所占比例較大。對於這個特徵,後面再叙述。

---

① 由于分量的關係,全體目錄將公佈於韓國漢字研究所的網站("韓國《説文》研究資料庫")上。

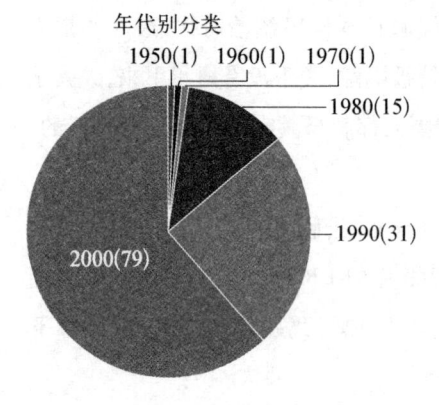

年代別分类
1950(1) 1960(1) 1970(1)
1980(15)
1990(31)
2000(79)

按年代的分佈來看，1950—1970年代每十年只有一篇，可以説是《説文》研究的初創階段。這三十年裏只有韓國第一代中文學者車相轅和許壁兩位教授的有關《説文》的介紹文章，另外就是以臺灣交換教授身份來韓的林尹寫的一篇論文而已。進入1970年代，已有的首爾、成均館、外國語三所大學之外，延世大學、高麗大學、嶺南大學等新設立中文系，從這兒培養出來的一些人才到1980年代中後期開始活動，正式啓動了《説文》的真正研究。但他們絕大多數是從臺灣留學回來的，故研究方向上還受到臺灣學界的影響，而保持着清末國學傳統，强調《説文》研究的主要目的在於解經。到了1990年代以後，隨着中韓建交，研究人員的來源也從臺灣轉到大陸，再之隨著全球化的影響，日本和歐美留學回來的研究者也增多。與之相應，《説文》研究在研究主題上也呈現出多元化，擺脱以前的介紹《説文》及文本研究，轉到文化研究和比較研究上來。進入20世紀以後，受到1990年代後期在大陸流行過的"文化熱"的影響，多人參與利用《説文》研究文化現象。

（2）學位論文和專著類

1981—2010年共有22篇碩士學位論文、6篇博士學位論文完成，並有13種專著出版。其中，較爲重要的專著有以下幾種：

陸宗達（著）、金謹（譯）：《〈説文解字〉通論》，啓明大學校出版部，1994（2002）

阿辻哲次（著）、沈敬鎬（譯）：《漢字學：〈説文解字〉的世界》，以會文化社，1996（寶庫社，2008）

廉丁三：《〈説文解字〉注部首字譯解》，首爾大學校出版部，2007

金泰完：《許慎的苦惱，蒼頡的文字》，全南大學校出版部，2007

王寧（著），金殷嬉（譯）：《〈說文解字〉與中國古代文化》，學古房，2010

姚孝遂（著）、河永三（譯）：《許慎與〈說文解字〉》，圖書出版，2014

（3）特徵及建議

首先，這時期的《說文》研究，其主題上還是針對韓國地區《說文》研究所作論文居多。譬如，《說文解字翼徵》是朝鮮時代《說文》研究的代表性著作，關於此書就有金順姬、河永三、文準彗、金惠經、柳東春、金玲敬等13篇論文。此外，對《第五游》和《六書尋源》，有李圭甲、董作賓、羅度垣等人的研究。這當然有從韓國人的立場想介紹韓國著作的特殊心理的作用，但對與之性質類似的中外著作的比較研究較少，需要加強。

第二，《說文》翻譯研究占多。諸如李炳官：《〈說文解字〉譯注》（1）—（20）（2000—2010）；金慶淑：《〈說文解字〉全譯》（1992）；孫叡徹：《〈說文解字〉翻譯》（待刊）；金愛英：《〈說文解字注〉十五篇翻譯》（1998）；廉丁三：《〈說文解字注〉部首字譯解》（2003）等。但整體來說完成度相當低，除了李炳官之外，都號稱想翻完全書，但都沒有實現，甚至翻不到第一篇就中途而廢的也有。廉丁三的翻譯給我們提供一些有關《說文》翻譯的範式，希望多多斟酌，不要中斷翻譯工作。

眾所周知，《說文》不是普通的、單純的"字書"，而是一部被稱為"五經無雙"的為了提高古文經學的地位而作的頗有哲理性大型"字典"，故翻譯《說文》時需要對古典經學有特別淵博的知識。同時因為幾乎每個字都蘊涵着很深的哲理性，翻譯時還需要細心思考。因此，研究隊伍相對有局限的韓國，個人單獨翻譯《說文》，還不如組織團體來一起研究。

第三，《說文》文本研究上有關體例、書體和研究史（說文四大家）的研究占多。這多與韓國《說文》研究者的學術背景有聯繫,前已述及。應該注意到基於《說文》的文化研究,即通過《說文》所反映的意義體系,究明古代中國文化的原型,由此闡明東西方文化的差別性①。

  第四,研究傾向上呈現著不均衡現象,如《說文》研究,從數量上講,遠遠不如甲骨文研究。學術論文不必說,光是專著或翻譯著作來說,有關甲骨文的研究已有 15 種,諸如《甲骨學一百年》(王宇信著、河永三譯,5 册,2010),《甲骨文和古代文化》(樑東淑,2009),《甲骨文的發見和研究》(顧音海著、林浩鎮譯,2008),《甲骨學通論》(王宇信著、李宰碩譯,2004),《中國甲骨學史》(吳浩坤、潘悠著、梁東淑譯,2002),《甲骨學的理解》(吳嶼著、金錫準譯,2001),《甲骨學 60 年》(董作賓著、孫睿徹譯,1993),《甲骨文解讀》(梁東淑,2005),《甲骨的世界》(吉德煒著、閔厚基譯,2008),《甲骨文導論》(陳湛煒著、李圭甲譯,2002),《甲骨文述要》(鄒曉麗著、對外投資開發院譯,2002),《甲骨文故事》(金經一,2002),《甲骨文所刻的神話與歷史》(金成宰,2000),《甲骨文的世界:古代殷王朝的構造》(白川靜著、金玉石譯,1981)等。

  第五,加強利用現代科技手段和協力研究。隨著電腦的迅速發展,現代已經建設好各種各樣的資料庫,同時隨著網路的發展,全球進入資訊化時代,全世界很多地方都可以即時交流,提供研究上的極大方便。

  譬如中國的華東師范大學中國文字研究和應用中心已經建設好從甲骨文到中古、明清時期的主要字書通檢資料庫;韓國慶星大學的韓國漢字研究所也正在建設"韓國歷代字書韻書通檢資料庫";日本的京都大學等各研究所也建設了不少有關日本字書資料庫。我們基於以上各種資料庫,需要進一步建設漢字文化圈或全世界範圍內的"《說文》研究資料庫",同時開發通檢系統,要聯合組織全世界《說文》研究者,協力進行比

---

  ① 譬如,筆者最近的一些系列論文,諸如:《從"言"和"文"系列漢字群的字源來看中國文字中心的象徵體系》(2006),《從鬼系列漢字群的字源來看古代中國人的鬼神認識》(2007),《從〈說文解字〉"目"和"見"部系列字來看中國的視覺思維》(2007),《真理的根源:真字字源考》(2009)等,集中探討東方的文字中心主義的文化機制問題。

較研究,這樣纔可以實現《説文》研究的科學化。

參考文獻:

康寔鎮:《老乞大朴通事研究》(臺北:臺灣學生書局),1985。

權德周:《六書尋源研究資料》(首爾:해돋이),2005。

金順姬:《説文解字翼徵에有關한 研究》(中央大學文獻情報學系博士學位論文),1995。

金玲敬:《説文解字翼徵研究》(華東師範大學中國文字研究與應用中心博士學位論文),2004。

羅賢美(度垣):《權丙勳六書尋源研究》(釜山大學中文系博士學位論文),2005。

文準慧:《説文解字翼徵解説字譯解》(首爾大學中文系博士學位論文),2007。

李圭甲:《第五遊初探》(《中國語文學論集》49輯,中國語文學研究會),2008。

李健茂,《갈대밭속의나라茶户里--그發掘과紀錄》(首爾:國立中央博物館),2008。

李衡祥:《譯注字學》,金彦鍾譯,首爾:푸른역사,2008。

陳榴:《康熙字典對韓國近代字典編纂的影響》,《中國字典研究》(第二輯),中國社會科學出版社,2010。

河水容:《六書尋源의著者 惺台權丙勳의 六書觀》(釜山大學漢文系博士學位論文),2005。

河永三:《韓國歷代中國語言學文論資料集成》(釜山:慶星大學),2003。

河永三:《六書策所見朴齊家與李德懋之文字觀比較》,《國際中國學研究》(韓國中國學會)第六集,2003.12。

河永三:《朝鮮時對説文解字研究的一個水平:説文解字翼徵》(《中國文字研究》2輯),2001。

河永三:《朴瑄壽説文解字翼徵의文字理論과解釋體系의特徵》,《中國語

文學》(嶺南中國語文學會)38輯,2001.12。

韓國古典翻譯院:《(影印標點)韓國文集叢刊》(首爾:韓國古典翻譯院),2009。

黄卓明:《韓國朝鮮時代文字學文獻研究》,慶星大學博士論文,2011。

論韓國傳統語言學文獻的數字化建設*
——以韓中古代小學類文獻聯合檢索系統的開發爲例

伴隨全球信息化進程,整個漢字文化圈研究與應用領域呈現出學科交叉跨度大、互滲融合性强的特點。但是,在全球信息化進程中,漢字的傳播與接受研究之不足,對于迅速增長的國際漢語需求形成瓶頸性制約,這已成爲跨學科跨文化的國際難題。近十年來,越來越多的漢字文化圈内科研院所、學術團隊,深刻認識到漢字發展的數字化研究與傳播的劃時代意義,大規模漢字數字化工作亦已開始。然而,漢字文化圈内跨國際的漢字小學類文獻的整合和研究還没有引起學術機構和學者的重視。韓國使用漢字的歷史源遠流長,目前保存下來的漢字文獻中有大量的善本古本字書、韻書、辭書、字譜、識字課本等,我們統稱之爲"韓國古代小學類文獻"。"韓中古代小學類文獻聯合檢索系統",將以韓國古代小學類文獻爲主,關聯中國古代最具代表性的一批字書、韻書、辭書、字譜等,試圖建立迄今爲止,世界上第一個韓中古代語言學文獻聯合檢索系統,爲韓國、

---

* 此文係與香港樹仁大學王平教授合作完成,今經王教授惠允,收入本集。

中國、漢字文化圈乃至世界漢學研究提供最爲便捷的專家工作平臺。基于全息檢索系統下的韓中古代小學類文獻系統將以漢字屬性研究爲主導,繫聯漢字傳播歷史、韓中文化交流歷史等內容。本研究的定位是:將韓中古代小學類文獻轉化爲全球通用的網上資源,擴大漢字在世界範圍內的影響。

1. 建設目標和必要性

1.1 建設目標

本系統將以韓國朝鮮時代所刊行的各種小學類善本文獻爲對象,並對這些文獻進行超文本的轉化和整理。經數字化整理和加工之後的韓國朝鮮時代的各種小學類文獻適用國際通用碼(Unicode),是一個開放型、多功能的專家資料庫。資料庫既可爲韓國學基礎研究提供資料,亦可起到宣傳韓國優秀傳統文化的作用。

具體的建設方向如下:
(1) 朝鮮時代刊行的各種小學類文獻的數字化處理
(2) 韓中古代小學類文獻聯合檢索系統的開發研製
(3) 網絡資源共享的資料庫的建設

1.2 建設的必要性

建設本資料庫和檢索系統的必要性,可以歸納如下幾點:
(1) 建設朝鮮時代語言學辭典類綜合資料庫

韓國朝鮮時代留下了相當豐富的語言學資料,但到現在具有多功能開放型的資料庫和檢索系統都還沒有人做過建設工作。目前,由韓國學中央研究院主持的"韓國歷史信息統合系統"中的"王室圖書館藏書閣 Digital Archive"("漢字字形典據")[①],對韓國朝鮮時代的語言學資料進行

---

① 網址爲:http://yoksa.aks.ac.kr/

了部分整理工作。但由于整理之時未明確使用對象,因而其對部分文獻的處理存在着不恰當之處。首先,設計者没有將文獻處理爲方便實用的檢索系統,因此,作爲數字化文本的多路徑檢索功能也就没有體現出來。再者,設計者亦没有將整理成果與中國現存的相關資料庫進行鏈接,因此,跨國際的中韓小學類文獻的比較研究也就無法實現,這就大大降低了"漢字字形典據"的使用價值。而我們所要建設的是統合所有朝鮮時代小學類文獻爲對象的綜合資料庫,且與中國目前已有的各種小學類資料進行鏈接的更爲完善的資料庫。21世紀全球已經進入了信息化時代,綜合性的資料庫的建設亦是極其重要的工作之一。

(2)漢字國際標準化的需要

朝鮮時代所刊行的各種小學類文獻具有很高的學術價值,但到現在没有被學者運用于亞洲歷史文化研究中,亦没有成爲研究漢字傳播發展歷史的一個重要坐標。究其主要原因,在于韓國漢字的内碼不能適應于國際通用標準碼。韓國漢字的國際標準化勢在必行,但解決這一問題的關鍵在于:首先要清理出韓國歷史漢字和當前現行漢字的相關情況,才能制定出相應的漢字國際標準。

(3)實現多路徑檢索的專家工作平臺

就目前的情況來看,韓國已有的資料庫多爲單純一的、一般平臺性質的檢索系統。建設適用國際通用碼的開放型、多功能型、專家平臺的數字化資料庫是當務之急。而這種資料庫的建設,既可爲動態性研究提供方便,亦可爲韓中日比較研究提供平臺。

(4)向世界宣傳韓國固有漢字及其漢字文化

數字化時代必然需要使用現代化的研究手段。全球化、信息化的今天,世界對屬于漢字文化圈内的韓國的瞭解的深度和廣度都還不夠,許多人認爲韓國没有固有的文化,其文化是中國或日本的融合和混雜,這其實是一種嚴重的偏見。通過朝鮮時代所刊行的各種小學類文獻的數字化資料庫的建設,可以讓世界直接接觸韓國固有的漢字資料和文化遺産,從而可以向世界宣傳韓國固有漢字及其漢字文化。

(5) 跨學科跨國際研究

本系統的完成不僅需要漢字學專業與計算機專業的結合,同時還需要與中國、日本等漢字研究所的合作。只有這樣纔可建成比較完整的漢字文化圈之歷代漢字使用資料庫,從而建設符合國際標準的開放性資料庫。

(6) 韓中(日越)比較研究

索緒爾認爲語言研究可以分"歷時研究"與"共時研究"的兩大方向。朝鮮時代所刊行的字書、韵書所使用的漢字,所記錄的內容同樣存在歷時和共時兩種形態。同時朝鮮時代所刊行的各種小學類文獻既具有發展的歷時性特點,亦具有發展過程中的階段性特點。本研究不僅着重于各個階段的特點,亦重視從某個階段發展到另一個階段的變化,關注朝鮮時代所刊行的各種小學類文獻的共時性和連續性,從中總結這些文獻在語言學發展史上所呈現出來的共同趨勢。基于此,將朝鮮時代所刊行的各種小學類文獻的數字化資料和中國、日本、越南有關資料進行比較,可以得出漢字在域外傳播的規律和特點,同時亦可瞭解漢字文化圈漢字使用之現狀。

2. 系統特徵

本系統的特徵可以從研究領域、研究材料、預計研究觀點與結論、研究方法這四個具有獨創新的方面來概括。

2.1 研究領域

研究領域的獨創性。本系統首次將朝鮮時代所刊行的各種小學類文獻與信息科學技術相結合,力圖構建一個高效的、適應于語言文獻研究的信息化平臺。信息科學技術主要是指計算機技術。近年來,越來越多的漢字文化圈國家的科研院所、學術團隊,深刻認識到漢字文獻的的數字整理與文化傳播的劃時代意義,已經開展了大規模的文獻數字化工作。然而,在韓國該項工作還處于滯後狀態,尤其是對朝鮮時期刊行的小學類文獻的數字化整理,尚處于無人問津之狀態。

(1) 本系統首次將韓國傳統語言文獻研究推向應用領域

衆所周知,韓國的漢字教育和考試已經達到普及程度,然而韓國教育和考試用漢字的標準至今沒有統一。學科的標準化是一個民族文明的標尺,本系統將通過對"朝鮮時代所刊行的各種小學類文獻"的整理與比較研究,爲韓國教育和考試用漢字制定科學標準提供理論支持。

(2) 本系統首次順應韓國儒家文化核心資源的産業化發展戰略而建立文獻語言學的資料庫

漢字編碼已經成爲國際標準化重要課題,國際間競爭激烈。隨着全球化信息化標準化進程,包括虛擬空間的呈現與傳播,成爲漢字文化圈國家文化發展的重大課題。所以,從文獻整理研究入手,擴大韓國漢字文獻在世界的影響,進而擴大韓國儒學文化在世界的影響,最終實現教育産業一體化研究的戰略目標。

2.2 研 究 材 料

研究材料的獨創性。"朝鮮時代所刊行的各種小學類文獻"是指韓國朝鮮時期刊刻流傳至今的有關漢字字形、字義、字音及字譜等的工具書。以前的學者從未對其進行過系統地整理和研究。因此,雖然研究材料固已有之,但運用計算機技術對這些材料進行整理並由此建成語料庫却是有着獨創性的。

2.3 預計研究觀點和結論

預計研究觀點和結論的獨創性。順應數字化時代的到來,引進現代化研究手段,爲韓國朝鮮時期語言學傳統學科研究創造一個全新的資料系統,爲韓國人文學科的研究提供信息化平臺,進而促進韓國文化在世界範圍内的傳播和影響,是本系統創新之處的集中體現。在全球化信息化進程中,世界對韓國文化的認同和接受存在着諸多的誤區,如認爲韓國沒有自己固有的歷史和文化,韓國的歷史文化沒有明顯特點是中日文化的拼凑等。本選題的研究成果和結論,將向世界證明,韓國自朝鮮時期就對東亞文化和漢字文化有過重大貢獻,從而形成了自己的獨特文化。這一文化特點植根于儒學基礎,且是對大韓民族教育傳統的弘揚和發揮。

2.4 研 究 方 法

研究方法的獨創性表現在以下幾個方面:

(1) 學科交叉的獨創性

最大限度地運用電腦信息處理的高科技手段,特別是數據庫技術,堅持諸多相關學科相互貫通滲透的原則,特別是將傳統文獻研究優良傳統與電腦技術高效化的結合。

(2) 比較方法論的獨創性

"歷時"與"共時"這兩個術語由索緒爾提出,用來區分兩種語言學①。韓國朝鮮時代的小學類文獻所記錄和使用的漢字,同樣存在歷時和共時兩種形態。首先,朝鮮時代所刊行的各種小學類文獻檢索系統是一個開放的系統,它的發展呈現出階段性的特點。某個階段的特徵由連續性事件來體現,當我們弄清楚每個階段之間存在的連續性之時,也就完成了對語言學發展史的構建。然而,實現這一目的的前提是必須建立可操作的描寫文獻語言學。其次,階段性的朝鮮時代所刊行的各種小學類文獻檢索系統又是一個封閉的系統。處在同一階段的文獻語言系統中,各要素必定是同時性的。這時,我們面對的文獻系統是封閉的,只需考慮這個系統中的各層次要素即可。

---

① "歷時經由時間而產生的階段。這個階段的特徵主要由我們面對連續性的現象之際發現的事實來顯示。""另一方面,存在着語言現象的狀態,它們處于平衡的境地。這些要素必定是同時性的,它們構成了共時態。我們面對的是共存的要素,而不是連續的現象。"([瑞士] 索緒爾著,屠友祥譯:《第三次普通語言學教程》,上海人民出版社,2002 年。)

3. 主要内容

3.1 資料和分類

本系統包括目前韓國現存的朝鮮時期刊行的字書類(《訓蒙字會》《韻會玉篇》《玉堂厘正字義韻律海篇心鏡》等15種)、韻書類(《三韻通考》《洪武正韻》《華東正音》《通釋韻考》《三韻補遺》《音韻捷考》等14種)、詞彙類(《老朴輯覽》《玉匯韵考》等6種)、字譜類(《實錄字藪》《新訂字藪》《奎章字藪》等9種)、蒙求類(各種朝鮮所撰"千字文"①等3種)等,凡32種。本系統將嚴格按照數字化標準(即國際標準字符集編碼標準)確定各類語言文獻資料系統,通過對各種資料系統屬性的全面標注以及必要關聯,構建朝鮮時期刊行的小學類字書的數字化平臺(包括已有的原始資料和考釋研究資料),全面完成各類傳世語言文獻單位層次的定量數據調查,並基于這一平臺的數字化功能,完成朝鮮時期刊行小學類文獻的比較研究。需要進行數字化處理的具體資料如下表:

類別	書　名	書　名	書　名
字書類	《訓蒙字會》(1527) 《韻會玉篇》(1536) 《玉堂釐正字義韻律海篇心鏡》(1567—1608) 《新增類合》(1574) 《全韻玉篇》(1796)	《經史百家音韻字譜》(1847) 《字類注釋》(1856) 《國漢文新玉篇》(1908) 《借字類編》(20世紀初) 《字典釋要》(1909) 《新字典》(1915)	《字林補注》(1922) 《金石韻府》(未詳) 《奇字彙》(未詳) 《新刻俗言雜字》(未詳)等

---

① 諸如有《續千字》《歷代千字文》《千字東史》《槿域千字文》《史攷千字》《大東千字》《半球鬆亭新千字文》《新千字》《一千字文》《姓氏千字》《蒙學二千字》《日鮮二千字》,次開發《二千字文》《世昌三千字文》《四字小學》《初學要選》《經學通編》等。

續表

類別	書　名	書　名	書　名
韻書類	《三韻通考》(高麗末) 《三韻通考補遺》(1702) 《增補三韻通考》(1702—1720) 《東國正韻》(1447) 《洪武正韻譯訓》(1455)	《洪武正韻通考》 《續添洪武正韻》 《四聲通考》(1455) 《四聲通解》(1517) 《華東正音通釋韻考》(1747)	《華東正音通釋》(1788) 《三韻聲彙》(1751) 《御定奎章全韻》(1796) 《音韻捷考》(19世紀)等
詞彙類	《老朴輯覽》 《玉彙韻考》	《廣才物譜》《方言類釋》	《漢語》《字訓》等
字譜類	《實錄字藪》(1677) 《新訂字藪》(1772) 《奎章字藪》(1777)	《唐鐵字大小》(1792) 《韓構字藪》(1792) 《生生字譜》(1792)	《衛夫人鐵木大字藪》(1909) 《鑄字目錄》(1909) 《實錄字目錄》(1913—1916)等
蒙求類	《千字文》	《兒學篇》	《初學字訓增輯》等

3.2　檢　索　系　統

(1) 實現多種檢索路徑的的檢索系統

對所收資料的多層次屬性進行標注,以科學實用的方式轉化爲資料庫中存儲數據的檢出窗口,以實現全方位、多層次地展示韓國朝鮮時代小學類文獻用字各個層面的内容。

利用語料庫平臺,開展相關時段的系統對照研究,來考察朝鮮時期漢字文獻系統,將傳世字書貯存的漢字系統、文獻係統進行整理,開展同期異國字書韻書系統的比較研究,揭示朝鮮時期傳世文獻所用漢字的發展規律。計劃出版幾種大型工具書:《韓國朝鮮刊行字書通檢》(電子光盤、紙本)、《韓國朝鮮刊行韻書通檢》(電子光盤、紙本)、《韓國朝鮮刊行字譜通檢》(電子光盤、紙本)、《韓國朝鮮刊行詞彙和蒙求類辭典通檢》(電子光盤、紙本)。

(2) 系統的實現目標

開發"朝鮮時代所刊行的各種小學類文獻資料庫"網絡版,並將其公佈于韓國漢字研究所網站。該系統的開通,旨在創造一種全新的科研成果載體,其意義具體表現爲:

① 突破傳統文本檢索的局限,提供更爲便捷的科研成果内容檢索手段;

② 突破傳統文本的篇幅限制,爲科研成果補充大量的背景資料;

③ 突破光盤檢索軟件的操作系統兼容限制,讓科研成果通行于全球網絡;

④ 發揮網絡開放的隨時更新功能,及時補充、修正科研成果。

順應數字化時代的到來,爲韓國朝鮮時期語言學這一傳統學科提供一個全新的資料系統平臺,引進現代化研究手段,進而促進科研水平的提昇,並以此弘揚韓國傳統文化,擴大韓國在世界上的影響,是本系統創新性的最終體現。

3.3 建 設 程 序

(1) 研究資料的收集

選取經典文本材料,運用計算機技術,對朝鮮刊行的小學類文獻進行全面整理,藉助現代電腦技術手段,使一直以來難以見到的寶貴文化遺產,得到最大範圍的普及與應用,轉化爲一種能夠面向大衆的最爲方便易得的信息。具體來說,建立一個包含朝鮮刊行的小學類文獻的軟件,該系統可以從各個角度提供各種類型的朝鮮刊行的小學類文獻的相關信息。

(2) 研究資料的整合

製作電子文本;提取材料的屬性(提取開展研究所需要的相關屬性内容,並在此基礎上建立包含各種屬性的文獻表);錄入材料(帶有各種屬性的文獻表建立完成後,進入最爲重要的材料錄入階段);加注標點(如果僅僅從文字本體的角度來說,或許對文獻的標點要求並不是很高,但是如果標點沒有加注準確,不僅影響了文獻內容的完整性和準確性,而且也無法保证文字語言環境的準確提取,所以標注標點是非常必要的一項工作);校對文獻(因爲所收集的文獻材料內容豐富,類型複雜,字數龐大,在錄入的過程中難免會出現漏錄或者誤錄的情況,所以應對文獻進行校對);處理形體混同字;處理同音借用字;遴選字樣;選擇主形;統計字頻等。

(3)賦予屬性

本系統將盡可能窮盡性地收集朝鮮時期實物文獻用字材料,以圖片形式掃描存入,兩者建立對應關係,以兼顧全文檢索及資料保真兩種要求。對所收資料逐條進行屬性標注,屬性標注包含五個層面:一是材料的原始屬性,如:材料、篇名、作者、時代、出處等;二是漢字的空間位置屬性,如:上下、左右、內外等;三是漢字的造字結構屬性,如:象形、指事、會意、形聲等;四是漢字的構件屬性,如:筆畫、表音字素、表義字素等;五是漢字的用字屬性,如:俗字、訛字、別字、異體字等;六是漢字字義注釋屬性;七是漢字的傳承獨創屬性,如:傳承中國漢字、韓國國字等。

韓中古代小學類文獻聯合檢索系統是一個集數據貯存、多路徑檢索、語料分析于一體的大型專家語料庫。該語料庫將文本與拓片對應,單字與圖片對應,實現全文檢索。該語料庫爲研究韓中語言文字和歷史文化提供了一個便于檢索、查詢、複製的工作平臺。用戶可以在點擊之間獲得韓中古代經典小學類文獻中的準確知識和數據。賦予的屬性舉例如下:

分類	賦予屬性依據	屬 性 內 容
字典類	材料的原始屬性(簡介) 漢字的空間和位置屬性 漢字的結構屬性 漢字的構成成分屬性 漢字的用字屬性 漢字的字義注釋屬性 漢字的傳承和獨創性屬性	材料、篇名、作者、時代、出處、排列方式、字種、字順、特徵 上下、左右、內外結構等 象形、指事、會意、形聲等 筆畫、表音字素、表義字素等 俗字、訛字、別字、異體等字義注釋 傳承中國漢字、韓國國字、日本國字等

該語料庫可以按國別檢索，可以按文獻類型檢索，可以實現韓國和韓中同類或异類文獻的聯合檢索。

4. 特　　色

4.1　方法上的特色

可以歸納如下幾點：

（1）基于語料庫的歷時比較法

歷時比較法以歷史文獻的傳承和變异爲理論根據，目的重在歷史漢字的認同。我們使用歷時比較法，不單單是爲了實現漢字的歷時認同，而是以朝鮮時期的字書、書系統爲中心，與《說文》《玉篇》《康熙字典》等專書進行不同層次單位的比較，進而考察該階段語言系統的傳承、變异、新增等情况。

（2）基于語料庫的共時比較法

將朝鮮時期的字書、韻書進行相互對照，將朝鮮時期的字書韻書與中國傳世字書《說文》《玉篇》《康熙字典》等規範性字書進行比較，從而調查出韓國漢字使用和發展的特點，進而考察朝鮮時期的文化教育特點。

（3）基于語料庫的結構系統分析法

結構系統分析法是指對朝鮮時期作爲一個封閉系統的字書韵書內部的不同層級的結構單位、結構模式等進行量化分析。具體操作要求建立字表，並逐級拆分出構字元素，然後綜合運用數據統計法和歸納法，客觀的描寫各類用字的構形系統。

總之，每種研究方法都不是孤立存在的，只有在具體操作中綜合運用、合理運用，才能符合調研對象的實際情况。

4.2　優于先前成果之特徵

（1）關于韓國學中央研究院韓國歷史信息數據庫之"漢字字形典據"的評價

目前在韓國能够見到的對韓國古代小學類文獻的數字化整理的成果是韓國學中央研究院"漢字字形典據"①。該成果是韓國歷史信息檢索數據庫,涵蓋的面相當廣泛,涉及韓國之經史子集四大部分。由于涵蓋廣泛,該數據庫並没有做到對每一類做細緻加工,因而只是一個查詢韓國歷史知識信息的通用平臺,不是一個針對不同專業和領域的專家平臺。從語言學研究的角度來看,"漢字字形典故"在材料範圍、内容、字形、字義、字音等方面,都存在着諸多需要再完善的地方。以下僅舉例説明:

時代範圍方面。從所收材料時代來看,"漢字字形典據"以《新字典》(1915年)爲最新,以《訓蒙字會》(1527年)爲最古。結果是,"新"没能與當代韓國漢字字典《漢韓大字典》接軌,"古"没有探到漢字在韓國使用之根本(漢字的使用並非起于《訓蒙字會》)。

内容方面。"漢字字形典據"稱小學類内容包括字書、韵書,但是没有包括韓國的字譜等重要文獻,收録不全面,還有許多材料需要補充。

字形方面。"漢字字形典據"企圖將韓國漢字字形之古今變化形態呈現出來,但由于字形取自《隸書集成》,受材料限制,該系統僅列出24個字的古今字形,因而字形資源缺乏。所列字形保真性和全面性也不足;没有把握已有材料,亦没有吸收新的材料。最重要的是,其所取漢字流變字形大部分是手摹,不是原拓,嚴重失真,也不美觀。

字義方面。没有將所收字所用引書的釋義項進行數字化處理,僅録入了《新字典》的釋義,因而無法進行與其他文獻的聯合檢索、動態篩選、全文檢索、字頻檢索等,嚴重降低了文獻的使用價值。

研究考釋鏈接。所收録的研究考釋文章,漏收許多,需要更新。

功能方面。功能方面存在以下缺點:没有實現字頻檢索;没有實現异體字形檢索;没有實現漢字的構形系統檢索;没有實現漢字的全文檢索;没有實現以字爲單位的同類文獻聯合檢索(比如字書類的聯合檢索);没有實現字爲單位的异類文獻聯合檢索(比如字書類和韵書類的聯合檢索)。

---

① http://yoksa.aks.ac.kr/jsp/hh/Directory.jsp?gb=1。

（2）"韓中古代小學類文獻聯合檢索系統"與"漢字字形典據"功能比較

時代範圍方面的比較。"字形典據"所收資料的時代：自 1527 到 1915 年，無頭無尾。但"韓中古代小學類文獻聯合檢索係統"所收資料的時代——2000 多年的語言歷史文獻，從 AD100（東漢《説文解字》到 2008 年（《漢韓大辭典》，檀國大學出版社）一併收錄。

内容方面的比較。"漢字字形典據"內容單薄。但"韓中古代小學類文獻聯合檢索系統"内容將韓中小學類文獻進行數字化整理，內容豐富全面，信息量大，點擊之間可以獲得單字的形音義的全面信息。

字形方面的比較。"漢字字形典據"不全且欠真。但"韓中古代小學類文獻統聯合檢索系統"呈現從古到今漢字形體流變序列；全真本拓片截圖，真實可靠。

字義方面的比較。"漢字字形典據"字義解釋無連續性，僅僅將《新字典》進行了數字化處理。但"韓中古代小學類文獻聯合檢索系統"可以檢索到某一個漢字從古到今的義項的發展演變。

研究考釋鏈接方面的比較。"漢字字形典據"外部鏈接所收考釋文章需要更新，很多資料沒有收進來。但"韓中古代小學類文獻聯合檢索系統"將建立"韓國漢字研究成果數據庫"，鏈接支持該方面的檢索。

總之，"**韓中古代小學類文獻聯合檢索系統**"**與**"**漢字字形典據**"**本質區别在于**：前者收錄單一的韓國文獻，後者涵蓋雙向韓中文獻；前者爲通用平臺，後者爲專業平臺；前者爲静態查詢，後者爲動態查詢。

5. 研究價值、難點、意義和貢獻

5.1 選題的研究價值

相對于其他學科，朝鮮時代刊行的小學類文獻資料的數字化處理嚴重落後，這種落後發軔于對傳統學科蔑視。資料系統、傳輸手段的落後，給朝鮮時期的語言學研究帶來了嚴重的負面影響：一方面，語言學研究者需要投入更多時間精力于材料的搜集查找，而在材料綜合、思辨探索、發現問題等方面的投入則只能相對減少，這不但延長了語言學研究成果的產出週期，而且把本該拼智力的科研在一定程度上變成了拼體力的活動，不利于真正優秀的科研人才發揮才智，甚至還會在一定程度上導致資料壟斷之類本不應該發生的事情；在當今語言學研究中得到頻繁運用的數理統計、計算機自動分析等手段總體上尚無法在韓國古代語言學研究領域得到應用，這就造成了朝鮮時期語言學在定量研究方面的落後。這些問題的存在，最終導致這筆寶貴的大韓民國文化遺產未能得到全面充分利用，韓國文化傳統的優勢客觀上被打了折扣。本研究立足改變現狀，最大限度地整合利用韓國歷史文獻資源，擴大韓國文化在世界的影響及傳播。

（1）對人文學科的支持

"人文學科"（humanities）這一名稱本身就是科學所界定的，是20世紀對那些被排拒在自然科學和社會科學之外的學科的簡稱。現代人文學科則以古典語文學的形式出現，其後衍生出歷史、現代語言甚至藝術史。朝鮮刊行的語言文獻是人文學科之語根，在那裏可以看到韓國古代的神話學、宗教學、儒學、文學、史學、哲學、經濟學、政治學、語言學、倫理學、管理學、傳播學、語言學等極其豐富的人文學科之內容。從語根的角度看，人文是從"結繩記事"起步的，而人文學以"人文"爲根本。科學以"類"區分事物，先有"類"的科學，後有分類的學科。所以，對朝鮮刊行字書韻書的數字化整理與研究，實際上是爲推動人文學科研究構建了最方便的資料平臺，因而是對人文學科研究有着巨大支持。尤其是目前，對儒家文化的傳播，傳統文化的繼承，更具有重要意義。

（2）對本學科的支持

本系統的設計，力圖構建一個整合迄今所見"朝鮮刊行的小學類文獻"原始資料和考釋研究成果、足以支持各個層面數字化處理要求的通用語言學數字化平臺，同時完成"朝鮮時期刊行的字書韻書"的定量調查。

在此基礎上,運用數字化研究手段,完成對朝鮮時期文字系統發展演變歷史的定量描述。實現這一目標,不僅有助于加速朝鮮古代漢語研究的現代化進程,而且對于繼承發展大韓民國的傳統文化遺產也具有重要意義。

5.2 難　　點

本系統的開發也面臨着創新所帶來的巨大工作量和諸多疑難問題。在一定時間內完成工作量巨大的韓國漢字文獻資料基礎平臺建設,按照數字化要求完成龐大的資料整理分析,必須落實如下幾項工作:

第一,確保數字化平臺中資料的準確性。將傳統介質的文獻資料整體地轉換成數字化形態的資料系統,並避免轉換過程中的錯誤,既一方面全面實現原始資料的保真,另一方面隨時跟踪文獻考釋研究的進展。同時,如何克服目前古籍資料數字化中錯誤較多這一通病,無疑也是本系統開發面臨的又一難題。

第二,形成符合語言文獻資料特點的數字化研究的科學方法。如何在數字化平臺的支持下,運用信息技術手段進行漢字研究,並沒有多少現成的經驗。相鄰學科的經驗盡管可以借鑒,但還有一個適應漢字學科特點的轉換問題,而這又是對漢字係統的量化研究來說必須突破的一個難題。

5.3 意　　義

本研究在跨學科研究上的意義,主要注重對重要類型的歷史漢字的整理:傳承韓國傳統文化的有效載體,建設語言文字文獻研究的數字化平臺。

另外,該研究的突破是克服了相關研究領域存在的難題。這些難題的癥結在于:一是無法實現徹底字化,只能部分以圖代字;二是字的編碼(內碼)混亂,不能做到一字一碼;三是未能解决古文字輸入(檢索)難關。

窮盡資料:漢字字符集是在數字化平臺上傳播漢字資料的符號載體,這種性質,要求進入字符集的字形能夠對應龐大的文字資料系統。因此，對文字資料特別是字形資料的窮盡性把握，就成爲完成本系統的目標的前提。

調查分級：漢字是高度複雜的文字體系，相關的研究還遠未達到令人滿意的程度，整個漢字系統各層面的狀況，如漢字單位數量、異體狀況、偏旁數量等都需要準確數據的支持。在系統地佔有數據的基礎上，漢字進入電腦字符集有一個逐步細化過程，即該字符集必須服務于有着不同要求使用者的事實，必須從若干角度對字形進行分級，如根據字頻可分出"常用字""次常用字""罕用字"等。這種分級，既可保証漢字進入電腦字符集的有序性，也有助于漢字進入字符集後根據不同使用需求形成若干子集。

韓中古代小學類文獻聯合檢索系統按照文獻漢字的類別進行構字元素的窮盡性分析統計，並對每一構字元素的具體功能進行定量統計分析。

建立各類文獻漢字字庫，在此基礎上形成文獻漢字總庫，並設計符合一般讀者要求的檢索軟件，以確保該字庫能夠廣泛應用于一般漢字輸入及印刷排版。

以字形爲單位建立文獻漢字單字屬性（包括書體、時代、地域、附着材質器物、著錄等屬性）檔案檢索系統。

形成漢字構字元素功能的分類檢索系統，包括每一類別漢字的每一構字元素的表義、表音等功能檢索及定量數據檢索。

傳世語言學文獻研究大多停留在個體考證與研究層面，研究方法嚴重滯後。目前能見到的單本書的數字化處理，僅僅是將其原本掃描到計算機中，既不能實現單字字頭檢索，也不能實現多路徑檢索和全文檢索。韓國古代語言學文獻全息檢索係統的建立將實現文本的全息檢索與動態查詢，而基于動態語料庫的韓國古代文獻研究，將打破以往研究的局限，以文獻聯合檢索爲平臺，形成系列專家數據庫。

5.4 貢　　獻

該系統的研究結果將對韓國語言學、儒學、歷史學、文化學等領域具有重大貢獻。學術貢獻有顯性、隱性之別。工程技術方面的貢獻是顯性的、可計算的,但人文學科、基礎學科方面的貢獻相對而言則是隱性的、很難計算的,因此易被人們忽視。而該系統的研究成果力圖改變這一現狀。

　　該系統通過韓國漢字進入國際標準字符的渠道,擴大韓國文化在世界的影響。韓國漢字已經進入國際標準字符,但如何徹底進入却是一個尚待認真研究的問題。編碼字符的選定標準可概括爲兩點:一方面,韓國漢字字符集是在數字化平臺上傳播資料的符號載體,這種性質要求進入字符集的韓國漢字字形能夠對應龐大的韓國傳統漢字文獻資料系統。因此,必須對現有的韓國漢字文獻資料特別是朝鮮時期刊行字書的字形資料實現窮盡性整理,在此基礎上編譯漢字編碼單位。另一方面,按照數字化原則,韓國用漢字字符集必須經過嚴格整理方能進入國際標準編碼字符集。而整理的基本任務,是將没有區別意義的字形清理出來,以保证進入國際標準字符集中的字樣的唯一性,進而確保信息化處理的精確性。很明顯,要完成這樣一種要求極高的韓國漢字編碼選定提交工作,必須窮盡韓國漢字單位,並對它們進行完整的屬性標注。這並不只是爲了應付國際標準化組織對進入字符集的字符逐個提供完整的屬性信息的要求,而是因爲完整的屬性標注是完成編碼選定的必要工作步驟。因此,本系統同時也具有推動韓國漢字編碼的現實意義。漢字編碼的國際標準即將誕生,這也爲本系統開發研究的提供了可行性環境,並將大大提昇本系統研究成果的實際功用。本系統的開發研究,也將切實推動漢字國際標準字符集編碼工作。

朝鮮時的一部漢字頻率調查報告書——《生生字譜》

一、前　　言

本論文以朝鮮正祖十六年(1792)刊行的《生生字譜》作對象而分析其所反映的當時漢字頻率狀況和其在漢字頻率研究史上的意義。

除漢字的形音義三個要素之外，被稱漢字的第四要素的"字頻"實質上代表該字的使用能力。在這個意義上，漢字的字頻研究對漢字本身和漢字應用研究都具有重要意義①。

在中國，漢字頻度研究始於1921年陳鶴琴的《語體文應用字彙》，隨著電腦的出現，開始了深入的研究。1977年的《漢字頻度表》、1988年的《漢字頻度統計》②、1986年的《漢字頻率表》(語文出版社)③、1992年的《現代漢語字頻統計》(語文出版社)④等重要成果相繼出版，使得漢字頻

---

① 馮志偉：《現代漢字與計算機》，北京大學出版社，1989年，109頁。
② 從1973年到1975年，針對2 160種資料提取了6 374個字種，編輯成方便使用的《漢字頻度統計表》。
③ 針對約180萬餘字，提取了總共4 574個字種。
④ 針對1 108萬字，提取了總共7 754個字種。

度研究取得了令人矚目的成果①。不僅如此,中國國家語言文字工作委員會自2005年起每年一次調查當年的2 500高頻度漢字、3 500高頻度漢字、7 000高頻度漢字等,並與《現代漢語常用字表》進行比較,每年提供使用的漢字頻度狀况②。

在韓國,從1972年公布的"教育用基礎1 800漢字"開始,對於漢字頻度的研究已經展開。進入1980—90年代,研究逐漸活躍,包括韓國科技院的《KAIST漢字頻度調查一覽表》(1981)、許成道教授的《漢字使用頻度調查》(人與書,1997)、金弘奎的《國語生活的漢字使用頻度研究》(《新國語生活》第9卷第1期,1999)、南潤鎮的《國語辭典標題語的漢字頻度》(《新國語生活》第9卷第1期,1999)以及韓國教育開發院的《漢文教育用基礎漢字1 800字調整白書》(1999)等研究成果已經發表。但是,國家層面的更爲系統化和全面的調查研究仍然缺乏,當然還需要更多的多樣化和綜合研究。

不過,20世紀之前,韓國朝鮮時代已經存在能利用漢字頻率研究的重要資料。那就是爲了統計朝鮮時代所鑄造的各種活字的數目而作的一些目錄,諸如:《新訂字藪》(1772)、《奎章字藪》(1777)、《衛夫人鐵木大字藪》、《鑄字目錄》(1909)、《唐鐵字大小》、《韓構字藪》、《生生字譜》(1792)、《實錄字藪》(1677)、《實錄字目錄》(1913—1916)等③。其中《生生字譜》收錄字最多,共有14 983字④,所鑄造的活字數目也最多,共有159 133個,這可以説是韓國歷代"字譜"之最⑤。因此,《生生字譜》是了

---

① 參見蘇培成:《現代漢字學綱要》,北京大學出版社,1994年,第29—33頁。
② 參見國家語言字源監測與研究中心(編):《中國語言生活狀况報告(2005)》,商務印書館,2006年;《中國語言生活狀况報告(2006)》,商務印書館,2007年。
③ 至於刊行年代,主要參考了金英善的《活字字譜考》,《文獻情報學論文集》第8卷(2002),361—371頁。
④ 從收錄字量來看,接下來,《奎章字藪》共收錄了11 404字,《鑄字目錄》共有11 074字(大字)(小字8 679字),《韓構字藪》共有10 850字,《衛夫人鐵木大字藪》共有10 310字(大字)(小字9 434字),《新訂字藪》共有10 031字,《實錄字藪》共有7 562字,而《唐鐵字大小》則收錄了7 226字。
⑤ 《鑄字目錄》的總鑄造量爲203 921字,《奎章字藪》爲150 170字,《新訂字藪》爲142 767字,《衛夫人鐵木大字藪》爲136 900字,《實錄字藪》爲78 188字,《韓構字藪》爲69 023字,而《唐鐵字大小》則爲37 186字。

朝鮮解當時漢字頻率狀況的一部有用資料①。

二、《生生字譜》簡介

(1) 刊行年代與板本

"生生字"是在正祖16年(1792)王命下,模仿清朝的《四庫全書聚珍板式》,以《康熙字典》爲底本製作的木活字。3年後,正祖19年爲引用《園幸乙卯整理儀軌》,以此木活字爲底本,鑄造了銅活字,稱之爲"整理字"。

關於《生生字譜》的刊行年代,雖然有朝鮮正祖18年(1794)②和正祖20年(1796)③兩種說法。但據最近研究,認爲其刊行於正祖16年(1792)閏4月較爲合理。《日省錄》中"正祖16年壬子年"條記載:"閏4月24日,內閣完成編纂新的聚珍字譜,下發箕營。又額外製作了16萬字……6月29日命內閣製作木字本。"又《王朝實錄》卷三十五"正祖16年6月丙申"條中提道:"丙申日命內閣製作木字本。當時爲了印製御製,命令平安監營用銅鑄造字本,後用木代替,並命內閣負責製作。"尹炳泰認爲此處所提的《聚珍字譜》即是《生生字譜》④,這一觀點在學界得到了認可,如"奎章閣的解釋"和鄭玉子的《正祖的文藝思想與奎章閣》中也將《生生字譜》的刊期標爲1792年。

《生生字譜》目前存在兩種板本。其中一種是首爾大學奎章閣所藏的

---

① 對於《生生字譜》中某些字的使用情況,尹炳泰已經指出:"(在《生生字譜》中)某些字的使用情況到底達到了何種程度,這是一個非常有趣的問題。這種研究對於國語研究,特別是以古文爲中心的研究,對於了解某一特定漢字的使用頻率也是非常有幫助的。此外,這種統計結果也是爲了了解在過去的活字的鑄造或製作中,這些字已經被使用過,這是非常必要的。"

② 《御定人瑞錄》卷首《總敘》云:"國朝銅字印書創始於太宗癸未……歲甲寅倣中國四庫書式,取字典本,木用黃楊,刻成大小三十二萬餘字……賜名曰生生字譜。"並命內閣保管。而在其標題紙中也提道:"字典書體,甲寅初印。"

③ 《王朝實錄》卷44《正祖20年3月癸亥》即云:"壬子命倣中國四庫書聚珍板式,取字典本,木用黃楊,刻成大小三十二萬餘字,名曰生生字。"

④ 參見尹炳泰,《生生字譜與生生字》,第36—37頁。

1册11张本,通常被称为"无注本"(奎7684-5)①,这只有铸造的字种目录,并没有记录铸造的数字。另一种是1册82张本,通常被称为"有注本"(奎7072,4533,7026,7073,7074)②,除了铸造的字种目录外,还记录了铸造的数字。因此,本论文主要目的是为了了解18世纪时期朝鲜的汉字频度,主要分析了1册82张本("有注本")。

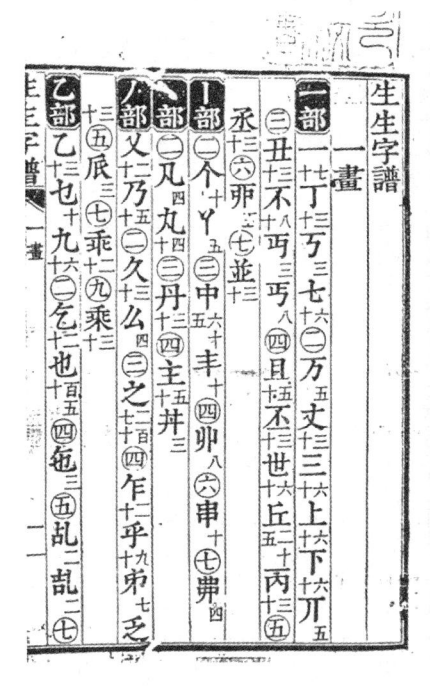

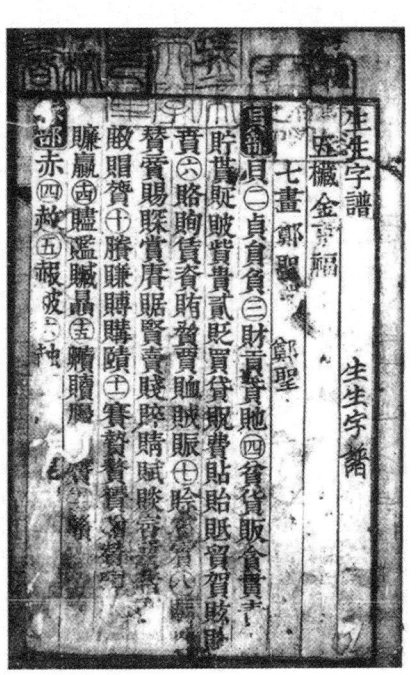

[图1]《生生字谱》(有注本)书影　　[图2]《生生字谱》(无注本)书影

(2) 收录字量与铸字总量

对于《生生字谱》的收录字量与铸字总量,《生生字谱》第81张阴面

---

① "正祖16年(1792)出版,1册(11张)(零本),四周双边,半页匡郭:21.7×13.9 cm,10行20字,版心:上黑鱼尾:26.4×17.2 cm。封面书名:《生生字分橛都录》。印记:所藏本:第5册(五页)外缺。"

② "1册(82张),四周双边,半页匡郭:21.6×13.9 cm,10行字数不同,版心:上黑鱼尾:31.2×19.3 cm。印记:印:7072:熙政堂。"

第2行至第5行云："原字1萬4千9百86字；疊字14萬4千2百60字；總15萬9千2百46字（小字稱此）。"可見原書因爲所收字量爲14 986字，而大字共鑄159 246字，小字與此同數，故鑄字總量爲318 492字①。

然而，這裏的"二百二十四部"似乎是"二百一十四部"的錯誤。《生生字譜》的原書中所述的收錄字數和鑄造總量與筆者的統計有些許差異。根據筆者的統計，"有注本"《生生字譜》基於214部首體系，總共收錄了14 982個標題字，鑄造的活字量爲159 931字，如果小字也以同數製作，則總量達到318 862字。詳細情況如下<表-1>：

<表-1> 《生生字譜》收錄字量

番號	部首	字種	鑄造總量	番號	部首	字種	鑄造總量
001	一	22	764	012	八	13	635
002	丨	7	112	013	冂	17	241
003	丶	5	127	014	冖	14	222
004	丿	12	574	015	冫	63	661
005	乙	14	439	016	几	8	156
006	亅	3	140	017	凵	8	103
007	二	13	423	018	刀	150	2 001
008	亠	14	390	019	力	75	1 095
009	人	635	6 633	020	勹	23	253
010	儿	25	290	021	匕	6	100
011	入	7	215	022	匚	20	232

---

① 順祖14年（1814）似乎是《板堂考》中的"鑄字所應行節目"所記載的："生生木字，大字十五萬七千二百字，小字十六萬四千三百字，甲寅造成。"這與《生生字譜》中記錄的鑄造量相比，大字多了2 046字，小字多了5 054字，顯示了一些差異。

朝鮮時的一部漢字頻率調查報告書——《生生字譜》

續表

番號	部首	字種	鑄造總量	番號	部首	字種	鑄造總量
023	匚	8	128	045	屮	3	43
024	十	17	384	046	山	292	2 113
025	卜	10	156	047	巛	6	157
026	卩	23	397	048	工	6	149
027	厂	34	506	049	己	9	145
028	厶	6	138	050	巾	138	1 355
029	又	19	459	051	干	11	245
030	口	562	6 082	052	幺	9	106
031	囗	43	770	053	广	107	1 133
032	土	250	3 168	054	廴	4	105
033	士	13	278	055	廾	11	143
034	夂	1	5	056	弋	6	73
035	夊	8	62	057	弓	50	655
036	夕	13	225	058	彐	6	132
037	大	47	863	059	彡	16	232
038	女	308	2 886	060	彳	68	948
039	子	29	579	061	心	449	5 132
040	宀	95	1 678	062	戈	28	545
041	寸	15	356	063	戶	18	336
042	小	6	150	064	手	541	5 952
043	尢	9	90	065	支	7	54
044	尸	38	549	066	攴	64	1 066

續表

番號	部首	字種	鑄造總量	番號	部首	字種	鑄造總量
067	文	8	134	089	爻	6	145
068	斗	16	219	090	爿	9	104
069	斤	15	287	091	片	28	255
070	方	38	619	092	牙	5	34
071	无	5	63	093	牛	73	744
072	日	186	2 288	094	犬	166	1 676
073	曰	17	415	095	玄	5	120
074	月	28	520	096	玉	203	2 081
075	木	725	6 309	097	瓜	17	124
076	欠	56	726	098	瓦	62	392
077	止	16	369	099	甘	6	105
078	歹	54	442	100	生	7	155
079	殳	26	265	101	用	4	105
080	毋	7	112	102	田	68	1 129
081	比	7	65	103	疋	9	171
082	毛	53	337	104	疒	180	1 817
083	氏	4	135	105	癶	4	110
084	气	4	81	106	白	40	442
085	水	795	7 162	107	皮	20	102
086	火	234	2 696	108	皿	38	548
087	爪	7	204	109	目	226	1 760
088	父	5	87	110	矛	14	115

朝鮮時的一部漢字頻率調查報告書——《生生字譜》

續表

番號	部首	字種	鑄造總量	番號	部首	字種	鑄造總量
111	矢	15	359	133	至	6	160
112	石	190	1 554	134	臼	15	321
113	示	101	1 576	135	舌	17	172
114	内	8	159	136	舛	4	94
115	禾	155	1 838	137	舟	66	439
116	穴	85	865	138	艮	3	80
117	立	26	376	139	色	6	73
118	竹	299	3 065	140	艸	635	5 869
119	米	87	791	141	虍	27	332
120	糸	360	4 154	142	虫	309	2 698
121	缶	28	227	143	血	17	98
122	网	57	619	144	行	15	289
123	羊	48	513	145	衣	217	1 957
124	羽	62	805	146	西	10	210
125	老	8	280	147	見	32	457
126	而	7	192	148	角	44	402
127	耒	34	330	149	言	389	4 124
128	耳	56	807	150	谷	20	120
129	聿	8	162	151	豆	17	166
130	肉	295	2 891	152	豕	44	368
131	臣	4	160	153	豸	43	284
132	自	6	109	154	貝	95	1 567

續表

番號	部首	字種	鑄造總量	番號	部首	字種	鑄造總量
155	赤	12	128	177	革	98	633
156	走	50	335	178	韋	28	167
157	足	183	1 461	179	韭	4	13
158	身	15	174	180	音	12	152
159	車	134	1 212	181	頁	98	975
160	辛	11	210	182	風	42	261
161	辰	6	94	183	飛	6	56
162	辵	131	1 814	184	食	128	993
163	邑	140	981	185	首	6	47
164	酉	98	879	186	香	16	78
165	釆	2	50	187	馬	157	1 286
166	里	5	155	188	骨	60	309
167	金	309	2 329	189	高	5	41
168	長	6	50	190	髟	71	452
169	門	72	882	191	鬥	9	64
170	阜	118	1 320	192	鬯	5	39
171	隶	5	21	193	鬲	14	65
172	隹	35	533	194	鬼	30	230
173	雨	74	832	195	魚	176	926
174	青	8	89	196	鳥	243	1 732
175	非	5	72	197	鹵	15	113
176	面	15	70	198	鹿	39	300

續表

番號	部首	字種	鑄造總量	番號	部首	字種	鑄造總量
199	麥	27	227	208	鼠	26	100
200	麻	8	110	209	鼻	12	58
201	黃	10	102	210	齊	8	81
202	黍	6	77	211	齒	51	248
203	黑	51	434	212	龍	6	95
204	黹	6	62	213	龜	4	40
205	黽	20	149	214	龠	7	58
206	鼎	4	45	計	149	82	159 031
207	鼓	17	107				

筆者的統計與原書記載相比,在收録字數上少了 4 字,在活字的總量上也少了 175 字,如果加上小字,則總共少了 350 字。不過,在原書中的"梘"字(木部 5 劃,27B10)只有標題字,並没有記録鑄造數量,這似乎是原書在板刻時出現的錯誤。

(3) 收録字的排列

《生生字譜》首先根據 214 部首進行分類,然後按筆劃數量對部首進行排列,再在同一部首内按筆劃順序進行分類。有學者曾認爲同筆劃數量内的字是按照《全韻玉篇》的順序排列的①,但經過對照,發現其排列順序完全不同。

《生生字譜》

[1 筆] [部首] 一部、丨部、丶部、丿部、乙部、亅部

---

① 金善英:《活字字譜考》(《文獻情報學論文集》第 8 輯,2002),369 頁。

[一部] 一、丁、[丂]①、七

[2筆] 萬、丈、三、上、下、丌

[3筆] 丑、不、丐、丏

[4筆] 且、丕、世、丘、丙

[5筆] 丞

[6筆] 夘

[7筆] 並

《全韻玉篇》

[1筆] [部首] 一部、丨部、丶部、丿部、乙部、亅部

[一部] 一、七、丁

[2筆] 丌、萬、下、丈、上、三

[3筆] 丏、丐、不、丑

[4筆] 丕、且、世、丙、丘

[5筆] 丞

[6筆] 夘

[7筆] [兩]、並

[10筆] [竝]

　　如上所示,同一部首下的相同筆劃數的收錄字的順序,在《生生字譜》和《全韻玉篇》中完全是不同的排列順序。這與《字彙》也不符,但與《康熙字典》的排列幾乎完全相符②。對此,後續需要進行更爲細緻的對照和深入的研究。

　　(4) 印出本

　　根據《生生字譜》,已知的引用本包括《生生字譜》和《御定人瑞録》,這已經是公認的事實。而根據金斗鍾的研究,又有5種引用本被披露。另外,

---

① [ ]內的字表示它們之間沒有被包含。
② 但是,在《康熙字典》中,[3筆劃]的"丑"位於最後,而在《生生字譜》中,它位於最前面。

根據尹炳泰的研究,他認爲在正祖 20 年(1796)丙辰 3 月 17 日之前,所有使用生生字的引用都應該被視爲生生字的引用本。他在自己的《韓國書誌年表》和《韓國古書年表資料》中,增加了帶有内賜記的以下生生字引用本:

1975 年(乙卯)正祖 19 年:

9 月《華城奉壽堂進饌賡載軸》、《洗心臺辛亥賡載軸》、《葸喜賡載軸》

10 月《賡載軸》、《寶鑑纂輯廳賡載軸》、《(乙丑)耆社賡載軸》

此外,在上述的年表中未被列入,但從《韓國活字本一覽表》中提取出的正祖 19 年(1795)9 月的《内苑賞花戊申賡載軸》等 4 種,10 月的《高嶺里祈隱閣賡載軸》等 11 種,以及未知年份的《南殿齋宵賡載軸》等 14 種也被列舉出來。不僅如此,從 1796 年 3 月整理字的鑄造開始,直到 1857 年鑄字所的火災導致生生字遺失之前,所有的引用書籍中,根據生生字的排版等資料,也詳細調查了與整理字混合使用的情況,並提供了相關資料。特别是在整理字形成後的《文史咀英》(1829 年 8 月)、《諸臣賡韻(甲寅)》(1854 年 6 月)、《諸臣賡韻(丙辰五月)》(1856 年 6 月)等,都明確地只使用生生字進行引用。①

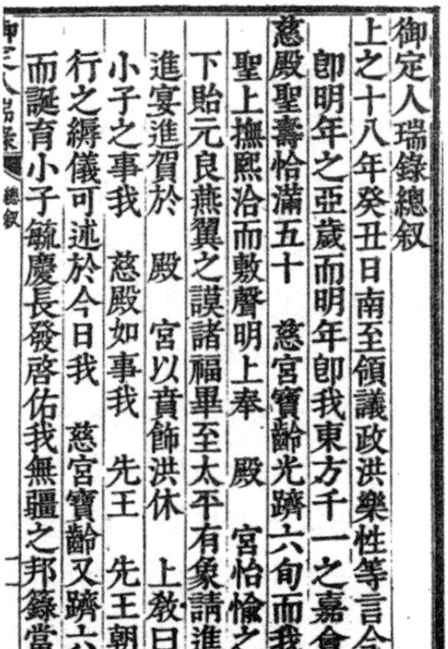
御定人瑞録總叙
上之十八年癸丑日南至領議政洪樂性等言今日
卽明年之亞歲而明年卽我東方千一之嘉會也
慈殿聖壽恰滿五十　慈宮寶齡光躋六旬而我
聖上撫熙洽而敷聲明上奉　殿　宮怡愉之歡
下貽元良燕翼之謨諸福畢至太平有象請進號
進宴進賀於　殿　宮以賁飾洪休　上敎曰予
小子之事我　慈殿如事我　先王　先王朝已
行之縟儀可述於今日我　慈宮寶齡又躋六旬
而誕育小子毓慶長發啓佑我無疆之邦籙當此
御定人瑞録　總叙

[圖 3]　生生字 引出本《御定人瑞録》(1794)書影

① 尹炳泰:《生生字譜與生生字》,44—48 頁。

然而，以生生字爲底本之後鑄造的"整理字"在外觀上與生生字極爲相似，至於難以區分。① 因此，雖然嘗試根據排版框的行數來識別在整理字鑄造後的出版物，但這種方法並不一定是恰當的區分方式②。因此，對於由生生字所印製的版本，需要更爲保守的觀點。曹炯鎮將由生生字、奇應木活字和整理字所印製的版本進行了區分，並確定了由生生字所印製的版本，包括《御定人瑞錄》(1794)、《生生字譜》(約1794)、《乙卯食年司馬榜目》(1795)、《御制策問》(1795)、《洗心臺辛亥廣載軸》(1795)、《高嶺里祈隱閣廣載軸》(1795)、《華城奉壽堂進饌廣載軸》(1795)、《誠正閣夜對聯韻軸》(1795)、《內苑賞花戊申廣載軸》(1795)等九種。③

(5) 避諱字

《生生字譜》裏，避諱共出現6例，諸如："愃"（莊祖諱，追尊，21A2）④，"旦"（太祖諱，第1代，25B10），"椿"（度祖諱，先系追尊，28B10），"焞"（肅宗諱，第19代，36A5），"琈"（元宗諱，追尊，39A4），"鈞"（景宗諱⑤，第20代，69A1）等。這些避諱字在同筆劃字群裏能調整時故意移到該行的首位，以表尊重⑥。

(6)《生生字譜》的幾個特點

首先，可以看到對於鑄造等級的細緻劃分。在《生生字譜》中，記錄了活字的鑄造量，從最多的270個到最少的2個，高達63個階段的細緻劃分。特別是60個以下的等級，僅缺少52、51、48、46、44、42、41、34、31、21、11個，其餘都有劃分，並按照相應的字母進行排列。雖然不清楚這種細緻

---

① 金斗鍾認爲生生字和整理字的引用版本難以區分，因此他沒有單獨區分它們，而是提供了從正祖18年開始未被引用的53種的清單。具體的目錄種類在3金5年左右，大約105年。參見金斗鍾，《韓國古印刷技術史》(探求堂，1974)，327—329頁。
② 千惠鳳：《韓國木活字本》(凡友社，1993)，94頁。
③ 曹炯鎮：《中韓兩國古活字印刷技術之比較研究》(學海出版社，1986)，290頁。
④ "21A2"是指第21頁陽面的第2行，而B則是指陰面。
⑤ 景宗的諱名原本是"昀"，而"昀"與"鈞"有同音關係，因此可以進行避諱。
⑥ "日"部的1筆劃中，只收錄了"旦"字，因此沒有調整的方法，只能將"日"字排列在其下方。

的劃分是基於當時活字相關人員的精緻經驗,還是基於鑄字所的秘密技術,但將近達到1萬5千個的大量漢字按照63個等級進行劃分,無疑是令人驚訝的。

其次,可以看到多種形體的鑄造。在《生生字譜》中,爲了印刷的方便,似乎同時鑄造了將要使用的字的多種書體。例如,除了保(25)之外,還鑄造了(20);除了更之外,還鑄造了。此外,還有正體字以外的古字,如並(20,立部首)、並(30,一部首)、幷(25,干部首);辭和辤;忍和惄、單和等,都同時進行了鑄造。特別是在並的情況下,由於鑄造的内部字比正字多,可以推測内部字如並或幷更爲方便地使用。

第三,未收錄字和未記錄鑄造量之字:《生生字譜》中,偶爾可以看到即使是常用字也沒有被收錄的情況,或者有些字雖然有標題字,但沒有鑄造量的記錄。

例如,"現"雖然是一個相當常用的字,但在《生生字譜》中並未被收錄。這可能是因爲在古代韓語中,"見"有時也用來表示"現",但考慮到"現"在《全韻玉篇》中也有出現,且在其他頻率調查中也有被提及,所以有理由懷疑它可能是被遺漏了。另外,"迥"雖然不是常用字,但在古代文獻中經常出現,所以也有理由懷疑它可能是被遺漏了。

另外,"杬"(木部首,5筆劃)只有標題字的記錄,但沒有其鑄造量的記錄,這似乎是一個錯誤。

三、《生生字譜》與朝鮮時代的漢字頻率

(1) 收錄字的頻率

《生生字譜》根據總共63個等級記錄了各個字的字數,其中最多的是270個,最少的則是2個。在書中收錄的總共14 983個標題字中,頻度最高的字是"之"(270次),其次是"也""以""兮""而"(各150次),再其次是"其""者"(各120次),然後是"于""人""壽"(各100次)。這些字的具體頻度分佈如下表所示(見<表-2>)。

<表-2> 《生生字譜》高頻率字例①

序號	鑄字量	字種數	編碼	字例
1	270	1	1	之
2	150	4	2—5	也以兮而
3	120	1	6	於
4	110	2	7—8	其者
5	100	3	9—11	于人壽
6	90	1	12	乎
7	85	2	13—14	矣曰
8	80	3	15—17	不則耶
9	78	1	18	焉
10	75	1	19	爲
11	70	8	20—27	一乾事子年所王臣
12	67	1	28	地
13	65	3	29—31	田中心
14	62	1	32	天
15	60	16	33—48	知七三下上世九二五仙八六十山月次
16	59	2	49—50	判哉
17	58	2	51—52	列坤
18	57	2	53—54	國性
19	56	8	55—62	員囚州帝文獄理福
20	55	17	63—79	生仁位修僧卦此無物皇相禮罪義聲職親

① 上表第65的字種數"39"是部首的標題字,只是爲了部首分類法的方便而提供,並沒有顯示鑄造量。因此,不能說它們沒有被鑄造,只是它們的頻率爲0,所以不包括在鑄造的目標中。

朝鮮時的一部漢字頻率調查報告書——《生生字譜》

續表

序號	鑄字量	字種數	編碼	字例
21	54	1	80	信
22	53	1	81	侯
23	50	46	82—127	且主乃亂予亦代佛免兩公兵分別史名君四大夫姓孫將小恨日有服朝氏民水爾疏祖禹罷老聖與興見語賢軍道
24	49	1	128	刑
25	47	2	129—130	使言
26	45	51	131—182	任先冠利前功厥司問城如宮川平象意教敵數易明春時書未治然燕營牧班當病破祀祭禄禽私秋秩答經置羣詔贈身金陽麼
27	43	1	183	周
28	40	101	184—284	丸京亭何倭元兄光入冬出初制動勤卿原去又可吏哭夜太守官對少恩惠愛成或救新旨星是朝木本欲歉正歲火父犯獻兹由男畝疆疑痛發盛盡監省石神禁穀端竹笑篇籍米綱聚聽能自至致臺擧舜色若行視詩變象負賊體酒里重門陰難雨風麥龍
29	39	1	285	草
30	38	3	286—288	家放災
31	37	12	289—300	及取古后吳律智歷熙異節賦
32	36	5	301—305	在度瑞翌蕃
33	35	209	306—514	伊伐來倫傅傳傷僚價儀儒儲允內富副劉務勞匹叔受叛唐善噫域堂報土夏夕始嬪宋客寡寺就屯師常建强形御志思怨悲清惟感愁慶憂憲懇戚戰才拜抵操擬敢敬旅旋旗昭晝曆曹期李枝東極樓樂止殿母氣汝法流海清湖湯源漢烈熱燭牲特狀狄狩獸猥獨獵獸率玉產用疫疲登看真督矜社祥禦禪科租稅秫稱稷穆稽策箕箭箴簿精糧紀納綸編縣織繼署

339

續表

序號	鑄字量	字種數	編碼	字例
33	35	209	306—514	羅翁翰考耕聞聰肅胎舊舒花英苔莫華萬著莽蓋藝藥藩處號螽製霸解討誅誠説誰論諫謂講謨識議豳幽赦路躬輔辟送通進郎郡部都錢鎮長陛非音體鳳黃齊
34	34	12	515—526	伯區府筵管終羲苟要調題黨
35	33	2	527—528	瘯算
36	32	1	528	近
37	30	472	530—1001	丁丈丑丙丕丞並丹久乏乘乙乳云井亥亨享亮亶今仍令仕他仰仲件伏住佐作侍儐充兌兒全共典冤冢冰凡凰凱刀刻劉力助勃勉勇勝勤勢勳勿匈北匡升午半卒南占卯卷即厚厠厭厲糸友叚口只右句召台同各合吾命品咨啓喪喜嚴因固囿圖土均坐執基堯堪塵增壬外多夷奏女奴妃孔字孝孟孰宅安宗宜室宰宵容宿寄寅寒察審實寸封尉導尚尺尹居左已巿布幸幽序庚廷弊弓弟張役待後徐得從德必忍忠忿悠悉惡愚憫懷戎我房扉承持排提揚揔擊擇收攻政敻效敗救散敦敺斂斗料斛斤斬斯方施旌族旒旣旱昏昔昨晦更最曾會朕望末材欽歌歎步武歸死殷殺毛求江漕炎焦煩爭爵爺爻爼牀牛牟牢犬狂獵甚甫甲申甸界畏畢略畫番畱畿疋疎疾癩癸白百皆盈益盜盟盤目直矢矩短䂓碑祐祚祜祝祠禍禱离禾秀秉秦稼積究空窮立竟章童竭第等範籌粗粟穖糶系紂約級紬絃網綵緩繇罔罰羌美羞羽翊翠翼耆耦耳聊聯肆肉育胡背臘臥臧臨舅舞舟良艮苦蔘虛虜蠱蠻術術衙衝衡衣衮表衰補裏西覆毅規覺觀計訓記設詞評詔諭謹譯護讀豈豪貞財貢貨責貴賀資賑賓賜賤賞質起趙足車載轉辟辭辰農迎迨造遊運遠遣邊邑配酬量開閏閣闕陣陵集雄雖離雪雲需霸靈靡韻順願顛飛食養首馬驚高髮魚鮮鳥鳴鴈鹽麗黍黙點黽

朝鮮時的一部漢字頻率調查報告書——《生生字譜》

續表

序號	鑄字量	字種數	編碼	字例
38	29	12	1002—1013	吟和商學慕指浩稟舍諸……
39	28	40	1014—1053	僑兼劍効反叢告呼層崩……
40	27	59	1054—1112	備僉剛加化吹哨哲墓奪……
41	26	31	1113—1143	俊凭函刃嘻圓坡垕姬岐……
42	25	842	1144—1985	丘亞亟交伸似佑佞佳例……
43	24	95	1986—2080	係僻儳儼㕞匪吸呵唏啜……
44	23	102	2081—2182	偃傍備慢儍凍准勒匱咫……
45	22	210	2183—2392	侈傘儺剖剽匏嘶噍嚇婷……
46	20	895	2393—3287	慰乂乍乖乞了互亙況些……
47	19	16	3288—3303	侄促俚俟傚僞偽刈喈……
48	18	100	3304—3403	估侶俛卸峉墻夆夭妌姪……
49	17	218	3404—3621	伋仔俯倡倥做僥儕菁清……
50	16	185	3622—3806	伻佚俾捧傴僮帚冷剃剏……
51	15	596	3807—4402	仄仆仞全仿伈伉佇侔侗……
52	14	191	4403—4593	企伎佗俘倰倩偈償刲剄……
53	13	161	4594—4755	侑倜併倖倘傌僂僵儱……
54	12	328	4756—5083	仟伈剔剮啅喤噂喧嘮蠋……
55	10	275	5084—5358	个丰串乜亘仔佰俐俑倪……
56	9	20	5359—5378	佶侖俣俅俏俳听呱咀呸……
57	8	497	5379—5875	丏卬僤伽仳個倂侏侲俅……
58	7	723	5876—6598	仡伾佔佖佅佹佼倒伽……
59	6	942	6599—7540	仳侮佬俰佻佽佹俍振倕……

續表

序號	鑄字量	字種數	編碼	字例
60	5	1417	7541—8957	万丌乑丫乻埶仍伕佽伻……
61	4	1848	8948—10795	弗凡么氹仜伶伕份伅伲……
62	3	2937	10796—13732	丂丙丼乜孰凫仉伬……
63	2	1249	13733—14981	乱伇伲伷仦伩佘佝佩亻臣……
64	未詳	1	14982	枳
65	0	39	14983—15021	厶辵丨广糹丶丿亅乛儿……

（2）收錄字的累計頻率

《生生字譜》收錄字的累計頻率如下<表-3>：

<表-3> 《生生字譜》收錄字的累計頻率

字次	字種數	字種累計	總字數	累計字數	累頻(%)
270	1	1	270	270	0.169 52
150	4	5	600	870	0.546 23
120	1	6	120	990	0.621 58
110	2	8	220	1 210	0.759 71
100	3	11	300	1 510	0.948 06
90	1	12	90	1 600	1.004 57
85	2	14	170	1 770	1.111 31
80	3	17	240	2 010	1.261 99
78	1	18	78	2 088	1.310 97
75	1	19	75	2 163	1.358 06
70	8	27	560	2 723	1.709 66

朝鮮時的一部漢字頻率調查報告書——《生生字譜》

續表

字次	字種數	字種累計	總字數	累計字數	累頻(%)
67	1	28	67	2 790	1.751 73
65	3	31	195	2 985	1.874 16
62	1	32	62	3 047	1.913 09
60	16	48	960	4 007	2.515 83
59	2	50	108	4 115	2.583 64
58	2	52	116	4 231	2.656 47
57	2	54	114	4 345	2.728 05
56	8	62	440	4 785	3.004 31
55	17	79	935	5 720	3.591 36
54	1	80	54	5 774	3.625 26
53	1	81	53	5 827	3.686 79
50	46	127	2 300	8 127	5.102 62
49	1	128	49	8 176	5.133 38
47	2	130	94	8 270	5.192 40
45	51	181	2 295	10 565	6.610 82
43	1	182	43	10 608	6.633 34
40	101	283	4 040	14 648	9.196 90
39	1	284	39	14 687	9.221 38
38	3	287	114	14 801	9.292 96
37	12	299	444	15 245	9.571 73
36	5	304	180	15 425	9.684 75
35	209	513	7 315	22 740	14.277 55

續表

字次	字種數	字種累計	總字數	累計字數	累頻(%)
34	12	525	408	23 148	14.533 71
33	2	527	66	23 214	14.575 15
32	1	528	32	23 246	14.595 24
30	472	1 000	14 160	37 406	23.485 75
29	12	1 012	348	37 754	23.704 25
28	40	1 052	1 120	38 874	24.407 45
27	59	1 111	1 593	40 467	25.407 63
26	31	1 142	806	41 273	25.913 69
25	842	1 984	21 050	62 323	39.130 16
24	95	2 079	2 280	64 603	40.561 68
23	102	2 181	2 346	66 949	42.034 64
22	210	2 391	4 620	71 569	44.935 36
20	895	3 286	17 900	89 469	56.174 06
19	16	3 302	304	89 773	56.364 93
18	100	3 402	1 800	91 573	57.495 08
17	218	3 620	3 706	95 279	59.821 93
16	185	3 805	2 960	98 239	61.680 40
15	596	4 401	8 940	107 179	67.293 48
14	191	4 592	2 674	109 853	68.972 38
13	161	4 753	2 093	111 946	70.286 49
12	328	5 081	3 936	115 882	72.757 75
10	275	5 356	2 750	118 632	74.484 36
9	20	5 376	180	118 812	74.597 38

續表

字次	字種數	字種累計	總字數	累計字數	累頻(%)
8	497	5 873	3 976	122 788	77.093 75
7	723	6 596	5 061	127 849	80.271 36
6	942	7 538	5 652	133 501	83.820 03
5	1 417	8 955	7 085	140 586	88.268 42
4	1 848	10 803	7 392	147 978	92.909 56
3	2 937	13 740	8 811	156 789	98.441 64
2	1 241	14 981	2 482	159 271	100.000 0
未詳	1	14 982	0		
計	14 982	14 982	159 031		

(3) 收錄單字的分級分類

《生生字譜》收錄單字分級統計如下<表-4>：

<表-4> 《生生字譜》收錄單字分級統計

級別	字種累計	字數累計	頻度(%)
I	304	304	9.684 75
II	696	1 000	23.485 75
III	1 079	2 079	40.561 68
IV	1 541	3 620	59.821 93
V	1 133	4 753	70.286 49
VI	1 843	6 596	80.271 36
VII	4 207	10 803	92.909 56
VIII	4 179	14 982	100

四、高頻率前 50 漢字的屬性分析及頻率比較

本節將針對高頻率前 50 漢字進行屬性分析，並將其與歷代漢字頻率進行比較，以探討《生生字譜》中漢字頻率的意義。

(1)《生生字譜》高頻率前 50 漢字

《生生字譜》中的高頻率前 50 漢字如下所示：

之、也、以、兮、而、於、其、者、于、人、壽、乎、矣、曰、不、則、耶、焉、爲、一、乾、事、子、年、所、王、臣、地、田、中、心、天、知、七、三、下、上、世、九、二、五、仙、八、六、十、山、月、次、判、哉。

(2) 高頻率前 50 漢字的詞性

關於詞性的分類，自從《馬氏文通》以 9 個詞性進行分類後，黎錦熙(9 詞性)、呂叔湘(9 詞性)、王力(11 詞性)、丁聲樹等的《語法講話》(12 詞性)、張志公等的《中學體系》(12 詞性)、胡裕樹《現代漢語》(13 詞性)、黃伯榮(14 詞性)、朱德熙的《語法講義》(17 詞性)、張斌(13 詞性)等，至今仍有各種基於不同標準的討論，尚未達到一致的結論。在此，我們採用了在現代韓語教育學領域中最具影響力的胡裕樹主編的《現代漢語》中的名詞、動詞、助動詞、形容詞、數詞、量詞、副詞、代詞、連詞、介詞、助詞、語氣詞、感嘆詞等 13 種詞性進行分類①，其分類結果如下所示。

介詞(3)：于、以、於

代詞(1)：其

動詞(23)：判、曰、知、爲、壽、山、子、人、心、世、王、地、臣、年、

---

① 陸儉明著，由金賢哲、朴正久、崔奎發譯，《中國語法研究方法論》(中國之家，2008)，第 78 頁。

田、乾、天、仙、月、下、上、中、事

　副詞(1)：不

　數詞(9)：五、二、八、七、九、一、三、六、十

　量詞(1)：次

　語氣詞(7)：矣、哉、也、焉、耶、兮、乎

　連詞(2)：而、則

　助詞(3)：所、之、者

其出現的數字按順序整理如下："動詞>數詞>語氣詞>介詞、助詞>連詞>代詞、量詞、副詞"的順序。其中，"名詞、助動詞、形容詞、感嘆詞"等並未出現。當然，由於中文是以動詞爲中心的語言，所以動詞在其他詞性中出現的頻率遠高於其他。此外，數詞①、代詞、副詞等實詞性的其他詞性相對也有較高的比重。但除了動詞外，語氣詞、介詞、助詞、連詞等虛詞性也佔有相當大的比重②。

(3) 與歷代文獻資料的比較

與歷代的文獻資料進行比較，可以更深入地了解《生生字譜》中的高頻字與其他時期、其他文獻中的高頻字之間的異同。這種比較不僅可以揭示語言和文化的變遷，還可以反映出不同時期的社會、文化和思想背景對語言使用的影響。

在此，我們將提取高頻率前 50 個字，並將其與朝鮮時代"字譜"類著作中年代最早的《新訂字藪》(1772)③、古代文獻中的頻率調查（經典類/

---

① 1 至 10 的數字中，除了 4 以外，其餘都被包括在前 50 頻率的漢字中。

② 當然，這裏可能會提出一個字有多種詞性的問題。例如，"爲"可以在句子中使用，既可以作爲動詞也可以作爲助詞。"乎"不僅可以作爲助詞，還可以表示比較或地點的助詞。同樣，"事"可以作爲動詞，也可以作爲名詞。"壽"既可以作爲動詞，也可以作爲名詞。但在《生生字譜》中，由於只計鑄造量，故這些字的具體用法並沒有明確指出。因此，當編輯這些資料時，我們基於該字的代表性用法進行了分類。

③ 據金英善：《活字字譜考》(《文獻信息學論集》(忠南大學文獻信息學系)第 8 集)，第 386 頁。

綜合類）①、東漢時期的實物文字資料的頻率②以及魏晉南北朝的石刻資料的頻率③進行互相比較，以探討它們之間的關係。首先，這些資料的高頻率前50個字如下所示（<表-5>）：

<表-5> 歷代文獻資料所見頻率前50漢字表

頻率順序	生生字譜	新訂字藪	古代文獻（經典類）	古代文獻（綜合類）	東漢實物資料	魏晉南北朝石刻
01	之	之（300）	之	之	之	之
02	也	而（250）	子	不	印	軍
03	以	年（174）	不	以	子	子
04	兮	然（173）	曰	也	長	以
05	而	以（170）	也	而	大	將
06	於	也（170）	以	爲	不	年
07	其	天（160）	公	子	月	於
08	者	不（160）	而	其	三	大
09	于	一（150）	其	曰	二	州
10	人	曰（149）	人	人	年	人
11	壽	大（147）	有	者	人	不

---

① 據郭小武：《古代漢語極高頻字探索》（《語言研究》2001年第3期），第69—84頁。這裏所謂"經典類"是指《左傳》《論語》《詩經》中出現的4 213字的統計，"綜合類"是指歷史類（《今文上書》《左傳》《國語》《戰國策》《禮記》《史記》《漢書》等7種），"哲學類"（《周易》《老子》《論語》《墨子》《商君書》《孫子》《莊子》《孟子》《荀子》《韓非子》《管子》《晏子》《呂氏春秋》《論衡》等14種），"詩歌類"（《詩經》《楚辭》等2種）等23種中出現的3 560個字種的分析統計。

② 據於徐莉莉，《東漢實物文字的字集字頻調查》（2008年全球視野下的中國文字研究國際研討會宣讀論文，2008.11.1—3，華東師範大學中國文字與應用中心），第4—5頁。所謂的東漢時期（包括新莽時期）的實物資料是指石磚刻、貨幣、券書、甕書以及其他10種中的98 080字，其中包括3 560個字種的漢字頻率分析。

③ 據王平教授提供的DB資料。具體資料請參考"The Comparison of Seal Characters in Weijin South and North Dynasties Stone Inscriptions and Shuowenjiezi"，《中國文字研究》（華東師範大學中國文字與應用中心，Vol.10, 2008）。

朝鮮時的一部漢字頻率調查報告書——《生生字譜》

續表

頻率順序	生生字譜	新訂字藪	古代文獻（經典類）	古代文獻（綜合類）	東漢實物資料	魏晉南北朝石刻
12	乎	人(143)	于	王	有	王
13	矣	其(143)	晉	有	五	日
14	曰	至(137)	君	於	作	月
15	不	無(137)	於	公	王	三
16	則	此(136)	爲	大	以	中
17	耶	則(135)	侯	則	十	爲
18	焉	下(132)	無	天	君	十
19	爲	行(131)	王	無	石	一
20	一	上(130)	月	下	宜	其
21	乾	二(130)	師	君	孫	有
22	事	三(130)	大	所	日	邑
23	子	可(127)	使	故	四	生
24	年	是(127)	我	國	上	君
25	所	君(125)	齊	是	丞	天
26	王	有(125)	楚	十	竟	公
27	臣	公(125)	如	與	百	而
28	地	名(124)	矣	上	一	史
29	田	事(124)	鄭	夫	天	二
30	中	日(123)	將	可	其	太
31	心	赤(123)	與	三	中	德
32	天	子(123)	可	使	官	世
33	知	于(122)	是	侯	陽	無
34	七	王(120)	夫	臣	爲	道

續表

頻率順序	生生字譜	新訂字藪	古代文獻（經典類）	古代文獻（綜合類）	東漢實物資料	魏晉南北朝石刻
35	三	地(120)	伯	矣	公	事
36	下	若(120)	國	將	平	陽
37	上	用(120)	何	得	令	故
38	世	左(120)	焉	二	故	平
39	九	矣(119)	諸	言	武	四
40	二	臣(118)	乎	于	下	高
41	五	月(119)	者	事	六	光
42	仙	自(116)	及	一	守	元
43	八	如(114)	伐	行	如	長
44	六	乎(114)	孫	能	建	都
45	十	故(113)	叔	民	方	五
46	山	言(112)	宋	年	侯	文
47	月	者(111)	衛	至	時	侍
48	次	夫(111)	命	中	未	明
49	判	內(110)	十	知	者	刺
50	哉	既(109)	氏	此	章	魏

這些資料中共同出現的頻率前 50 個字如下所示：

<表-6> 歷代文獻資料所見頻率前 50 個字的重複出現表

頻率順序	生生字譜	新訂字藪	古代文獻（經典類）	古代文獻（綜合類）	東漢實物資料	魏晉南北朝石刻
01	之	√	√	√	√	√
02	也		√	√	√	
03	以	√	√	√	√	√

朝鮮時的一部漢字頻率調查報告書——《生生字譜》

續表

頻率順序	生生字譜	新訂字藪	古代文獻（經典類）	古代文獻（綜合類）	東漢實物資料	魏晉南北朝石刻
04	兮					
05	而	√	√	√		√
06	於		√	√		√
07	其	√	√	√	√	√
08	者	√	√	√		
09	于	√	√	√		
10	人	√	√	√	√	√
11	壽					
12	乎	√	√			
13	矣	√	√	√		
14	曰	√	√	√		
15	不	√	√	√	√	√
16	則	√		√		
17	耶					
18	焉		√			
19	爲		√	√	√	√
20	一	√		√		√
21	乾					
22	事	√		√		√
23	子	√		√	√	√
24	年	√		√	√	√
25	所			√		

351

續表

頻率順序	生生字譜	新訂字藪	古代文獻（經典類）	古代文獻（綜合類）	東漢實物資料	魏晉南北朝石刻
26	王	√	√	√	√	√
27	臣	√		√		
28	地	√				
29	田					
30	中			√	√	√
31	心					
32	天	√		√	√	√
33	知			√		
34	七					
35	三	√		√	√	√
36	下	√		√	√	
37	上	√		√	√	
38	世					√
39	九					
40	二	√		√	√	√
41	五				√	√
42	仙					
43	八			√		
44	六				√	
45	十		√	√	√	√
46	山					
47	月	√	√		√	√

朝鮮時的一部漢字頻率調查報告書——《生生字譜》

續表

頻率順序	生生字譜	新訂字藪	古代文獻（經典類）	古代文獻（綜合類）	東漢實物資料	魏晉南北朝石刻
48	次					
49	判					
50	哉					
計		26	18	29	20	21
重複律		52%	36%	58%	40%	42%

通過以上的比較，我們可以看到，《生生字譜》比 20 年前出版的《新訂字藪》在頻率前 50 的漢字中重複出現的字只有 26 字（重複率 52%），儘管它們都是爲了相似的目的——印刷用的活字製作，但《新訂字藪》的重複率相對較低。對於這些字的原因，我們需要進一步的深入研究，但我們可以推測，朝鮮時代的"字譜"在製作時具有相當的獨特性。

另外，對於《左傳》《論語》《詩經》中出現的漢字頻率進行的古代文獻"經典類"的研究，其頻率前 50 的漢字中重複出現的字只有 18 字（重複率 36%），在所有比較資料中顯示了最低的重複率。這主要是因爲在《左傳》中經常出現的與官職相關的字如公、侯、伯或晉、齊、楚、鄭、宋、衛等諸侯國的名稱，以及孫、叔、氏等諸侯的姓氏，還有國或伐等反映征伐行爲或征伐目標國的漢字大量出現。

相對地，針對歷史類（如《今文尚書》等 7 種）、子書類（如《周易》等 14 種）、詩歌類（如《詩經》等 2 種）的總共 23 種包含大量資料的古代文獻"綜合類"的分析，其頻率前 50 的漢字中重複出現的字達到 29 字（重複率 58%），在所有比較資料中顯示了最高的重複率。

其餘部分，針對東漢時期的實物資料的頻率分析，其頻率前 50 的漢字中重複出現的字爲 20 字（重複率 40%）；對於魏晉南北朝時期的石刻實物資料的分析，其重複出現的字爲 21 字（重複率 42%），顯示了相對較低的重複率。雖然"實物資料"在反映當時實際使用的文字情況上具有重要意義,但由於東漢時期的實物資料和魏晉南北朝時期的石刻資料主要針對金石文,與用於印刷古代文獻的活字記錄《生生字譜》在本質上有所不同,因此重複率較低。正因爲如此,東漢時期的實物資料中有如印、長、石、宜、丞、竟、官、陽、武、建、章等字,而魏晉南北朝時期的石刻資料中也包括了魏、刺、道、德等字在頻率前 50 的漢字中。

5. 結　語

　　如上所述,通過《生生字譜》我們得以確認 18 世紀朝鮮時代前後在韓國的漢字使用頻度的一部分。考慮到在中國,對於漢字頻度的正式認識和研究是在 20 世紀之後開始的,這將是一個很好的資料,可以追溯到之前時期的漢字頻度。當然,這裏所説的朝鮮時代的漢字使用頻度不是指日常生活中的使用頻度,而是當時主要文獻中出現的漢字的頻度。此外,尚未確認《生生字譜》中記錄的漢字頻度是如何調查的,這是未來亟需解決的問題。此外,包括這些的屬性分析,與現代漢字頻度的比較,韓中日漢字頻度的比較研究,以及各種"字譜"之間的收錄字、等級狀況、部首分類①等差異性問題,也應該在未來持續研究。

---

　　①　例如,《新訂字藪》(1772)有 109 部首,《實錄字藪》(1677)有 107 部首,《韓構字藪》(1792)有 109 部首,《唐鐵字大小》(1792)有 106 部首,《衛夫人鐵木大字藪》(1909)在大字本的情況下有 107 部首,小字本的情況下有 105 部首,都顯示出了差異。

韓國固有漢字中"國字"之結構與文化特點：兼論《異體字字典·韓國特用漢字》

一、緒　　言

韓國從公元前就輸入了中國漢字而應用於生活中，至於 1477 年創造韓文（Hangŭl，訓民正音）以後，還繼續並用漢字，漢字對韓國之語言文字產生了相當大的影響①。與此同時，漢字雖爲外來，但經過二千多年長久的使用，在其使用過程中注入了不少韓國固有之文化情緒，而爲了反映這些情緒更創造了不少新的漢字或對既存之漢字加以變用。

筆者認爲漢字進入韓國以後，爲了反映韓國固有情緒而創造或變用的這些漢字可稱之爲"韓國固有漢字"。韓國固有漢字之研究不僅可以提供漢字在韓國使用之歷程，而且也可以提供理解韓國固有文化情緒之一

---

① 據文獻記載，關於韓中文化的交往，最早的記錄應當是古朝鮮與燕國的接觸（公元前 311—270 年）。其後，漢朝在韓半島的北部地區設置了漢四郡，該時期（公元前 198 年）可以視爲漢字（或漢文）的傳入或接受時期。隨後，兩國之間的各種交流日益頻繁，到了三國時代，漢文已普及至相當的程度。在此普及階段之後，漢字迅猛發展，期間相當數量的韓國固有漢字語彙被創造出來。特別是到了朝鮮時代，儒家成爲國政運營的正式意識形態，使得漢字文化更爲普遍，達到了它的全盛時期。

些綫索。

　　所謂韓國固有漢字實際上包括國字、國音字、國義字三方面。國字是指不存在於中國與日本等其他國家而唯一存在於韓國的漢字；國音字和國義字是指雖存在於漢字使用之其他國家，但保有只限使用於韓國的特殊義項之漢字而言。其中，國音字是指用於特殊義項時就有讀音變化之漢字，國義字是指没有讀音變化而使用之漢字。

　　關於韓國固有漢字，20世紀伊始有了池錫永（《字典釋要》，1909），崔南善（《新字典》（1915）），日人鮎貝房之進（《俗字考》，1931）等人的初步研究，到了80年代又有了金鍾塤（《韓國固有漢字研究》，1983）等人的進一步研究。還有1997年檀國大學東洋學研究所刊行的《韓國漢字語辭典》，提供了韓國固有漢字之綜合研究的可能條件。在海外，2000年臺灣"教育部"發布而網上提供的《異體字字典》所附《韓國特用漢字》。

　　雖然有了以上研究，但這些研究還存在着不少問題。譬如：資料不全，即研究時忽略了易見於文獻或字典的各種資料；還有，固有漢字之定義不分明，國字、國音字、國義字之間的界限頗爲模糊，常常混在一起，甚至將異體字包括在國字範疇之例也相當多。不僅如此，已經出現於《説文》等中國字典的漢字，或將與中國漢字的義項完全一致之漢字當作韓國國字之例也存在。在此不妨舉幾例如下：

　　　　將國義字當作國字之例：艍、迖、硬、鯛、鞾、䑸、帘等。
　　　　將國義字當作國音字之例：板、夕、苫、尺、帖等。
　　　　將國音字當作國字之例：丁、梇①、禾等。
　　　　將國音字當作國義字之例：鳶、鞍、洞、刺、卜、檀、省、媤、閣、杴、印、赤等。
　　　　將國字當作國音字之例：旀、乁②等。

---

①　金鍾勛(1983)認爲是國義字。
②　金鍾勛(1983)認爲是國義字。

韓國固有漢字中"國字"之結構與文化特點：兼論《異體字字典·韓國特用漢字》

將國字當作國義字之例：鋼、菁、垈、閪、韗等。

將異體字當作國字(國音字、國義字)之例：伻(擎)、敀(歸)、坦(壇)、甀(玳)、夅(夢)、裦(覆)、湏(須)、旹(時)、叺(嚴)、①① (與)、仗(儒)、匚(匠)、囙(因)、軏(軸)、②(漆)、秆(稱)、珞(琵)、迊(風)、簹(膚)、戔(錢)、匜(暨)、萬(蔔)等。

將不該當作國字當作國字(國音字、國義字)之例：夅、廁、轎、董、賁、食、辛、原、趾、佺、韂、評等。

二、《異體字字典》評介

《異體字字典》由臺灣"教育部"國語推行委員會編輯，初版發布於民國八十九年(2000)六月，現在通用版為民國九十三年(2004)一月發的行正式版第五版。內容含正字與異體字，共收 106 230 字。其附錄《中日韓共用漢字表》裏還附有《韓國特用漢字表》((以下簡稱《字表》)。

據編輯説明，《字表》參考金鍾塤(1983)和檀國大學(1997)等前人研究，共收錄 255 個韓國特用漢字(即固有漢字)。《字表》對每個韓國固有漢字逐字注上韓國音讀及釋義，以供讀者使用極大方便，可以説是整理韓國固有漢字之代表著作。

但仔細觀察其內容，還存在不少需補的地方，舉例如下：

1. 金鍾塤(1983)、河永三(1999)等前人研究成果中，已經被定為韓國固有漢字而仍未被錄之例，共有 18 例，即如下：

ㅅ(뺨 ppyŏm②)，扵(미 mi)，环(배 pae)，苩(백 paenk)，襧(비 pi)，襌(비 pi)，圃(서 sŏ)，甶(수 su)，鴈(안 an)，韞(온 on)，

---

① 以下①~⑬字形見 364 頁字形表。
② 漢語的拼音據於韓國教育部制定的《韓國語 Roma 字表記法》(19841.1.13.)。

簰(배 pae),簰(패 p'ae),㭐(讀音未詳),乧(얼 ŏl),乺(소 so)[牛],㐓(울 ul),乯(졸 chol),㐪(밧 pat)

2. 把國義字.國音字.假借字當作國字之例,共有31例,即分別如下:

(1) 將異體字(缺筆避諱字在内)當作國字之例:㐹(擊)①,仛(儒),③(命),匦(匭),坔(塵),㐞(夢),②(漆),㤼(劫),旹(時),㱕(壹),犾(獄),④(聖),㺷(玞),祔(福),㴽(㴽),跜(蹲),迚(風),遳(選),⑤建(建)②

(2) 將國義字當作國字之例:垌(동 tong),㛂(남 nam),㕦(금 kǔm),媤(시 si),擂(뢰 loe),㮿(보 po),磎(계 kye),䯻(거 kŏ),鋼(망 mang),䑸(종 chong),迗(겁 kǔp)

(3) 將假借字字當作國字之例:㕦(召之異體,借作棗)

3.《說文》等已有收錄,將不該當作國字當作國字之例,共有6例,即如下:靮,鏈,騂,鯛,鶯,鰍

4. 其他:

(1) 讀音誤謬之例,有:䅰(말 mal)(←한말 hanmal),奌(부 pu).⑥(부 pu).⑦(공부 pu).⑧(부 pu)[人夫,勉學](←illkkun/kongpu)

(2) 重複出現之例:⑨(통 t'ung)

(3) 將異讀字只列於一處之例:㐪(욋 oet)(←oet/pat)

(4) 讀音有誤之例:乫(갈 kal)(←둘 tul),䥺(씨 ssi)(←씻 ssit),榻(탕 t'ang/팅 t'ing)(←탱 t'aeng)

由此可見,《字表》上還存在補充修改之地也不少。因此,其編輯説明説是已收錄過韓國特用漢字255例,但實際收錄總數較編輯説明少2字

---

① 括號裏的字是本字。
② "建"之缺筆,建爲朝鮮太祖(王建)之諱。

韓國固有漢字中"國字"之結構與文化特點：兼論《異體字字典・韓國特用漢字》

爲253字,且不能看成國字的有56例,故實際收録之總數只是197例。

三、結 構 分 析

基於以上的認識,本文在金鍾塤(1983)、檀國大學(1997)、河永三(1999)、《字表》(2000)等以往各種研究成果之上,辨析以上所舉各種混淆之例,同時補充《牛海異魚譜》和其他傳統文獻以及字典所見新資料,且通過中日漢字之比較分析,已初步得到國字268例,國音字46例,國義字409例。

經過這樣整理出的268例漢字定爲韓國固有漢字,從漢字結構的角度分析,同時通過這些漢字產生原因分析,探明所反映之文化特色,以作本文的最終目標。

筆者所抽出的國字268例,從漢字結構論的角度分析,可分爲象形、會意、形聲、合音、變體結構等五大類(還附結構不明之一例)。合音結構再分爲由純粹漢字組成的和與韓國國字結合之兩類。其具體舉例如下。

(1)象形結構(5例):

乁(뼘 ppyŏm)[象母指與其他手指張開之形], 亇(마 ma)[象錘子(hammer)之形]①, 亇(마 ma)[與"亇"同], 丁(마 ma)[與"亇"同], 刂(저 chŏ)[箸,筷子]。

(2)會意結構(9例):

閪(팽 p'aeng)[門風];夻(화 hwa)[大口魚];遤(휑 hwing)[馬速走聲];稤(수 su/슉 suk)[倉庫/宮房之負責人];㗠(달 tal)[鷄];畓(답 tap)[稻田];喊(함 ham)[喞字(銜字)];喞(함 ham)[喞字

---

① 榔頭在韓稱作"亇赤"(音譯爲"마치"),用於敲打馬蹄鐵上的釘子的小榔頭稱爲"多曷亇赤"(音譯爲"다갈마치")。

(銜字)];⑩(거 kǒ)[犁刀]①。

(3) 形聲結構(130例):

䒿(가 ka);䎛(강 kang);鱖(계 kye);侉(고 ko);薔(고 ko);喏(고 ko);菁(골 kol);狂(광 kwang);㾮(광 kwang);㯻(귀 kwi);忮(기 ki);吉(길 kil);唔(꺼 kkǒ);橱(대 tae);垈(대 tae);鞱(도 to);鮡(도 to);獤(돈 ton);磃(돌 tol);燉(돌 tol);㟎(돌 tol);埃(돌 tol);迀(두 tu);嚂(람 lam);鱱(령 lyǒng);澇(로 lo);鮱(로 lo);鰡(뢰 loi);籡(료 lyo);鱱(룡 long);䂖(릉 lǔng);鱗(마 ma);鱒(마 ma);鮏(망 mang);弥(며 myǒ);旀(며 myǒ);於(며 myǒ);旀(며 myǒ);槿(명 myǒng);皫(명 myǒng);鮴(모 mo);鱷(묵 muk);旀(미 mi);迷(미 mi);繝(미 mi);呠(바 pa);櫒(반 pan);鱸(반 pan);炦(발 pal);环(배 pae);苩(백 paenk);洓(벌 pǒl);⑪(변 pyǒn);壜(변 pyǒn);䕷(분 pun);祂(비 pi);棍(비 pi);祂(비 pi);裨(비 pi);橵(산 san);鯸(산 san);蕯(살 sal);桂(생 saeng);閪(서 sǒ);圕(서 sǒ);漩(선 sǒn);鐥(선 sǒn);縇(선 sǒn);鐣(설 sǒl);螦(소 so);鮢(송 song);迊(수 su);甾(수 su);鯐(수 su);氶(승 sǔng);飺(식 sik);鴈(안 an);鳂(알 al);胖(양 yang);蛘(양 yang);孃(양 yang);鴹(양 yang);鱵(얼 ǒl);欕(엄 ǒm);䭾(엄 ǒm);糕(연 yǒm);髥(염 yǒm);笶(오 o);䩞(온 on);琓(완 wan);沽(우 u);䍺(우 u);鯢(원 wǒn);樜(자 cha);謶(자 cha);啫(자 cha);欌(장 chang);碃(적 chǒk);緈(전 chǒn);狋(전 chǒn);岾(점 chǒm);釘(정 chǒng);稠(조 cho);

---

① 在《新字典》中,鑾被解釋爲"거:보습,見農書",而在《行用吏文》中,它的類似字有鑾(加內)。但是,在六堂全集編纂委員會出版的《新字典》影印本中,它被標記爲鑾。而在目前的《新字典》(金敏洙)和《大漢韓字典》(張三植)中,它的字形被改爲鑾,並注釋爲"보습 란鑾",並未被認定爲固有漢字[參見金鍾塤(1983)第16頁]。但是,鑾是由絲、木、和金組成的會意結構,是一種將鑾(金)固定在木頭的末端,並在前端綁上繩子以掛在牛的頸上的犁的整體造型,這與鑾是完全不同的字符,應被納入韓國固有漢字中。

橙(증 chŭng);鱛(증 chŭng);鱒(증 jŭng);鮍(지 chi);鑕(질 chil);鐵(징 ching);鮭(차 ch'a);樞(추 ch'u);侘(탁 t'ak);頙(탈 t'al);柂(택 t'aek);樑(탱 t'aeng);焿(통 t'ong);牌(배 pae);牌(패 p'ae);褊(편 p'yŏn);麃(표 p'yo);鋧(한 han);劾(할 hal);鑗(헌 hŏn);襭(협 hyŏp);穌(화 hwa);猴(후 hu);樗(후 hu);燺(후 hu);鍭(후 hu);岽(讀音未詳)。

(4) 合音結構(121 例)

此是指漢字的韓國讀音與讀音,或韓國的訓讀與音讀之間的結合而言,其形式既有漢字與漢字的半切式結合,也有完全不同讀音之結合,還有漢字與韓文符號結合之例。其具體分類如下:

1. 漢字(包括韓國固有漢字在內)與漢字結合之例(111 例):

(A) 與韓國式訓讀和讀音之結合例(20 例):

㐎(글 kŭl)[文章];花(곶 kot)[花];㖈(끝 kkŭt)[末];㐁(늘 nŭl)[人名,地名];乭(돌 tol)[石頭];㐉(둘 tul)[放];㪍(들 tŭl)[擧];㐇(뜰 ttŭl)[浮];乥(뜰 ttŭl)[浮];㐞(밧 pat)[外];㐣(뿔 ppul)[角];乧(소 so)[牛];㐇(솟 sot)[牛];乷(쌀 ssal)[米];㐗(쇳 soet)[金];乽(씨 ssit)[種子];㐌(비롯 pilot)[始];乇(털 t'ŏl)[毛];㐎(한 han)[爲];乭(한 han)[爲]

(B) 漢字音之間的半切式結合例(83 例):

依照韻尾之結構歸類則如下。

-ㄱ[-k]韻尾(1 例):

旲(둑 tuk)。國字裏少見兩個漢字合并成一字之例,而帶-k 韻尾字主要以兩個字並列方式而表現,或以與韓文符號結合而代替。與漢字結合之例,舉如下幾例以供參考。無其叱金(무적쇠 mujŏksoe),注叱德(죽딕 chuktŏk),注叱同(죽동 chuktong),臥叱多太(왁대콩 waktaek'ong)。

-ㄴ[-n]韻尾(3 例):㪍(산 san);巭(뿐 ppun);盆(뿐 ppun)。

-ㄹ[-l]韻尾(45 例):

乫(갈 kal);乬(갈 kal);㐵(걸 kŏl);㐿(걸 kŏl);㐦(골 kol);㐎(골 kol);㐞(굴 kul);㐐(굴 kul);㐢(길 kil);㐤(놀 nol);㐥(놀 nol);㐧(늘 nŭl);㐨(돌 tol);㐩(둘 tul);㐪(둘 tul);㐬(말 mal);乮(물 myol);㐭(볼 pol);㐮(빌 pil);乷(살 sal);乺(살 sal);乻(설 sŏl);㐯(솔 sol);㐰(솔 sol);㐱(솔 sol);㐲(얼 ŏl);㐳(올 ol);㐴(올 ol);㐵(울 ul);㐶(울 ul);㐷(율 yul);㐸(율 yul);㐹(잘 chal);乲(절 chŏl);㐺(절 chŏl);㐻(졸 chol);㐼(줄 chul);⑫(줄 chul);㐽(줄 chul);㐾(찰 ch'al);㐿(톨 t'ol);㑀(톨 t'ol);㑁(할 hal);㑂(홀 hol);㑃(홀 hol)。

-ㅁ[-m]韻尾(2例):

㖔(감 kam);㖕(놈 nom)。此外,雖然未有合幷成一字,但以兩字並列方式而表現之例,諸如:汗音(ttam),求音(kkum)(俗稱夢爲求音,今訛爲꿈);趨音(춤 chum)(俗稱舞曰趨音……今訛爲춤);素雲(소음 soŭm<솜 som)(俗稱棉花爲素雲……今訛爲소운)(皆見於《東韓譯語》);塊音(굄 koem)("괴다[墊]"的名詞形,用於"塊音鐵"[墊底用的鐵壞])①。久音方伊(굼방이 kumpangyi)[地蠶]②。坎音(감 kam)。

-ㅂ[-p]韻尾(5例):

㖗(갑 kap);㖘(갑 kap);㖙(곱 kop);㖚(곱 kop);㖛(삽 sap)。

-ㅅ(-ㅈ)[-t]韻尾(25例):

㖜(갓 kat);㖝(갯 kaet);㖞(갯 kaet);㖟(것 kŏt);㖠(곳 kot);㖡(곳 kot);㖢(곳 kot);㖣(굿 kut);㖤(굿 kut);㖥(놋 not);㖦(늣 nŭt);㖧(돗 tot);㖨(둣 tut);㖩(맛 mat)③;㖪(봇 pot);㖫(붓 put);㖬(솟 sot);㖭(싯 sit);㖮(엇 ŏt);㖯(엿 yŏt);㖰(욋 oet);

---

① 《昌慶宮營建都監儀軌》(實入,通明殿):塊音鐵二十二箇。《度支準折》(打鐵):塊音鐵(重五斤,折價二兩三分二里)。
② 《鄉藥集成方》(83,《鄉藥本草》,蟲魚部):蟒蟭,鄉名久音方伊(굼벵이)。
③ "ㄅ"爲韓國固有漢字,則此爲固有漢字音與漢字音之間的結合。

韓國固有漢字中"國字"之結構與文化特點：兼論《異體字字典・韓國特用漢字》

䒱(잣 chat)；䒴(즛 chut)；䒲(짓 chit)；䍻(팟 p'at)。

此外,以"叱"作爲聲母的例子如下：噴(쁜 ppun)①；䯳(똥 ttong)②；䯥(똥 ttong)③

-ㅇ[-ng]韻尾(2例)：

䯥(똥 ttong)；䯳(똥 ttong)。此外,也有以兩字並列方式而表現之例,諸如：

加應(강 kang), 末應(망 mang), 無應(뭉 mung), 武應(뭉 mung)。

(C)合音例(8例)：

㗻(공부 kongpu)[人夫]；⑥(공부 kongpu)[人夫]；⑦(공부 kongpu)[人夫]；⑧(공부 kongpu)[學習]；㸚(공부 kongpu)[學習]；㮯(내마 naema(<내말 naemal)/한말 hanmal)[官職名]④；㮯(내마 naema<내말 naemal)[官職名]；艹(보살 posal)[菩薩]。

2. 漢字與韓文符號結合之例(10例)：

-ㄱ[-k]符號：䰟(각 kak)⑤, 䰆(걱 kŏk), 㐣(둑 tuk), 䓭(억 ŏk), 䰢(작 chak)

-ㄴ[-n]符號：㐰(둔 tun)。

-ㅁ[-m]符號：㐊(놈 nom), 㕧(얌 yam)。

-ㅅ[-t]符號：㐱(엇 ŏt)。

-ㅇ[-ng]符號：㐏(둥 tung)。

(5)變體結構(1例)：⑨(퉁 t'ung)[卯之變體]

---

① 由"叱"字的音(聲母 p-的表示)與"分(분 pun)"字的音結合而成。"ㅐㅜㄴ"變爲"쁜",有時也寫作"叱分"。《大東野乘》(40,光海君日記)："榜會時相見叱分是白遣。"

② 由"叱"字的音(ㅅ)與"同"字的音結合。"ㅅㅗㅇ"變爲"똥",有時也寫作"叱同"。《牛馬羊猪雜疫病治療方》(本草)"糞,叱同,ㅅㅗㅇ。"

③ 與"䯳"相同。

④ "奈末"是新羅十七官等中的第十一官等,也有時記作"奈麻"或"奈摩"的合音字。

⑤ 地名的記錄字中有"䰟(가 ka)",此字由"加"和"丂"組成。它可能是"䰟"的誤變。

（6）其他（1例）：⑬（讀音未詳）。

序號	①	②	③	④	⑤	⑥	⑦	⑧	⑨	⑩	⑪	⑫	⑬
字形	丂	忝	禸	垚	㦰	哭	哭	哭	刵	鑾	鷎	銈	愶

前文①～⑬字形表

以上267例之結構，如統計作表即如下：

構造	象形	會意	形聲	合音	變體	未詳	計
出現字數	5	9	130	121	1	2	268
百分率	1.9	3.4	48.5	45.1	0.4	0.7	100

漢字傳入韓國以後，其表記方式大約經過"誓記式""吏讀式""鄉歌式"和"口訣式"等四個階段之後，逐漸進入了完全借用階段。不過，漢語與韓語既爲不同的語言體系，其過程中難免發生音節結構與語法結構不一致等矛盾。

爲了解決漢語與韓語之間的音節結構不一致的矛盾，首先採用反切式合音方式來解決。反切式合音方式比直接借用原來個別漢字來表記該讀音的方式更自由更方便，更合適於音節結構比漢語複雜的韓語。所以韓語音節結構中的帶-m、-n、-ng三種鼻音韻尾和閉塞音-p'、-t'、-k'韻尾（通稱入聲韻尾）以及帶-l韻尾（實爲漢語裏的-t'入聲韻尾的變化形）的各種字，多以反切式表記方法而標示韓國漢字之讀音。這樣的努力，到韓國固有文字Hangŭl創造以後，雖曾經試圖以與韓國文字符號結合的方式加以變化，但總是沒有反切式結合那麼成功。

還有，在固有漢字之創造方式中可以看到訓釋與音讀式之結合，這可以說是：韓國雖然以外來文字的形式借用了漢字，但漢字既爲"音義文字"體系，就不能充分考慮并應用這種文字體系的特點。不過，這種方式

韓國固有漢字中"國字"之結構與文化特點：兼論《異體字字典·韓國特用漢字》

與完全借用漢字的同時,在韓國固有漢字裏逐漸消失罷了。

四、内容分類與文化特點

筆者所抽出國字267例,依其内容可以歸納如下幾類：

1. 姓氏.人名.國名(地名)類(120例)：

1.1 姓氏(5例)：

苩(백 paenk)[百濟姓]①；ㇷ(뼘 ppyŏm)[姓]②；⑨(퉁 t'ung)[姓]；夻(할 hal)[姓]；遇(횡 hwing)[姓]③。

1.2 人名(30例)：

乻(걱 kŏk)④；唟(굿 kut)；旕(굿 kut)；芛(늘 nŭl)；莻(늦 nŭt)；乭(돌 tol)；㐇(돗 tot)；㐃(둑 tuk)；㐈(뜯 ttŭl)；橯(로 lo)⑤；㐗(말 mal)；㖚(맛 mat)；㶱(발 pal)⑥；㐊(빌 pil)；㐁(뿔 ppul[角]；鐥(설 sŏl)⑦；乺(솔 sol)；㐃(솟 sot)；㐂(쇳 soet)；㖰(싯 sit)；㫈(엇 ŏt)⑧；諙(자 cha)⑨；柝(택 t'aek)⑩；乧(톨 t'ol)；鐥(헌 hŏn)⑪；乤(홀

---

① 《太平寰宇記》(172)：(百濟)大姓有八族,謂沙氏、苩氏。
② 該字象徵著大拇指和其他手指分開的形狀,且在此被用作姓氏。《增補文獻備考》(53)："ㇷ,沙貶念切,氏。"《青莊館全書·盎葉記》(2)："興陽牧子有ㇷ姓,貫密陽,音爲뼘。"
③ 馬和辵均爲義符,此字形象地描述了馬快速奔跑的樣子。《青莊館全書·盎葉記》(2)："延安有遇姓,音暄應切(諺音횡),字書中無此記錄。"
④ 是"巨"字的讀音和"-ㄱ(-k)"的合音結構。《新字典》(朝鮮俗字部)云："乻,걱,人名。사람이름,海西賊林昌正,見野史。"
⑤ 《典故大方》(2)云："姜橯,晉州人,字期中,己巳生,高宗壬申拜右。"
⑥ 百濟的人名中有"畓㶱",且也作爲地名使用(見於《日本書紀》)。此外,慶尚南道昌寧的古地名曾是"比自㶱"(參見金鍾塤[1983],第78頁)。
⑦ 《畫永編》云："我國多字書所無之字……人名有辰韓師廉師鐥,音義未詳。"
⑧ 《瀋陽狀啓》云："龍將只率李㫈石入坐。"或用於音譯字,諸如"㫈時調(엇시조)。"
⑨ 《槿域書畫徵》有"許諙"。
⑩ 《典故大方》《宗廟配享錄》云："宋柝齊民子。"
⑪ 《王朝實錄》(英祖44)云："命拿鞫校理金聖鐥,聖鐥自以昨年儒生申鏶等疏,辱其師李玄逸,辭疏。"

hol);乶(홀 hol);㷤(후 hu)①;栫(후 hu)②;鋘(후 hu)③。

1.3 國名.地名(28 例):

琓(완 wan)[國名]④;㗎(가 ka);乫(갈 kal);㐆(것 kŏt);弥(며 myŏ);旀(며 myŏ);旀(며 myŏ)⑤;乶(봇 pot);乷(산 san);乺(솔 sol);迲(수 su)⑥;氶(승 sŭng)⑦;䒋(식 sik)⑧;乻(얼 ŭl/늘 nŭl)⑨;筽(오 o)⑩;乯(욋 oet);乭(울 ul);榺(자 cha)⑪;磧(적 chŏk)⑫;㐕(짓 chit);椘(추 ch'u)⑬;㖯(팟 p'at);乤(할 hal);⑬(讀音未詳)⑭[以上地名];怾(기 ki)[山名]⑮;㶚(안 an)[川名]⑯;沽

① 《華城城役儀軌》(1)云:"禿城中軍金㷤,其勞甚鉅,爲先熟馬一匹特爲賜給。"

② 《王朝實録》(英祖 54)云:"朴文秀爲知敦寧,金栫爲慶尚左兵使。"

③ 《王朝實録》(英祖 49)云:"進士金鋘,到記居首,直赴殿試。"

④ 琓國被認爲位於日本的北東,或東海,或西域,或中國的南部海岸。《三國遺事》(1):"我本龍城國人(亦稱正明國,或稱琓夏國。琓夏亦作花厦國。龍城位於倭國東北一千里)。"另外,琓夏國也被認爲是新羅脱解王的出生地。

⑤ 《明文》(429):"句讀吐,하며 며。地名,땅이름 며(新羅旀知縣)。"《大明律》(7,户律,擬斷贓罰不當,直解):"物色等亦,納官合當爲在乙,本主還給爲旀。"《龍飛御天歌諺解》(2 章):"根深之木隱,風亦不扤伊羅,有灼其華旀,有蕡其實尼羅。(근심지목은 풍역블올이라 유작기화며 유분기실ㅣ니라。)"

⑥ 《三國史記》(35):"守城郡,本高句麗迲城郡。景德王改名,今杆城縣。"

⑦ 《晝永編》(下):"我國多字書所無之字。地名,杆城稱迲(音슈)城,又其邑里稱沙氶(音승)、㵛氶。"

⑧ 全羅北道群山市近海有"筽䒋島"。

⑨ 若讀音爲"늘 nŭl",則主要用於地名和人名的記録,此時的結構是由"於"字的訓讀音"늘"和"乙"字的音結合而成。若讀音爲"얼 ŏl",則主要用於韓國語彙"얽이"的實現音"얼기 ŏlki"的記録,在這情況下的結構是由"於"字的音"어 ŏ"和"乙"字的音結合而成。

⑩ 《新增東國輿地勝覽》(36):"(全羅道 靈光)筽城。《大東地志》(11):(全羅道 沃溝):"山水……筽食島,有牧牛場。"

⑪ 《三國史記》(37):"鴨緑江以北已降城十一,椋嵓城、木底城、榺木城。"

⑫ 《新增東國輿地勝覽》(39):"(全羅道 淳昌)赤城廢縣,在郡東五十里。赤,一作磧,又作砵。"

⑬ 原指椘木,但後來被用作地名。於《三國史記》(46)中:即差椘城郡太守金峻爲告奉使。於《鄉藥集成方》(78)中:地膚子,鄉名唐椘(譯爲:답싸리씨)。

⑭ 《三國史記》(37,三國有名未詳地分):"非惱城"。

⑮ 《晝永編》:"金剛山一名怾怛(怾,音기)。"

⑯ 《牧民心書》(6):"泗沘水(白馬江),㶚水(良定浦)。"

韓國固有漢字中"國字"之結構與文化特點:兼論《異體字字典·韓國特用漢字》

(우 u)[水名]①;崟(讀音未詳)[島名]②。

1.4 人名.地名兼用(57例):

夻(각 kak);乫(갈 kal);㖞(감 kam);䪡(갓 kat);㖰(갯 kaet);㗶(갯 kaet);⑩(거 kŏ);㐘(걸 kŏl);㐏(골 kol);㐇(골 kol);㖯(곱 kop);䒱(곳 kot);䔲(곳 kot);䗿(곳 kot);㐎(굴 kul);㐐(굴 kul);㖗(굿 kut);㐑(길 kil);㐗(놀 nol);㐘(놀 nol);㖱(놈 nom);㗲(늦 nŭt)③;㐊(돌 tol);㐘(둑 tuk)④;㐀(둔 tun);㐍(둘 tul);㐕(둘 tul);㐄(둘 tul);䒟(둣 tut);㐎(등 tung);膧(똥 ttong);䐜(똥 ttong)⑤;㐉(뜰 ttŭl);㐁(볼 pol);㐙(븟 put);㐘(살 sal);㐊(살 sal);䲙(삽 sap);㐝(설 sŏl)⑥;㐏(솔 sol);㐛(숫 sot);㐘(억 ŏk);䒻(엿 yŏt);㐡(올 ol);㐤(올 ol);㐢(울 ul);㐟(율 yul);㐧((율 yul);䒭(잇 it)⑦;㐞(작 chak);䓍(잣 chat);乼(절 chŏl);㐔(절 chŏl);㐐(졸 chol);䓎(죳 chut);㐦(찰 ch'al);㐥(톨 t'ol)。

2. 制度(官職.科擧)(5例):

枾(내말 naemal)[新羅官職名]⑧;柰(내마 naema/한말 hanmal)

---

① 沽本稱之爲大同江,以後用爲人名字,如韓沽劢。(金鍾塤:79)
② 《王朝實錄》(光海君日記59):"今在貴國西海中,其島名崟崒。"
③ 《新字典》(朝鮮俗字部):"䓗㗲。晚也。늦즐。兒名、奴名多用之。見俗書。"此字原爲"艻"(草名,譯爲:잉 ing)和"叱"(-ㅅ-t)字的結合。但在韓國,由於"艻"被誤讀爲"내 nae",因此其讀音變爲"늦(늧)nŭt"。
④ 《古蹟圖譜》"畓斗"。
⑤ 原意爲糞,主要用於人名。由"叱"(ㅅ)和"同"字的音的結合而成,"똥"轉變爲"똥"。《秋官志》(3):"私造曆書,僞造印信罪李昆伊。"
⑥ 例如,用於"㐝金(石鐵)""㐝者"和"㐝煮"(石磚)等詞彙的記錄中。
⑦ 《瀋陽狀啓》:"同日,李芿石來言。"
⑧ 是"奈末"的合字。有時"奈末"也被寫成"奈麻"、"乃末"或"乃麻",它是新羅17官等中的第11等級。在《原州興法寺眞空大師塔碑陰記》中記載:"郎中旻會枾金舜枾。"梁柱東認爲"奈(乃)"有"川"或"壤"的意思,而"末"有"上"(或"宗""頭"的意思),因此可以解釋爲"川官"(金鍾塤,138)。

[新羅官職名]①；㘽(몰 myol)[宗室名]②；㝆(잘 chal)[宗室君號名]③；柾(생 saeng)[表示(科擧)講經科等級之竹牌④；籖]⑤。

3. 民俗(音樂.宗敎)(2例)：

喥(자 cha)[樂器名,喥哱囉]⑥；艹(보살 posal)[菩薩]⑦。

4. 生活(衣.食.住(居住環境).疾病.其他)(30例)：

(1) 襬(비 pi)[樓緋,衲襖]⑧；䌔(미 mi)[縫]⑨；橵(산 san)[橵子,布木]⑩；縇(선 sŏn)[衣緣、席筵邊以狹布修飾,或稱其布]⑪；絑(우 u)[絲之一種]⑫；綨(전 chŏn)[絲之一種]；襨(협 hyŏp)[刺繡]⑬。

(2) 橑(료 lyo)[療飢]⑭；胖(양 yang)[牛胃,獸胃]⑮；糕(연 yŏn)[米粉]⑯；䅯(증 chŭng)[米登餠]⑰；䭏(편 p'yŏn)[餠]⑱；川(저

---

① "奈末"爲新羅的官職名稱之合字。它位於新羅17官等中的第11等級。在《原州興法寺眞空大師塔碑陰記》中記載："侍郎興林奈、秀英奈。"
② 《新字典》(朝鮮俗字部)：㘽 몰,宗室名 종실이름。宗室有㘽山君,見璿源譜。
③ 《新字典》(朝鮮俗字部)：㝆 잘,封君名 종실군호。朝鮮成宗潛邸時封㝆君,見璿源譜。
④ 《王朝實錄》(世宗103)："至如講經後出柾時,粗、略通、大通,講柾之數,從多。若柾數相等,則從下柾施行。從之。"
⑤ 《大典通編》(3)："四書中抽柾一書,三經中自願一書,取粗以上。"
⑥ 바라。《晝永編》(下)："軍中鼓吹者有喥哱囉(喥,音者)。"
⑦ 由兩個"卄"組成,此爲"菩薩"之省體。《均如傳》(4)："師以爲原流則別,踳駁頗多,文之煩者,撮要而删之,意之微者,詳究而現之。皆引佛經并論以爲訂,則一代聖敎,斟酌而盡矣。"
⑧ 《宣堂下記》：二百兩,緶織工錢。《譯語類解》(複飾)：衲襖,누비옷。
⑨ 《高麗史》(105)：子藩復相,䌔縫調護,欲使王父子,慈孝如初。
⑩ 《新字典》(朝鮮俗字部)：橵,산。屋上布木,산자。見里俗書。
⑪ 《晝永編》(下)："衣緣稱縇(音선)。《新字典》(朝鮮俗字部)：縇,선。席筵邊飾。선두를 선。見俗書。""金縇"、"縇廛"等으로 쓰인다。
⑫ 《高麗史》：元賜史金方慶絑糸典二百。
⑬ 《三國史記》(33)：五頭品女褙襠,禁罽繡錦、野草羅、布紡羅、金銀泥纐纈。
⑭ 《新字典》(朝鮮俗字部)：橑,飢乏不食,됴긔할 됴。見俗書。
⑮ 《與猶堂全書·雅言覺非》：牛胃味厚,食物之美也。東俗牛胃曰胖(胖,吾東之造字也。去聲)。《晝永編》：獸胃稱胖(胖,音양)。如"胖汁"。
⑯ 《林園十六志》(鼎俎志2)：蓬糕糕方,采白蓬嫩者,熟煮細搗,和米粉蒸熟,以香爲度。
⑰ 《度支準折》：䅯餠一兩,價錢一戔二分。
⑱ 《新字典》(朝鮮俗字部)：䭏,편。餠也,쩍。見俗書。

韓國固有漢字中"國字"之結構與文化特點:兼論《異體字字典·韓國特用漢字》

chǒ)[箸,筷子]①。

(3)畓(답 tap)[稻田,水田]②;垈(대 tae)[家垈,家基]③;埃(돌 tol)[炕,溫突]④;碤(돌 tol)[炕,溫突];烗(돌 tol)[炕,溫突];峉(돌 tol)[炕,溫突]⑤;榠(명 myŏng)[(屋簷上的)排水邊溝(gutter),排水槽(spout)]⑥;洴(벌 pŏl)[淤泥灘,潮泥灘]⑦;閛(팽 p'aeng)[門風]。

(4)蜣(양 yang)[病,毛病]⑧。

(5)搯(도 to)[耳挖子,挑耳垢]⑨;环(배 pae)[占卜吉凶之玉具]⑩;筽(오 o)[柳器]⑪;橻(장 chang)[藏器之櫃,龕室]⑫;桂(생 saeng)[木長桂,爲了表示里程而設在路旁的木路程標]⑬;峀(수 su)

---

① 《六書尋源》:Ⅱ,此即箸字,而亦作筯。
② 《萬機要覽》(財用編2):旱田水田,通謂之田(今則以旱田謂之田,水田謂之畓)。
③ 《經國大典》(1):掌管内坊里居人非法事及橋梁,道路,頒火,禁火,里門警守,家垈打量,人屍檢驗等事。
④ 或作:碤、烗、峉。
⑤ 或作:埃、烗、峉。《畢依齋遺稿》:(庚午)初九日丁丑,陰。夜裏房碤過溫。
⑥ 《王朝實錄》(燕山君日記26):姜謙曰,今聞命工曹造銅榠,未知用之何處。《明文》(494):(1)笕也,홈통。(2)절이름。寺名,慶州北榠寺。
⑦ 《大典會通》(2):南海之牙山以上,西海之箕島以上,海洴、嶼草、漁場,專屬江都收稅。《名物記略》:瀉鹵。셕로。鹹土可煮鹽起耕者曰垡,俗轉새ㅓㄹ。
⑧ 《儒胥必知》:小人伏蒙下恤之澤,將老無蜣,伏幸何達。
⑨ 《麗韓十家文鈔》(7):昔有望氣者,相一女子戒牛觸,嘗臨户搯,挑户激,觸耳而死。搯則牛也(搯,挑耳垢之具,韓朝所製也。音韜)。或稱"剜耳匙"·"耳乞子"(《廣才物譜》(1,形氣部):耳乞子,귀우ㄱ·ㅣ。捎意子,剜耳匙。
⑩ 《雅言覺非》(3):"朱子家禮卜言用環珓擲盤是也。家禮中寫作環珓是錯的。字書中沒有"環"這個字。"《大字典》(464)將"環"視爲"環"的俗字,但"環"並無預測吉凶之玉製品之意。再者,《大字典》(468)寫到"珓,用於迷信中占卜吉凶的道具,或寫作杯珓",但在《大字典》(490)"杯"中也沒有預測吉凶的工具之意,因此我們認爲它是韓國的固有漢字。
⑪ 柳編織物。《萬機要覽》(財用編1):"柳笕兩部。"《萬機要覽》(財用編5):"各道卜定、食筽、菜刀各三件。"在金鍾垍(42)中,其讀音被記爲"柳 yǔ"。
⑫ (1)櫃。用來儲存物品的一種家具。根據用途,可以分爲書櫃、衣櫃、印章櫃、壁櫃、鞋櫃等。《六典條例》(10):"大君、王子、君、公、翁主出閣時,三層櫃,圓盤造作進排。"(2)龕室的別稱。《宮園儀》:"正堂堂中主壁,奉安神龕。"
⑬ 《仁祖國葬都監儀軌》:自京城至陵所九十五里内,各其長桂所立處,牒報後録爲去乎,監指酌定奪行下事。

韓國漢字史論叢

[山穴,巖穴]①;岾(점 chŏm)[峴②;嶺③]。

5. 特産(植物(穀物)/動物(昆蟲)/魚類/其他)(48 例):

(1) 菇(고 ko)[蕈菇④,香菇(Lentinusedodes)];菁(골 kol)[菁草,王菁,(編制蓆的)燈心草(rush,bulrush)]⑤;橍(귀 kwi)[光葉櫸樹(zelkova),槐木]⑥;莙(길 kil)[風鈴草屬的植物(Chinesebellflower),桔梗]⑦;荍(며 myŏ)[野生葡萄(藤)(wildgrapevines, wildgrapes)]⑧;椴(반 pan)[椴樹(limetree, liden)]⑨;⑪(변 pyŏn)[䔖豆]⑩;櫖(엄 ŏm)[櫖木]⑪;筽(오 o)[粟名,筽粟]⑫;穛(조 cho)[粟子,小米]⑬;樘(t'aeng)[枳實]⑭;糫(豆

———

① 《明文》:岫。山穴,산구멍 수。巖穴,바위구멍 수。峀同。峀,岫俗字。《韓國》:멧부리 수。

② 《新字典》(朝鮮俗字部):岾,재。峴也。고개。金宗道頭流山記有永郞岾,登電岾。

③ 《字典釋要》:岾,[鮮]嶺也。고개점。

④ 《慶尙道地理志》:(密陽都護府 梁山郡 土産) 蕈菁。

⑤ 《經世遺表》(8):謹案三脊蒲者,所以織蓆也(龍鬚草,方言謂之菁,三脊蒲,方言謂之王菁)。考諸爾雅本草有香蒲三脊諸種,皆與此物不同。

⑥ 《新字典》(朝鮮俗字部):橍,귀,即橍木。一名黃楡,늣티나무。見官簿。

⑦ 與"桔"同義。《訓蒙字會》(上):길,도랏 길。《譯語類解》(下):길莄,도랏。"桔梗"或作"吉更"。

⑧ 《王朝實錄》(中宗 39):湜曰,吾不免矣。寧爲自盡。仍下宿巖底,經二夜,向居昌地山谷間,求飮,臣即掘地得水饋之。湜曰,折ару며 來來。臣至洞口,覓採不得而還,則湜已結項于柳木死矣。

⑨ 《三國遺事》(5):"椴,音般,鄕云雨木。"

⑩ 《訓蒙字會》(上):⑪,변두 변。白⑪豆,黑⑪豆。俗又呼沿籬豆。

⑪ 《新字典》(朝鮮俗字部):櫖,엄。鵲不踏木,엄나무。俗訓奄木。又地名,礪山宋譜有櫖木亭。《增補文獻備考》(95,樂考,樂器):造法,瑟之制,前面用桐木,後面用牙木(俗名奄木),四面邊兒漆以黑,前面畫雲鶴,兩端畫錦,黃鐘絃最大。

⑫ 見於《農事直說》。

⑬ 從禾杲聲。《雅言覺非》(1):穛者粟實。方言粟曰穛,爾雅粢穛之注曰:江東人呼粟爲粢。疏云:粢也,穛也,粟也。正是一物。曲禮云:粢,明粢。

⑭ 《鄕藥集成方》(80):枳實,樘子,鄕名,댕자(들 익은 것)。《晝永編》(下):枳實稱樘子。

韓國固有漢字中"國字"之結構與文化特點:兼論《異體字字典·韓國特用漢字》

p'yo)[小麥]①。

(2) 犷(광 kwang)[鼬,鼬鼠]②;獤(돈 ton)[貂,貂皮]③;蟒(소 so)[穴舟蟲]④;驗(엄 ŏm)[義未詳]⑤;猠(전 chŏn)[(韓國)山羊]⑥。

(3) 鱥(계 kye)[魚名];唟(꺼 kkŏ)[淡水魚名]⑦;魛(도 to)[魚名];鱱(령 lyŏng)[魚名];鱸(로 lo)[魚名];鱱(뢰 loi)[魚名];鱹(룡 long)[魚名];鰊(마 ma)[金槍魚(tuna)]⑧;鱒(마 ma)[魚名];魢(망 mang)[魢魚]⑨;魸(모 mo)[魚名];鱃(묵 muk)[魚名];鱜(반 pan)[魚名];鱕(변 pyŏn)[蟹之一種];鯲(산 san)[鯊魚]⑩;鮦(송 song)[魚名];鯞(수 su)[魚名];鰪(알 al)[魚名];鱱(양 yang)[魚名];鯣(양 yang)[魚名];鱢(얼 ŏl)[魚名];鱫(염 yŏm)[魚名];魭(원 wŏn)[魚名];魟(정 chŏng)[鱧,黑魚(snakehead, snakefish)]⑪;鱛(증 chŭng)[魚名];鱛(증 jŭng)[魚名];魾(지 chi)[魚名];鱩(질 chil)[魚名];鰲(차 ch'a)[魚名];夻(화 hwa)[大口魚]⑫;鯀(화 hwa)

---

① 《農政新編》(4):小麥者,麥表也。種類亦多。一曰朝日,二曰白十寸、赤十寸、禿十寸,三曰阿彌陀,四曰八石,五曰白毛,其他名目,亦不可勝記。作法與大麥同。

② 《五洲衍文長箋散稿》:犷音廣。潛谷金堉筆談有黃犷一作獷,黃鼠也。其尾可作筆。獷,説文之犬獷,不可附也。《倭語類解》(下):犷,족접이 광。《新字典》:獷 광。黃鼠 족제비。金堉《潛谷筆談》有黃犷一作獷。

③ 《新字典》(朝鮮俗字部):獤,돈。貂皮,돈피。잘。見戶曹定例。

④ 《晝永編》(下):物久虫蝕稱食蟒。蟒,音소。《新字典》(朝鮮俗字部):蟒,소。穴舟蟲,배좀。見官府文簿。

⑤ 從馬奄聲,很可能是馬的一種。《武藝圖譜通志》(1)(長槍):退一步,作驗劍勢。《武藝圖譜通志諺解》(長劍後譜):"한 거람 물너가 엄검세랄 하고。"

⑥ 《朴通事諺解》(上 24):店裏買猠皮去來。

⑦ 《與猶堂全書·雅言覺非》:鱸者,江魚之小者,申綽承旨云,今之所謂鱸唟億貞伊(꺽정이),巨口細鱗,色黑如鱥,其大如鮒,非海鱸之族也。

⑧ 《新增東國輿地勝覽》(結成·土產):鰊魚。

⑨ 或作"鯛"。《新增東國輿地勝覽》(9):魢魚,秀魚。《晝永編》(下):魚名有魢(音망)。

⑩ 《茲山魚譜》(2):四方魚·全身皆利錐如鯲鯊,體堅如鐵石。

⑪ 《新增東國輿地勝覽》(34):秀魚,魟魚。《晝永編》(下):蠡魚稱魟(音뎡)。

⑫ 《東醫寶鑑》:夻魚。대구 taegu。俗名大口魚。"《五洲衍文長箋散稿》(11):"我所謂大口魚,中原所稱呆魚也。"

371

[魚名].①

6. 工具(17 例):

輁(강 kang)[一輪推車]②;瓘(광 kwang)[鑄模,鑄型]③;亇(마 ma)[錘子]④;亇(마 ma)[錘子]⑤;丁(마 ma)[錘子]⑥;梛(비 pi)[木梯]⑦;蠿(살 sal)[箭]⑧;鐥(션 sŏn)[容酒四盃(或云五盃)之器⑨;大匜(盥洗器)⑩,莻(줄 chul)[銼刀;繩子]⑪;⑫(줄 chul)[銼刀]⑫;錵(줄 chul)[銼刀]⑬;鐵(징 ching)[鐵子,(軍人、下隸常戴

---

① 此處"魚類"韓國固有漢字,除了注明出處之外,皆見於《牛海異魚譜》。《牛海異魚譜》是朝鮮後期的金鑢(1776—1821)於鎮海前海進行海洋生物研究所撰寫的著作。金鑢於1801年至1803年在鎮海(當時稱爲"牛海")進行流放生活時,進行了此項研究並完成了此書的撰寫,於1803年完成修訂。此書共1冊,爲手稿本。它是韓國最早的魚譜,並與丁若銓(1758—1816)的《玆山魚譜》並列,被認爲是韓國魚類研究的兩大巨作。
② 《訓蒙字會》(中):輁,밀술위 강。中施一輪,一人所推,俗呼輼軸。
③ 《華城城役儀軌》(卷首):候土調均,凡以木瓘,全瓘之方者爲方甄,瓘半隔板者爲半方甄。
④ 《高麗史》(133):"三年二月,北元遣豆亇達,來祭敬孝文王,始行北元宣光年號"。
⑤ 亇是形象地描述了錘子的形狀。古時的"망치 mangch'i"音同"마치 mach'i",此處縮短爲"마 ma",且用於地名或人名的表記。與"丁"同義。《行用禮文》記載:"亇,音爲'마'。上端連接,下端垂直,稱爲亇,如赤亇、駕乭亇。亇,應譯作丁"。
⑥ 與"丁"・"亇"同。
⑦ 《五洲衍文長箋散稿》:梛,音飛,或曰木梯也。
⑧ 《明文》(1310):蠿,箭也,화살 젼。
⑨ 《高麗史》(34):二月丁未,遣左常侍金之兼如元,賀皇太子誕日。獻金鐥二,酒鍾二,銀鐥二十。
⑩ 《與猶堂全書・雅言覺非》:鐥者,量酒之器,吾東之造字也。今郡縣餽贈,以酒五盞,謂之一鐥(中國無此字),方言謂之大也,盥器亦謂之大也,惟大小不同耳。按,匜者,酒器,亦稱盥器,然則去鐥從匜,不害爲書同文矣。
⑪ 這是"注 chu"和"乙 ŭl"字音的結合,於韓國語中,"줄 chul"有"銼刀"和"繩子"的意義。
⑫ 與"莻"、"錵"同。《純元王后國葬都監儀軌》(2):本房錵匠所用,錵次强鐵三斤,依謄錄捧甘取用何以。題辭內依。
⑬ 從金㗒聲。這是爲了韓國語的"줄 chul"(銼刀)而製作的漢字。它也可以寫作"莻"或"錵"。在《純元王后國葬都監儀軌》(4)中記載:"金㗒匠、朴排匠、付鑞匠所用,大金㗒有六個"。

韓國固有漢字中"國字"之結構與文化特點：兼論《異體字字典·韓國特用漢字》

的)羽毛冒子上修飾之一種]①；㷛(통 t'ong)[火㷛②；簰(패 p'ae)[魚筌]；簰(배 pae)[魚筌]③；鐧(한 han)[銼刀]④；猴(亭 hu)[弓的一種]⑤。

7. 宮中語(3 例)：

襨(대 tae)[國王之上衣]⑥；稤(수 su/슉 suk)[倉庫⑦；宮房之負責人⑧]⑨；韞(온 on)[宮中女人用鞋子之一]⑩。

8. 言語對應(單位/語法成分/固有詞彙/外來語音譯)(31 例)：

(1) 迲(두 tu)[穀不完石]⑪；畩(등 lǔng)[土地面積單位，相當於一畝之十分之一]⑫；㪳(뱀 paem/얌 yam)[畓之區劃。畓與畓之

---

① "중자(冠飾)"，是放在冠帽上頂端，類似於瓶蓋的裝飾。根據佩戴者的品階，有金、銀、玉、石等等級。又稱之爲"頂子"或"鏳子"。《萬機要覽》(軍政編 2)記載："禁軍轉羽、秀羽，在戰笠上懸掛金徵子。"

② 火力武器。是利用火力來攻擊敵人的武器之一。《高麗史》(77)：火㷛都監。辛禑三年，判事崔茂宣建議置之。辛昌罷，屬軍器寺。

③ "통발"。《與猶堂全書·雅言覺非》："譯書云，魚箭謂之簰子。今考字典無簰字，當是箄字之訛。然箄者籠屬，雖曰捕魚，非筴類也。"金鍾塤(181)認爲其讀音爲"배 pae"。

④ 《六典條例》(3)：內弓房弓箭匠料(鐧匠二名，各一朔八日，每日米二升)。《度支準折》：大鐧一介。

⑤ 《朝鮮的弓術》：角弓，後宮이라 하며 시느는 장궁이라 하니，戰時와 狩獵의 用과 讌樂과 運動의 用의 二種이 有하도다。(角弓稱爲"後弓"，或成爲"長弓"。其主要應用於戰時和狩獵，以及宴樂和運動，共有兩種。)

⑥ 《東國與地勝覽》(2)：尚衣院，在迎秋門內。掌供御衣襨及內府財貨金寶等物。

⑦ 《晝永編》(下)："倉庫稱稤(稤，音수)。"如官府之穀倉稱作稤倉。

⑧ 《增補文獻備考》(128)："孝宗己丑，執義宋浚吉啓曰：'執慈殿稤奴，刑訊之。'"如宮房之有事稱作"稤宮"。

⑨ 禾和京都是意義部首的結構。京的甲骨文形狀如"𠇷"，描繪了人們在高丘上居住的情景。其中，上部代表著蓋在上面的屋頂，而下面的"丨"則形象地代表了房屋的柱子。從這個象形出發，它隨後具有了"方形的大穀倉"或"京城"等意義。在韓國的漢字中，《大明律》(第七卷)中有"凡諸倉庫局院等，司稤、公斗尺、使令人等"等記述，其中"稤"作爲"稱"的俗字，也用來指代天平。

⑩ 例如，"韞鞋"指的是內殿，即王妃以下的嬪宮所穿的鞋。《六典條例》(10)：黑唐皮靸鞋，韞鞋(大殿靸鞋一部，慈殿韞鞋二部，中宮殿花韞鞋二部。順和宮奉保夫人各韞鞋一部)。

⑪ 《芝峯類說》(7)：我國用字，以水田爲畓，米穀未滿石者爲迲，柴束之大者爲䢔，皆意作也。

⑫ 《經世遺表》(7)：凡方六尺爲一步，十步爲一畩，十畩爲一畝，十畝爲一畎，十畎爲一畉。

韓國漢字史論叢

間的境界]①。

(2) 啫(고 ko)[歎辭]②;旀(며 myǒ)[連接助詞];旀(며 myǒ)[連接助詞]③;弥(며 myǒ)[連接助詞]④;叱(罒 ppun)[只(有)]⑤;仒(罒 ppun)[只(有)];尔(며 myǒ)[旀之省體];叱(엇 ǒt)[表示時態補助語幹]。

(3) 筪(갑 kap)[蟾,癩蛤];꺂(갑 kap)[蟾,癩蛤];㐗(끝 kkǔt)[末]⑥;㐖(놈 nom)[者,家伙,漢,仔];喺(달 tal)[鷄]⑦;鞏(들 tǔl/걸 kǒl)[固有詞彙"들"/"걸"之音譯]⑧;浮(뜯 ttǔl)[浮]⑨;叱(밧

---

① "夜"字的訓讀爲(밤 pam)與韓國的字母"-ㅁ-m"結合的形式。另有讀作"얌 yam"的形式,在用作人名時,它是由"夜"字的音讀(야 ya)與韓國字母"-ㅁ-m"結合而成。在《韓國》中,認爲"ㅁ"是"味"的省略形式,經由"밤미 pammi"、"배미 paemi"、"뺌 paem"等演變。但在韓國固有的漢字中,沒有以某一字的省略形式表示該字完整的讀音的例子。因此,這個字應該與"㐖(놈 nom)"一樣,被看作是與韓文字母結合的形式。後來,"㐖"字不再使用,逐漸被"畓"取而代之。而"畓(렬 lyǒl)"表示的是稻田的間隙或水渠,其中田是意義部分,列是音讀部分。如《經世遺表》(6)所述:"上畓下畓,所隔一壟。畓者,田區也,方言謂之裹味。"

② 此爲擬聲詞,痛苦時叫之聲。《欽欽新書》(6):又曰,廷樞被打仆地,大呼哀啫,因即起立,故渠乃携出。

③ "弥"與同。此爲句讀吐之一種,於《龍飛御天歌》(第二章)中如"根深之木隱,風亦不扤伊羅,有灼其華旀,有賁其實尼羅"所示,其可解爲連接助詞"-며 myǒ"。亦常與"爲"結合,如於《大明律》(第七)"物色等亦,納官爲在乙,本主還給爲旀"中以連接助詞"-하며 hamyǒ"表現。又與"況"結合作副詞"하물며 hamulmyǒ"[況且],與"是"結合作連接助詞"-이며 imyǒ",與"爲乎"結合爲連接助詞"-하오며 hamyǒ",與"是白乎"結合爲連接助詞"-이ㅅ、래오며 isabomyǒ",與"爲白乎"結合爲連接助詞"-하ㅅ、래오며 hasabomyǒ"等皆有所使用。

④ 與"旀"同。《大明律》(4):凡豪强人等亦,子孫弟姪乙用良,官員半倘以隨弥。

⑤ "叱"字的讀音(表示聲母 p-)與"分"字的讀音(分 pum)之結合,而"ㅅㅜㄴ"已轉化爲"罒"。

⑥ "末"字的訓讀(韓語中表示爲"끝 kkǔt")與"叱"字的讀音(用於韻尾-t)結合而成。

⑦ 《鷄林類事》:"鷄曰喺(音達。查字典,無此字,乃朝鮮土語)。"

⑧ 當讀作"들(tǔl)"時,是由"擧"字的訓讀(韓語中表示爲"들다 tǔlda")與"乙"字的音(用於韻尾-l 的表示)結合而成。而當讀作"걸(tǔl)"時,是由"擧"字的音(韓語中表示爲"거 kǒ)與"乙"字的音(用於韻尾-l 的表示)結合而成。

⑨ 當結合"浮"字的訓讀(在韓語中表示爲"뜨다 ttǔda")與"乙"字的讀音(用於韻尾-l 的表示)時,即形成了這個詞組。

韓國固有漢字中"國字"之結構與文化特點：兼論《異體字字典·韓國特用漢字》

pat)［外］①；䉛(분 pun)［麗金龜,金龜子］；裨(비 pi)［雨］②；䎞(쇼 so)［牛］③；籆(쌀 ssal)［米］④；䅺(씻 ssit)［種子］⑤；乧(올 ol)［韓文"올"之音譯］⑥；䇽(비롯 pilot)［始］⑦；頉(탈 t'al)［事故, 變故, 病］⑧；乤(털 t'ŏl)［毛］；㐃(한 han)［爲］；乤(한 han)［爲］⑨。

(4) 㕦(바 pa)⑩。

9. 稱呼(人(親族)/禮節語)(3 例)：

㐐(탁 t'ak)［我們］⑪；啣(함 ham)［啣字(銜字)］⑫；啣(함 ham)

———

① 當結合"外"字的訓讀(在韓語中表示爲"밧 pat"或"밖 pak")與"叱"字的音(用於韻尾-t 的表示)時，即形成了這個詞組。
② 《東言考略》：雨爲비者裨也。韓文"雨"爲"비 pi"，此音譯也。
③ 當結合"石"字的音讀(在韓語中表示爲"셕 shŏk")與"牛"字的訓讀(在韓語中起初爲"슈 syu"，後變爲"쇼 so")時，即形成了這個詞組。
④ 當結合"米"字的訓讀(在韓語中表示爲"쌀 ssal")與"乙"字的音讀(在韓語中作爲韻尾-l 的表示，稱爲"을 ŭl")時，即形成了這個詞組。
⑤ 當結合"種"字的訓讀(在韓語中表示爲"씨 ssi")與"叱"字的音讀(在韓語中作爲韻尾-t 的表示)時，即形成了這個詞組。
⑥ 當結合"乎"字的訓讀(在韓語中表示爲"온 on")與"乙"字的音讀(在韓語中作爲韻尾-l 的表示)時，即形成了這個詞組。在《昌慶宮營建都監儀軌》中記述："興庫之別紋席，豐倉之草注紙，版別之白綿紙，遺在甚多，並以此取用，未知何如……"
⑦ 結合"始"字的訓讀(在韓語中表示爲"비롯하다 pirothada")與"叱"字的音讀(在韓語中作爲韻尾-t 的表示)，即形成了這個詞組。
⑧ 《續大典》(2)：外官解由，自到任支計，遞任以三百六十日爲限，勿許公私頉，未滿此限，則只以文書傳掌。
⑨ 結合"爲"字的訓讀(在韓語中表示爲"하다 hada")與"卩"(作爲"隱"字的省體，在口訣中用作表示"-ㄴ(-n)"音)即形成了這個詞組。
⑩ 爲了表記"Pharisees"(法利賽人：存在於公元前 2 世紀至公元後 2 世紀的猶太教派，標榜傳統的儀禮守備)中的"pha"音，創造了此字。在《朝鮮女俗考》(第 5 章)中表記爲：㕦唎㘉人。
⑪ 《明文》：㐐。人名。韓㐐冑。사람의 이름 탁。佗俗字。
⑫ 從口御聲的形態結構。由於它被用作對其他人的稱謂，因此選擇口作爲義符。御包含了"尊"的意義，因此也參與確定其意義。例如，"啣字"是對他人名稱的尊稱，與"啣"相同。在《與猶堂全書·雅言覺非》中，提到"銜者，馬勒之在口也。又銜者，官階也。俗作御，或作啣，或作唧，或作唧"，認爲"唧"和"啣"是"銜"的異體字。如果"唧"只有"銜"(馬的嚼子)的意義，則可以解釋爲"銜，放在馬口內，用以勒馬，控制其行止，故從口稱作啣"。但"銜"也有"官階"的意義，後來被擴展爲他人名稱的尊稱。到了這時，開始使用組成的"啣"字，或簡化爲"唧"。但在韓國的漢字中，"唧"僅限於"唧字"中的使用，所以將其視爲"銜"的異體字是困難的。因此，認爲口是義符，而御是聲符，將其視爲固有的漢字似乎更爲合理。

［唧字(銜字)］①。

10. 文學(學習)(10例)：

㐝(글 kŭl)［文章］②；柣(생 saeng)［竹籤］③；圕(서 sŏ)［圖書館］；奀(공부 kongpu)［人夫］；⑥(공부 kongpu)［人夫］；⑦(공부 kongpu)［人夫］；⑧(공부 kongpu)［學習］；夬(공부 kongpu)［學習］。

11. 一般詞彙(12例)：

佮(고 ko)［誓言必行］④；壵(곱 kop)［古邑］；嚂(람 lam)［哐，嚼］⑤；於(미 mi)［滿，彌］；洣(미 mi)［戲水］⑥；褙(비 pi)［擦，揉擦］⑦；閪(서 sŏ)［遺失］⑧；涻(선 sŏn)［義未詳］⑨；奀(일꾼 illkkun)［工人］⑩；⑥(일꾼 illkkun)［工人］；⑦(일꾼 illkkun)［工人］；⑧(일꾼 illkkun)［工人］。

12. 其他(2例)：

禾(音義未詳)；頦(명 myŏng)［義未詳］⑪。

將以上諸例作表統計如下：

---

① 從口御省聲，與"嗰"同。參照"嗰"字條注釋。《古文書集成(海南尹氏篇)28，簡札類132》：秋分祭事安享，祝則以古皁從叔唧字，行之耳。

② 此是爲了表示韓國語中的"글 kŭl"［文章］而創造之字，它由"文"字的訓讀"글 kŭl"和"乙"字的音"을 ŭl"(用於表示韻尾-l)結合而成。

③ 쳣。(1)用以標示或記錄的小便條紙。在《萬機要覽》(財用編4)中記載："又以柣紙分授諸員，不可者，使之結之。"(2)經書中的文句分別寫在小紙片上，放在筒中讓講經生抽取的方法。在《王朝實錄》(世宗23)中描述："兵曹啓，武經習讀官取才，請將武經七書各書于柣，合置一筒，令取才者自抽一柣，曹與武學提調一同考講，能通者上薦。"

④《字典釋要》：佮，誓必行。다짐둘 고。如"佮音"(官府由老百姓得到誓約)。

⑤《雅言覺非》：嚂以代哐，虎哐又嚂人，字典無嚂字。

⑥《訓蒙字會》(中)：洣，므자믿 미。俗呼洣水。

⑦《王朝實錄》(宣祖8)記載："前郡守裵德文，爲人姦邪，其未出世，褙褙其妻家文書，有同姦吏之爲，不齒於人類。""褙褙(비비 pibi)"描述的是用紙摩擦來修正或更改文字的行爲。

⑧《王朝實錄》(中宗94)：東宮修理後，世子玉半束帶一部，白玉吐環多繪俱一部閪失。《明文》(1812)：閪，失也，잃을 서(俗遺失曰閪失)。

⑨《三國遺事》(5)：阿耶，唯只伊吾音之叱恨隱滽陵隱。

⑩ ""功"字據其訓讀爲"일 il"，而"夫"字之訓讀爲"꾼 kkun"，兩者結合而成。有時也可組成爲"工儿"、"工口"或"工凡"等形式。如《高麗史》(27)：十五年夏四月，今東征兵卒梢工，亦當就向件役奀而調出耳。

⑪《大華嚴首座圓通兩重大師均如傳幷書》：爧挐頦(名庚切)賀之一十萬偈，復興於身篤。

376

主題	姓名	制度	民俗	生活	物產	工具	宮中語	言對應	稱呼	文學	一般詞彙	其他	計
出現字數	120（姓氏5 人名30 地名28 兼人名地名57）	5（官職4 科舉1）	2（音樂1 宗教1）	30（衣7 食6 住9 疾病1 其他7）	48（植物12 動物5 魚類31）	17	3	31（單位3 語法成分8 固有詞彙19 外來語音譯1）	3	8	12	2	281*
百分率	42.7	1.7	0.7	37	17	6	1	11	1	2.8	4.3	0.7	100

（*一字含性質不同的義項，則分別統計之。個別國字的原總數為268例，但重複例有6個13例，故總數變為281例。）

通過以上各種韓國固有漢字,加以窺見如下幾點文化特徵。

第一,有關地名、人名表記的漢字特別多,占總數之 42.7%。地名和人名的淵源是十分古老的,在漢字輸入之前就早已存在了。未有韓文之時,隨着借用漢字,許多韓國固有詞彙被漢字詞彙代替而消滅了,但人名和地名較他詞彙却保有了相當穩固和保守的特性,其變化速度相當緩慢,且不能輕易變化。故爲了人名和地名之表記創造出來的固有漢字特別多。

還有,韓國的取名方法也較爲特殊。爲了祝願壽福康寧,吉祥慶兆,或利用五行相生之理(即金生水、水生木、木生火、火生土、土生金、金而復生水),"命"中缺少什麽,在名字上就須補充所缺的"行",故行列字常有金、木、火、水、土的排列,韓國出現了"金姓""木姓""土姓"固有詞彙。又從"㐘㖯"(개똥 kaettong;개 kae 爲狗,똥 ttong 爲糞,是指最鄙陋的)、"乭銽"(돌쇠 tolshoe;돌 tol 爲石頭,쇠 shoe 爲鋼鐵,是指笨蛋)等這些名字可見,韓國人命名方式上存在以"好養"而取"賤稱"的價值趣向:有的取動物名,甚至有的取相當鄙賤的名字,反而祝願其人的長壽與壽福。這是如果人名太大或太美時鬼神會嫉妬而不能享受天命之傳統觀念的反映。

第二,漢語與韓語屬於不同的語言類型,漢語屬於孤立語,韓語屬於粘着語,故兩者之間存在着不同的語法範疇。爲了表記不同語法成分而創造出來的國字,有:連接助詞"旀"(-며-myŏ)、"㢱"(-며-myŏ),複合連接助詞"爲旀"(-하며-hamyŏ)、"是旀"(-이며-imyŏ)、"爲乎旀"(-하오며-hamyŏ)、"是白乎旀"(-이 오며 isabomyŏ)、"爲白乎旀"(-하 오며 hasabomyŏ)等。

漢字傳至韓國之後,正如上文所說,其表記方式大約經過了"誓記式""吏讀式""鄕歌式"和"口訣式"四個階段,之後就進入了全面借用階段。在此過程中,前四個階段是在韓語語序和語法的基礎上以互相對應的漢字來表記韓國詞彙和語法成分的階段。故兩種語言之間的衝突較爲明顯,因此有關韓語所存在的語法成分的對應翻譯字比較多。

韓語與漢語既然是不同的語言體系,故其音節結構也有所差別。譬如:韓語有-m、-n、-ng 三種鼻音韻尾之外,還有與此發音部位相同的閉塞音-p'、

韓國固有漢字中"國字"之結構與文化特點：兼論《異體字字典·韓國特用漢字》

-t'、-k'韻尾以及-l邊音韻尾。其中,-l與-t'韻尾（在韓語裏-t'韻尾的實現音爲-l）特別多。漢語中的三種入聲韻尾到中古音階段之後就消失了,且-l韻尾又沒有存在過,故帶-t'和-l韻尾的對應音譯字出現得特別多。又如羒（뿐 ppun）和侗（똥 ttong）等,爲了表記漢語裏沒有的聲母 p-與 pp-,t-與 tt-的對立音（所謂硬音對立）,韓國不得不創造出新的漢字來。此皆爲由韓語與借用漢字之間所存在的語音結構上之差異而所產生的。與此同時,爲了表記一般固有詞彙而創造的漢字,也以對-l、-t 韻尾之詞彙爲多,諸如：乷（쌀 ssal）、㐗（달 tal）、㐎（들 tŭl/걸 kŏl）、頉（탈 t'al）；㖚（끝 kkŭt）、𥟗（씻 ssit）、兺（밧 pat）等。這些都是由於兩種語言之類型差異而產生的'國字'。

第三,韓國固有漢字裏出現了大量數量詞。如國字裏有"迀"（두 tu）[穀不完石]、"畖"（릉 lŭng）[土地面積單位]等。筆者的初步調查,國義字裏還有"間"①、"杠"②、"迲"③、"結"④、"骨"⑤、"串"⑥、"貫"⑦、"塊"⑧、

---

① 間（짐）。1. 長度計數的單位,相當於十尺。《增補文獻備考》(91) 記載："測量尺,十釐爲分,十分爲一周尺（六寸六分）,六尺爲一步,十尺爲一間,一百尺爲一鏈,二千一百尺爲一里（即三百五十步）,三十里爲一息。泰西米突,一米突,準我五尺。"2. 用以計算房屋樑柱數目的單位。如《高麗史》(6) 所述："(靖宗) 六年二月庚寅,昇平門廊屋數百間災,延燒御史臺。"3. 衡量房屋樑柱面積的單位,通常相當於七至九尺平方。據《磻溪隨錄》(1) 記錄："凡公廊基,每南北六步,東西十步爲一座,俗稱一間。"

② 杠（짝）。用作計算負重、牲畜如牛、馬、羊等的計數單位。《王朝實錄》(世宗 19) 中記載："平安道監司報告,使臣於三月十五日抵達義順館,櫃子四十擔,豬二擔,羊二擔。"

③ 迲（자래）。用於計算木材或草材的計數單位。《盎葉記》(2) 中寫道："我國有'迲'字,但與'劉夫人碑'上的字不符。各州縣用鐵索束綁柴火以量之,稱作'一二迲'。該字無固定的音義,只稱爲'節'。另見於《明文》記載:官司用鐵索計數柴火稱之爲"迲",如《旬五志》所述。"

④ 結（목）。土地的面積單位。一百結［負］,相當於一萬㖚［把］。據文獻記載：一握者,謂之把,邏以上之至于結。十把爲束,十束爲負（或稱卜）,百負爲結（俗音믹）,八結爲夫（或稱矣）。佃夫中擇定户首,收納八結應納之役。

⑤ 골。指稱紙張、皮革等的半幅。《進宴儀軌》(高宗壬申 2)：紅水紬十幅,床巾十件（每件每幅,紅水紬長一尺七寸,同道里次草綠水紬半骨七尺,并内下）。

⑥ 꼬치。用以計數串在叉子或其他工具上的食物如山藥等的單位。《進宴儀軌(高宗壬申)》(2,饌品,咸寧殿正日内進宴)：各色花陽炙五百五十串。

⑦ 관。一種重量單位。十兩稱爲一貫,相當於 3.75 公斤。

⑧ 1. 韓國的紙張,以一百卷作爲一束的單位。《萬機要覽》(財用編 5)：紙物充包,曾無限定。癸亥爲始,壯紙,定以節行一百四十塊,曆行七十塊,後市四十塊,其外潛入者嚴禁（百卷爲一塊）。2. 計算肉塊的單位。《芝峯類說》(17)：且中朝麵肉柴炭皆以斤稱,而我國則麵以斗,肉以塊,柴以束,炭以石,輕重多少,亦不の矣。

"具"①、"鉤"②、"卷"③、"級"④、"訥"⑤、"丹"⑥、"臺"⑦、"刀"⑧、"度"⑨、"陶"⑩、"同"⑪、"兩"⑫、"聯"⑬、"鏈"⑭、"畓"⑮、"令"⑯、"領"⑰、"流"⑱、

---

① 1. 計算冊匣等的單位。《高麗史》(2)：二年，紫絲帶與紅錦裝飾的冊匣一具。2. 計算屍體的單位。

② 타래。指細繩或線繩纏繞後所捆綁的物件。《渤海考》(臣考)：附獻美濃絁三十疋，絹十疋，絲一百五十鉤。

③ 韓紙二十張作爲一束來計算的單位。《萬機要覽》(財用編 1)：供上草注紙三百六十卷……燈塗白紙三十卷。

④ 두름。1. 指每十條魚編織成兩列，合計二十條魚的計數方式。《華城城役儀軌》(2)：內下葦魚一百級，蘇魚一百級。2. 用於計算山蔬或藥草等，每一束爲一級的單位。《與猶堂全書·雅言覺非》：此爲東方語言，編織的物件達到十個即被稱爲一級(方言稱作級)。海艾一級，乾魚一級(有時二十條魚計爲一級)。

⑤ 우리。用於計算瓦片時，每一千片稱爲"訥"。《古今釋林》(28 東韓譯語)：夫女瓦。本朝·瓦一千張爲一訥。

⑥ 단。筷子和箸子、草耳、柴木等的捆綁。或者是計算那捆綁的單位。《萬機要覽》(財用編 5)：禿匙三丹。《萬機要覽》(財用編 1)：蕨菜(每丹，嶺南一斗，湖南一斗一升四合爲一夕)。《度支準折》：椵木一同一丹七介(二十介作一丹，五丹作一同)。

⑦ 대。飛機、汽車、機器等的計算單位。

⑧ 高麗時代，重量的一個單位。是"兩"的下一級單位，又是"目"的下一級單位。《高麗史》(78)：麻田一結，生麻十一兩八刀，白麻五兩二目四刀。

⑨ (1) 以"落幅紙"二張作爲計算單位。《度支準折》：監試落幅紙二軸(二張作一度，十度作一軸)。(2) 用於製作"屈冠"的紙製鳥，以二十條作爲一個單位。《度支準折》：屈冠次二十條作一度。

⑩ 計數陶器的單位。《仁祖國葬都監儀軌》：陶瓮、陶所羅、陶東海、陶耳繕各一陶。

⑪ (1) "織物"50 疋作爲一個單位。(2) 木塊 100 個作爲一個單位。(3) 墨水 10 支作爲一個單位。(4) 筆 10 支作爲計算單位。(5) 麥稭、藥草、草 100 束作爲一個單位。(6) 魚 1 000 尾或 2 000 尾作爲一個單位。(7) 海帶 2 500 束作爲一個單位。(8) 線 1 500 條作爲一個單位。(9) "鳥翎儿"100 個作爲一個單位。

⑫ 냥。1. 重量單位。爲一錢的十倍，1 斤的 1/16。《萬機要覽》(財用編 4)：衡有大中小三等，中小二等，等各有二稱(十釐爲分，十分爲錢，十錢爲兩，十六兩爲斤)。2. 銅幣的單位。爲一錢的十倍。《續大典》(2)：國幣用銅錢(百文爲兩，十兩爲貫)。

⑬ 計數鷹的單位。與"連"通用。《通文館志》(9)：奉諭進鷹十四聯。

⑭ 長度的單位。以周尺爲基準，一百字稱爲一鏈。《增補文獻備考》(91)：測量尺，十釐爲分，十分爲一周尺(六寸六分)，六尺爲一步，十尺爲一間，一百尺爲一鏈，二千一百尺爲一里(即三百五十步)，三十里爲一息。泰西米突，一米突，準我五尺。

⑮ 논배미。《經世遺表》(6)：上畓下畓，所隔一畓。畓者，田區也，方言謂之裹味。

⑯ 帶毛皮的計數單位。《度支準節》(注)：有毛曰令，無毛曰張。

⑰ 毛皮、毯子、衣服的計量單位。《王朝實錄》(太宗 34)：贈貂皮百領于黃儼。《高麗史》(2)：紫綾案褥一領。《萬機要覽》(財用編 1)：襦衣(每領，米，兩南一石五斗，江原錢十兩)。

⑱ 單一物品的計量單位。《王朝實錄》(成宗 108)：繡囊兒一十流，獐牙兒一十流，針家兒一十流，虎牙兒一十流，葫蘆兒一十流，靑莄兒一十流，班蛤五十流。

韓國固有漢字中"國字"之結構與文化特點：兼論《異體字字典·韓國特用漢字》

"里"①、"立"②、"面"③、"茅"④、"文"⑤、"門"⑥、"味"⑦、"放"⑧、"封"⑨、
"桴"⑩、"副"⑪、"浮"⑫、"負"⑬、"夫"⑭、"分"⑮、"備"⑯、"事"⑰、

---

① （1）距離的單位。一里等於3.9273公里。《三國史記》(34)：開國王都,長三千七十五步,廣三千一十八步三十五里。(2)計算貨幣、量度距離或重量時所用的單位。其值等於錢、分、分[分]的十分之一,與"氂"字可通用。《萬機要覽》(財用編1)：真瓜一百七十九箇(每箇價六分七里)。

② 잎。用來計算座位、笠、板子、磚塊、海帶等的單位。《萬機要覽》(財用編5)：經潦後掩骸(露骸,錢一兩,空石五立。露骨,錢一兩,空石二立)。

③ 1.用於計算樂器、號角、馬鞍、筆墨、書桌、毯子、眼鏡、鏡子等的單位。《高麗史》(2)：銀裹脚角竿頭金栢木册案一面,紅地金銀五色線織成龍床褥二面。2.用於計算書籍或報紙頁數的單位。

④ 두름。鮮魚,如鯖魚或鯗魚等,每十條爲一串,兩串即爲廿條爲單位的稱呼。《陶山書院節目》：膳錄定式,時任三員,青魚一茅,海衣一貼式。

⑤ 1.푼。是計算銅錢的數量名詞。爲錢的十分之一,兩的百分之一。《續大典》(2)：國幣用銅錢(百文爲兩,十文爲貫)。2.문。作爲鞋的尺寸的單位。

⑥ 計數倉庫的單位。《萬機要覽》(財用編8)：庫八十四門。凡倉庫之大者,外雖一宇,內多間架。故內限幾間爲各庫,則外必有各門。今此幾門之門字,即一門一庫之謂也。

⑦ 藥材。或計數該藥材的單位。《王朝實錄》(太宗5)：賁齡,賣禮部咨一道,藥材十八味。

⑧ 발。表示發射槍炮次數的單位詞。《萬機要覽》(軍政編2)：古則每年四試,中旬賞木,户曹進排,銃亦九放。

⑨ 봉。信封、袋子等的計數單位爲"封"。《萬機要覽》(財用編5)：芙蓉香。一封價錢一兩。

⑩ 計算乾明太魚二十條時所使用的單位。《陶山書院傳掌記》：北魚五桴。

⑪ 벌。用於計數成套的衣物、器皿、書籍、鎖匙等,代表幾件物品組成的完整單位。於《高麗史》中記載："竹册一副八十簡,黑漆銀含陵金銅鎖鑰二副。"於《三國遺事》中記載："施鑄金銀五器二副。"於《王朝實錄》(太宗6年)中記載："國王官服一副。"

⑫ （1）用於計算蓆子、地毯、毯子等的單位。於《萬機要覽》(財用編4)中記載："牛毛氈九浮。"(2)用於計算車帷、房帷、布帷等的單位。於《尚方定例》中記載："內座更八浮壁衣貳浮,七浮壁衣参浮,五浮氈衫貳浮。"(3)指計算箭支,每一百爲一組的單位。於《萬機要覽》(軍政編1)中記載："每年所捧,湖西七百四十八浮九十七個,湖南三百二浮。"(4)用於計算草帽的組成數量的單位。於《孝宗親祿山陵都監儀軌》中記載："菁草浮飛乃一百九十浮,各長四尺,廣三把半。"(5)用於計算大型蘆蓆、小型蘆蓆等的單位。於《孝宗親祿山陵都監儀軌》中記載："大蘆簟二十二浮、小蘆簟九十一浮。"

⑬ 짐。爲了計算稅收,表示農田面積的單位。《經國大典》(2)：實積一尺爲把,十把爲束,十束爲負,百負爲結。

⑭ 주비。農田面積的最高單位。爲"結"的八倍。亦寫作"矣"。參見"結"的注釋。

⑮ （1）葉錢的單位。爲"錢"的十分之一。（2）重量的單位。爲"錢"的十分之一。(3)長度的單位。爲"尺"的百分之一或"寸"的十分之一。

⑯ 벌。用於計算房間隔間或器皿等的單位。於《增正交鄰志》中記載："別副(革裹大簿匣一備,粹鑞累三清鉢二備)。"

⑰ 벌。用於計數衣物、器皿等的單位。《王朝實錄》(太宗11)：銀鍾、銀盂各一事。

"梭"①、"糸"②、"雙"③、"夕"④、"石"⑤、"鰈"⑥、"束"⑦、"首"⑧、"巡"⑨、"升"⑩、"息"⑪、"握"⑫、"葉"⑬、"運"⑭、"元"⑮、"圓"⑯、"圍"⑰、"矣"⑱、

———————

① 새。計量織物的經紗的單位。《迂書》：且以三梭布言之，堅紉過於棉衣，訪問其法之學可傳，而終不學其織作之妙。
② （1）重量的單位。爲"毫"的十分之一。於《萬機要覽》（財用編 4）中記載："新錢一分，黑骨所入，生銅九分七釐四毫四絲六忽六微。"（2）用於計算錢幣的單位。爲"釐"的十分之一。於《度支準折》中記載："椴木一條……方一寸，折價一釐五絲八忽一微。"
③ 計數屏風的單位。《通文館志》（6）：屏風二十雙，銀臺子二飾。
④ 샤。사。爲容量測量的單位，"合"的十分之一。亦稱"勺"。《行用吏文》：夕，샤。李睟光曰：十龠曰合，十合曰升，或云十勺爲合。今俗以會作夕，似無理。蓋勺字之誤。《明文》（163）：一掬也，한웅큼 석。
⑤ 셤。（1）用於盛放穀物、炭等的由竹子編織而成的容器之一。《萬機要覽》（財用編1）：燒木二萬五百二十斤。炭一百三十二石。（2）用於表示穀物等的容量的單位。相當於二十斗或十五斗。《與猶堂全書·雅言覺非》：吾東，公穀十五斗爲一石，私穀二十斗爲一石。
⑥ 접시。《高麗史》（22）：各賜酒十盞，果五十鰈，味十三器。
⑦ 뭇。用於計算稅收的土地面積的單位。參考"結"的注釋。
⑧ 마리。用於計數動物、魚類等的單位。《萬機要覽》（財用編 1）：生雉三千二百五十二首。
⑨ 於射箭比賽或測試中，多人輪流射出五箭的活動。或用來計算這種輪流的次數的單位。於《萬機要覽》（軍政編 2）中記載："柳葉箭十巡，片箭三巡。"
⑩ 새。用於計算紡織的紗線的單位。以八十根絲爲一鳥計算。於《萬機要覽》（財用編 2）中記載："三南田稅作木捧上時，升高者爲地木，升粗者爲下地木。"
⑪ 計量距離的單位，是指 30 里路，《增補文獻備考》（91）：十釐爲分，十分爲一周尺，六尺爲一步，十尺爲一間，百尺爲一鏈，二千一百尺爲一里，三十里爲一息。
⑫ 춤。用於計算稅收的土地面積的單位。與"把"相同。
⑬ 닢。用於計算筐、墊子等的單位。《萬機要覽》（財用編 4）：空石一百五十葉。
⑭ 當運輸大量的人、動物或貨物時，按次序分批運輸的次數或分量。《王朝實錄》（中宗 58）：豐年則十二運，凶年則九運，而一運人數不過七八人。
⑮ （1）計算圓形物品數量的單位。《度支準折》：砂糖一斤（一元，重四兩二戔，二十元作一軛）。（2）貨幣的單位。
⑯ 計算圓形物體的單位。《進宴儀軌》（2）：各色糖一器（高一尺二寸，砂糖三十圓，橘餅四十圓）。
⑰ 計算如火爐等圓形器皿的單位。《增正交鄰志》（2）：別幅（赤銅木裝火爐三圍）。
⑱ 목비。農田的面積的最高單位。8 結作爲 1 "矣"。參考"結"的注釋。

韓國固有漢字中"國字"之結構與文化特點：兼論《異體字字典·韓國特用漢字》

"勺"①、"丈"②、"錢"③、"苫"④、"頂"⑤、"綜"⑥、"宗"⑦、"坐"⑧、"座"⑨、"竹"⑩、"鑽"⑪、"隻"⑫、"貼"⑬、"帖"⑭、"抄"⑮、

―――――――

① 샤。사。容量的一單位，爲合的十分之一。與"夕"通用。參考"夕"的注釋。

② 計數紙張、綵帳、文件的單位，與"張"通用。《王朝實錄》(宣祖 130)：户曹空名告身，一萬一百三十四丈，填名不用告身，一百九丈。

③ 전。1. 貨幣單位之一。(1) 一元之一百分之一。(2) "葉錢"一兩之十分之一。2. 重量的單位。一兩之十分之一。

④ 穀物的容量表示的一個單位。通常把二十把稱爲一苫。《與猶堂全書·雅言覺非》：苫者，編草以覆屋也。中國十斗曰斛，亦十斗曰石。吾東公穀十五斗爲一石，私穀二十斗爲一石，又以石爲苫。蓋以東俗編草爲簀而納薬来，斯之爲苫。

⑤ 冠、帽、巾、盔等的計量單位。《王朝實錄》(太宗 6)：國王冠服一副，香皂皺紗九旒，平天冠一頂。

⑥ 새。計算羽毛的單位。八十根爲一鳥。與"緫"同義。《高麗史》(82)：其所從二百户，户給銀一斤，七綜布五十匹。

⑦ (1) 用於計算船隊的單位。於《王朝實錄》(世宗 28 年)中記載："一、凡京外私船，工曹及所在各官，依教旨，將三四隻或六七隻爲一宗，給文引，然後乃許下海"。(2) 件。用於計算文件等的單位。於《增補文獻備考》(136)中記載："照刷文卷時，所屬吏典，遲報三宗至五宗者。"

⑧ 1. 計算房屋的單位。《三國遺事》(2)：以賓館一坐二十餘間，酌定人數，區別安置。2. 計算酒、甕、大盤、香爐、香盒等器皿的單位。《萬機要覽》(財用編 5)：大小食鼎各四坐，中食鼎五坐，缸四坐，瓮十一坐，白沙缸十坐。3. 計算鈸、鼓等樂器的單位。《萬機要覽》(軍政編 2)：鑼一坐，鉦三坐，摔鈸三柄，畫龍大鼓四坐，畫龍行鼓十二坐，長鼓二坐。4. 計算床的單位。《昌慶宮營建都監儀軌》：昌慶宮各殿堂上樑時所用，高足床十坐，香床一坐。5. 計算龍亭、國書筒、櫥、梁、櫃、匣等家具的單位。6. 計算坐墊的單位。

⑨ 計算房屋、佛寺、大門、鏡子等物體的單位。《磻溪隧錄》(1)：凡公廊基，每南北六步，東西十步，爲一座。《平壤志》(1)：中門一間，大門一座。

⑩ (1) 計算衣物、器皿、坐墊、網眼等十種或十件物品的單位。《萬機要覽》(財用編 5)：各道卜定(白沙鉢大楪種子各十五竹，小楪二十五竹，白磁鉢四竹，大楪中鉢各八竹)。(2) 計算扇骨的單位。《萬機要覽》(財用編 1)：五十竹朱斑紗貼扇一柄，四十竹白斑貼扇二柄。

⑪ 計算笙簧的單位。《高麗史》(70)：巢笙中、正聲各二鑽，和笙中、正聲各二鑽。

⑫ 計算船、帽子、欄杆、箭矢，以及牛、馬、豬的腿或肋骨，及鞋底等的單位。

⑬ 1. 指酒杯和盤子的一套。《春官通考》(25)：銀箸一雙，鍮爵一貼一坐。2. 計算果實的單位，每百顆爲一單位。《萬機要覽》(財用編 5)：乾柿二百四十貼。3. 計算海苔的單位，每百片爲一單位。《萬機要覽》(財用編 1)：海衣九十貼。4. 計算全鰒的單位，每百顆爲一單位。《萬機要覽》(財用編 5)：全鰒二十貼。5. 計算脯肉的單位，每百片爲一單位。《萬機要覽》(財用編 5)：各道卜定，脯肉八十貼，片脯八貼。6. 計算韓紙的單位，每百片爲一單位。《萬機要覽》(財用編 1)：册紙次草注紙，每貼七斗五升，嶺南、時政記紙，每貼八斗。

⑭ 計算藥材的單位，每一封爲一劑。

⑮ 表示次數或輪次的單位。《增補文獻備考》(188)：英祖三十四年，陞補試復設十二抄。舊例，陞補試，每朔設一抄，通計一年爲十二抄，中間減爲十抄。

383

"軸"①、"軔"②、"稱"③、"桶"④、"把"⑤、"坪"⑥、"户"⑦、"彙"⑧等84例⑨,占全體國義字的20.5%多,此皆與漢語數量詞之用法完全不同。

　　數量詞既爲所有語言共有的語法範疇,但在韓語裏除了漢語所存在的數量詞之外,爲什麼還需要那麼多的數量詞？從這裏我們不得不考慮如下一個問題：我們所知道的漢語與韓語數量詞之間是不存在本質上的某些差別？或對傳統所説的數量詞是否要以另外概念來解釋的必要性？橋本萬太郎(1990)曾經提出過"類別詞"的語法範疇,認爲此與數量詞是兩個不同的語法範疇,應加以區別。以上所舉的各種數量詞裏多數明顯爲與單純的數量詞有所不同的類別詞。橋本先生認爲這些類別詞就是補救單音節詞彙所導致的語言使用上的混亂而產生的,從語言地理上的分布來看,這些類別詞可以説是一種南方言語所擁有的特性(101—122

---

① （1）書籍20册作爲一單位稱之爲一卷。（2）韓紙10册作爲一單位稱之爲一卷。（3）一卷捲紙稱之爲一卷。（4）舊時筆試答案的10頁作爲一單位稱之爲一卷。（5）落墨紙20頁作爲一單位稱之爲一卷。（6）糖果20個作爲一單位稱之爲一卷。《度支準折》：砂糖一斤（一元,重四兩二戔,二十元作一卷）。

② 與"軸"通用。

③ （1）作爲重量單位,表示100斤。例如：《度支準折》中提到的"生銅一稱",指的是生銅重100斤。（2）表示一件衣服的單位。《王朝實録》（宣祖38）：改葬都監啓曰,《五禮儀》,襲時用衣九稱,云稱或以爲一衣爲稱,或以爲單複具曰稱,未知何説爲是。

④ （1）作爲一種量杯或容器的單位,表示一個大而深的容器。在《萬機要覽》（財用編1）中提到的"卵醢十四桶二斗一升",表示卵醢的總量是14個大容器（桶）外加2斗1升。（2）用作計量織物的單位,表示10疋的織物。如《度支準折》所述,"各色三升一桶"表示每疋織物的長度爲十一尺,而十疋織物爲一桶。（3）作爲計量動物角的單位。在《度支準折》中提到的"大黑角一桶"和"中黑角一桶",表示不同大小和價值的動物角的數量。

⑤ （1）計算刀、剪刀、扇子等的單位。《王朝實録》（成宗204）：畫鶴松黑漆鞘柄大刀一十把,累帖柄金遺子一十把。（2）= 발. 伸出兩臂所能達到的距離,約爲十尺的長度。《增補文獻備考》（158）：各道船隻大小,蓋以把數量定,一把分爲十尺,十尺爲一把,五尺爲半把,三尺以上,雖未滿五尺,而亦稱半把。（3）= 짐. 作爲計算稅收的土地面積單位。參考"結"的注釋。（4）計算衣物的單位。

⑥ （1）表示土地面積的單位。（2）立體單位。相當於六字的立方。（3）表示玻璃、牆等的面積的單位。相當於四方的一字的面積。（4）表示雕刻、銅版等的面積的單位。相當於四方的一寸的面積。

⑦ （1）鰲的十分之一。與"毫"通用。（2）重量單位。（3）計算金錢時所使用的單位。

⑧ 횃。容器。十五斗爲一彙。《明文》（291）：（韓）十五斗彙,횃 횃。

⑨ 關於其具體用例,參考河永三（1999）,26—31頁。

韓國固有漢字中"國字"之結構與文化特點：兼論《異體字字典·韓國特用漢字》

頁）。如果至少到中古時期的韓語裏相當普遍存在過的類別詞，隨着漢字的借用而逐漸消失掉了的假設成立的話，我們在此能找到韓語裏的一些有關非阿爾泰語的因素，尤其是關於南方語言的語法特徵的線索。而且通過有關類別詞的語法特徵和演變過程以及漢字借用以後漢字對韓語之影響等方面也可以理解。關於這方面還需要進一步研究。

第四，韓國受到儒家思想的長期影響，形成了官本位社會，故除了有關一般的王權稱謂之外，還孳衍了不少宮中專用字。譬如：把國王的上衣稱作"襦"，把宮室的倉庫或守備宮房之負責人稱作"稼"，把宮中女人用之鞋子稱作"鞜"。此皆爲限定使用於宮中之內的特殊指稱而創造的固有國字例，故這些宮中詞彙就反映了韓國歷代對君王之尊敬。特指宮中或有關王族行爲的專用詞彙，亦多見於國義字，諸如：把王族直系的墳墓稱作"園"①，把代理聽政時的國王之敕令稱作"依"②，把王室貴族所有的私有地稱作"處"③，把國王之裁可稱作"判"④，又把御膳稱作"水刺"等等。

與此相關，國王與官人之間的，國王與王妃之系統，一般人的親家與妻家之間的稱謂，分得既分明又細密。既有國王與官僚之間的稱謂區別，也有男女之間的稱謂區別，這些都是儒家思想影響之下所產生的階級和男女差別觀念之明顯表現。

還有，正如"尊啣"這個詞彙所體現的，對長者的尊重也很明顯。在韓國到現在還不能直接呼稱長者的大名，而只能用間接方式。此外，對別人稱呼自己祖先之大名時一般也要用"某字某字"的形式，在名字後加上"字"，稱呼自己的姓時一定要用"某家"的形式，在姓後加上"家"字。

---

① 指太子、太子妃、太孫、太孫妃、王的後宮之墓。《大典通編》（1）：英宗癸酉，始行封園之禮，置守奉官。

② 《增補文獻備考》（85）：英祖51年，正祖聽政時，進節目。上裁稱徽裁，傳曰允，稱令曰依，不允稱不從，或稱勿煩，批答稱下答。

③ 指高麗與朝鮮初期，王室貴族等私人擁有的土地。擁有固定面積的土地和相關的農民。《高麗史》（78）：辛禑十四年六月，昌教言，其料物庫屬三百六十庄，處之田，先代施納寺院者，悉還其庫。

④ 《朝鮮王朝實錄》（世宗61）：鄭招議……臣下所啓曰申，君上所可謂之判，今我朝已改判爲教，而申字獨仍其舊，言之不順。乞依（孟）思誠之議，改稱如何？

第五，有關特產或特殊工具、制度、音樂的詞彙也出現較多。從此也可以看到韓國文化的一些特殊性。譬如有關科舉制度的漢字也多有出現。雖然固有國字只出現過"桂"一例，但國義字裏其例較多。例如：有關考試方法的有"講"①、"力"②、"疑"③、"頌"④、"走"⑤等，有關成績評價和等級的有"更"⑥、"純"、"通"、"略"、"粗"、"不"⑦、"善"、"最"、"惡"、"殿"⑧、"錯"⑨、"淺"⑩等，有關計成績的詞彙有"通"⑪、"畫"⑫等，其他有

---

① 讀講。學生於師父或試官前朗讀並背誦所學的文章。《經國大典》(3)：陰陽科初試，額數，天文學十人，地理學、命課學四人。講書，天文學、步天歌(誦)、經國大典(臨文)。地理學，青烏、錦囊(背誦)。

② 朝鮮時代，測試體力取材的一種方式。《經國大典》(4)：兩手各持五十斤，能行一百六十步爲一力，一百三十步爲二力，一百步爲三力。

③ 科舉中，考查的問題類型之一。從《四書》中挑選可能引起疑惑的部分，並要求解釋其意義。《磻溪隧錄》(12)：監試亦考以詩、賦、疑、義，武科考以射藝(生員考四書疑、五經義)。

④ 朗讀所學的內容於師長或試官前。依據通、略通、粗通、不通四個等級評定成績。《經國大典》(1)：講所讀之書，通給別仕二，略通一，粗通半，不通削仕三(誦亦同)。

⑤ 朝鮮時代，競跑試取的一種方法。以直徑二分的孔洞讓水流出，當八升的銅壺內的水全部流出時，依照跑的步數確定等級。《經國大典》(4)：銅壺(深八寸七分，圓徑四寸七分，容水八升。從壺口至上水孔，六寸七分，出水舌上端圓徑二分，從上水孔至下水孔，一寸三分，下水孔圓徑二分)水流完畢間，跑到二百七十步爲一走，二百六十步爲二走，二百五十步爲三走。

⑥ 過去的考試或詩文的評價中，用來描述等外的詞語。《慵齋叢話》(6)：其不入品者，次上次中次下，最劣者爲更之更。

⑦ 過去考查或在書院學習文學時，成績等級之一。將其劃分爲純(大通)、通、略、粗、不的五個等級。《王朝實錄》(中宗 81)：凡講經時，最能講者稱之爲通，次之者稱之爲略，暫悉者稱之爲粗。《增補文獻備考》(201)：太祖元年，定考課法。善稱爲公廉勤謹，最稱爲田野闢、戶口增、賦役均、學校興、詞訟簡，惡稱爲貪暴怠劣。

⑧ 朝鮮時代，在官吏的成績考核中，最好的等級稱爲善。將其分爲善、最、惡、殿四個等級，其中善再細分爲四個等級。《增補文獻備考》(201)：太祖元年，定考課法。善稱爲公廉勤謹，善分有四等，其中公爲五分、明爲五分、廉爲四分、勤爲四分。

⑨ 考試中答錯的部分被稱爲"錯"。《王朝實錄》(世祖 27)：每番都鎮撫、衛將、宣傳官同試，箇滿十籌以下，依受教加資，顯官敘用。四十錯以上，罷黜，收告身，限二年不敘。十一錯以上三十九錯以下，仍任，更俟箇滿，依上項施行。

⑩ 按照順序或等級，當將其分爲"上""中""淺"時，所指的最後一個等級。《王朝實錄》(世宗 35)：吏曹啓講，京外官續五考內，有二中、二上、一淺，則以三上論陞資，三中、一上、一淺，則以四中論罷黜。從之。

⑪ 評分時計算科舉成績尾數的單位。《王朝實錄》(世祖 20)：一，曆算所十八人內，唯二遞兒。病三日則削一通，無故一日削一通。通未滿五十則不敘。

⑫ 考試成績的結果所表示的尾數。《大典會通》(3)：式年會講同書者，以經書次第比較。

韓國固有漢字中"國字"之結構與文化特點：兼論《異體字字典·韓國特用漢字》

關詞彙有'機'①、'鈺'②等。這些表明，科舉制度從中國輸入的，已適用於韓國，發展爲韓國的制度。

此外，由於生活方式和環境差異而產生的詞彙也比較多。諸如'垁'和'闛'都是與臥式居住方式有關係的漢字。再如特産方面，有關魚類的漢字出現得特別多，單舉《牛海異魚譜》一書爲例，共出現 25 種有關魚類固有漢字，這與處於三面濱海的韓國的地理環境有關係，韓國沿海是寒流與暖流相合的地方，故魚種相當豐富多樣，因而對中國所無之魚種就新造固有漢字或借用語音接近的漢字來表記。

最後，爲了"거문고 Kŏmunko"（玄鶴琴）與"伽倻琴"之彈法，新造了不少漢字符號。此外，國義字裏有關"Kŏmunko"與"伽倻琴"彈法之俗字和國義字還有："勾"③、"挑"④、"卄"⑤、"六"⑥、"婁"⑦、"夕"⑧、"匕"⑨、"示"⑩、

---

① 文章中的要點所記錄的簡短木片或紙片。《增補文獻備考》(184)：今界首官試選，製述業則試以五言六韻詩一首，明經則試五經各一機，依例送京，國子監更試。簡稱爲"机"。《高麗史》(73)：今界首官試選，製述業則試以五言六韻詩一首，明經則試五經各一机。

② 記錄文字或筆跡的木片。《高城鉢淵寺真表律師藏骨塔碑》：與二鈺，一題曰九口，口口曰八者。復告真表曰，二簡子者，是吾手口口。

③ 다랭。從琴尾開始，使琴柄朝外，從武絃開始逆彈五絃，直至文絃結束的方法。在樂譜中，用"⏌"作爲其略號。《樂學軌範》(7)：匙端向外，自武絃逆彈五絃，至文絃而止，曰勾，作⏌，俗稱다랭。實有聲者，兩清與按絃而止。

④ 사랭。以右手持琴匙，使琴柄朝內，從文絃開始順彈五絃，直至武絃結束的方法。在樂譜中，用"⌐"作爲其略號。《樂學軌範》(7)：彈法，以右手執匙，匙端向內，自文絃順畫五絃，至武絃而止，曰勾，作⌐，俗稱사랭。實有聲者，兩清而已。

⑤ 記譜中的一種符號。表示讓玄琴之聲響亮。《林園十六志(98)》（遊藝志 6）：以指變通出聲之權……卄，弄之半字。울이치다。

⑥ 表示黃鐘的半音。《樂學軌範》(1)：黃鐘全聲爲合字，俗作厶，半聲爲六字，俗作夂。

⑦ 意指"頻繁地震動絃"。《林園十六志(98)》（遊藝志 6）：婁，數之半字，數搖也。

⑧ 在樂譜中，代表"無名指"的縮寫符號。《林園十六志(98)》（遊藝志 6）：夕，名字之半字，第四指也。此指則元不離於某棵子絃。

⑨ 在樂譜中，表示敲擊"內清"的符號。《林園十六志(98)》（遊藝志 6）：匕，匙之半字。以匙打内清也。

⑩ 在樂譜中，表示小指（禁指）的記號。《林園十六志(98)》（遊藝志 6）：以指變通出聲之權……示，禁之半字，以禁指拂内清，要出洪聲也。

"砃"①、"一"②、"止"③、"尺"④、"佳"⑤等。也有有關傳統音樂之專門詞彙,諸如:"葉"⑥、"棵"⑦、"上"⑧、"匙"⑨、"暉"⑩等。這就説明"Kŏmunko"與"伽倻琴"不僅是韓國固有樂器,而且其彈法也不同於中國。

五、結　語

韓國固有漢字藴含着相當豐富的文化内涵,通過與其他漢字文化圈之比較研究,可以得到韓國固有之文化特色。諸如,有關思惟方式和倫理觀念的精神文化,有關生活方式和稱謂、宗法制度、科舉以及國家典章制度等的制度文化,有關各種特産和音樂、宗教、民俗物質文化等方面的一些特點。

此外,漢字借用之後,與韓語音節結構以及語法範疇之不一致所産生的各種矛盾,通過怎樣方式得以解決？借用漢字之後,漢語對韓語的影響

---

① 玄琴彈法之一。《明文》(909):玄鶴琴譜,暫爲力推,即還例案。
② 외슐。以匙撥擊快上清和旗快清的兩條弦,直至匙到達武絃而停止的彈奏方法。《樂學軌範》(7):又挑棵上、岐棵兩清,匙至武絃而止,作一,只挑一絃作,只勾一絃作,俗稱외슐。
③ 玄琴的第六弦所使用的記號。《樂學軌範》(7):武絃作止。
④ 十二律中的一個,稱爲林鐘的符號。在樂譜中用"入"來記譜。《樂學軌範》(1):林鐘爲尺字俗作入。
⑤ 推動玄琴與伽倻琴的絃,以發出高音的樂譜符號。有時也用"才"來表示。《林園十六志》(98)(遊藝志 6):佳,推之半字,搖絃而要出高聲也。
⑥ 韓國傳統音樂中表示曲調和形式的詞語。《京都雜志》(1):歌用清濁二音,轉變有大葉數大葉等名。葉,猶言腔也。舞必對舞,男拂袖,女翻手。
⑦ 괘。是指弦樂器的弦座,也常被稱爲"金具"。"玄琴"有三根弦,通常會使用 16 個弦座,其中一些用於産生高音(上清,對應古琴的第四根弦),而另一些則用於産生低音(下清,對應古琴的第五根弦)。
⑧ 玄琴的第三根弦,即是"棵上清"。《樂學軌範》(7):棵上清則作上。
⑨ 用來彈奏古琴的制作精良的支撑杆或支架。《增補文獻備考》(95):(玄琴)造法、匙用堅剛海竹。
⑩ 爲了顯示古琴的弦位,在古琴的前部圓形地釘上了大小不同的 13 塊珍珠片,這些珍珠片通稱爲"徽"。《增補文獻備考》(95):琴,造法。琴之制,前面用桐木,後面用栗木,漆以墨,暉以螺蛤爲之。

應該得到重視。韓國語系的歸屬問題還未確定,這意味着韓語并不是等質的,而是幾個語系複雜地混在一起的。

學者認爲韓語除了多數阿爾泰語的語言成分之外,南方語(南亞、南島語系等)與漢語的成分也相當明顯之存在。但對於韓語裏的非阿爾泰語成分的探明,尤其對南方語的成分,至今還没有更多的研究成果,還可以進一步深入研究。

當然,對韓國固有漢字不能孤立地研究,它與其他國音字、國義字和韓國固有俗字(異體字),以及將韓國固有漢字詞彙裏所保存的各種義項歸類併總體研究時,才會得到更中肯的結論。在此,由於篇幅的限制,不再詳細討論,希望以後有機會另撰專文發表。

主要參考文獻

姜信沆(1989):《國語學史》,Seoul:普成文化社,再版。
高大民族文化研究所(1992),《韓國文化史大系》(13册),Seoul:高大民族文化研究所,第3版。
橋本萬太郎(1990)、河永三(譯):《言語地理類型學》,Seoul:學古房。
國立國語研究院(1992):《東洋三國異體字比較研究》,Seoul:國立國語研究院。
金鑢(저)、朴晙遠(역)(2004),《牛海異魚譜》,Seoul:다운샘。
金鍾塤(1983):《韓國固有漢字研究》,Seoul:集文堂。
金海淑(等)(1995):《傳統音樂概論》,Seoul:어울림。
金赫濟、金星元(1991):《明文漢韓大字典》,Seoul:明文堂。
檀國大學校東洋學研究所(1997),《韓國漢字語辭典》(4册),Seoul:檀國大學校出版部。
梁章鉅、鄭珍(1996),《稱謂録 親屬記》,北京:中華書局。
柳鐸一(1989):《韓國文獻學研究》,Seoul:亞細亞文化社。
北京言語學院(1994):《漢朝義同音近詞對照手册》,北京:北京語言學院。

杉本つとむ(編)(1973):《異體字資料集成》(10 册),東京: 雄山閣出版社。

林四郎、松岡榮志(1995):《日本の漢字,中國の漢字》,東京: 三省堂。

鮎貝房之進(1972):《雜攷、俗字攷、俗文攷、借字攷》,東京: 國書刊行會。

趙世用(1991):《漢字語系歸化語研究》,Seoul: 高麗大學校民族文化研究所。

河永三(1996),《朝鮮後期民間俗字研究》,《中國語文學》第 27 輯。

河永三(1999),《韓國固有漢字의 文化的研究》,《中國語文學》第 33 輯。

Hangŭl 學會(1992):《우리말 큰辭典》(4 册),Seoul: 語文閣。

漢語大辭典編輯委員會(1997):《漢語大辭典》(3 册,縮印本),上海: 漢語大辭典出版社。

漢語大字典編輯委員會(1992):《漢語大字典》(縮印本),湖北辭書出版社,四川辭書出版社。

《六書策》所見朴齊家李德懋之文字觀比較

1. 引　　論

　　以燕巖(朴趾源,1737—1805)和楚亭(朴齊家,1750—1805)爲代表的利用厚生學派,繼承了以磻溪(柳馨遠,1622—1673)和星湖(李瀷,1681—1763)代表的經濟致用學派之後,擔任起朝鮮後期實學的第二階段使命,執行了在朝鮮實學歷史上政治和經濟兩方面的改革①,後人特別指稱他們的學派爲"北學派",所謂"北學"即來自於楚亭所著《北學議》一書,可見楚亭在北學派中扮演了極其重要的角色。與楚亭生活在同時代,和他結爲好友的雅亭(李德懋,1741—1793)也是北學派中心人物之一。因此,楚亭與雅亭這兩人早就引起了衆多學者的關心,對於他們也已經累積了各種多方面的研究成果。今天,對他們的思想體系、政治、經濟思想以及文學理論方面已有相當豐碩的成果。但對他們的經學和文字學的研究,到現在未曾有過積極的探討,尤其是有關他們的文字學研究方面,迄今還没有嘗試。在朝鮮後期實學歷史上,他們的思想體系影響了後代秋史(金正

---

① 李乙浩:《韓國的實學思想概説》,《韓國的實學思想》,15頁。

喜,1786—1856)之金石學和茶山(丁若鏞,1762—1836)的經學、五洲(李圭景,1788—未詳)的語言學,僅從這一點而言,對楚亭和雅亭二人的文字觀的研究,也有其重要的學術價值。

本篇論文的主要目的有:第一,揭示楚亭和雅亭的文字學觀念。第二,分析他們之間的文字學觀念上的異同。第三,解説其歷史意義。爲了論述方便,本篇論文以《六書策》作主要分析對象。《六書策》是在研究楚亭和雅亭時,迄今還没有被利用過的未發掘的新資料。

朝鮮第二十二代國王正祖(1752—1800)在一七九二年(正祖十六年壬子年)八月,命雅亭等人編纂《奎章全韻》。其書既成,"命閣臣尹行恁、徐榮輔、南公轍、承旨李書九、李家焕,校書校理成大中,檢書官柳得恭、朴齊家校正,仍命諸臣對策"。① 對此制應的對策就是《六書策》。現在只有楚亭和雅亭的《六書策》保存下來。②《六書策》至少在以下兩方面具有重要的資料性:第一,對語言學至爲關心的正祖提出了範圍廣闊的全面性的文字學問題,可以藉此瞭解他們文字學之整體内容。第二,《六書策》是對同一問題的答案(因爲《六書策》是對同樣問題的回答),所以能够系統地比較他們想法之間的異同點。正祖在《文字》③一文裏,一共提出了十四項④有關文字學的問題。在此,本文將正祖所提出的有關"六書"問題,分爲名義論、結構論、字體論、功能論等四類,簡略論述如下。

2. 名 義 論

正祖提出的問題可以歸爲名議,主要有文和字的分化,以及與其有關

---

① 李德懋:《青莊館全書》卷二十《六書策》,286 頁。
② 楚亭之《六書策》載於《貞蕤閣全集》(下)(驪江出版社),115—132 頁;李佑成(編),《栖碧外史海外搜佚本》第 22 卷(亞細亞文化社,1992),《貞蕤閣集》卷二(《(標點本)韓國文集叢刊》(民族文化推進會)第 261 卷,625—629 頁;雅亭之《六書策》載於《青莊館全書》卷二十(《(標點本)韓國文集叢刊》(民族文化推進會)第 257 卷,286—291 頁。本篇論文皆用《(標點本)韓國文集叢刊》所載《六書策》,不另標示頁數。
③ 《弘齊全書》(《(標點本)韓國文集叢刊》)卷五十一《策問》,5a—7b)。
④ 此十四項爲筆者所歸納的數字,如細分之增多,粗分之則減少。

的説解。其具體提問有如下三題。

一、春秋以上言文不言字,如《左傳》於文"止戈爲武",《論語》"史之闕文",《中庸》"書同文",皆其證也。然則文與字之並稱,始於何代,何書,何人,何説,而爾等可遡舉而歷對之否?

二、字之古義近育不近文,如《易》之"貞不字",《詩》之"牛羊腓字之",《春秋》之"使字敬叔",皆其驗也。然則字之訓文之由,爾等亦可言歟?

三、文象立而結繩移,鳥跡明而書契作。獨體爲文,合體爲字,文有八象,字有六類,其制造之精義,可詳確歟?

正祖的提問可以歸納爲:第一,文和字的並稱問題;第二,字之本義問題;第三,文和字的分化問題。爲了敘述方便,先看"文和字的分化問題",再看"字之本義問題",最後敘述"文和字的並稱問題"。

(1) 文和字的分化

戰國以後,形聲字的數量開始大量增加,隸變之後的漢字結構也經歷了劇烈的變化,這爲文與字的分化奠定了基礎。

文與字分化的理論基礎,由東漢許慎首次論定。許慎云:"蒼頡之初作書,蓋依類象形謂之文,形聲相益謂之字,文者象物之本,字者孳乳而生。"(《説文·序》)這是根據有無加上聲符而區別文與字的[①],也可

[①] 對許慎的"形聲相益"是否意味着形符和聲符的結合,歷來意見紛紜。段玉裁即認爲"獨體曰文,合體曰字",以獨體合體作爲分別文和字的標準,又認爲"形聲相益,謂形聲會意二者也"。可見把"相益"解釋成"形與聲、形與形"之間的結合,但氏爲"相"字注曰:"目接物曰相,故凡彼此交接皆曰相。"因此"形聲相益"的"相益"爲"彼此"之間的結合,即是"形與聲"之間的結合,並非"形與形"之間的結合。故向夏即云:"段氏以獨體和合體,作爲分別文和字的標準,一百年以來,幾乎成爲權威的定論。考之典籍,似乎也不盡然……又段氏謂'形聲相益,謂形聲會意二者也',這種説法也欠周遍。所謂形聲相益,是形符與聲符相益的意思,應當不包括會意,因爲會意是形與形的組合。"(《説文解字敘講疏》,27—29頁)因此,馬敘倫就把六書分爲形系之字與聲系之字兩類:"指事、象形、會意三書,實皆屬於形系,形聲、轉注、假借三書,則屬於聲系。形系者,即此所謂依類象形故謂之文,聲系者,即此所謂形聲相益之字。"(《説文解字六書疏證》)

以說這是反映漢字從以前的象意體系轉移到形聲體系變化的歷時立場的解說。換句話說,由於戰國以後開始增加衆多的形聲字,漢字已經從以前的象意中心體系擺脫出來,結果,需要把加上聲符而誕生的漢字從象意字分化出來。因此許慎就把它區分開來,前者稱作文,後者稱作字。

但是當時的很多人却不採取許慎那樣的歷時的(diachronic)立場,而採取了共時的(synchronic)立場,認爲:經歷隷變過程之後,漢字已經進行了相當程度的記號化,因此根據能否拆開形體而判斷文與字,即能拆開來的稱作字,不能拆開來的稱作文,前者爲合體字,後者爲獨體字。①

關於文與字的區別,楚亭與雅亭之間的差異比較明顯。楚亭云:"春秋以上,言文不言字,文與字之並稱,顧寧人以秦本紀瑯琊臺頌爲證。"又云:"獨體合體之子母,八象六類之製造,夾漈(筆者按:指鄭樵)之略,可按而考,今不必重煩筆墨。"可見他以獨體和合體的概念區分文與字,肯定了把這概念明確化、理論化了的鄭樵的"子母"說。

與此相反,雅亭却云:"獨體者,說文之偏旁,合體者,係部之成字。八象不及,六類不至,則俱有假借之字,以之通變。鄭樵之師心獨見,有如是夫?"雅亭不僅否定了鄭樵的"子母"理論,而且認爲許慎也并沒有區分過文與字,故云:"許氏說文序,計原書則稱文,數解說則言字。此又可見後世文與字之並稱也。"

不過,雅亭之對許慎之分文與字的理解,似乎有所誤解。

首先,仔細觀察許慎之文與字的區分,就會發現:許慎之計原書和數解說時所用的文與字,並不能說這就代表許慎自己没有區分文與字。應理解爲這實際上是爲了區別標題字與解說字而使用的,許慎他以小篆標記的標題字稱作〈文〉,以當時通用的隷體說解的解說字稱作字。因此,顧炎武的下一段話比較具有說服力,即云:"許氏《說文序》:'此十四篇,五百四十部,九千三百五十三文,解說凡十三萬三千四百四十一字。'以篆書

---

① 參見王鳳陽:《漢字學》,495頁。

謂之文,隸書謂之字。"①可見,許慎計數時所指的文與字就是標題用篆體和説解用隸體而言的。顧炎武又説過:"三代以上,言文不言字。李斯、程邈出,文降而爲字矣。"②因此,雅亭認爲許慎已經開始並稱文、字的見解,筆者以爲有附會之處。其次,雅亭之對鄭樵"子母"説的理解,亦似有誤解。鄭樵之"子母相生"説,可以説是針對許慎之文與字分別的發揚。鄭樵認爲:"小學之義,第一當識子母之相生,第二當識文字之有間。象形、指事,文也。會意、諧聲、轉注,字也。假借,文、字俱也。象形、指事,一也,象形別出爲指事。諧聲、轉注,一也,諧聲別出爲轉注。二母爲會意,一子一母爲諧聲。六書也者,象形爲本,形不可象則屬諸事,事不可指則屬諸意,意不可會則屬諸聲,聲則無不諧矣,五不足而後假借生焉。"③這些看法,明確揭示了六書之間關係、次第以及漢字結構的某些特徵。④ 可見,鄭樵之子母相生説,是對文與字的區別及漢字孳乳過程明確化、理論化的傑作。

楚亭説"夾漈之略,可按而考,今不必重煩筆墨",肯定了鄭樵的這些理論,而雅亭却説"鄭樵之師心獨見,有如是夫?"極力批評了鄭樵之説,呈現出他們之間的異見。

(2) 字之本義

字不見於甲骨文,但已出現於殷代幾件銅器銘文上。⑤ 不過其銘文過度簡略,不能以此推測字之本義。因此爲了找出字之本義,不得不依靠周時金文用例。迄今所發現字之用例,可歸類如下幾項:

1. 通生:"隹王五月,既字白期,吉日初庚"(《吴王光鑒》)。"既

---

① (清)顧炎武:《日知録》卷二十一《字》。
② 同上注
③ (宋)鄭樵:《通志》卷三十一《六書序》。
④ 黄德寬、陳秉新著,河永三譯:《漢語文字學史》,192 頁。
⑤ 據《金文引得》(2001)共得三例,諸如:"角父戊字"(《角父戊字鼎》,《集成》4.1864;《總集》01.0648),"字"(《字觚》,《集成》12.6530),"字父己"(《字父己觶》,《集成》11.6270,《三代》14.44.1,《總集》08.6467)。

字白",與"既生霸"同。①

　　2. 通子:"百字千孫"(《沇其簋》)。"百字千孫",與"百子千孫"同,是指兒女。②

　　3. 通慈:"余義鄦之良臣,而橈之字父",(《余義鐘》)。"字父",與"慈父"同。③

　　由此可見,在周代金文裏"字"之本義是"生""子""慈",指"姙娠""覆育"之義。這與《説文》的説解頗爲相近,故高田忠周亦釋之曰:"《説文》'字,乳也',從子在宀下,子亦聲。按,從宀覆育之意也。人曰字,鳥曰孚,獸曰㹀,然引伸假借,獸亦曰字,字亦變作牸。《廣雅·釋詁》'牸,雄也'。又'吴羊其牝,一歲曰牸',亦本義之轉。然《易·屯》'女子貞不字',虞注妊娠也,爲字本義。"④

　　正祖已經提出了"字"之本義不近於"文字",而近於"生育",對此楚亭與雅亭都給予了肯定。

(3) 文與字的並稱

　　對於文與字並稱時期及其出典,楚亭與雅亭都引用過顧炎武之説⑤,認同《史記·秦本紀·琅邪臺頌》所説的"書同文字"爲首例。但楚亭却附帶而説:"然孔子曰牛羊之字,以形擧也,夏禹治水,得金簡玉字之書,則古亦有言字者矣。"他根據以前夏禹獲得金簡玉字書的傳説,主張秦以前

---

①　陳初生:《金文常用字典》,1161頁。
②　方述鑫:《甲骨金文字典》(巴蜀書社,1993),1168頁。
③　陳初生,《金文常用字典》,1161頁。
④　引自周法高編:《金文詁林》,2143頁。
⑤　(清)顧炎武,《日知録》卷二十一《字》:"春秋以上言文不言字。如《左傳》'於文止戈爲武','故文反正爲乏','於文皿蟲爲蠱',及《論語》'史闕文',《中庸》'書同文'之類,並不言字。《易》'女子貞不字,十年乃字'。《詩》'牛羊腓字之'。《左傳》'其僚無子,使字敬叔'。皆訓爲乳。《書·康誥》'于父不能字厥子',《左傳》'樂王鮒字而敬','小事大,大字小',亦取愛養之義。惟《儀禮·士冠禮》'賓字之'、《禮記·郊特牲》'冠而字之,敬其名也',與文字之義稍近,亦未嘗謂文爲字也。以文爲字,乃始於《史記》秦始皇琅邪臺石刻,曰'同書文字'。"

也有把"文"稱過"字"的例子,但筆者認爲其說論據稍嫌薄弱。

因爲正如於上所擧,周代金文裏還沒有出現"文字"之義,而只有"生""子""慈",即是"妊娠"或"覆育"之義。楚亭之說法是只利用文獻資料而没有利用出土文獻的結果。① 另外,夏禹的存在也並没有得到歷史證明,他却根據這種没有根據的傳説立論,顯然是個失誤。

3. 結 構 論

正祖對漢字結構論的提問,主要集中於至今仍在漢字結構論當中占核心地位的"六書論"。他的提問,可以歸納爲:第一,六書的定義與説解。第二,對於四經二緯説的解説。第三,關於轉注與假借的諸説及評價。其具體内容如下:

1. 指事之視識察見,"上""下"是也,……假借之依聲托事,"令""長"是也。其究詳之妙旨,可極言歟?

2. 四象爲經,假借、轉注爲緯,則同一六書而或爲經或爲緯歟?四象有限,假借、轉注無窮,則同一六書而或有限或無窮歟?

3. 六書之中,假借、轉注偏多歧論。以假借言之,則或曰借聲,……而轉注言之,則或曰轉聲,……有旁音吐音不在轉注例者。此其論果皆有據歟?

(1) 六書的定義與其説解

第一提問是關於《説文·敘》所見六書的定義和解説的説解。對此,雅亭充分引用了《説文·敘》,並介紹其主要内容,卻没有表示出自己的意見,只對許慎所擧會意之例,説"戈是形而止是音,則原系諧聲,而左氏之

---

① 朝鮮實學時期,考據學上充分利用考古資料的,應首推秋史。秋史的金石學研究,可參考:(日)藤塚鄰著,朴熙永譯:《秋史金正喜:另外的面孔》;俞弘濬:《玩堂評傳》。

誤也",批評了《左傳》所說之誤。認爲"武"字不是會意而是形聲,實際上,宋代鄭樵已經詳細論證過①,故並不能說是雅亭之創見。

但是楚亭的答辯大不相同。他說"所謂書之六義,……其說莫詳於許氏《說文》",雖然基本上肯定了許慎的六書說,但同時又說,"有蘊而未發者,有引而可伸者",相當尖銳地指出許慎六書說之局限性。

首先他說:"許氏輒曰意兼聲,此但得二義,其實亦有一字兼數義者。其於合體曰諧聲,則獨體之聲,從何而來?"指出了許慎六書論的不精緻之處,同時指出了根據有無增加聲符而區分"文"與"字"的局限性。正如楚亭所說,許慎以爲"一字兼兩書"就是"意兼聲",但實際上這可以更細分。譬如,鄭樵之分類相當細緻,則象形有"形兼聲""形兼意",指事有"事兼聲""事兼形""事兼意",諧聲有"聲兼意"等六類。②

不僅如此,"亦有一字兼數義者"。諸如:"長久長字,長則物莫先焉。故又爲長幼之長。長則有餘,故又爲長物之長。……數目數字,有數則可數,故爲數往之數。有數則密矣,故又爲疏數之數,又音促,數罟亦密矣。"③

另外,楚亭對許慎之"蓋依類象形謂之文,形聲相益謂之字"的"文"與"字"的區分標準,提出了一些疑問。如果像許慎那樣,"文"與"字"的區分標準放在聲符之有無的話,意符和意符所結合的會意結構該怎麼處理?還有意符與聲符所兼的象形、指事結構也很難處理。因此,他說:"其於合體曰諧聲,則獨體之聲,從何而來?"

在楚亭的這一觀念之下,一個字如果可以二分就是字,不能二分就是文。這可以說是否定了傳統上的象物、象事、象意的造字觀念。在以楷體爲主的文字結構裏,把用以組字的文字視作"文",而把用文組合成的文字

---

① "左氏曰:'止戈爲武。'武非从止。……武从戈从亾。……武於六書爲諧聲。武,戈類也,武之从亾,亦猶戰之从單,戮之从翏,戡之从甚,殳之从癸,皆聲之諧也。"(《通志》卷三十五《六書略第五·論諧聲之惑》)

② 參見(宋)鄭樵:《通志》卷三十一《六書略》。

③ (明)張位之語,轉引自《欽定續通志》(文淵閣四庫全書本)卷九十《六畫略·轉注》。

視作"字",是理所當然的,這反映漢字結構變化的新觀念。

不僅如此,楚亭還説:"許氏蓋闕如也。原其得聲之故,即古人天生之言語,故六義次序,雖事在形先,其聲則必事在形後。"他認爲,從漢字發生的次序來看,象具體物象的象形應該放在象抽象概念的指事之前。其具體理由,他指出:"指事者,形於字而後節其事,而命之爲聲者也。象形者,先有其名,得字之後,因而稱之,不必別立一聲故也。"可見,他的想法已經牽涉到文字理論上最基本的文字(符號)與聲音(有聲語言)之間的關係上。在楚亭那時代,這可以説是非常不易的高見。鄭樵也説過,"六書也者,象形爲本,形不可象則屬諸事,事不可指則屬諸意,意不可會則屬諸聲,聲則無不諧矣。五不足而後,假借生焉。"① 認爲象形放在指事之前,但並没有提過聲音與文字之間的關係。

六書既然反映漢字的結構,就牽涉到相當部分的漢字造字法,在一定程度上也反映漢字產生的次序,那麽探討六書時,應該從漢語的有聲語言屬性和漢字的視覺符號屬性的關係上出發,才能得到比較合理的解釋。

因此,楚亭這種想法,在當時可以説是相當科學的、相當進步的語言學文字觀。

(2) 對於四經二緯説的解説

對於首次出現於《周禮》的六書,爲總名,其解説與理論化到漢代才實現。劉歆的《七略》首次對六書加以解釋,班固曾於《漢書·藝文志》引用過劉説,云:"古者八歲入小學,故《周官》保氏掌養國子,教之六書,謂象形、象事、象意、象聲、轉注、假借,造字之本也。"② 可見,劉歆已經考慮到文字的形、音、義,而先分爲象形(把圖象文字和記號文字分開來就是象形和象事)、象意、象聲等三類,至於轉注和假借,實在只是運用既存文字來造出新字的。③ 之後,許慎修正劉歆之説,把六書分爲獨體的"文"與合體

---

① (宋)鄭樵,《通志》卷三十一《六書序》。
② 《漢書》卷三十《藝文志》第十。
③ 唐蘭:《中國文字學》,上海古籍出版社,2005,68—69頁。

的"字",以及轉注與假借,南唐徐鍇把它稱作"六書三耦"。①

明代楊慎發揚其說,提唱"四經二緯"說,認爲應該把屬於"文"與"字"的象形、指事、會意、形聲看作造字之本,把剩下的轉注、假借看作運用既存文字的活用之法。正如:"楊慎《轉注古音略》、《古音餘》、《古音附》、《書學正韻》;李宗言《釋字》:'六書當分六體。'班固云:象形、象事、象意、象聲、假借、轉注,是也。六書以十爲分,象形居其一,象事居其二,象意居其三,象聲居其四,假借借此四者也,轉注注此四者也。四象以爲經,假借、轉注以爲緯,四象有限,假借、轉注無窮也。"②

對於楊慎之"四經二緯"說,雅亭云:"四象之爲經而有限,以其主宰而無變也,二義之爲緯而無窮,以其推移而不定也。"只簡略地介紹其大義,而沒有表達其他意見。但楚亭則批評楊慎之說,指出楊說之局限性,云:"經中有緯,緯中有經,故不可畫一。而既以六書爲十分,而聲四義三事二形一,則十分之內,所謂經者已盡據之矣。十分之經,未必是。字字假借,字字轉注,則只見其經無減,而緯有限,楊說窮矣。"

不過,楚亭所說的"既以六書爲十分,而聲四義三事二形一,則十分之內,所謂經者已盡據之矣",以及"十分之經,未必是"之類,似對楊說有所誤解。

楊慎說過:"六書以十爲分,象形居其一,象事居其二,象意居其三,象聲居其四,假借借此四者也,轉注注此四者也"。由此明顯可見,他把"四經"看作漢字造字之法,把"二緯"看作其應用之法。那麼,運用既存的象形、指事、會意、形聲,而"字字假借,字字轉注",這就是假借和轉注的特徵。因此,楚亭所說的那樣"緯有限"的理由並不存在,"楊說窮矣"的理由更不成說。之外,楊慎所說"四經"之"聲四義三事二形一",是就其大略而說的,並不能視爲具體比率,因此,楚亭所批評過的"十分之經,未必

---

① "凡六書爲三耦也。"見於(南唐)徐鍇:《說文繫傳》(文淵閣四庫全書本)卷一,《上》字條下。

② 轉引自(明)顧起元:《說畧》卷十五《字學》。

是",也可以説稍嫌苛刻。

總而言之,楊慎之"四經二緯"説,以後繼起的戴震之"四體二用"説,是現代以唐蘭爲代表開始討論漢字新結構論的起源,在這一點上至少具有漢字學史上的意義。①

(3) 關於轉注與假借的諸説及評價

對於假借和轉注,歷代有過無數的解釋,其説極爲紛紛。正祖提問過自宋至清的有關假借和轉注的主要學説及其內容。對正祖的提問,楚亭和雅亭只介紹了歷代諸説,並未表現個人意見,沒有露出多大的意見之差。首先,對假借的説解,楚亭也説:"六書之中,假借轉注最多歧論,以假借論之……諸家之論,謂之皆通可也,謂之皆偏可也。雖使蒼頡自來,亦必唯唯否否,昧茲聚訟矣。"他只介紹諸家之對假借的主要內容,而仍然保留個人判斷。但在轉注問題上,楚亭説:"至以'考'、'老'之同意相受,駁許慎以下諸儒,亦一言以蔽之曰,莫善於近世戴東原之説。其言曰:《説文》"考"注曰老也,"老"注曰考也,轉注者互訓也。"而極力支持戴震之"互訓説"。其實,六書中"轉注"這個名稱的字面意義,在六書中最爲模糊。對後人的各種異説,裘錫圭曾經歸納爲如下九類。②

一、以轉變字形方向的造字方法爲轉注,宋元間的戴侗,元代的周伯琦等主張此説。

二、以與形旁可以互訓的形聲字爲轉注字,南唐徐鍇等主張此説。

三、以部首與部中之字的關係爲轉注,清代江聲等主張此説。

四、以在多義字上加注意符孳生出形聲結構的分化字爲轉注,

---

① 到現代唐蘭開始重新討論,他否定了傳統六書説,而提倡象形、象意、形聲的三書説。之後,陳夢家參考唐蘭之三書説,合併象形和象意而稱作象形,還有形聲之外再加上假借,提唱新三書説。裘錫圭又基礎於陳夢家之新三書説,把象形改名爲表意,又提出了新的三書説。之外,龍宇純主張新分類法。詳看河永三:《漢字的世界》,新雅寺,86—87頁。

② 裘錫圭:《文字學概要》,商務印書館,100—101頁。

清代鄭珍、鄭知同父子等主張此說。

　　五、以在已有的文字上加注意符或音符造成繁體或分化字爲轉注，清代饒炯等主張此說。

　　六、以文字轉音表示他義爲轉注，宋代張有、明代楊愼等主張此說。

　　七、以詞義引伸爲轉注，清代江永、朱駿聲等主張此說。

　　八、以訓詁爲轉注，清代戴震、段玉裁等主張此說。

　　九、以反映語言孳乳的造字爲轉注，章炳麟等主張此說。

　　上述衆多主張中，正如楚亭所云，"亦一言以蔽之曰，莫善於近世戴東原之説"，筆者也認爲以"互訓"爲轉注的戴震和段玉裁等主張比較合理。

　　戴震曾經説過，"由是之於用：數字共一用者，如初、哉、首、基之皆爲始，卬、吾、台、予之皆爲我，其義轉相爲注，曰轉注。一字具數用者，依於義以引伸，依於聲而旁寄，假此以施於彼，曰假借。所以用文字者，斯其兩大端也。"①

　　如果詳細觀察六書内部關係的話，可以發現象形、指事、會意、形聲四種就是造字之法，而轉注、假借兩種就是用字之法。因此，轉注之義應該與假借聯繫説明，才能得到合理的解釋。從這個意義上，如果假借可以説是純粹音同而借，即一字具數用者的話，那麽轉注可以説是與此相對的觀念，即是純粹義同而共用、用數字共一用的。因此，徐鍇也認爲"一字數用"爲假借，"一義數文"爲轉注②，其實，文字不過是一種表達某種事物概念的符號體系。這種概念（所指，signifie）與符號體系（能指，signifiant）之間的對應，其開始時保持一比一的對應，但隨着社會發展和人類生活的繁雜，一個符號所表達的概念逐漸增加起來，因此再不能保持以前一比一的

---

① （清）戴震：《答江愼修先生論小學書》，《戴東原集》（四部叢刊本）。
② "假借則一字數用，如行莖、行杏、行杭、行沆，轉注則一義數文，借如老者直訓老耳，分注則爲耆、爲耋、爲耄、爲耇。"［（南唐）徐鍇：《説文繋傳》（文淵閣四庫全書本）卷一《上》字條注文。］

對應關係,而變成多比多的對應關係。實際上,在現代語言裏,概念(所指)和所指稱的語言或文字(能指)之間,保持一比一的對應關係是極爲少數的,除了學術用語或專有名詞之外,幾乎都具有多比一、或一比多的複雜的對應關係。換句話說,在一個語言或文字裏保有多種概念,同樣道理,對一個概念就具有多種表達方式的語言或文字。從這個意義來看,前者稱作假借,那麼後者可以稱作轉注。這就是戴震和段玉裁所説的"互訓"爲轉注之説。

4. 字體輪

正祖之對歷代漢字字體的提問,主要牽涉到歷代字體演變、書寫方式與書法批評等問題。

第一,首先看正祖之對歷代字體演變的提問。

1. 八卦爲忠,古文爲質,籀文爲文,則忠、質、文何與於文字,而如此分屬歟?
2. 依類象形謂之文,形聲相益謂之字,著於竹帛謂之書,則文字書固各有專義,而不容通釋歟?
3. 秦漢之用八體,今可悉數,甄豐之刊定六體,亦可歷舉歟?

第一題是以忠、質、文的概念來概括八卦、古文、籀文特徵的提問;第二題是文、字、書之間的關係問題,第三是有關秦漢時的八體和甄豐刊定之六體的内容。

首先,對於以忠、質、文的概念來概括八卦、古文、籀文的特徵,楚亭説:"八卦也,古文也,籀文也,分屬忠、質、文,而以小篆爲罰者,《包蒙》之論也。"雅亭説:"八卦肇於伏羲,古文勝於黄帝,籀書著於周宣。文隨世異,則鄭寅之取譬於三代之三尚不爲無據。"他們都認爲這是來自宋代《包蒙》之論,並沒有表示其他意見。

其次,對於文、字、書之間的關係問題,楚亭説:"從象形而曰文,從滋益而曰字,從著於竹帛者而曰書,此三者雖曰各有專義,以其爲用相近也。"雅亭也説:"然則文字書,雖各有義,亦各通釋。"可見楚亭與雅亭都認爲文、字、書,雖然本來有自己的固有之義,但皆可通用,並無特別差異。

最後,對於"秦漢之用八體"和"甄豐之刊定六體"的評價,楚亭與雅亭之見解有所不同,楚亭云:"曰大篆……曰隸書者,秦之八體也。曰古文……曰蟲書者,甄豐之六體也。其實相沿以遞減者也。"他認爲"秦漢之八體"和"甄豐刊定之六體",可以説是由於歷史變遷而發生的自然性變化。這就反映楚亭已經接納漢字之省繁就簡的發展趨勢。但是雅亭却否定了這些變化,曾歎息説過:"臣以爲秦之亡,不亡於胡亥,而亡於變易字體。"①這是他對漢字自然變化的歷史事實的否定,同時對秦始皇的文字改革和王莽之六體改定,表示了極度不滿。

第二,再看正祖之對漢字書寫法的提問。

> 梵也,伽盧也,季頡也,竺典並稱之三人;瑞華也,花岬也,雲霞也,後來變化之三體,皆可指其得失歟?

正祖對梵、伽盧、季頡等三種文字的書寫方向表示關心,要求提出以上説法的出典以及對此説的評價。對此,楚亭之回答是:"印度之右行,西城之左行,中國之下行,兄弟三人主文,三方異矣哉!"而雅亭之回答是:"西域之梵,印度之伽盧,中夏之蒼頡,出於竺典,自居一二,而稱詰爲季,佛氏誕妄,不足道也。"

把文字的起源分三而論之,其實正如楚亭與雅亭之回答,其説法最初出現於印度,以後傳之於中國。在討論文字創製之時,將印度文字之右行和左行以及中國文字之下行,合爲一而論之,提倡文字創製的一元論,這

---

① 《六書策》云:"夫李斯憯覆人也。師承荀卿性惡,其心術藴蓄猜險,發之爲小篆,削圜爲方,背古易俗,以啓程邈徒隸之書。邈,獄囚也。久繫雲陽,幽鬱積中,剏造隸書,曲折無漸,積芒四出,日趨於謬。三代古文,格而不行。"

是以印度爲中心的看法。

但楚亭與雅亭都没有正確地指出過正祖所提出的核心内容和上述説法的來源。因此,他們只引用過《御製淵鑑類函》所録的簡略内容,没有詳述其他有關内容。只有雅亭提過:"西域之梵,印度之佉盧,中夏之蒼頡,出於竺典。"而認爲其來自於佛經。他又説"佛氏誕妄,不足道也",對以印度爲中心的文字起源觀表示不滿。實際上,此説始見於梁代僧祐首先比較胡漢文字,他提出文字有左行、右行及下行之别。其後,《法苑珠林》①襲用此論,即云:"昔造書之主凡有三人,長名曰梵,其書右行。次曰佉盧,其書左行。少者蒼頡,其書下行。梵、佉盧居于天竺,黄史倉頡在於中夏。梵、佉取法於净天,倉頡因華於鳥跡,文書誠異,傳理則同矣。"②梵書指婆羅謎文,佉盧文即驢唇書。佉盧字母是古印度流行的西北俗梧,亦通用於新疆西北一帶③,"印度談文字起源,祝右行、左行與下行合爲一家。中印兼顧,可捐文字一元論。事實上吾國漢代大西北,左、右行與下行三種文字同時使用,胡漢兼行,僧祐合胡、漢爲一治而討論之,深具遠識。"④

第三,是有關歷代書法之批評,正祖之具體提問如下。

1. 瑞華也,花草也,雲霞也,後來變化之三體,皆可指其得失歟?
2. 橫則如長舟之截小渚,直則如春筍之抽寒谷,何所取象歟?
3. 河洛開而圖書兆,嘉禾生而穗書始,何所取徵歟?

---

① 饒宗頤,《中國典籍有關梵畫與佉留畫起涯的記載》,《梵學集》,379—381頁。
② (唐)釋道世:《法苑珠林》卷十五,《千佛篇》第五之三《遊學部・召師》。又元盛熙明《法書攷》云:"然字内萬國文字,皆異其源,未能詳詰也。嘗覽竺典云,造之主凡三人,曰梵,曰伽盧,曰倉頡。梵者,光音天人也,以梵天之,書傳印土,其書右行。伽盧創書於西域,其書左行,皆以音韻相生,而成字。諸蕃之書,皆其變也。其季倉頡居中夏,象諸物形而爲文,形聲相加以成字,其書下行,未知其説果何所據也。因而攷之,蓋西方以音爲母,華夏以文爲基,諸國之風土語音既殊,而文字遂亦各異,沂流窮源其法,似不出乎此三者也。"(卷之二,《四部叢刊・續編》)
③ 饒宗頤:《文字的左、右行與古代西戎》,《符號、初文與字母——漢字樹》,76頁。
④ 同上注。

這裏的第一題是有關瑞華、花草、雲霞之體的得失問題。對此,楚亭回答過:"落英茂木之象,花草雲霞之變,蕭帝之風流,山翁之悟解,可念也。"雅亭却回答:"瑞華花草,齊武所造,雲霞之書,山胤所製,皆是六朝浮華之習,其所得失,何必覰縷。"

可見楚亭與雅亭之間露出了見解之差。雅亭以爲瑞華、花岬、雲霞之體"皆是六朝浮華之習,其所得失,何必覰縷",而以其華麗文風保持批判的態度。① 與此相反,楚亭却説,"可念也",保持肯定的態度。這反映了楚亭對六朝華麗文風的寬容態度。這恐怕與楚亭平時欽賞明代小品文而愛作其文的文體觀稍有關係。

在其具體内容方面,楚亭只認爲:"落英茂木之象,花草雲霞之變,蕭帝之風流,山翁之悟解。"而雅亭認爲:"瑞華花草,齊武所造,雲霞之書,山胤所製。"但對此《御製淵鑑類函》却説:"按書史會要,有瑞華書,齊武帝睹落英茂木而作。花草書,河東山胤所作。雲霞書,未詳所出。"② 以爲瑞華書是齊武帝所作,花草書是河東山胤所作,雲霞書是未詳所出,與楚亭和雅亭稍爲差異。

另外,楚亭與雅亭皆指出,評王羲之敘法的"小渚之長舟,寒谷之春筍"之語,本出於《書訣》或《藝苑》等書,反而以爲出於《説文解字》,這是《御製淵鑑類函》之誤。之外,關於"河洛圖書"和"穗書"的傳説等,楚亭與雅亭都有過簡單的介紹,並未有意見之差。

5. 功 能 論

這是有關小學的功能與定義的提問,正祖表示如下意見:

然以朱夫子之地負海涵,亦不免別求小學於《曲禮》内則之支流,而灑

---

① 雅亭又云:"噫!魏晉之間,鍾王之流,始以草楷相尚,欹斜放縱,惟取華媚,悦人之目,視六書如土苴。繇也匪人,固不足責,而羲之賢士,何若是其違道。"(《六書策》),也對六朝書法加以批評。

② 《御製淵鑑類函》(文淵閣四庫全書本)卷一百九十五《文學部》(四),《文字》(二)。

掃應對習事居敬之說,皆漢唐以上不傳之旨訣也。此可請發前未發,有功後學歟?惟是一種從事於六藝者,往往考古證今,以文字爲小學,異見塵論,至今紛如何哉?豈朱子之獪有未籌歟?

抑諸儒之務奇拘新歟?以文字學的"小學"和朱子的"小學"之差別在何,對此該如何評價和解說?這就是正祖所提問的核心內容。正祖對朱子學的關心頗爲深厚,這是比較爲大家所公認的。他在位期間,沈醉於朱子學,就編述了《朱子會選》等五種有關朱子學書,發揮了他對朱子學的關心。其具體行蹟,見於多處①,但以下引記錄長具有代表性。

上謂筵臣曰:"夫子慯曰述而不作,予之平生工夫,在於一部朱書,予年十二時輯《朱子會選》……三十時編《朱子會通》……又編《紫陽會英》,及朱書各體。四十後編閱朱熹者多。而近年又輯《朱書百選》。而昨年夏秋,取《朱子全書》及《大全》、《語類》,節略句語,又成一書,名曰《朱子書節約》。近又留意於《朱子大全》及《語類》,與其外片言隻字之出於夫子之手者,欲爲集大成編爲一部全書。待其編成,將別構一室于宙合樓傍,奉安朱子真像,並藏全書板本於其中。予於朱夫子實有師事之誠,所以欲如是也。"②

據如上所記,正祖親自編述過的朱子學著作,可以整理如下③:

《朱子會選》,48卷,寫本,英祖50年(1774)

《紫陽子會英》,3卷,寫本,英祖51年(1775)

《朱子選統》,3卷,寫本,正祖5年(1781)

《朱書百選》,6卷,刊本,正祖18年(1794)

《朱子書節約》,20卷,寫本,正祖24年(1800)

---

① 見於《正祖實錄》正祖41年(戊寅)條,正祖52年(壬申)條,《正祖實錄·附錄·正祖大王行狀》,《正祖大王遷陵誌文》等。
② 《正祖實錄》正祖22年(1798)4月癸丑條。
③ 柳鐸一:《朱子文集的韓國受容和展開》,《韓國文獻學研究》,314頁。

因爲正祖對朱子學如此關心,他提出了一個疑問,以許慎爲首,認爲應以文字學(語言學)作爲小學的傳統派説法,以朱熹爲首,認爲應以基礎教育作爲小學的義理學派説法,他們之間,有何差別?還有應該如何對待?

楚亭與雅亭的答辯,頗爲詳細,分別録之。

　　楚亭之答辯:

　　① 夫以朱子之集大成於群賢,於其撰《小學》之書也,以《曲禮》、《内則》、《弟子職》等篇爲之支流,而本之以灑掃、應對、執事、居敬之説,未嘗一及於《三蒼》、《爾雅》之訓者。豈真不講於六藝之旨而然歟?蓋有所急者存焉,亦猶程子之説《易》略象數而宗義理,以救王弼以後老莊之弊云爾。此聖賢隨時扶世之苦心也。

　　② 夫義理之小學,名物之小學,漢儒已並言之,西河毛氏亦以六經共爲六藝。後儒之往往侵凌,以小學把作己物,固不滿一笑,而至于今日。則朱子之説,又如日中天,而名物訓詁之學微矣。

　　③ 正宜表章漢儒舊説,與大典集注並行不詩,其非朱子之本意、小學之急務乎?

　　④ 夫學莫大於格致,格致之要又莫先於文字,聖學之高明,固已洞見於書道之原矣。

　　雅亭之答辯:

　　① 朱子別撰《小學》,皆《曲禮》、《内則》之支流,而灑掃、應對、習事、居敬之説備焉。或有嫺於六藝之小學者,妄相譏訾,何其悖也。

　　② 按《大戴記・保傅》篇,古者年八歲,出就外舍,學小藝焉,履小節焉。蓋小藝者,六書也,小節者,洒掃、應對、習事、居敬之節也。然則一切童學,皆小學也。六書之小學,朱子之小學,固並行而不悖。既有大學之書,則亦有小學之書。而入於秦燒,只餘古文、籀文若干篇,《漢書・藝文志》始立小學家。朱子之博聞,豈不識此。但補纂燒殘之小學,故手定初本,名曰《小學》之書,可見其意之所在焉爾。

如上所见,楚亭與雅亭對"小學"認識,頗有不同。楚亭歎惜過,由於朱子的登場和對他的過度尊崇,"至于今日,則朱子之說,又如日中天,而名物訓詁之學微矣"。結果,在朝鮮只風行義理之學,而名物訓詁之學却至於式微之地步。雖"西河毛氏亦以六經共爲六藝",但後世之鄙儒"往往侵凌,以小學把作己物","固不滿一笑"。他就揭示了當時朝鮮學風之不良風氣,批評了當時學者的狹窄見識與態度。

但他並未否定義理之學,故他說:"此聖賢隨時扶世之苦心也","豈真不諶於六藝之旨而然歟"。因此,他主張並行義理之學與名物之學,云:"與大典集注並行不誖,其非朱子之本意,小學之急務乎?"不僅如此,他進一步說,"夫學莫大於格致,格致之要又莫先於文字"。正如他所說,文字就是格物致知的最基礎、最基本的工作,在這一點上,小學與形而上的義理之學,並無差別。

與此相反,雅亭却說"然則一切童學,皆小學也",又說"或有媚於六藝之小學者,妄相譏訾,何其悖也"。他主張朱子的"小學"就是傳統小學的實際内容,否定了名物訓詁之學的價值。

由此可見,楚亭與雅亭對朱子學有不同觀點。楚亭強調名物之學,這可以解釋爲,針對朝鮮儒學史上一直占居主流的朱子學、義理之學,認識到了其局限性,也批判了其狹窄性。這種批評就意味著,它是"宋明儒學的創新,性理學的創新,已經開始從朱子學走出來,不能再有對朱子學的盲信",也可以說是"朝鮮後期實學經學的基本立場"[①],楚亭對性理學抱有這樣客觀及批評的意識,正是他在朝鮮時代被列爲最具有代表性的實學者的理由之一。

6. 結　　論

由於楚亭與雅亭之在朝鮮實學思想史上的地位,他們早就引起了衆

---

① 李乙浩:《韓國的實學思想概説》,《韓國實學思想史》,20頁。

多學者的關心,對他們的思想體系,政治、經濟思想以及文學理論方面已有令人矚目的成果。但對他們的經學和文字學的研究,到現在未曾有過積極的探討,尤其是有關他們的文字學研究,迄今還沒有嘗試過。

《六書策》是對正祖提出的有關文字學整體問題的一種對策文,所以這裏已經包括了範圍廣闊的文字學的各種問題,故藉此可以瞭解他們對漢語文字學之理解,同時能夠系統地比較他們二人之間的異同。

《六書策》是理解楚亭與雅亭語言觀的重要資料,可惜到現在還沒有引起學者的重視。通過本文上述研究可以發現,他們對漢字學的理解和研究已經達到相當高的水平,也可以透視包括正祖在内的當時朝鮮學界對漢字學的關心和水平。

首先,對文字學的理解及其理論水平上,楚亭比雅亭高得多。但事實上,在朝鮮語學史上,雅亭的知名度比較高。這是因爲他所著《盎葉記》裏保存了有關朝鮮時期研究語言的豐富資料,另外還與他是朝鮮後期實學時代語言學大師五洲(李圭景)的祖父有關。但是以《六書策》的分析來看,無疑是雅亭遜色於楚亭,雅亭不僅文字學水平比楚亭要低,而且其立場更爲保守。

其次,楚亭對鄭樵的六書論理解得相當深,肯定了其大部分理論。他對鄭樵的這樣肯定,能否可以解釋爲對清朝的抗拒,雖然還需要另外深入研究,但他對鄭樵理論的肯定,至少在文字學史上已經具有重要意義①,鄭樵的文字學,"突破了《説文》傳統,形成了以六書爲核心的六書學。但是清代復興漢學,追崇《説文》,對鄭樵學術,多持否定態度"②。楚亭對鄭樵

---

① 朝鮮漢字學史裏,諸如李圭景《説文辨證説》、朴瑄壽《説文解字翼徵》、權丙勳《六書尋源》等,研究《説文》時很少採用段玉裁等清朝《説文》學的成果,主要採用鄭樵等宋明時的成果。

② 故《四庫全書叢目》於提要中每置貶辭,近人丁福保編《説文解字詁林》則一概棄之不錄,並於《自敘》中評價説:"小學之元明諸人,多改漢以來所傳篆書,使就己見,幾於人盡可以造字。始作俑者,其李陽冰、王安石、鄭樵乎?戴侗、包希魯、周伯琦揚其波,至楊桓、魏校而横番旁決,不可究詰。於是許氏之學,曠然中絶,垂千年焉。"對於鄭樵的文字學成就,最早給以比較公允評價的是唐蘭,"他認爲:鄭樵第一個撇開《説文》系統,專用六書來研究一切文字,是文字學上一個大的進步。他所作的六書分類也不是無意義的,經他歸納,完全暴露了漢儒六書理論的弱點"。參見黃德寬、陳秉新著,河永三譯:《漢語文字學史》,189—190頁。

如此肯定和信賴,促使我們對以鄭樵爲中心的宋明六書學重新認識並給予新的評價,這在學術上也具有相當深意。

最後,楚亭反對以朱子學爲中心的義理之學,主張要並行名物之學,這可以說是對朝鮮性理學傳統的批判。這樣的重視名物考據學的態度與對性理學傳統的批判意識,開導了後代秋史、茶山①、五洲等人的實學語言學的風氣。這一點也就具有其重要的研究意義。但本文只以《六書策》作爲分析對象,着重於其内容的介紹和與雅亭的異同,比較忽略其他有關語言學資料的分析與活用②,及其在韓國儒學史上的意義和作用。這些問題,不得不等待日後的補充和研究。

---

① 譬如,丁若鏞回顧說:"余惟讀書之法,必先明詁訓。詁訓者,字義也。字義通而後句可解,句義通而後章可析,章義通而後篇之大義觀見。諸經盡然,而《書》爲甚。"(《尚書知遠録‧序》)又主張:"古者小學專習字書,字字講究象形、會意、諧聲之所以然,無不瞭然於心目。方屬文而爲篇章也,字字鳩合,用適其宜。……後世不習字書,直讀古文。故文字之在心目者,皆連二字三四字,多至數十字,而各字各義都囫圇不明。及其發之於篇章也,古文全句,隨手使用,其中字義有迥與事情乖戾者,而亦罔覺,故文皆陳腐,不切事情。"(《與猶堂全書‧詩文集‧説字説》)。

② 譬如,楚亭還主張過漢語共用論,參見《北學議‧内篇》,"漢語"條。

朴瑄壽《說文解字翼徵》的文字理論與解釋體系的特徵

I. 緒　　論

1. 著者與校閱者

《說文解字翼徵》是朝鮮末期朴瑄壽所撰述,經金晚植校閱後完成的朝鮮時代《說文解字》(以下簡稱《說文》)研究的集大成之作。作者朴瑄壽(1821—1899)是朝鮮末期的文臣,字爲溫卿,號爲溫齋,本貫爲潘南。他是朝鮮時代實學大家朴趾源(1737—1805)的裔孫,朴宗采的兒子,曾擔任右議政的朴珪壽(1807—1876)之弟。在高宗元年(1864)他在增廣別試文科中狀元及第,此後曾擔任司諫院大司諫(1865)、暗行御史(1867)、參贊官(1873)、大司諫(1873)、吏曹參議(1874)、禮房承旨(1878)、成均館大司成(1883)、工曹判書(1884)、刑曹判書(1894)等官職。他的著作有《說文解字翼徵》(14卷6册)。

校閱者金晚植(1834—1900),字器卿,號翠堂,本貫爲清風。是金允植(1835—1922)的從兄,且與金允植一同爲朴瑄壽的外甥。金晚植不僅校閱了溫齋先生的手稿,並撰寫了跋文格式的《附記》,還在書眉上加注,補充了溫齋的學說。此外,金允植也撰寫了能夠概述整本書內容的《序文》和《附記》。

2. 撰述動機

《説文解字翼徵》的主要撰述動機在於補充《説文》體裁的不完整之處,並根據金文資料糾正《説文》文字解釋的誤謬。因此,翠堂先生曾這麼説:"《説文解字》爲字書之祖,倉頡精義,非此莫得而傳。然尚恨體裁不嚴,校勘未盡,此舅氏《翼徵》書所由起也。"(《説文解字翼徵·序》)①

温齋先生首先提及了《説文》所依據的資料的界限,並指出"許氏之世,鐘鼎之埋没於地中者未盡出,所崇者惟孔壁書之蝌蚪文字"(《序》)。不僅如此,他還針對前人學者和宋代金石學者的局限性説:"《集古》《考古》《博古》諸書之尖畫寫篆,款識諸家之武斷臆定,啓誤承迷,爲鐘鼎遺文之第一厄會。"(《序》)

他又説"後之論書,避難趨易,僅由李斯而上及於史籀而已,無能出其範圍之外"。再者,他嘆息道:"漢儒之學,守其師説,雖知其非,不敢矯正。於是謬者仍謬,晦者愈晦,浸浸然失其面目者多矣。"(《序》)

因此,温齋先生"爲是之懼,專精覃思,用力於六書之學。嘗擇良木,手自斯礱爲鍾、鼎、槃、敦、桄、櫾諸彝器數百種,依圖刻畫,列置左右,坐彎於其中,晝宵研究……竭其心思,籾爲凡例……回復逸墜,整頓紊亂"(《序》)。

結果,温齋先生"所徵定隱文秘字者,不可悉數,莫不切當事理,允合人情"(《序》)。如此,他真正地付出了畢生的努力,完成了"洵可稱千古有數之書"(《序》)。

3. 著述之完成和刊行

確定《翼徵》的完成時期並不容易。但從《序》中提到的"瓛齋嘗奉使入燕,携帶《説文解字翼徵》未成草,示王軒、董文燦、吳大澂諸君……莫不大加稱賞",我們可以瞥見撰寫過程的一部分。瓛齋先生的中國使行分爲

---

① 《説文解字翼徵》以下简稱爲《翼徵》,而《説文解字翼徵·序》則簡稱爲《序》。

兩次,第一次是在 1860 年,第二次是在 1872 年①。1860 年,温齋先生僅 39 歲,而 1872 年他已經 51 歲。考慮到《翼徵》的龐大內容和水平,前面提到的記錄很可能是指 1872 年的第二次使行。

在《翼徵》的撰寫過程中,温齋先生始終受到他的兄長瓛齋先生的指導,而該書的完成稿在瓛齋先生去世之前(1876 年,温齋先生 55 歲時)還未完成。因此,《序》中提到"恍然如有所得,雖夜中必呼燭記之,坐而待旦,走至伯氏瓛齋先生所,對床討論,瓛齋亦欣然許之。雖在千里之遠,必往復質正,然後登稿"。

這段描述很好地展示了温齋先生在《翼徵》的撰寫中付出了多少努力,他對《翼徵》的熱情是如何的,以及瓛齋先生在其中扮演了什麼角色。

《翼徵》在温齋先生生前並未得以出版。直到先生去世 13 年後的 1912 年,這本書終於得以出版。根據《序》的描述:"書凡十四卷,先生手寫編纂,翠堂從兄同爲校閱,藏之巾衍,以待後世。子雲先生歿後十有二年辛亥,社友之知其事者,皆曰:先生此書,非徒補許氏之闕,實有羽翼經典之功。天下之寶,當爲天下惜之,不宜久閟於篋笥之中。遂謀鋟梓,徵序於允。"

該書於次年 1912 年在光文社出版,得到了寺內總督的支持,以石印方式印刷,從而呈現於世②。

4. 結構和引用青銅器

(1) 結構

以石印方式出版的《翼徵》共有 14 卷 6 冊,板式爲四周單邊,半頁尺寸爲 21.6×15 cm,每半頁 11 行,每行 22 字,無邊界線。書眉上附有校閱者金晚植的眉批。整本書的詳細內容如"表 1"所示。

---

① 在第一次赴華使行中,他擔任副使,當時的正使是趙徽林,書狀官是由申轍求擔任。
② 目前,該資料收藏於慶北大學、檀國大學(首爾)、首爾大學、嶺南大學、忠南大學、釜山市立圖書館等地。

朴瑄壽《說文解字翼徵》的文字理論與解釋體系的特徵

表 1 《翼徵》的結構和解說徵引字數[金順姬(1995),46 頁]

册數	卷 數	部 首	說解字數	所徵字數
第 1 册	說文解字翼徵序(金允植)			
	第 1 卷	第 1(一)~第 14(舜)	36	48
	第 2 卷	第 15(小)~第 44(冊)	85	117
第 2 册	第 3 卷	第 45(㗊)~第 97(㸚)	92	137
	第 4 卷	第 98(𡔷)~第 142(角)	69	96
第 3 册	第 5 卷	第 143(竹)~第 205(桀)	78	188
	第 6 卷	第 206(木)~第 230(𠅃)	49	82
第 4 册	第 7 卷	第 231(日)~第 286(㱿)	74	124
	第 8 卷	第 287(人)~第 323(旡)	51	85
第 5 册	第 9 卷	第 324(頁)~第 369(象)	35	67
	第 10 卷	第 370(馬)~第 409(惢)	54	85
	第 11 卷	第 410(水)~第 430(卂)	34	66
第 6 册	第 12 卷	第 431(乙)~第 466(系)	60	96
	第 13 卷	第 467(糸)~第 489(勿)	43	59
	第 14 卷	第 490(金)~第 540(亥)	63	101
	跋文(金允植,金晚植)			
	說文解字原序(許慎)			
計			823(字)	1 351(字)

(2) 引用青銅器

爲了證明解說,溫齋先生引用的青銅器物共有 35 類 387 種,其中包括:

任食器 9 類 211 種,酒器 14 類 107 種,盥水器 2 類 24 種,樂器 3 類 31 種,武器 4 類 7 種,工具 2 種,貨幣 4 種,璽印 1 種。詳細的目錄如表 2 所示:

表 2　青銅器物的分類主要基於馬承源(1988)和杜迺松(1980)的研究。而《翼徵》中引用的青銅器的種類和數量是根據金順姬(1995)的研究重新分類和統計的。

分　類	種　類	器　物　數　量	計
飪食器	鼎	毛公鼎等 76 件	211
	鬲	番君鬲等 13 件	
	甗	陳公子甗等 3 件	
	簋	寅簋等 6 件	
	簠	陳侯簠等 18 件	
	敦	格伯敦等 91 件	
	豆	母豆等 2 件	
	鋪	劉公鋪 1 件	
	盂	索伯盂 1 件	
酒　器	爵	唐子且乙爵等 7 件	107
	角	父乙角等 4 件	
	斝	父丁斝 1 件	
	觚	父丁觚 1 件	
	觶	遽仲觶等 2 件	
	尊	趞尊 21 件	
	彝	父丁彝等 9 件	
	卣	丁琥卣等 32 件	
	罍	欽罍 1 件	

續表

分　類	種　類	器　物　數　量	計
酒　器	壺	季良父壺等 17 件	107
	盒	陳公盒 1 件	
	盃	穴盃等 5 件	
	鱠(瓿)	齊侯鱠等 2 件	
		陳獻等 4 件	
盥水器	盤	虢季子盤等 13 件	24
	匜	蘇甫匜等 11 件	
樂器	鎛	齊侯鎛 1 件	31
	鐘	虢叔鐘等 28 件	
	磬	窨磬等 2 件	
武器	刀	齊節墨刀 1 件	7
	槍	可伯槍 1 件	
	戈	戜戈等 4 件	
	戟	龍伯戟 1 件	
工具	斧	幼衣斧等 2 件	2
貨幣	幣	梁鍰幣等 4 件	4
璽印	鉩	周鉩 1 件	1
總計			387

Ⅱ. 文 字 理 論

1. 漢字的構造理論：對"文"和"字"的新標準

對於"文"和"字"的明確區分始於許慎的《説文·序》。許慎説"倉頡之初作書,蓋依類象形,故謂之文。其後形聲相益,即謂之字。文者,物象之本,字者,言孳乳而寖多也"(《說文‧敘》)。因此,許慎認爲構成文字的基本單位是文,而這些基本單位組合而衍生的是字。

將文字結構如此區分,可以説是基於小篆階段形體的文字觀念。因此,文包括了許慎所提出的象形和指事,而字則包括形聲和會意。但在漢字中,象形、指事和會意之間的界限並不十分明確,而且越是古老的文字,這種情況越明顯。因此,如唐代的徐鍇(920—974)的"六書三偶説",明代的楊慎(1488—1559)的"四經二緯説",清代的戴震(1723—1777)的"四體二用説"等,都試圖重新編排六書體系。進入現代,如唐蘭(1901—1979)的"三書説",龍宇純的"新的分類方法",陳夢家(1911—1966)的"三書説"和裘錫圭(1935—至今)的"新的三書説"等都被提出,對六書體系進行了多樣化的討論①。這些都證明了傳統的六書體系存在許多問題。

金文階段相對於小篆階段,筆劃化和符號化較少,且保留了較多的象形性。因此,根據許慎的定義,根據一個字符是否可以分解爲可分離的結構來區分"文"和"字",在實際上變得不可能。特別是《翼徵》以金文爲分析對象,與許慎基於小篆進行分析建立的六書體系不符。

因此,需要一個與許慎所提出的文和字不同的新定義,温齋先生根據金文資料提出了新的分類體系。他避免了根據一個字是否可以進一步分解來區分"文"和"字"的傳統分類方法,而是根據是否包含聲符來區分"文"和"字"。也就是説,如果不包含聲符,則一律視爲"文";如果包含聲符,則全部視爲"字"。因此,他將象形、象事和象意都統一視爲"文",其餘皆據是否包含聲符的特點,重新分類了所有的漢字②。

如此一來,許慎所説的象形、指事和會意都被包含在"文"中,而形聲結構則被包含在"字"中。不包含聲符的"文"都必須作爲部首而立部,而

---

① 詳細內容。可以參看河永三(1998),83—91 頁。
② "夫建首者,文也,屬文者,字也。文以統字而不假以聲,字統於文而不冒其聲,此爲正例。"(卷 1,9a)

"字"則是歸屬於基於"文"而立部的部首之下,組成該部首的義符和聲符①。這可以說是溫齋先生獨創的漢字結構分類方法,是前所未見的,充分反映了漢字在金文階段的特點。

然而,這種分類並不是那麼簡單。基於新定義的文和字,需要重新設定部首並重新分類其子項,這是一項浩大的工作。此外,還需要準備後續措施,例如漢字結構分析的具體解釋體系。因此,溫齋先生從漢字的三個要素:字形、字音和字義的角度來定義"文"的概念。

首先,從形體的角度看,如果基於象形或象意,但在形體上不能分離,則當然屬於"文"。但與許慎的"文"的最大區別是,即使可以進一步分離,也就是說,由幾個部首的語義組合而成的合體字,也可以被視為"文"。當然,伴隨這一點的條件是該字是否可以作為其他字的聲符。他用"專聲"這個詞來解釋這一點,這種解釋顯然反映了他認為文應該在聲音上具有獨立性的觀念。

從語義的角度看,當某個字不是由其他字的語義引申出來的,且具有語義形成的獨立性時,它可以被視為"文",這一觀點是非常獨特的。例如,春、夏、秋、冬、吉、凶等都是具有對稱語義的詞群,它們彼此之間沒有任何語義上的關聯,因此都有獨立的語義範疇,所以可以被視為"文"②,他稱之為"專義"。當然,語義的獨立性是相對抽象和主觀的,所以證明它的唯一基礎是形體的特點。在這個意義上,定義"文"和"字"的原則仍然是以形體為中心的。因此,我們在這裏將討論一些與形體相關的文的定義例子。

(1)"從象形而非文者"

"象形而非文所構成的字",從現代文字學的角度來說,這是描述基於

---

① "凡字必部聲相配,祭字從示、又、肉,繁從而無從聲,故證為文,此例始于溫齋。"(卷1,7a,金晚植批語)

② "冬"(卷11,9b):"春夏,繁從,故愚證為文,秋冬,雖配從,當亦一體為專義之文,然則凍字,文之從文也。雖有從聲,當亦文。"又云:"天……以萬物之父,而不為文,而為字乎?"(卷1,3a,"天"之解釋)

象形或象意的基礎上加入了指示符號的情況。

   弋字見厂部,而所從丿,象形而非文。凡所從非文者,皆文而非字。文而非字者,皆建首文也。(卷1.1b,"一"之解説)

這就像"天"是由"混元的形狀和太甚之時的太"所組成,而構成"天"的·作爲一個圓點並不屬於"文",因此"天"字既不屬於"文"也不屬於"字"。因此,他認爲"弋"是由"七"和"·"組成的,而構成"弋"的"·"雖然是象形的,但不屬於"文",所以它屬於"文"。從這個角度看,我們可以看出温齋先生認爲許慎所説的由象形和指示符號組成的情況也不是指示,而是"文"。

(2)"聯從"和"專聲"

"聯從"指的是相同的形體重複組成的情況。在許慎的定義中,這被視爲合體字,屬於同體會意的結構,因此被歸類爲"字"。但温齋先生則認爲它應該被歸類爲"文"。

   凡一文聯從,如林秝,皆專聲之文,則兓之爲文而非字,可知也。(卷1.2a,"兓")

同一個字符重複組成的結構,用現代語言來説,可以被稱爲"重素字"。對於重素字,實際上可以有相同字符的2個、3個、4個等重複。但温齋先生以2個字符重複爲例,使用了"聯從"或"連比"這樣的術語,並主張這樣的聯從都是"專聲",因此不屬於"字",而是屬於"文"。這裏所説的"專聲"是指,聲部不僅僅是組成字符的一部分,而該字符整體作爲一個單位被用來作爲其他字符的聲部①。

---

 ① "龍"(卷11,14b):"竊謂龍字所從之 ᄛ,當是章省。以言文章,而非童省。象形之文,不應不專聲,況童非借韻,而意無所取了。"

(3)"繁從"和"配從"

"繁從"和"配從"指的是由兩個或以上的義符組成的會意結構。其中,"繁從"是指由三個或以上不同的義符組成的字符,而"配從"是指由兩個不同的義符組成的會意字。

祭字,繁從不配,而無從聲,則當是文。繁從不配者,謂無從又從肉之者,合示爲三從也。凡言繁從,倣此。(1.7a,"祭"之解說)

兩個或三個不同的字符組合形成的會意結構,過去的漢字學者都認爲它是"字",但温齋先生認爲它不是"字"而是"文",這可以説是温齋先生的獨創性分類法。因此,金晚植也説:"一般認爲'字'是部首和聲音通常組合在一起的,但'祭'字是由'示'、'又'和'肉'組成的繁從例子,因爲它没有聲符,所以被認爲是'文'。這是温齋先生首次提出的。"①

根據以上的體例,温齋先生所定義的"文"應該具有[＋專義]、[＋專聲]和[＋獨立形體]的條件,無論該獨立形體是象形(象意)字、加上指示符號的字、重複的重素字,還是由多個不同形體組成的字,只要不包含聲符,都被認爲是"文"。

2. 對部首體系之批評

(1)部首之設定問題

温齋先生根據先前説明的"文"和"字"的新定義,對《説文》中的部首體系進行了大幅修訂,並提出了新的部首設置。

故當有弋部,弌弍弎當爲弋部字。而因弋部不立,誤寄爲一二三之重文,字義當爲弟次。(卷1,1a,"一"之解説)

温齋先生認爲,"弋"應該設置爲獨立的部首,而不是《説文》中的厂

---

① 參見卷1,7a,"祭"之批語。

部首(第447部首)的從字,原因有以下三點:首先,雖然《説文》中的"弋"以"厂"爲部首①,但由於"厂"不是一個可以獨立使用的象形字,根據先前所述的"從象形而非文者"的原則,"弋"應該被視爲文,因此應該設置爲獨立的部首。其次,因爲在《説文》中,"弋"是"弟"和"戈"的義符,所以根據"凡建首之從文,皆建首文也"的原則,它應該設置爲獨立的部首。最後,雖然《説文》解釋"必"時認爲"八"是義符,"弋"是聲符,但從語音學和文字學的角度看,"弋"更有可能是義符,"八"是聲符,因此"弋"應該設置爲獨立的部首②。

儘管如此,《説文》中"弋"並未被設置爲部首,因此"弌"、"弍"、"弎"等字無法歸屬於"弋"部首,只能被視爲"一"、"二"、"三"的重文。此外,《説文》中作爲部首的字中,如果該字的組成部分是文,但該文並未被設置爲部首,這導致了邏輯上的矛盾。例如,"必"的聲部和義部在《説文》中的解釋是相反的③。這明確地指出了許慎的《説文》部首體系中的缺陷,是一個非常有邏輯性的證據。再看下面的例子。

教(卷3,32a):"竊謂教字,非建首之文。按教部屬文,有敎一字,以白證聲,而有贅隔之冖,則非從教……然則可知敎從學聲,教從孝聲。教敎俱爲攴部屬字,而不相領屬也。"

"教"和"學"在甲骨文中,都是從家中"宀/冖"用兩隻手"臼"繫結"爻"的形象,表示"教導"和"學習"的意思。後來,加入了表示孩子"子"的部分,再加上手持鞭子"攴"的形象。這是因爲教導和學習都需要鞭子。温齋先生在討論"教"的部首設定時,特別關注了屬於"教"部首的"敎"字,並證明它應該屬於"攴"部首而不是獨立的部首。特別是"敎",將"學"視爲聲部是一個深刻的見解,這可以從"覺"、"嚳"、"嚳"、"泶"和

---

① "厂,抴也,明也。象抴引之形。"(12篇,下)
② 參見卷1,1a—2a,"一"之解説。
③ "必字,以從八聲,謂當有弋部而見屬。"(卷2,2b,"必"之解説)

"鷽"等字都使用"學"的省略形式作爲聲部來證明。

(2) 部首之歸屬問題

溫齋先生在研究《説文》時,對於"一"部首下的"元"和"天",以及"上"部首下的"帝"和"旁"進行了評論。他認爲,"元"和"天"都是可以獨立設置的部首,屬於文的字,但在《説文》中,它們都被歸入"一"部首。同樣,"帝"應該被設置爲獨立的部首,而"旁"不應該屬於"上"部首,而應該屬於新設置的"帝"部首①。

基於這樣的"文"和"字"區分和部首設置,溫齋先生主張對《説文》中錯誤歸屬的字進行重新編排。以"是"和"屯"的部首歸屬爲例,我們可以看到他的論述。

> 是字,金銘從早止聲。早止,言不出所值之限也。所以爲"此"義,爲"可"義……是乃建首之文,而從早,則早字,當亦建首之文,而《説文》誤見日部。(卷2,16b)

"是"在金文中是由"早"和"止"組合而成,主要用於表示"此"或"寔"之符。在這裏,"止"似乎是音部,因爲"是"和"止"的聲符分別是禪母和章母,都屬於支韻,它們的音非常相似。但是,許慎和其他學者並沒有明確解釋"早"這個義符與金文中常用的"此"或"真實"的關聯。特別是在《説文》中,只是簡單地説"日"和"正"都是義符,沒有進一步的解釋。但是,溫齋先生解釋説,從"早停"中得到了"不偏離某種本分"之符,從而衍生出"真實"和"正確"之符,再次衍生出"正是這個"之符。因此,構成"是"意義的"早"應該被設定爲一個獨立的部首,而不是像《説文》中那樣,"是"應該屬於"日"部首,而應該屬於新設定的"早"部首。再看下面的例子。

> 屯:"金銘有屯魯之語,款識家釋爲純嘏。蓋謂魯古讀嘏,而屯是

---

① 參見1,1a—5a,"一""元""上""帝""旁"之解説。

純省也。瑄壽謂純嘏作屯魯，義取方生，與漢時語樂未央同意。屯無從聲，當是文。"（卷1，15a）

根據《說文》，"屯"是由草木的芽"屮"穿過大地"一"的形象而得到"困難"之符，因此將其歸屬於"屮"部首。但是，溫齋先生認爲"屯"符合專聲的標準，並且如前所述，它是"象形但不是文（從象形而非文者）"的文，所以將其歸屬於"屮"部首是不正確的，應該設置爲一個獨立的部首。

3. 對個別字解釋之批評
（1）批評個別字的解釋之誤
以下是關於個別字的錯誤解釋的一些批評例子：

　　　王："王字，在周中葉以前，下畫作盤形，則一貫三爲王，知非夫子之言。"（卷1，11a）

"王"是由代表天、地、人的"三"和意味著穿透的"丨"所組成的，而能夠進行這種行爲的人正是王。這是根據金文資料糾正許慎的親政治性解釋的例子。

　　　射："射字，金銘象手執弓矢形，小篆從身寸，譌也。"（卷5，22b）

"射"在甲骨文中也描繪了將箭放在弓上準備射擊的形象，爲了意義的明確性，有時也加入了手的形象。到了小篆階段，由於"弓"和"身"在形體上的相似性，它錯誤地變化了。許慎並未察覺這一點，而是基於錯誤的形體解釋說："箭或弩從箭筒的身體中射出，並在遠處命中目標。在小篆體中，'射'將'寸'視爲義符，而'寸'在射箭中代表了需要遵循的法則或手。"
（2）批評個別字的通用例之誤

　　　邁："案金銘，壽辭，作萬年，而或作邁年。款識家釋邁年爲萬年，

云萬、邁古通用。瑄壽謂非通用,邁義遠,則邁年,當是如今,遐壽之稱。"(卷2,17a)

"邁"在甲骨文中並未出現,而在金文中,"辵"是義符,"萬"是音部,常用於"邁年無期"等形式,通常被認爲是"萬"的通用字。但温齋先生認爲"邁"是由義符"辵"決定的,意思是"遠"或"走得遠",與"萬"是兩個不同的字。

(3) 批評前人之誤謬

不僅如此,我們也經常看到他批評前人的錯誤

縣:"縣字金銘從木……阮氏《鐘鼎款識》有所稱緗妃彝者,其銘有字。阮氏釋作緗,云緗字從相從幺,即《釋名》緗桑之緗。瑄壽謂即縣字。今若楷書寫之,則當作槏。蓋從木,從系省,從首,而非從相從幺也。"(卷9,3a)

"縣"根據金文,由"木""糸""首"組成,描繪了將頭部[首]用線[糸]懸掛在樹木[木]上的形象。只是在繪製頭部[首]時,將最具代表性的部分,即眼睛[目],放大了。因此,它的原始意義是"懸掛",並且是"懸"的原始字。許慎描述它爲"倒掛的頭部,用線綁住"的形象,但他沒有解釋組成該字的"木"部分,而且阮元還錯誤地將其解釋爲"緗"。温齋先生根據金文糾正了這些錯誤,並提供了正確的解釋。

Ⅲ. 解釋體系的特徵

1. 科學的方法論

温齋先生在解釋一個字時,非常重視實證的態度。他首先依賴第一手的資料,即金文資料,其次以文獻資料爲基礎進行互相證明。如果金文

資料中没有直接顯示,他會根據其他字進行推斷。也就是說,他採用了根據其他字族中出現的偏旁部首進行推斷的方法。而且,不止於此,他還根據該字之符,在相關的其他詞彙的體系中進行推斷,並根據漢字結構的普遍性,提出了自己的解釋方法論。

前者可以説是文獻和出土文獻的互相驗證,這可以說是後來文字學家所重視的"二重證據法"的初步形式。温齋先生在研究文字時表示:"若許氏字義之有未晰處,一以金銘斷之,比較同異,考文辨贋,正其僞謬,如酷吏之治獄。"(《序》)這明確地反映了温齋先生對實證資料的重視。再者,如果金文資料中没有直接顯示該字,他會根據其他字進行推斷,這也可以說是後來文字學家在文字解釋中所重視的"偏旁分析法"的初步應用。

祈:"祈字不見鐘鼎,而金銘有從單從旂作鞁字,辭皆用單旂眉壽。《史記·秦本紀》'蘄年宫'注:蘄年,求年也。知鞁、蘄義同祈。"(1.8b)

如此,當金文資料中没有直接表示該字時,温齋先生通過分析其他由此構成的字來解釋該字的來源。如《序》中所述:"金銘不見其字,則亦可推類旁通,有左右逢源之妙,窮極幽微。"温齋先生不僅僅依賴於偏旁的分析和由此推斷,還使用了各種文獻中的例子作爲證據來證明其觀點①。

温齋先生並没有止步於此,他努力確保其解釋是合理和有機的。爲此,他根據該字的偏旁的位置或結構進行推斷,有時甚至根據該字的字義的對應關係進行推斷。這種方法可以稱爲"比較法"。

恥:"恥者,不見鐘鼎,而竊謂當從止聲作耻。如今俗見行之字,

---

① 譬如"犧"的釋義中,由於"犧"未出現於金文資料中,故引用了《詛楚文》、《周禮》、《周禮音義》、《詩經》、《詩集傳》及《詩經正義》等文獻,並細致地引述了阮元與王肅的學說,展現了其嚴謹與實證的學術態度。詳細的解釋可參照第 2a—2b、第 6b—7b 的"犧"之解説。

而當見耳部。何以知然？心之爲部,居左居下。如快、悟、忠、恕,何獨恥字,心居右乎？以言會意,則從耳止,言不善入耳而不行也。若如從耳心,則是好惡不分,行違俱當,義不親切。"(10.22b)

這是對於《説文》中將"恥"解釋爲"心"爲義符,而"耳"爲聲符的結構的非常恰當的批評。耳在中國是羞恥的象徵。當感到羞恥時,從耳根開始變紅,用手指著耳朵的手勢意味著不要做令人羞恥的行爲,而在戰爭或刑罰中割掉耳朵是最大的羞辱行爲①。因此,"耳"是構成"恥"的最重要的意義元素,而不是更重要的聲符。

對於這樣的"恥"字,温齋先生如上所述,根據偏旁的結構進行論證。即當"心"作爲部首時,如果是左右結構,它位於左邊;如果是上下結構,它位於下邊。又如"悶"這樣的内外結構,它位於内部;而"愛"或"憂"這樣的上中下結構,它通常位於中間。

因此,温齋先生在解釋"恥"時,根據當"心"作爲部首時,它位於左側或下側的原則,認爲左右結構的"恥"中,"心"不能作爲部首,而"耳"應該是部首。事實上,"部首位於左側而不是右側不僅適用於'心'部首,也適用於'耳'部首,位於左側的部首不能成爲聲符"。因此,他認爲"'恥'中的'止'是聲符,而'耳'無疑是部首"②。

温齋先生基於對漢字的形體結構的比較和歸納觀察,導出了這樣的推論。這種方法在包括中國在内的、之前的其他文字學家中是前所未見的,可以説是獨特且卓越的。温齋先生不僅僅依賴形體結構的比較和歸納,還動用意義的對應關係來解釋字的原始結構。

冬:"冬字,不見鐘鼎。而夲字金銘作🈁,冬當作🈁。冬以四時

---

① 參見何九盈(2000),237—238頁。
② "不獨心部,在左不在右,耳亦在左則爲部,不爲聲"。故"恥字從止聲,爲耳部字,無疑。"("評語")

之終而從舟從夂,會意之文也。聲證不必深究,而春夏秋皆有從聲,則冬不應無從聲。竊謂當從凍省聲。蓋以冬舟,不與偕韻,而冬凍,初聲相諧也。春夏繁從,故愚證爲文,秋冬雖配從,當亦一體爲專義之文。"(卷11,9b)

夏:"夏字,金銘……從頁從夂,而臼爲贅從,則繁從也。凡字繁從者,不得爲字而自歸於文。夏既爲文而不爲字,則春秋冬何獨不可爲文而爲字呼?"(卷1,10b,"祈"之解說)

"夏"字在金文中由……"頁"和"夂"組成,而"臼"屬於贅從,這應該被視爲"繁從"。根據許慎的定義,如果一個字屬於繁從,那麼它不能被視爲字,而應該被視爲文。如果"夏"被視爲文而不是字,那麼爲什麼只有"春"、"秋"和"冬"不被視爲文而被視爲字呢?

如此,溫齋先生充分活用了字義的對應關係。因此,金晚植對於此種方法論也給予了如下評述:"春夏秋既證爲文,則冬不得不證爲文。猶東西北是建首,南不應不爲建首。凶是建首,吉不應不爲建首之例……春從䫇屯日三文,夏從頁臼夂三文,故云繁從。秋從禾變,冬從舟、凍,故云配從。"(卷11,9b,"冬",金晚植批語)

根據以上描述,溫齋先生在字解上首先以實證資料爲基礎,再在文獻資料中尋找證據,即所謂的"二重證據法"的運用。當該字未在金文資料中出現時,他則透過該偏旁在其他字中的使用來推測,這被稱爲"偏旁分析法"的運用。他還根據該字與類似形體的結構和意義結構,以"比較法"對該字進行解釋。這些方法都像後來的文字學者所持有的金科玉律。

通過這些多種方法的運用,溫齋先生的字解絕不是孤立的,而是盡可能地與相關的字或資料連結,形成有機的解釋。從這個意義上看,溫齋先生的字解體系是非常實證的、嚴謹的且科學的方法論。

2. 強調倫理觀念

人類的倫理觀念中,對祖先的尊重可說是最爲崇高的。在朝鮮時代,儒學特別是性理學,作爲統治意識型態而盛行。溫齋先生與其他學者一樣,非常重視儒家的倫理道德觀念。因此,在溫齋先生的漢字解釋中,我們可以發現充滿了對祖先崇拜的倫理概念。例如,讓我們看一下"祖"的解釋。

祖:"按:今世以祖爲父之父稱謂,而許氏訓爲始廟。然則何文爲父之父稱謂?金銘有作 👁 者,每見皇字下。此即其文。而小篆不作 👁 ,以別從几之且。故致楷書之無且也。若謂以祖通稱者,祖之從示,神之也。可以神之者,稱其見在之王父乎?若謂且即其文者,且器名也,語助也,可以器名語助,稱於至尊乎?許氏何不於且字,訓爲父之父也,而訓爲薦也?從几,足有二橫乎?可知許氏之祖下證聲之且,但以祖且之頭聲,而非認爲父之父稱謂之文也。"(卷1,7b)

溫齋先生認爲,極爲神聖的意指祖先或先祖的"祖"和作爲助詞使用的"且"是不能混爲一談的,應該明確地區分使用。在金文中,"祖"和"且"絶不是同一形態,但到了小篆階段,"且"已經與"祖"同化,已經不能區分了。因此,溫齋先生認爲基於金文資料,"祖"和"且"應該嚴格地區分使用。對此,金晚植和金晚植的兄弟金允植都認爲是高見①。

溫齋先生以此爲出發點,將"宗"也與"祖"相關聯,並給予了以下的解釋:

宗:"竊謂宗字當從祖省聲。蓋以古有父之父稱謂作 👁 之文。故祖從且聲,而宗從祖聲也。許氏說尊祖廟者,言尊其祖廟之廟也。蓋以非宗無以成其祖,故云也。宗字專爲廟名而作,故適子曰宗子,

---

① "父之父稱謂之且,則文并於姑且之且,義寄於祖廟之朝,逸而不傳,豈事理所安哉?"(金晚植《序》);"祖亦從 👁 作 祖 ,而不從且,則今宜作此……既知爲不易之正論,則是豈可因循而不復者哉。吾知是文是字之必有見行之日矣。"(金允植《附記》)

言繼承其宗也。族人曰宗人,言統於其宗也。如《尚書》六宗、代宗、朝宗,義皆假借,則人文之闢,若是其久遠,可以徵矣夫。"(卷7,24b)

對祖先的這種態度,在"孝"的解釋中也同樣體現出來。

孝:"孝字,金銘從老不省。許氏説子承老,有涉膚淺。故有證從孝省者,有證從教省者,二説,亦非也……瑄壽竊謂當從學省。以終身從事而從老,謙虛不居而從學也。"(卷8,11b)

若按《説文》中的描述,將"孝"解爲小孩背著老人的形體,那麼當父母過世時,孝道便立即中斷。因此,温齋先生解釋稱:"'孝'是從'老',意指對父母的事奉是終身的;並從'學'(但這裏是省略了的形式),表示謙卑的心,不停留於一處。"①《論語》中也説:"父母在世,孝在於事奉;父母逝世,孝在於喪葬;供祭,孝在於祭祀。"②這就是爲何有言:君子有終身的哀悼,正是指對父母的這份情懷。

通過對"祖"、"宗"和"孝"的解釋,我們可以明確地看到,温齋先生的漢字解釋體系中,儒家的倫理道德觀念被極爲強烈地反映出來。

3. 反映實學的傳統

實學是指在朝鮮中期(17—18世紀)盛行的一種依據實學方法進行學術研究的趨勢。實學的核心問題正是"實事求是"的研究和"利用厚生"的實踐躬行。特別是由朴趾源(1737—1805)所代表的朝鮮後期的北學論派實學家,他們主張的"實事求是"超越了儒家經典的傳統含義,強調與實事(即實際的事實)相關的實用和實行③。同時,丁若鏞(1762—1836)主張了以實行爲前提的經世致用論。因此,對於他們而言,理論與實踐、知行的合一都具有相同的重要性。

---

① "終身從事而從老,謙虛不居而從學省。"
② "生事之以禮,死葬之以禮,祭之以禮。"
③ 參見全海宗(1997),382—384頁。

因此，溫齋先生區分了"悳"和"德"。他解釋"悳"是指內心自我反省的[省心]修己的道德行爲，而"德"則是指基於內心反省後的實踐行爲。

　　悳："悳字，金銘從省，不從直。金銘省字作𢛳，釋者以爲古相字，非也。悳之從省，當以省心，則從彳之德，當以行德也。悳無從聲，當是文而又當有屬文。按聽字，《說文》證爲從耳、悳，壬聲。愚謂繁從不配，則必有從耳壬聲之星，當爲耳部字，而聽從星聲，當見悳部。"（卷 10，20b）

這正如金晚植所評："'省心爲悳，行悳爲德，分動作云爲之前後而言也。一則根於心，一則發於事，執此以窮。'（批語）因此，將"悳"和"德"分別解釋爲哲學上的概念與其實踐，反映了作者強調道德實踐性的哲學思想。

Ⅳ. 價值與限界

1. 價值

（1）朝鮮朝《說文》研究的集大成作

　　朝鮮時代對於《說文》的研究，與中國及鄰近的日本相比，展現了相當特異的風貌。其主要原因在於，作爲漢字研究的非凡之作且可說是至今的最高權威——《說文》的研究在韓國實際上並未被廣泛進行。反之，具有實用特質的《玉篇》對於韓國的影響遠超過其他。因此，關於《說文》的專業研究書籍，甚至是韓國人所撰寫的注釋書都未見其蹤影，至於復刻的記錄，更是難以尋找。但《玉篇》原本是指顧野王的作品的專有名詞，卻在韓國被普遍用作指代漢字辭典的通名，其影響之深遠不可輕視。對於這背後的原因，我們需進一步深入探討。

　　但是，在朝鮮時代，確實存在對《說文》的研究，例如朝鮮後期的李圭景（1788—?）的《說文辨證說》、《字學集成辨證說》（在《五洲衍文長箋散稿》中)以及南正和(生卒年代不詳)①的《説文新義》等。李圭景的著述尚非系統化的專業文獻,而南正和的《説文新義》已經失傳,我們無法了解其具體内容。因此,從這個角度看,《翼徵》可被視爲現存的唯一朝鮮時代對《説文》的專業研究書籍。

更值得一提的是,即使與《説文》的大家如吳大澂(1835—1902)或孫詒讓(1848—1908)等人相比,也絲毫不遜色。使得這樣高水平的著述成爲可能的驅動力是什麽?其原因在未來需要深入研究。無論如何,《翼徵》無疑展示了當時北學派實學家的實證研究和對文字的高水平。

(2) 基於金文批評《説文》的最早著作

《翼徵》作爲現存的朝鮮時代關於《説文》的研究的唯一著作,這一點我們已經提及過。但比這更加重要的是,不論是韓國還是中國,它是基於金文資料,首次體系化地批評《説文》,指出其體系的不完善以及單個字的錯誤的著作。

在中國,基於金文資料對《説文》的批評普遍認爲始於吳大澂和孫詒讓。吳大澂(1835—1902)著有《説文古籀補》(共 14 卷),該書依循《説文》的順序,"從古代的青銅器物上明確的銘文中,選出可以確認和識別的字約三千五百多字,參考舊時的釋義,加上自己的見解,名之爲《説文古籀補》"②。此書於光緒 9 年(1883)的夏末初秋完稿,大約 10 年後在湖南擔任公職時再次修訂。在增刊版中,正文有一千四百九字,注釋有三千三百四十五字,附録的正文有五百三十六字,注釋有一百十九字。所記錄的字以金文爲主,還包括石鼓文、古代陶器上的文字、古鳥文、古代錢幣文字等。雖然書名中有"補"字,但實際上它成爲了古文字綜合工具書的源頭。該書致力於糾正《説文》的錯誤和之前種種學説的誤區,對後來的古文字研究產生了深遠的影響③。

---

① 南永周[1788 年生,純祖 13 年(1813)增光試生員及第]的父親,曾任通訓大夫、建元陵行令等職。
② 吳大澂:《説文古籀補·敘》。
③ 參見黃德寬(2000),266—269 頁。

朴瑄壽《説文解字翼徵》的文字理論與解釋體系的特徵

再者,孫詒讓(1848—1908)的《名原》(共1卷)是在光緒29年(1903)完成的,該書使用甲骨文和金文來研究文字的起源①。

但這些作品大多數都是補充《説文》中缺失的字或者進行零散的校正,並非系統性的著作。根據古文字資料對《説文》的進行修正,直到馬敘倫(1885—1970)的《説文解字六書疏證》(共30卷)才達到。該書基於六書的原則來分析《説文解字》,並試圖將其分類。最初被命名爲《六書分纂》。《説文解字六書疏證》於1911年開始,於1928年完成,並於1957年由科學出版社出版。在這本書中,他根據甲骨文和金文以及其他研究材料,對《説文》中的每一個字進行了解釋,並糾正了其中的錯誤。

這樣看來,温齋先生雖然當時無法看到甲骨文,但基於金文資料,他重新修正了《説文》的結構,並對其中的缺失和錯誤進行了修正。在系統性的著作中,他的作品似乎是最早的。

當温齋先生51歲的時候(1872年),他的兄長瓛齋先生帶著《翼徵》的初稿前往延慶,在那裏他展示給了吳大澂、王軒、董文燦等人看。他們都一致讚賞這是一部偉大的作品,稱其爲"真正的學術貢獻"。他們認爲這與徐鉉和徐鍇兄弟②基於文字進行的解釋是不同的。如果這本書得到完善,則洛陽的紙價將會上升③。考慮到當時吳大澂正在寫《説文古籀補》,我們可以確定温齋先生的《翼徵》對他們的研究有明顯的刺激

---

① 此外,《古籀拾遺》(3卷)完成於同治11年(1872),原名爲《商周金文拾遺》,經過修訂後更名爲今日之名。編纂此書的初衷是矯正先前學者在名文古石上的錯誤,因此書中聚焦了孫一陽對於古文字研究的重要成果。在上卷中,糾正了宋代薛尚功的《歷代鐘鼎彝器款識法帖》中的14條目,在中卷中糾正了阮元的《積古齋鐘鼎彝器款識》中的30條目,在下卷中糾正了吳榮光的《筠清館金石文字》中的22條目,且於書尾附上了《宋政和禮器文字考》的一部分作爲附錄。《古籀餘論》(3卷)完成於光緒29年(1903年),書中糾正了吳式芬的《捃古録金文》中關於105件文物的錯誤,並更正了自己以前的學説中的一些錯誤。《契文舉例》(2卷)是對甲骨文的首次研究。這兩本書都以劉鶚的《鐵雲藏龜》中所收録的甲骨文資料爲基礎,儘管其中多有臆測和獨斷之見,但它是首次確認甲骨文爲商代文字的著作,且部分甲骨文字符的初步分類與研究等貢獻也應給予肯定。

② 原文中稱爲徐鉉和徐鍇爲父子關係,但實際上他們是兄弟,故已作出更正。

③ "吳大澂、王軒、董文燦……莫不加大稱賞曰:此許氏之真功臣,非若徐鉉父子之依文解釋而已。俟其全稿出,當見洛陽紙貴也。"(《序》)

和影響。

（3）字源解説的獨創自性

如先前所述之"祖""宗""孝"等詞的解釋，可見溫齋先生的解釋體系中深深地涵納了儒家的價值觀。不僅如此，有時爲了對統治者有利，還提供了親政治性的解讀。

愛（10.22a）："悉字，不見鐘鼎，而所從之旡，即古簪字，則當亦從旡作 悉，爲專聲之文……旡，笄也，所以安冠者，則悉之從旡，當以簪纓顯世，膏澤下民，寵于上下也。許氏訓愛字爲行皃，即爲正其衣冠，雍容威儀，亦可見也。"

帝："帝字，以天德會意，束木芒也。上從束，言覆幬，無大小也。借爲王者之號，以言代天理物也。"（卷1,4b）

皇："皇字多見鐘鼎，從士從昇，日光輝皃者，皆周中葉以上之篆。而或從白王，或從自王者，見於晚周金銘，則當時史籀所改也。竊謂皇字，光輝也。取德於士，取象於日，以德輝、日輝會意。皇天、皇祖、皇帝、皇后，其初只是讚崇之詞也，浸假而遂爲帝王之稱謂。"（卷1,12a）

"愛"的原義可以解釋爲轉頭"旡"照顧他人的心意"心"，並非僅限於"尊高的君主昭示於世，使萬世受到恩澤，自上而下皆充滿愛"①。又，"帝"原本描述了花蕊的形狀，後來演變爲上帝、天帝、皇帝等義。這樣的變遷反映了以定居農業爲主的中國人崇尚穀物的思想②。而"皇"是由象徵身份或權威的"王"上加上華麗的裝飾物而來，意味著"君主"，而不是如太陽般閃耀的德行③。然而，溫齋先生將"愛"解讀爲對萬世所施的教化之德，

---

① 河永三（1997a），167頁。
② 參見河永三（1997b），283—312頁。
③ 河永三（1997a），107頁。

將"帝"解爲天道的性質,並將"皇"解讀爲如太陽般照耀的德行的象徵。這種親政治的解釋一方面爲統治者提供了正統性和統治意識形態,另一方面可能使學者與統治者之間的共生關係成爲可能。

(4) 對《六書尋源》之影響

1940 年出版的《六書尋源》是權丙勳(1865—1943)先生[①]經過 20 餘年的辛勤工作而完成的著作,共 31 冊(正文 27 冊,首上、首下、補編各 2 冊),總計 8 766 頁。光是收錄的字數就約爲 6 萬字,整體內容超過 700 萬字,是一部十分龐大的著作[②]。《六書尋源》整理了所有形聲字,盡可能集中於一處,以便爲文字學家的研究提供幫助。要尋找六書的根源,首先要找到形聲字的聲符,比如朱駿聲所言的千文,接著從這些聲符中尋找其根源,象形、指事、會意的三書將自然被包含其中,轉注和假借也將大致被包含在內[③]。這段文字指出,要探索漢字的根源,尤其是基於形聲字的分析,特別是依賴音部的系統性意義解析是絕對必要的。《六書尋源》從這一角度出發,深入探討了以音部爲中心的漢字的根源,被評價爲右文研究的巨著。在朝鮮簡陋的漢字研究基礎上能夠產出如此高水平的大作,很可能是基於實學派的《翼徵》等對文字理論的新解釋和深入研究的結果。

2. 解釋之局限

溫齋先生的解釋體系非常實證和科學,並充分體現了儒家的價值觀。然而,不知是否過於堅持命定論的結果,他強烈認爲名稱和名稱必須相對應,這在某些字解中似乎過於偏執和不夠靈活。

> 法:"灋字,即古癈字。金銘之文有曰"夙夜勿灋朕命",有曰"不敢灋久命",有曰"勿灋文侯顧命"。薛尚功曰:"法有時而廢,故古人

[①] 朝鮮末的學者,本貫安東,字南里,號惺臺,生於京畿金浦。末清時期,他曾在咸興地方法院擔任法官。但當審判權移交至日本時,他放棄了公職,全心投入《說文》學研究,編纂了《六書尋源》。

[②] 董作賓(1955),4 頁。

[③] 董作賓(1955),6 頁。

與廢通用,猶治亂謂之亂。"瑄壽謂薛説萬無其理。以言亂字,則有悖義之▢,有治義之▢,有定義之▢,愚有辨,見亂字。今此灋字亦曰,有法度之▢,有廢鴻之▢。其初法義之鴻,以經法流行而从水从廌。廢義之灋,以棄去正鴻而从去从鴻也。然則今世法字用爲廢字,可也。鴻、灋皆無从聲,當是文。"(卷 10,2a)

在金文中,"法"是由"水"、"廌"和"去"三部分組成的。其中,"廌"是傳説中的正義動物,而"法"這個字毫無疑問是由"水"的流動(去)所形成的,意味著法律必須像水流一樣公正。由於字形過於複雜,後來省略了"廌",現在只使用簡化形式"法"。在金文階段,除了"法"的意思外,正如溫齋先生所指出的,還有"廢棄"的意思,與"廢"同用,也有"大"的意思。對此,薛尚功認爲,"法"這一字同時具有"法則"和"廢棄"兩種相反之義,這對於漢字來説是可能的。這與"亂"同時具有"亂"和"管理"之義是相同的道理。

但是,溫齋先生認爲同一個字不能同時具有相互對立之符,他認爲薛尚功提到的"亂"在不同的語境中必然有其對應的字形。因此,對於"法",他認爲在其形成的初期,意義一定是清晰且有所區分的,且應該明確地加以區分。但是,目前已經省略"廌"的"法"字能够包含這兩種相對立之義,所以可以通用。

一個字中有相互對立的兩種意義共存是在漢字中常見的現象。古代學者將其稱爲反訓,即當意義不同時,不必改變字形。例如,"'仇'有情侶的意思,也有敵人的意思;'置'有放置的意思,也有丟棄的意思;'半'有分開的意思,也有合併的意思;'差'有精細的意思,也有不好的意思"[①]。然而,隨著時間的流逝,原來是同一個字的詞語因意義的分化而變成了不同的字,例如"教和學,治和亂,授和受,徂和阻,之和止,雍和通,

---

① 夏淥(1994),引自臧克和(1996),87頁。

迄和訖,畏和威,單和繟,買和賣,紹和絕"①。這反映了中國人特有的思考方式,即能够將互相對立的概念包含在同一詞語中,這可以視爲辨證法思考的一種反映。

若從此角度觀之,當用於表示"法律"之意時,"法"與"廌"結合的形態;而當表"廢棄"之意時,應爲"水"與"廌"的結合形態,並非一定要將它們區分。薛尚功的話,似乎是在強調深植於中國人心中的思考特質,此點並不應被否定。然而,溫齋先生被此種邏輯所俘虜,無疑是受到了儒家傳統中一直強調的"正名思想"的影響,這看似忽視了漢字形態的歷史變遷和反映於漢字中的中國人的思考方式。

如此之趨勢,在主張"大"與"太"必須區分時,亦再次顯現。

大(卷10,9a):"案徒蓋切大小之大,他蓋切太甚之太,俱見於金銘。岐畫闊拄作 大 者,爲大,岐畫兀立作 太 者,爲太。此所以經典之大、太無別,如太廟、太子、太甚、太康之太,通作大字也。"

若從甲骨文或金文來看,"大"與"太"實際上是一個字,後來因意義分化而分爲兩字。但溫齋先生受到儒家傳統中"正名思想"的影響,認爲名稱可以決定意義,因此根據意義的差異必須區分名稱。他似乎深受這種認知所困,認爲若意義有所不同,那麼字的形態也必然存在差異,且應該區分使用。結果他將金文中的微小形態差異解讀爲意義上的差異,這樣的解讀似乎過於細膩。

參考文獻

董作賓,《鄭重介紹〈六書尋源〉》,《大陸雜誌》第 11 卷第 1 期,1955。
臧克和,《中國文字與儒學思想》,南寧:廣西教育出版社,1996。

---

① 夏淥(1994),引自臧克和(1996),87 頁。

全海宗,《中韓關係史論集》,北京:中國社會科學院出版社,1997。

何九盈,《漢字文化學》,沈陽:遼寧人民出版社,2000。

夏渌,《孔子與中庸無關說》,《武漢大學學報》1994年第3期。

河永三,《甲骨文에 나타난 天人關係:人間中心的思惟》,《中國語文學》第30輯,1997b.

河永三,《文化로 읽는 漢字》,首爾:東方미디어,1997a.

河永三,《漢字의 世界:起源에서 未來까지》,釜山:늘함께,1998.

黃德寬(著),河永三(譯),《漢語文字學史》,首爾:東文選,2000.

韓國漢字字典"玉篇"的部首體系

1. 引　　論

1.1　韓國所稱"玉篇"乃是我們於日常生活中爲查找漢字的意義、讀音及形體而編纂的工具書,就是漢字字典。故玉篇既是辭典,故應使人能利用它確切掌握漢字的意義、讀音、形體;同時亦是工具書,搜尋之時亦須便捷無阻。此兩要求並行無偏。

當代漢字雖於其他文字體系中具有強烈的象形性,但與早期的直接象形體系存有不小的差異。爲精確掌握該漢字的意義、形體及含意,雖應基於初始階段的漢字形態,但考慮使用便利性,當代的漢字形態亦不可或缺。因此,玉篇總面臨此二元對立,不斷探究是基於形態還是意義。

於韓國的玉篇中,此種問題以何種方式呈現? 讓我們透過以下例子,詳細探討當前玉篇所面臨的問題。

1.2　譬如"出"字的部首是什麼

研究漢字學的專家必知,這字(ⓐ ⓥ)①原形爲"半地下的居所及足(止)"之圖,象徵"從住所出來"的意涵,而自小篆之後其形狀已如今日所

---

① ⓐ~ⓥ參見本書第470—472表4。

見,原先顯示的止和居所之形已不再存,居所之形已變爲"凵"。但非僅有漢字學者會使用玉篇,非漢字專家在玉篇中搜尋"出"時,他們真的會從"凵"部首中找尋嗎?他們或多或少會不會從"山"、"屮"或"丨"中找尋部首?這是由於,儘管原形已變,玉篇仍堅持以原始"意義"進行分類,由此導致的混淆。

那麼,韓國的所謂玉篇中大多數的字是以"意義"爲中心的部首歸屬方法嗎?答案未必如此。例如,意爲"(頭部)大"的"碩"字,多數人知道"頁"是其意義部,而"石"是其聲部。因此,大家在尋找這字時,多半會尋找"頁"部首。但該字並未歸屬於"頁"部首,而是歸於"石"部首之下。這與大多數的"某+頁"的左右結合結構,常常被歸類爲"頁"部首的常規並不符合。

這些例證清楚展示了,當前韓國使用的玉篇在漢字部首歸屬上,對於"是否應該以字的原初"意義"爲核心,或者是以當前廣泛使用的楷書"形體"爲核心",並沒有持續統一的標準。那麼,我們該如何克服這種矛盾呢?

1.3 本篇論文起源於此問題意識,並以目前韓國玉篇中最具代表性的《漢韓大字典》(李相殷監修,民衆書林,1992年,第27版)作爲主要文本,旨在通過揭示其中的部首體系和部首歸屬的問題,深入探討韓國玉篇的部首體系和歸屬原則,同時評估韓國玉篇在體系上的邏輯一致性及其對使用者的便利性,以及在此過程中所出現的混淆和錯誤,並試圖提供其解決方案。藉此,期望不僅能爲玉篇的編纂提供指引,也能促進此類討論的公開化。

在韓國,市面上存在多種玉篇,但在部首的設定或各個漢字的部首歸屬上,實際上都是直接模仿《康熙字典》的,因此在各個字典之間並沒有太大的差異。但選擇《漢韓大字典》作爲本研究的具體分析對象,有以下幾個原因。

首先,它是爲了理解和讀解古代文獻而常用的玉篇,因此應該能夠代表目前韓國玉篇體系中的問題。其次,在韓國缺乏關於常用字或借用字等漢字使用等級的分類,也沒有對漢字使用頻率的調查,因此確定應分析的漢字範圍並不容易。然而,該字典主要選擇了我們在古典文獻中常見的漢字,作爲解讀所必需的標題字,所以選擇該中型玉篇,其中收錄了約9 710個字作爲研究對象,既可以確保所需的漢字數量,又可以保證常用漢字的涵蓋,從這兩個方面都具有一定的代表性。第三,由於此字典是爲了解讀古代漢文文獻而編纂的,所以在意義解釋方面,它以漢字原意爲主來排列意義條目;在讀音方面,則以正音爲主,而不是俗音,從而容易掌握原始意義,並有助於討論以"意義爲中心"創建的"部首歸屬"的問題。

2. 韓國玉篇的部首體系

2.1 所謂部首的概念,是公認起源於許慎的《説文解字》。許慎在《説文解字》中分析了9 353個字,通過歸納這些字的核心意義部分,他得出了540個核心意義元素,並認爲這些是構成漢字的基礎元素。因此,在這種情境下,部首可以被定義爲一個字的核心意義元素。但在今天,部首的概念已經擴展,如"在漢字字典中指同一分類中的類別列表"(《中國大百科全書》),即使不是核心"意義元素",它也可以指稱爲一系列漢字共同擁有的某種語義或形態的核心元素。

部首概念之所以發生變化,是因爲《説文解字》中的部首排列方法被採納爲編纂玉篇的通常方式。在此方法被採用之後,經過約1 800年的歷史演變,由於漢字的字形變遷和編纂詞典的目的等因素,部首在當時的實際情況下不得不進行自我變革和發展。

例如,晉國的呂忱編纂的《字林》繼承了《説文》的540部首體系,但南朝的顧野王在編纂《玉篇》時,根據楷書體系重新設置和排列部首,結果刪除了《説文》的11個部首,並新增了13個部首,確定爲542個部首。再者,唐代的張參編纂的《五經文字》經歷了大規模的整合,將部首減少到了160個,宋代的王洙等人編纂的《類篇》又恢復到540個部首,但其排列順序與《説文解字》有所不同。隨後,遼國的釋行均編纂的《龍龕手鏡》大幅減少到242個部首,而金代編纂的《篇海》則變爲444個部首體系。

又，明朝的梅膺祚在編纂《字彙》時，經過大規模的調整，從《說文》的"意義"中心的排列中脫離，轉而以"形體"爲中心進行排列，且部首確定爲214個。此體系後來被明朝的張自烈在其編纂的《正字通》和清朝的《康熙字典》所繼承，從而成爲了最有影響力的部首體系。

2.2　在韓國使用的玉篇部首體系完全遵循《康熙字典》。雖然《康熙字典》的部首體系比歷代的任何玉篇都更爲嚴謹，但也不能說它是完美的。再者，因爲《康熙字典》的體系是基於小篆和楷書結合而來的，所以與已經完全改變的楷書體系有許多不匹配的部分。

舉例來說，"尹""州"和"冬"分別屬於"尸"部首、"巛"部首和"冫"部首，這是基於小篆體系的繼承，但實際上在楷書體系中，這些字很難辨別。另外，"奉""奏""春"和"泰"中的前兩個字屬於"大"部首，而其餘的則分別屬於"日"部首和"水"部首。這同樣基於小篆體系，但在楷書體系中，這些字的上半部都有相同的形狀，因此在不理解古代漢字體系的情況下，這種部首分類是難以理解的，應該根據同一原則對待上半部形狀相同的字。除此之外，即使我們重視小篆體系並著重於字的原始形狀，將"出"劃歸於"凵"部首，將"化"劃歸於"匕"部首，這仍然是不合理的。

於此個體漢字之歸屬問題的認識需更進一步，將楷書系統作爲分析對象。當前韓國玉篇的部首體系並非專注於漢字的詞源分析，而是以使用例子的掌握爲主要目的。針對該部首體系，需深思"匸"部首與"匚"部首、"二"部首與"一"部首、"夂"部首與"夊"部首、"爿"部首與"片"部首、"屮"部首與"艸"部首之分離設定是否真正必要，以及它們的統合可能性等的討論。對此種可能性應詳盡驗證；根據現行的漢字體系，若某些部分不常使用，且統合後語義上的區別微小或無差異，則應大膽地進行簡化。部首數量越少則越爲便利，且與漢字的信息處理也有直接關聯。

2.3　如此，部首體系主要涵蓋了設置部首（立部）和單個字符的部首歸屬（歸部）這兩大問題。所謂"立部"是指，一系列的漢字群共同擁有的核心意義元素，即要設定多少部首；而"歸部"是指將哪些字歸屬於哪一部首。

當前韓國漢字字典部首體系,包括《漢韓大字典》,均依循《康熙字典》。因此,在"立部"上採用了214部首的體系,而在"歸部"上,主要是基於"意義爲中心"的歸屬法。在下一章,我們將討論此原則是否真正被持續地遵循,以及這一原則可能存在的問題。

3. 歸 部 問 題

3.1 對於如何將個別字符歸屬到相應的部首,大致上有兩種主張。一種是基於字符的"意義"來決定其歸屬,另一種則是根據字符當前的"形體"來判定。例如,如果我們以字符的原始意義來看,月應該屬於"月"部首,膏和腹應該屬於"肉"部首,朕應該屬於"舟"部首;但如果我們僅僅基於字符的形體,那麼它們都可以被歸屬於月部首。

3.2 《康熙字典》在部首歸屬上,雖然它也考慮到"檢索的便利性",但基本的原則仍然是儘量根據字符的"意義"來進行歸屬。然而,事實上在許多場合中,該原則並未得到恪守,而只是根據字形進行排列,結果顯示了混亂的面貌。例如,李青梅(1996年)曾針對《康熙字典》中的部首歸屬原則進行討論,並針對26個部首對應的字符進行了分類原則的統計,參表1。

表1 《康熙字典》26個部首歸字分類表(李青梅:1996,1—3頁)

部首	收錄字數	以形歸部字數	百分比	部首	收錄字數	以形歸部字數	百分比
刀	393	31	8%	夕	58	10	17%
土	645	60	9%	日	477	63	13%
士	35	28	80%	曰	43	29	67%
大	161	53	33%	月	81	34	42%
口	1 236	82	7%	目	672	31	5%
囗	127	36	28%	矢	68	12	18%

续表

部首	收録字數	以形歸部字數	百分比	部首	收録字數	以形歸部字數	百分比
肉(月)	729	21	3%	飛	13	2	15%
竹	958	24	3%	黄	49	7	14%
米	323	22	7%	麻	36	10	28%
豕	155	21	14%	黑	177	7	4%
見	167	15	9%	齊	19	15	79%
非	26	19	73%	龍	25	44	44%
頁	374	18	5%	龜	27	22	22%

如表1所示,26個被分析的部首中,共有7 074個字符,其中667個字符並非基於意義而是基於字形進行部首分配,佔總數的約9%。當然,部首歸屬原則不那麼容易始終如一地遵循,這可能是因爲漢字在進入楷書階段時,由於字形的變化,無法找到原始的意義部首,因此基於形狀進行分類等不可避免的原因。但是,《康熙字典》在部首歸屬的原則上,未能堅持其初衷的"基於意義的歸屬法",可以明確地看出歸屬原則是相當混亂的。

3.3 如此,將部首歸屬原則混淆的《康熙字典》部首體系大致被韓國玉篇所接受,這樣的問題也必然會在韓國玉篇中顯露出來。因此,雖然《漢韓大字典》也堅持"基於意義的歸屬法"作爲其主要原則,但仍顯示出相當大的混亂,其原則並未始終如一地被遵循。以下列舉一些明顯的例子。

(1) 子部首

子部的部首歸屬字包括:

子、孔、孕、孖、字、存、孜、孚、孛、孝、孟、孤、季、孥、孩、孫、孮、孰、孱、孳、孵、學、孺、孼、孿等。其中難以歸屬於子部的了如下:

1. 字(子部首 3 劃)：字爲兒童(子)於室内(宀)的形狀,且子同時具有聲符的功能。由於生下孩子並繼續家族傳承的意義,進而演變爲"文字"之意。很快地,字與不可分割的獨體字文結合,衍生出字這一詞彙。雖然宀和子部首都可被指定,但在上下結構中,先出現的頂部被定爲部首較便於查找,而在合併和形成結構中,與具有聲符功能的意義成分相比,選擇純意義成分爲部首更具有合理性。因此,應歸屬於宀部首。

2. 孜(子部首 4 劃)：根據《說文》,孜描述"汲汲之形,攴爲意義部首,子爲聲符。(汲汲也,從攴子聲)"(《說文》3·下·34),後來用作"勤奮努力"的意義。因此,應歸屬於攴部首。

3. 孚(子部首 4 劃)：此字描繪"用手(爪)按住兒童(子)的形狀,從此衍生"俘虜"之意,且爲俘的原字"(王延林：1987, 162)。考慮到孚爲上下結構,而位於上方的爪部首應更具合理性,且在《說文》中,也將其視爲爪部首(3·下·13)。

4. 孝(子部首 4 劃)：此字描繪"長者被孩子背著的形象",而在早期形體中,爲老的簡化形(耂)與子的合併結構。由於其爲組合結構,因此可以歸屬於老部首或子部首。但考慮形體結構,同爲上下結構時,將頂部作爲部首更具合理性,加上考慮到老、考、耊、耄等字歸屬於老部首的結構相似性,孝應更合理地歸屬於老(耂)部首。

5. 孵(子部首 11 劃)：此字中,卵爲意義部首,孚作爲聲符,但孚的下級組成元素仍被指定爲子部首。孵的文字結構可以解析爲"孵=卵(卩)+孚(爪+子)"。考慮到卵作爲意義部首屬於卩部首 5 劃,孵應歸屬於卩部首。

(2) 尤部首

尢部的部首歸屬字包括：尨、尬、尫、尲、就等,但其中難以歸入尤部首的字如下所示。

1. 尨（尢部首3劃）：根據《說文》的記載，尨描述的是毛髮豐滿的狗，其中"犬和彡爲意義部首（犬之多毛者，從犬彡）"（10・上・27）。這意味著它代表著擁有濃密毛髮的狗，即長毛狗。因此，此字的核心部首顯然應爲犬，但由於字形的相似性，誤歸於尢部首。應該歸屬於犬部首。

2. 就（尢部首8劃）：根據《說文》的記載，就意爲"高"，其中"京和尢爲意義部首，與凡常的有所不同（高也，從高尢，尢異於凡也）"（5・下・28）。因此，《說文》將其歸屬於京部首。在《說文》中，京描述的是"人工建造的非常高的小山"。基於甲骨文（⑧ 🈷），它描述了"高建的房屋"，從而衍生出"高"和"建立"等意義。考慮到"高"是其原始意義，它應該歸於京部首。然而，在《康熙字典》中，原本作爲獨立部首的京被歸於亠部首6劃，因此就也應該歸於亠部首。

(3) 巛部首

巛部的部首歸屬字包括：川、州、巡、巢等。在這其中，難以歸屬於巛部首的字如下：

巡（巛部首4劃）：在《說文》中，描述巡是"視察的行爲，其中辵爲意義部首，川爲聲旁（視行也，從辵川聲）"（2・下・2）。即使辵是意義部首，川是聲旁，仍被誤歸於巛部首。應該歸屬於辵部首。

(4) 干部首

干部的部首歸屬字包括：开、平、年、并、幸、幹等。其中，在"幹"中，干作爲聲旁使用；而在开、平、年、并、幸等字中，干的形體已經發生了變化，因此很難確定其部首。特別是在這些字中，難以歸屬於干部首的字如下：

1. 年（干部首3劃）：此（① 🈷）象徵"人持稻穗"的形狀。古代中國人從"收穫"中衍生出"一年"的時間概念,將從一年的收穫到下一年的收穫的周期認爲是"一年"。從這個角度來看,年的部首應該是人或禾。但由於到了篆書階段,確定年字意義的人和禾的形態已經發生了很大的變化,以至於很難確定其原始形狀,因此,只能基於簡單的"形體"來決定部首,從而使其合理地歸屬於丿部首。

2. 幸(干部首5劃):根據甲骨文,幸(ⓚ 🈀)似乎描繪了一個可以捆綁手的框架。《說文》解釋說,這是一個"使人驚訝的東西,從大和這意思部分出來(所以驚人也,從大從)"(10・下・12),並將幸設置爲一個獨立的部首。但在214部首體系中,幸部首已經消失,所以基於簡單的"形體"來看,將其歸屬於土部首會更合理。

(5) 弋部首

弋部的部首歸屬字包括:式、戕、弑等,其中較難歸屬於弋部首的字如下。

1. 式(弋部首3劃):《說文》裏,式指的是"法則",且工爲其意義部,弋作其聲部(法也,從工弋聲)。因此,將其歸屬於工部首較爲恰當。

2. 戕(弋部首4劃):戕意指"用於繫船的木樁"。從這點看出,爿爲其意義部,因此歸屬於爿部首較爲恰當。

3. 弑(弋部首10劃):弑是由殺的簡略形式和式組成,主要描述了子殺父或臣殺君的情境(《說文》3・下・28)。而殺原爲殳的意義部,音部爲斯。但在弑這個字中,殺的簡略形式作爲其意義部。結構分析下來,弑=(乂+木)+式。因此,基於意義部的角度來看,木部首較爲恰當,弑應歸屬於木部首。

(6) 爿部首

爿部的部首歸屬字包括:牀、牁、牂、牆等,其中較難歸屬於爿部首的字如下：

1. 牀(爿部首4劃)：據《説文解字》記載，牀是指"方便人體舒適坐臥的桌子，其意義部分來自木，而爿爲其聲部(安身之几坐也，從木爿聲)"(6·上·39—40)。該字正確地歸屬於木這一部首。

2. 牂(爿部首6劃)：據《説文解字》記載，牂是指"母羊，其意義部分來自羊，而爿爲其聲部(牝羊也，從羊爿聲)"(4·上·34)。該字正確地歸屬於羊這一部首。

(7) 青部首

青部的部首歸屬字包括：睛、靖、艶、靚、静、靛等。除静和靛外，睛的意思爲"意思"，其中口爲意義部分；靖意爲"巧妙"或"寧静"，其中立爲意義部分；艶有"明亮"、"裝飾使其亮麗"或"青黑色"之意，其中色爲意義部分；靚意爲"明亮"或"打扮"，其中見爲意義部分。因此，這些字應該分別屬於口、立、色、見的部首。這樣，儘管情、睛、埥、婧、箐、睛、腈、清、請、晴、菁、揹、蜻、腈、鯖、鶄等字具有相同的結構，但它們已經分別屬於心、目、土、女……等的部首，仍能保持一致性。

(8) 齊部首

在齊部首歸字中，齋的意思爲"齋戒"，其中示爲意義部分；齌的意思爲"點火"，其中火爲意義部分；齍的意思是"盛放醬菜等的容器"，其中皿爲意義部分；齎的意思是"物品"，其中貝爲意義部分；齏的意思爲"蔬菜調料"，其中韭爲意義部分。因此，除齊字外，其他字應分別歸屬於不同的部首。

這在《説文解字》中也可以見到，只有意思爲"相同"的齊字歸屬於齊部首，這是基於"基於意義的排序法"。在韓國漢字字典中，濟、劑、霽、臍、薺、儕、嚌、懠、擠、檕、璾、癠、穧、臍、薑、蠐、隮、鱭、麢、廥等字各自屬於水、刀、艸、月……等不同的部首，而將這些字僅歸屬於齊部首是邏輯上的矛盾。

韓國漢字字典"玉篇"的部首體系

當然,這樣會使得只剩下齊這個部首,没有其他的歸屬字。從尊重現有部首的角度來看,可能是選擇了上下結構,特別是内外結構的字歸屬於齊部首。但如前所述,根據"基於意義的排序法",將這些字歸屬於各自的意義相關部首是完全没問題的。而没有歸屬字,只有部首的齊,按照減少部首數量的原則,可以通過形狀分離過程歸屬於亠部首,劃數爲12。

(9) 龍部首

龍部的部首歸屬字包括:首中,包括龐、龑、龔、龖、龕等字,其中有幾個字归属部首有些困難,如下所述:

1. 龑(龍部首4劃):以"高且明亮"的意思來看,天應爲意義部分,基於意義部分的歸屬應是正確的。

2. 龔(龍部首6劃):在《説文解字》中,龔的意思是"給予",其中共爲意義部分,龍爲聲母部分(給也,從共龍聲)(《説文》3·下·38)。它應歸屬於共部首,基於意義部分共的歸屬是正確的。

3. 龓(龍部首6劃):以"含有"的意思來看,有爲意義部分。

當然,像龑和這樣的"龍+某"上下結構的情況,是否應該基於意義部分歸屬是一個問題,我們將在後續的3.4.(3)中再次討論。

(10) 除此之外,若根據"基於意義的排列法",還有一些個別的字彙其歸屬顯示混亂,舉例如下:

1. 兆(儿部首4劃):目前歸於儿部首,然《説文》中描述爲兆爲 ⿱ 之古文,其義爲"灼龜坼也"(《説文》2·上·2—3)並將其歸於八部首。兆原指卜筮時龜甲所出現的裂痕,根據這裂痕進行吉凶的預測,因此具有"預兆"或"徵兆"之意,後來作爲數量單位。若根據篆書系統在其形體已完全失真的情況下,基於純"形體素"進行歸屬,則應歸於 冫 部首。

2. 冃(冂部首7劃):按金文所描繪,冃呈現頭盔的形狀,爲確保意義的準確性,在其中加入了眼睛,表現出只露眼而遮蓋全身的頭盔。《説文》中描述:"兜鍪也,從由聲"(《説文》7·下·38)。當中的意思部首原字爲冒。冒在《説文》中作爲部首被採用,但後來消失,考慮到《説文》中的描述"重覆也,從冂一"(《説文》7·下·37)。及篆書系統的字形結構可解析爲冃=由+冂+一+一,因此冃應歸於冂部首而非冂部首。

3. 初(刀部首5劃):與甲骨文的結構(🄟)相同,《説文》描述爲:"始也,從刀從衣。裁衣之始也。"(《説文》4·下·42)。考慮到此爲左右結合的會意結構,應將其歸於左側的衣部首。

4. 化(匕部首2劃):基於甲骨文,此字呈現一人正立及倒立的形態,似乎描繪著翻筋斗的動作。《説文》中描述:"教行也,從匕從人,匕亦聲"(《説文》8·上·40)。這裏的匕非指"匙",而是化的古字(《説文》中描述爲"變也,從到人"(《説文》8·上·39))。原先它們是不同的字符,但在篆書系統後被合併。在左右結合的會意結構中,基於左側的意義部分作爲部首並考慮其純粹的意義而非兼具音義的部分,因此將化歸於人部首似乎較爲合理。

5. 到(刀部首6畫):《説文》解釋此字爲"至也,從至刀聲"(《説文》12·上·3)。然而,《康熙字典》中,基於與某結合的刀的形態相似性,常常將刀作爲部首。如果基於"意義",則應該歸爲至部首。

6. 捂(口部首8畫):其義爲"逆也,從午吾聲"(《説文》14·下·31)。根據甲骨文,午(🕇)象徵祭祀的場景,是杵的原字。由於捂的義部爲午,因此,捂的歸屬應與午相關聯。考慮到午是十部首2畫,歸屬於十部首應是合適的。

7. 嗅(口部首10畫):盡管口爲聲部,臭爲義部,但錯誤地歸爲口部首。

8. 嘗(口部首11畫):尚爲聲部,旨爲義部。考慮到義部旨已歸屬於日部首2畫,嘗也應歸於日部首。

9. 失(大部首2畫):《説文》解釋此字的構造爲"從手,乙聲",意指手中失去物件。本應歸爲手部首,但在楷書階段,已失去手的形態,因此不得不歸爲大,但實際上與大沒有任何關係。考慮到索引的便利性,將其歸爲第一畫的丿部首也是值得考慮的。

10. 奚(大部首7畫):根據甲骨文,奚(⑤ 🈂)描繪了一個頭部用綫綁起的囚犯(大)被手(爪)按下的形態。因此,原意是"奴隸"或"從者",後演變爲疑問副詞"何"。考慮到其意義來源於手按的動作,并且是上下結合的構造,上部爲意義部作爲部首是合理的,因此將其歸爲爪部首更爲合理。

11. 尹(尸部首1畫):《説文》解釋爲"治也,從又丿,握事者也。"(3‧下‧18),並將其歸爲又部首。《説文》中的丿實爲丨的誤寫,甲骨文(① 🈂)描述爲手(又)持筆或棒(丨)的形態,從而演變爲"官員"或"權利階層"的意義。甲骨文主要用作代表商代的大臣(徐中舒:1989,287)。

12. 所(户部首4畫):《説文》解釋爲"伐木聲也,從斤户聲。"(《説文》14‧上‧31),由此產生"用斧頭砍木的地方"的意義,進而意義擴展爲"……的地方"。因此,歸爲斤部首是合適的。

13, 扈(户部首7畫):"從邑户聲。夏后同姓封國。"(《説文》6‧下‧28),位於現今的湖北省鄂縣。因此,歸爲邑部首是合適的。

14. 㽞(方部首7劃):此字指"製陶的人",其中瓦是意義部,方是聲部。因此,應該歸於瓦部首是合理的。

15. 曼(曰部首7劃):《説文》解釋爲"引也,從又冒聲"(《説文》3‧下‧18)。並將其歸入又部首,但《康熙字典》誤將其上中下的結構,置於最上方的曰部首中。

16. 杳(木部首4劃):《説文》描述爲"冥也,從日在木下"(《説文》6‧上‧29)。雖然意義中心確實存在於太陽,但它並不在樹中。因此,將其歸於日部首是合理的。

451

17. 杲(木部首4劃)：《說文》描述爲"明也,從日在木上"(《說文》6·上·29)。與杳相同,將其歸於日部首是合理的。

18. 爽(爻部首7劃)：爽描繪了人(大)兩側腋下的絹線,由於穿著絹製衣服,因此有清爽、涼爽的意思。爻描繪了絹線的外觀。因此,爽的意義中心明確存在於人,這與天、夫、夾、天等從人的正面構造(大)衍生而來,將其歸於大部首是合理的。

19. 癹(癶部首4劃)：此字意爲"踩踏"或"割斷",其中癶和殳均爲意義部,但考慮到癶亦具有聲音成分,將其歸於純粹的"意義部"殳部首會更合理。

20. 碩(石部首9劃)：《說文》中解釋爲"頭大也,從頁石聲"。因此,應該歸於頁部首。

21. 祋(示部首4劃)：《說文》解釋爲"殳也,從殳示聲"(《說文》3·下·25)。因此,應該歸於殳部首。

22. 篤(竹部首10劃)：《說文》描述爲"馬行頓遲。从馬竹聲"(《說文》10·上·11)。並歸於馬部首。但在《康熙字典》中,由於"竹+某"的上下結構中,竹大部分是意義部,因此基於形狀的相似性,將其歸於竹部首。

23. 築(竹部首10劃)：《說文》解釋爲"所以擣也,從木筑聲"(《說文》6·上·30)。本意是用於擣土的木槌,雖然在《說文》中歸於木部首,但《康熙字典》出於與篤相同的理由,將其歸於竹部首。

24. 篡(竹部首11劃)：《說文》解釋爲"逆而奪取曰篡,從厶算聲"(《說文》9·上·43)。並歸於厶部首。但在《康熙字典》中,出於與篤和築相同的理由,將其歸於竹部首。

25. 肂(聿部首4劃)：意思是"墳墓的坑"或"埋葬屍體",其中歹是意義部,肆的省略形式是聲部。因此,將其歸於歹部首是合理的。

26. 邕(邑部首3劃)：《說文》中描述:"四方有水自邕成池者是

也,從巛邑"(《説文》11・下・4)。因此,邕指的是自然形成的城市的護城河。在《説文》中,將巛視爲主要的意義元素並將其當作部首。根據上下結構的常規,上部元素應被視爲部首,所以將其歸於川(巛)部首是合理的。

27. 醜(酉部首10劃):《説文》解釋爲:"可惡也,從鬼酉聲"(《説文》9・下・42),並將其歸於鬼部首。

28. 韡(韋部首12劃):《廣韻》描述"華盛皃"。因爲它用於表示"盛開"的意義,華爲意義部。考慮到華的部首是艸部首,將其歸於艸部首是合理的。

29. 默(黑部首4劃):《説文》描述爲"犬暫逐人也,從犬黑聲"(10・上・28)。並將其歸於犬部首。但在《康熙字典》中,將其歸於黑部首,這是一個錯誤的例子,因爲在左右結構中,意義部通常位於左側。

上述之例展示了幾種情況:將聲旁視爲部首,在會意字結構中選擇非核心意義部分爲部首,在形聲且會意字結構中選擇兼有聲旁的意義部首,以及採納已失其原意、無法再傳達明確意義的字符部分作爲部首。這些都違反了原先強調"意義中心"的歸屬法則。這些情況更像是我們在編纂詞典時的疏忽,而非真正的錯誤,因其很可能只是直接採用了《康熙字典》中的分類方法,未加修訂而出現的問題。再者,韓國漢字字典比起追溯字的源頭,更強調字的實際用途,如用於解讀古籍等,所以對於追求字的起源進行意義中心的分析往往被忽略。這樣的背景導致了在接受《康熙字典》時,未能批判性地辨識其中的錯誤。

3.4 下一個應討論的議題是"部首歸屬的形體統一性"。

玉篇主要的使用目的,首先是瞭解該字的原始意義,並探討隨著時間流逝它的用法如何變遷。因此,玉篇最應重視的是釐清該漢字的原始意義,而爲了明確這一原始意義,形體分析是不可或缺的。我們可以説,將這種原始意義與形體相關的方式排序,便是部首排列法。

然而,部首法的創立,確實是爲了方便玉篇的檢索,這點毫無疑問。當部首法成爲檢索的主要方法後,除了瞭解原始意義還必須考慮檢索的便利性。因此有時爲了"檢索的便利",我們也犧牲了基於"意義的歸屬"的原則,特別是當某一組漢字的結構大體上是統一的,字典使用者應該認識到"形體中心的歸屬"比"意義中心的歸屬"更加方便。讓我們看以下的例子。

(1)"某+頃"的左右結構: 在此結構中,絕大多數的情況是"某"代表意義,而"頃"代表發音,通常都將其歸屬於"某"的部首。然而,《漢韓大字典》却將穎歸屬於頁部首8劃。穎表示類似於苧麻的"草名",其外皮可以被用來作爲葛布的替代品(見《漢韓大字典》1355頁)。這表明糸是義符,而頃是聲符。但字典却錯誤地將其歸屬於由聲符"頃"歸屬的"頁"部首。由於這種歸屬,與此結構相同的其他字組的統一性也遭受損失。請參考以下例子。

　　熲(火部首11劃):"光"的意思,其中火是義符,頃是聲符。
　　潁(水部首11劃):"水的名稱"的意思,其中水是義符,頃是聲符。
　　穎(禾部首11劃):"穗"的意思,其中禾是義符,頃是聲符。

熲、潁、穎等是具有相同結構的字族,在《說文》中分別被歸於火、水、禾、木等部首,但在《字彙》和《正字通》中,從"形體中心"的角度,它們都被統一歸於頁部首。然而,到《康熙字典》時,又按照"意義中心"進行了分類,並遵循了《說文》的方法,但由於某種原因,特意將穎保留在頁部首。

在韓國的玉篇中,針對這些字族,《明文漢韓大字典》承認了分類的錯誤,但還是尊重了《康熙字典》的體例,選擇了折中的方法。即將熲同時收錄在頁部首6劃和火部首11劃中,潁同時收錄在頁部首6劃和水部首11劃中,穎同時收錄在頁部首7劃和禾部首11劃中。

(2)"夫+某"的上-下結合結構：

在漢字體系中，"夫+某"的上下結合結構在許多情況下是經過變音過程，到小篆階段，原先不同的字形結構變得相同，也就是同化的情況。對於這種結構，通常將其歸類於"某"部分的部首。但在奉和奏的例子中，並非如此，而是將其歸類於大部首。

首先，如果我們看看奉和奏，以及與其形體結構相同的"夫+某"的上下結合結構的字群，其部首歸類如下：

1. 春（日部首5劃）：根據甲骨文（⒰ [圖]），這是由表示意義的草（艸）和太陽（日）及發音的屯組合而成，描述春天下盛開的草木（徐中舒：1989,58）。

2. 舂（臼部首5劃）：根據甲骨文（ⓥ [圖]），它描繪了用兩手舉起磨杵在石臼（臼）前磨糧的情景（徐中舒：1989,793）。

3. 秦（禾部首5劃）：根據甲骨文（ⓦ [圖]），它描述了用磨杵磨稻（禾）的情景（徐中舒：1989,784），後來被用作國名。

4. 泰（水部首5劃）：依《說文》（ⓧ [圖]）的解釋，它意為"滑"或"滑動"，其中水表示意義，而大表示聲音（滑也，從水大聲）（《說文》11·上2·39）。它描繪了兩手舉起的水容易流出的狀態，因此它的意思是非常"滑動"，後來又產生了"非常"或"極其"的意思。

此結構中存在如奉與奏。根據《說文》，奉是"承也，從手廾，丰聲"。由此可知，該字形態描繪了一個持有某物的雙手的形象，即捧的原始字形。再者，《說文》闡述，奏的上方部分取自有葉子出現的意義，由此產生了"前進"的意思，而由中所表示；中間部分描繪了雙手的形象，即廾；下方部分則是前進的形象，由夲所構成，因此它有"前進"的意義。

然而,目前的玉篇中,將奉與奏分類於大的部首下,但它們與大字毫無關聯。雖然經過形變過程,字形發生了重大改變,使得難以識別其原始階段的形態,但按照《説文》的説法,將奉歸於廾部首,奏歸於夲部首可能是不可行的。但考慮到解説體系中與之結構相同的現有字符群的一致性,我們應從下方部分的廾和夭中尋找部首。由於廾和夭不是作爲獨立的部首使用,因此如果再次分開它們,則可歸類於一和丿部首下。

(3) "龍+某"的上下組合結構: 在包含龍的上下組合結構中,如籠、巃、蘢、霳等具有"某+龍"的上下組合結構,由於其上部組成元素扮演著意義部分的角色,因此應將其歸類於這些部首。問題出在像"龍+某"的上下組合結構,即龍位於下部的情況。具有此類結構的字符有以下幾種:

龓(土部首16筆)[隆起 롱]
龒(龍部首3筆)[高而明亮 엄]
欕(木部首16筆)[欄杆 롱]
礱(石部首16筆)[磨石 농]
龏(龍部首6筆)[恩賜 공]
聾(耳部首16筆)[耳聾 농]
襲(衣部首16筆)[突然襲擊 습]
龔(龍部首6筆)[涵蓋並持有 롱]
讋(言部首16筆)[恐懼 섭/접]

龒與龏等,雖然分別從天、共,但不能成爲意義符,部分原因是它們不能獨立作爲部首。對於"龍+某"的上下結合結構,考慮到結構的特性,通常將上方部分視爲部首。

既然龍部首已被設定爲獨立的部首,那麼具有"龍+某"結構的字,若一律歸入龍部首,將大大促進"字的查詢便利性"。《漢韓大字典》并未這

樣做,但在《明文漢韓大字典》中,幪[頭巾 홍]没有被歸入巾部首,而是被歸入龍部首3劃,而𩪱[巫師 농]也没有在巫部首中找到,而是被歸入龍部首7劃,這也反映了這種深思熟慮的歸屬。

(4) "麻+某"的上下結合結構:

麽(麻部首3劃)[잘/가늘 마]
麾(麻部首4劃)[대장기 휘]
摩(手部首11劃)[갈/비빌 마]
糜(禾部首11劃)[기장 미/붉은차조 문]
縻(糸部首11劃)[죽/문드러질 미]
靡(非部首11劃)[쓰러질 미]
磨(石部首11劃)[갈 마]
魔(鬼部首11劃)[마귀 마]
麿(麻部首11劃)[삼씨 분]

雖然麽中的么(幺)是意義部分,而麻是音義部分,但它還是被歸入了麻的部首之下,同樣的,麾中的毛是意義部分,麻是音義部分,但它也被歸入了麻的部首。古敬恒(1991年,135頁)就有這種描述。以《三星大玉篇》爲例,"麻+某"的上下結合結構中,如麿[人名馬]、䃺[曆法或明亮之意],都是歸入麻部首下。這些都可以説是爲了查字的便利,基於其形體進行的歸屬。

(5) "䜌+某"的上下結合結構

戀(心部首19劃)[그리워할 련]
攣(手部首19劃)[걸릴 련]
孌(女部首19劃)[아름다울 련]
孿(子部首19劃)[쌍동이 산]
臠(肉部首19劃)[저민고기 련]

"䜌+某"的上下結構在戀字中,雖然按照構造邏輯,戀字的上部應該被認爲是部首,但若深入分析其結構,"戀＝糸+糸+言+心",可以看出其上部並非一個獨立的字形(獨體字),因此只能選擇下部作爲部首。

(6)"辛+某+辛"的左中右結構:

瓣(瓜部首14劃)[오이씨 판]
辨(辛部首2劃)[나눌 변]
辯(辛部首14劃)[말잘할 변]
辮(糸部首14劃)[땋을 변]
辦(辛部首2劃)[힘쓸 판]
辧(辛部首14劃)[얽을 반]
辬(目部首14劃)[어린아이눈에백태낄 판]
瓣(月部首14劃)[허벅지 판]

《説文》中對於"瓣"描述爲"瓜中實也。從瓜,辡聲"(《説文》7・下・5)。而"辨"是"判也。刀,辡聲"(《説文》4・下・45)。至於"辮",其意爲交織,有"從糸辡聲"(《説文》13・上・8)的描述,而在《一切經音義》中解釋爲"交織之意"。"辯"是"治也。从言在辡之間"(《説文》14・下・23)。此外,"辧"表示"駁交也。從文,辡聲"(《説文》9・上・21)。"辬"則是"小兒白眼視也。從目,辡聲"(《説文》4・上・6)。再者,"瓣"的結構中,"肉"是意義部首,而辡爲聲。

從上述分析來看,"辛+某+辛"結構的字群,除了"辯"之外,其他的字都是以辡爲聲,某部分爲意。雖然它們有著相同的結構,但一些字被劃分到辛部首,而另一些字則被劃分到某部首,這樣的分類缺乏統一性。《説文》將"辯"的主要意義劃分到了辡部首,但事實上"言"才是真正起到意義部首的作用。若考慮"辛+某+辛"的統一結構,那麼這些字應該都選擇意義部首某,並分別劃分到該部首的14劃之下。

4. 立 部 問 題

4.1 《説文》確立部首體系後,中國在編纂字典的目的及選取的標題字形態上,經歷了如下數量上的變化:

表 2 中國主要漢字字典的部首體系演變表

書　名	作(編)者	年代	部首數量	部首排列	備　考
説文解字	(漢)許慎	100	540	意味排列	共收録9 353字
玉　篇	(梁)顧野王	543	542	意味排列	删除《説文》11個部首,增加13個部首,共收録22 726字
五經文字	(唐)張参	775	160	形體排列(形體類似)	合併385個部首,共收録3 235字
龍龕手鏡	(遼)釋行均	997	241	發音排列(四聲)	
類　篇	(宋)王洙等	1067	540	意味排列	共收録1 319字
四聲篇海	(金)韓孝彦	1190—1200	579	發音排列(36字母)	**
五音篇海	(金)韓道昭	1208	444	發音排列(36字母)	
字　彙	(明)梅膺祚	1615	214	形體排列(筆畫數)	共收録3 179字
正字通	(明)張自烈	1644	214	形體排列(筆畫數)	共收録33 440字
康熙字典	(清)張書玉等	1716	214	形體排列(筆畫數)	共收録42 174字

續表

書　名	作(編)者	年代	部首數量	部首排列	備　考
中華大字典	中華書局	1915	214	形體排列(筆畫數)	共收錄44 908字
新華字典	新華辭書社	1953	189	形體排列(筆畫數)	
(中正)形音義綜合大字典	高樹藩	1971	194	形體排列(筆畫數)	***
(新)辭海	中華書局	1979	250	形體排列(筆畫數)	****
漢字統一部首表(草案)	文字改革委員會	1983	201	形體排列(筆畫數)	
漢語大字典	上海辭書出版社	1986	200	形體排列(筆畫數)	
中華字海	中華書局	1994	210	形體排列(筆畫數)	共收錄85 568字

* 歸屬字按206韻的順序排列。
** 《玉篇》的542部首加上《興篇》和《龍龕手鑑》的37部首,歸屬字按劃順序排列。
*** 删除214部首中的24個部首,增設罒、禾、尚、車4個部首。
**** 遵循1964年確定的《部首查字法》(草案)的部首體系。

就像這樣,《説文》之後,由於漢字形體的變化和辭典的目的需求,部首的數量經過調整,總體趨勢是隨著時間的推移,整合過程減少。在現代,尤其是在新中國,對長期佔有正統地位的《康熙字典》的部首體系進行了調整。如同我們在現行的韓國玉篇中看到的,有一些部首因形體極為相似而難以區分,或因原始的意義差異而被劃分,或由於強調原始的意義而没有被歸屬,只留下了部首。

4.2　在韓國,最為普遍使用的玉篇之一《漢韓大字典》,收錄了約一萬個字。在總共214個部首中,如表3所示,有些部首如夂、高、龜等3個

韓國漢字字典"玉篇"的部首體系

部首只有部首而沒有對應的字,還有一些如中、牙、長、隶、飛、鬯等6個部首的對應字只有一個字。

表3　歸字數未滿10字之例

歸字數	1	2	3	4	5	6	7	8	9	10
部首例	夊高黽	中牙長隶飛鬯	无爻玄甘艮非韭首鬶	丶丿弋支比氏父用臣自舛色采麻黃黍鼎龠	入匕厶巛己幺无气廾生癶至身里香鹵	卜夂小尢工彐文毋爪疋矛內聿辰面龍	几凵匚士干老舌而靑音鬥鬲齊	丨卝瓜	乙夕斗皮赤黽鼓	丿冂寸谷辛鼻
計	3	6	9	18	16	17	13	3	7	6

對於這些歸屬字數過於稀少的部首,首先需要討論的是能否進行整合和縮減。爲了此目的,首要問題是,如果取消該部首,是否能將其歸屬於其他部首?換句話説,消除該部首並將其整合到其他部首中,在該字的意義、形體、劃等方面能夠達到多大的一致性,這需要進行詳細的審查和評估。

4.3　當討論部首的整合可能性時,首先需考慮到相關部首間的形體、意義以及劃數等因素。考慮到這些因素,以下列出的部首群組可能成爲討論的對象,分類如下:

(1) 形體的一致(或相似)關係:
這是指形體相同,特別是當總劃數也相同時,滿足的條件的情況。

1. "口"和"囗"部首:"口"形象地描述了"人的嘴巴的外觀",而"囗"描述了四面被牆圍繞的城堡的外觀。在小篆階段之前,這些形狀是不同的,但在隸書之後,特別是進入楷書體系時,除了由於字的大小造成的區別之外,它們實際上很難分辨。基於形狀的搜索方法在現代玉篇中被採用,這需要整合。

2. "入"和"人"部首:"人"原初描繪的是人的側面形態,而"入"表示"內也,象從上俱下也"(《說文》5·下·18)。然而,林義光認爲,"它形象地描述了一個尖銳的端點,由於尖銳的端點,即物體可以進入,所以產生了'進入'的意思"(王延林:1990,93)。經過小篆、隸書的階段,到楷書,它們在形狀上變得難以區分,因此可以將它們納入"人"部首。

3. "匚""匸"和"凵"部首:

"匚"(箱子)在甲骨文中描繪爲匚,而在小篆中描繪爲匚,呈現了一種廣口瓶的形狀。"匸",林義光認爲"它呈現了儲存物品的容器的形狀,古時用"匚"(如《盂鼎》中的"匚"字的偏旁)來表示,因此與'匚'之間沒有區別"(王延林:1990,229)。至於"凵",它形象地描述了一個頂部打開的容器,是通過改變同一字形的方向來創建的字。

4. "土"和"士"部首:

"土"形象地描述了堆積的土壤,形成的壇;至於"士"的形象,學者意見不一。有些人認爲,"士"像"牡"那樣象徵男性的生殖器;而王延林則認爲"它形象地描述了伐木的工具——斧頭,從它代表做這項工作的階層,進一步得到代表'男性'的意義"(王延林:1990,6)。到了小篆階段,"土"和"士"主要根據中間和下方筆畫的長度進行區分,這在使用中經常引起混淆。

5. "夂"和"夊":

"夂"根據甲骨文,形象地描述了反向的腳(止),表示移動的樣子(徐中舒:1989,620)。根據甲骨文,"夂"和"夊"是一樣的。這兩者之間的差異僅在於腳趾是朝向右還是朝向左,而在小篆階段,差異僅在於是否出現斜劃,意義是相同的。尤其在甲骨文中,由於書寫時正反的區分並未嚴格遵循,因此這兩者之間的區分更加沒有必要。因此,徐灝早就指出這兩者其實是同一字符,只是根據小篆的形狀因劃的微小差異而區分,這樣的區分是不公正的(《說文解字注》"攵"條)。特別是,這兩者都不能單獨使用,只能作爲其他字符的"形體素"來使用。在《漢韓大字典》中,"攵"只設置爲部首,沒有任何隸屬字符,而"夂"的意義與之相同,所以它們看起來是可以整合的。

6. "攴"和"支(攵)":

"攴"描述了一個手拿木棒或鞭子的形象,從此衍生出"打"的意思;而"支"是描繪了手折斷竹子的分支的形象,後來意義擴展爲"分支"。然而,在楷書階段,它們的形狀相似,劃數量也相同,並且"支"部首的隸屬字也只有如"攲""攱""尋"等,因此看起來它們是可以整合的部首。

7. "日"和"曰"部首:

"日"描述了太陽的形象,而"曰"由"口"和"一"組成,描述了聲音從口中發出的形象。但是,在楷書階段之後,儘管這兩者主要是根據其橫向和縱向的長短來進行區分,但在實際中,分辨它們並不容易。

8. "爿"和"片"部首:

"爿"是"牀"的原始字,描述了水平放置的床的形狀,但後來其方向發生了變化。"片"描述了將木頭一分爲二的形狀。考慮到它們不僅在形狀和劃上相似,而且從木片作爲床材的角度看,它們在意義上也有關聯。從這個角度看,它們似乎可以合併。

9. 右"阝(邑)"與左"阝(阜)"部首:

"阜"原本描繪了像樓梯那樣一層層的丘陵,而"邑"描繪了城牆[口]和蹲著的人,代表了人們居住的地方。但從小篆時代開始,當它們以偏旁的形式使用時,它們的形狀就變得相同,左邊主要是"阜"被稱爲"左偏旁",而右邊主要是"邑"被稱爲"右偏旁",根據它們所在的位置來區分。但考慮到它們的意義、形狀和筆劃,它們似乎可以合併。不過,屬於"邑"部首且有3劃的"邕"原本由"巛"和"邑"組成,它是上下結構的組合形式,所以更合理的是將其劃入上方的"巛"部首,即使將"邑"部首劃入"阝",也不會有問題。

10. "月"與"月(肉)"部首:

"月"表示半月的形狀,而"月(肉)"表示肉塊,中間的兩條線代表脂肪層。然而,隨著文字的變革,這兩者變得越來越相似,以至於很難區分。目前,這些字的真實含義是基於它們的使用情境來區分的。考慮到這種情況,這兩個部首似乎可以合併。唯一的問題是當這兩者合併後,如何分類單獨使用的"肉"這個字。解決方法是將它當作與"月"相同的字符,並在合併後的"月"部首下找到它。

(2) 形體的重複關係:

1. "一"和"二"部首:

"二"是由兩個"一"組成的,所以將其合併到"一"部首似乎是合理的。由三個"一"組成的"三"如果歸入"一"部首,而"二"作為一個獨立的部首,那麼系統的統一性可能會被破壞。如果不這樣做,"三"也應該被設置為一個獨立的部首;

2. "屮"和"艸"部首:

"屮"描述的是嫩芽從土地中冒出的形象,而"艸"則是由兩個"屮"組成的,代表葉子密集地生長的形象。更多的生長被描述為三個"屮"組成的"芔"和四個"屮"組成的"茻"。

在《說文解字》中,"屮"、"艸"和"茻"都被設置為獨立的部首,但後來"茻"被納入"艸"部首。從這一點看,由於由"屮"組成的"芔"和"茻"已經被納入"艸"部首,它們可能可以被合併為一個部首。儘管將它們合併到最基本的字"屮"似乎是有道理的,但考慮到"屮"僅有"屯"一個字,最好將"屮"納入"艸"部首。此外,"屮"可以被處理爲"艸"部首的第一個子部首。

3. "彳"和"行"部首：

"彳"在甲骨文中未明確出現，但似乎代表"行"的一半，並且它的原始含義似乎與"道路"或"行走"有關。"行"則描述了四通八達的道路。

如果"彳"是"行"的一半或構成部分，那麼將它們合併是合理的。結合的方向應該是向劃較少的"彳"。現有的"行"部首的子部首包括：衍、衎、衒、術、衙、街、衕、衖、衝、衛、衡、衢等。如果將這些子部首都視爲"彳"部首的一部分，從語義上和劃數量上都不會有任何問題。而且，在尋找部首時，由於"彳"通常位於左側，所以相對於"行"，它可能更容易找到和更方便。

(3) 形體的包含關係：

1. "弋"部首歸於"戈"部首：

弋原未被包含於《說文》的 540 部首中，但在《玉篇》中新增。觀察《漢韓大字典》中歸屬於弋部首的字，例如式、弑、弒等，其中的式因弋爲音部，應當歸屬於工部首；而弑按其"椿"之意，應當歸屬於爿部首。再者，弒看似應當歸屬於木部首。如此，問題來到獨立的部首弋的歸屬上。爲了便利，可以將其視作戈部首的變形並歸於戈部首。這與將玉歸於王部首、將烏歸於鳥部首的方式有異曲同工之妙。

2. "甾"部首歸於"匕"部首：

《說文》中描述甾（ ）："凵代表器皿，中間象徵米，下方的匕指能够倒出的。"但實際上，它是象徵裝酒的容器，上半部分代表容器的本體，下半部分則是容器的脚（徐中舒：1989，562）。它原本是一個獨立的象形字，但在小篆階段，下方的"脚"變成了匕。考慮到其唯一的衍生字只有鬱，我們完全可以將其歸屬於匕部首。

3. 黍部首歸於禾部首：

"黍"原形象表示有多個分枝的"黍"。由於"黍"主要用於釀造酒精，後來添加了水元素，演變成目前的形狀。從這個角度看，黍原本表示"黍"，再加上其用途表示的水元素。考慮到這些，完全可以將其歸入禾部首。

4. "隶"部首歸於"氺(水)"部首：

《說文解字》解釋爲"由又和尾的簡略形式組成，描述手抓住動物尾巴的形狀"。這是逮的原始文字，從中衍生出了"附屬""奴隸"等意義。描述動物尾巴的部分在小篆時期逐漸變化爲氺的形狀，到了隸書階段，它完全轉化爲氺，失去了原先的形狀。它的衍生字如隸，可以歸入士部首。

5. "高"部首歸於"亠"部首：

高描述爲"象徵高地上建造的洞穴住所的形狀，其中冂表示高處，口代表洞穴住所的房間，而上方剩餘的部分則表示爲梯子而覆蓋的屋頂"(徐中舒：1989,590)。從在高地上建造的房屋這一意義中，派生出了"高"的意思。考慮到具有"高"的結構的"京""亭""亳"和"亶"等字已經被歸入亠部首，將高也歸入亠部首將有助於保持一致性。

4.4 在以上的討論中，我們已從三個角度：(1)形體相同或相似，(2)形體的重複關係，和(3)形體的包含關係，來評估現有的214部首系統中可能進行整合的部首群。在此考慮的部首必須首先是附屬字符數量較少，其次是結構非常相似或可以包含在其他部首中，最後是劃數量相同。結果顯示，口和囗部首、人和入部首、匚和匸及凵部首、土和士部首、夂和夊部首、支和攴部首、日和曰部首、片和爿部首、阝(阜)和阝(邑)部首、月和月(肉)部首等都是可以整合的。此外，二可以整入一部首、中可以整入艸部首、行可以整入彳部首。同時，弋可以整入戈部首、邕可以整入匕部首、黍可以整入禾部首、隶可以整入氺(水)部首、高可以整入亠部首。

另一方面,雖然龜部首是没有附屬字符的獨立部首,但由於它已不再分離,並且是原始形象文字,因此我們決定保留它。長部首可以整入髟部首,但由於髟的附屬字符較多,如果整合到長部首,劃數的計算將更加複雜,因此我們認爲將其保留爲獨立部首更爲合適。

5. 結　　論

5.1　根據上述對《漢韓大字典》的考察,我們可以對當前韓國玉篇部首系統的問題及改進方法作如下總結。

首先,最重要的是需要認識到部首系統可能會因字典的編纂目的和使用者的特點而有所不同。"意義中心法"和"形體中心法"是確定單字屬於特定部首的兩種主要方法,它們各自有其優點和缺點。依賴某一特定方法進行純粹的劃分在實際操作中是不現實的。

首先,因爲隨著時間的流逝,含義直接形象化的漢字在形體已經發生了很大的變化,導致在當前的漢字形體系統中,能直接找到原始意義的字數已大大減少。在某些字的形象性已經被破壞的情形下,如果僅僅依賴"意義爲中心"的劃分方式,這可能會嚴重妨礙字典的一個主要目的"查找"。另一方面,雖然以"形體爲中心"的分類方法有其優勢,即可以根據當前可見的漢字形體進行搜索,但這也可能忽視了漢字比其他任何文字系統都更直接地在字形中包含其意義的"表意特性"。換句話說,如果完全依賴"形體爲中心"的分類,這將忽略了仍然相對保留得很多的漢字的象意性,這樣,字典的另一個重要功能即"意義解釋"將無法被充分滿足。

因此,迄今的玉篇雖存在一些差異,但總是"在"基於意義的分類法"和"基於形體的分類法"之間徘徊"(蘇培成:1994,138)。應該根據該字典所持有的特定目的而有所不同。例如,如果是旨在深入研究漢字的原始意義、原始形體及其演變過程的字典,則當然應該主要遵循"基於意義的分類法"。但如果不是,而是強調"實用性"的字典,則應多加考慮"基於形體的分類法"。因此,如今的甲骨文、金文等古文字字典,不僅在設定部首方面,而且在部首的排列上都照搬《説文》。而如《形音義大詞典》或《漢韓大字典》等旨在深入探索漢字源流的字典則盡可能主要基於"意義爲中心"來確定部首,這也是基於上述原因。

5.2 從此看來,在没有某種絶對的歸屬標準下,部首的設定和每個單獨的漢字的歸屬無疑將由該字典的基本性質決定。目前韓國的玉篇主要目標是漢字的用例或意義的掌握,具有非常"實用"的功能。因此,我們認爲我們的玉篇相對於《康熙字典》等應加強"以形體爲中心"的分類方法。

從這角度看,目前韓國的玉篇在單獨漢字的部首歸屬問題上,應該堅持以"形體"爲中心,但也要尊重適合漢字特性的"以意義爲中心"的分類方法。因此,如果原始的意義部分在當前的書寫系統中仍然保留,則應以"意義"爲中心來進行分類。但如果漢字的形狀已經改變,使其難以識別,則應優先考慮基於漢字的"形體"進行歸屬。這一原則可以具體歸納如下。

1. 若爲象形、指示、形聲結構的話,應以意義元素爲中心設定部首並按此進行歸屬。例如,雖然碩的意義部分通常放在左邊,但由於頁是其意義部分而石是其聲音部分,形成了形聲結構,因此應歸屬於頁部首。

2. 若爲純指事結構時,由於組成部分都涉及到意義,因此根據字符的結構進行劃分。也就是説,若爲上下結構,則優先考慮上部分;若爲左右結構,則優先考慮左側;若爲内外結構,則設置位於外部的組成元素爲部首。例如,字(上下結構)和尨(左右結構)應分别歸屬於宀和犬部首。

3. 若爲既是形聲又是指事結構,其中一個組成部分不僅決定意義,而且也扮演聲音部分的角色,則應選擇僅涉及意義決定的"意義元素"作爲部首。如果該意義元素不能成爲獨立的部首,則應再次分解其結構,以確定可以歸屬的部首作爲該漢字的部首。例如,"聞"中的門不僅參與意義決定,而且還扮演聲音部分的角色,因此應歸屬於耳部首。

4. 若字形變化太劇烈，以致於在當前的書寫系統中無法進行上述分類，則根據字的結構進行決定，參照第三條。例如，年因爲形體變化過於劇烈，已無法辨識其原始的意義部分禾或人，故無奈只好將其歸屬於首劃的丿部首。

5. 此外，還應考慮形體的一致性。當擁有一致的"形體群"時，按照該字群的慣例。例如，結構爲"＋某"的春、舂、秦、泰、奉、奏等，認爲它們擁有相同的結構，並將每一個"某"視爲部首。

5.3 以下是關於部首的整併可能性的部分。如前述討論所示，目前韓國的漢字字典（玉篇）所一律採用的214部首體系，似乎可以進行以下調整。

1. 形體極爲相似的部首中，可考慮將"囗"整併到"口"部首，"入"整併到"人"部首，"匸"和"凵"整併到"匚"部首，"士"整併到"土"部首，"攵"整併到"夂"部首，"攴"整併到"支"部首，"曰"整併到"日"部首，"爿"整併到"片"部首，"阝(邑)"整併到"阝(阜)"部首，"月"整併到"月(肉)"部首。

2. 形體因重複而成的部首，可考慮將"二"整併到"一"部首，"屮"整併到"艸"部首，"行"整併到"彳"部首。

3. 形體可以被其他部首包含的關係，可考慮將"邕"整併到"匕"部首，"黍"整併到"禾"部首，"隶"整併到"氺(水)"部首，"高"整併到"亠"部首。

綜合上述結果，可將單獨的18個部首整合，設定爲194個部首。

5.4 當然，以上所得出的結論不能單方面地應用於現行韓國漢字字典中。雖然《漢韓大字典》是最具代表性的字典之一，但由於其編纂目的的特殊性以及根據此目的確定的收錄字母的範疇和數量，該字典自有其獨特之處。然而，希望本論文能成爲一個契機，激活關於自《康熙字典》以來未經批評而作爲我們的字典編纂的固定模式的討論,並希望能提供一個更完善的部首系統的替代方案。

5.5 補充之,未來研究將努力補强以下兩個方面。首先,現行部首的排列系統是按劃的順序來排列的,在此系統中,具有相同劃數的部首之間的排列應基於何種原則是一個問題。例如,對於有1劃的部首,韓國的《玉篇》是按照一、丨、丶、丿、乙、亅的順序來排列的,而中國的《詞海》或《新華字典》是按照一、丨、丿、丶的順序,而《現代漢語詞典》是按照丶、一、丨、丿的順序。因此,應該建立同一劃數的部首之間的排列順序的原則,這與劃數相同的字之間,部首相同的個別字的排列順序直接相關,我認爲這是一個重要的問題。

其次,對於《字彙》之後確定的214部首系統的改進努力,中國(台灣)和日本的進展以及具體的成果如何。通過比較中、日、韓三國的現行漢字字典部首系統,可以診斷韓國現行漢字字典部首系統存在的各種問題,並提供改進方法。

表4　引用古文字字形表

序號	字	甲骨文	金　文	小　篆
ⓐ	出	《合》6057	《伯矩簋》	
ⓑ	膏	《京》		
ⓒ	腹	《續》5.6.1	《小臣㠱簋》	
ⓓ	朕	《前》4.38.7	《頌壺》	
ⓔ	孚	《乙》6694	《盂鼎》	
ⓕ	孝	《金》476	《㫭鼎》	

韓國漢字字典"玉篇"的部首體系

續表

序號	字	甲骨文	金文	小篆
ⓖ	京	《鐵》14.4	《臣辰盉》	
ⓗ	川	《前》8.12.4		
ⓘ	巛(災)	《甲》2123		
ⓙ	年	《鐵》24.3	《皇父簋》	
ⓚ	幸	《鐵》101.1		
ⓛ	執	《前》6.29.5	《兮甲盤》	
ⓜ	圍	《鐵》76.1		
ⓝ	報	《前》6.29.5	《令簋》	
ⓞ	齊	《前》2.15.3	《齊医壺》	
ⓟ	初	《京》4901	《曾伯簋》	
ⓠ	化	《乙》6492	《中子化盤》	
ⓡ	午	《鐵》52.4	《召卣》2	
ⓢ	奚	《前》2.42.3	《丙申甬》	
ⓣ	尹	《前》7.43.1	《矢方彝》	
ⓤ	春	《鐵》227.3		
ⓥ	春	《續》5.2.4		

韓國漢字史論叢

續表

序號	字	甲骨文	金　文	小　篆
ⓦ	秦	《後下》37.8		
ⓧ	泰			
ⓨ	邑	《甲》1139 《林》2.12.15	《夨方彝》	

朝鮮後期民間俗字研究

1. 緒　　論

　　本研究旨在對朝鮮後期民間發行的坊刻本進行探討,整理其中出現的韓國固有俗字,並分析其内容特點。所謂的坊刻本,非官板、寺刹板、書院板以及私家板等基於政治目的或獻祭、弘揚家族的出版,而是源於商業銷售的目的而發行的書籍①。因此,這些坊刻本應爲市民的需求而爲盈利而發行,與士族階層使用的書籍相異,其紙質較差,編排也較爲簡單,主要是市民的實用書籍②。由於其這種性質和商業目的,爲了減少刻版成本,坊刻本大量使用俗字,因此擁有比其他資料更爲豐富的俗字資源。坊刻本通常不明確標注刻版年代,雖然確定其具體出版年代不太容易,但大致上從 18 世紀後半期開始有出版記録③,市面上可見的大部分資料都是在高宗年間(1864—1906 年)發行的④。

　　韓國的傳統俗字研究,首先,是爲現行漢字的略體提供基礎工作;其

---

① 安春根:《韓國出版史概要》,184 頁。
② 柳鐸一:《韓國文獻學研究》,21 頁。
③ 柳鐸一:《韓國文獻學研究》,90 頁。
④ 安春根:《韓國出版社概要》,184 頁。

次,爲漢字文化圈内的漢字統一提供韓國方面的基礎資料;第三,這些俗字反映了我們祖先對漢字的洞察,透過這些俗字,我們可以確認我們獨特的文化意識,因此,對其進行系統性和綜合性的研究是迫切需要的。

值得欣慰的是,近年來,韓國國家語言研究所感受到這樣的需要,發表了基於多種傳統文獻資料的《我們國家的漢字略體調查》(1991年)和《漢字略體調查研究》(1993年)①。但遺憾的是,這些研究都沒有包括坊刻本,儘管坊刻本擁有比其他資料更爲豐富的俗字資源。這種趨勢在早期的其他研究中也有體現,例如,可以視爲對俗字的首次研究成果的崔南善的《新字典》中的《俗字部》,接續此研究的日本人鮎見房之進的《俗字考》以及金榮華的《韓國俗字譜》等。

然而,任昌順的論文《韓國的印本與書體》中指出,坊刻本《大學》裏出現的俗字是坊刻本豐富俗字資源的主要特色②。再者,柳鐸一的《朝鮮朝文獻中使用的半字》中,強調了基於坊刻本的傳統俗字研究的必要性,並列出及分類了其中的主要俗字③。本研究受到這兩篇論文的啟示,特別是在柳鐸一教授的指導和協助下進行了研究,特此致謝。

"俗字"是與"正字"相對的名稱,指的是與標準文字音和義相同,但形體有所不同且在日常文字生活中使用的字。這些字有時也被稱作"略字",但"略字"這名稱隱含"簡化地縮短的字"的意義,比"俗字"的内涵更狹。即俗字與正字相對,儘管其大部分都是略體,但除此之外,還有一些更複雜或結構上加以變化的字。因此在本稿中我們選擇使用"俗字"而非"略字"。可見在本稿中所使用的"俗字"實際上與中國漢字學所稱之"異體字"是同一概念,即指音義相同但形體不同的字的總稱。

然而,本文主要分析了各種版本中的《孟子集注》和《論語集注》,這

---

① 此處研究對象所涉及的資料非常龐大,包括以《韻會玉篇》(1536年)爲首的自傳類5種,如《三國遺事》(1512年)的一般文獻1種,以及以《大慧寶閣禪師書》(1151年)爲首的佛經相關資料293種,出版時期也包括了高麗末期至朝鮮末期。

② 任昌淳:《韓國的印本與書體》,107頁。

③ 柳鐸一:《韓國文獻學研究》,90—96頁。

兩種版本都是釜山大學圖書館所藏本。儘管研究對象僅限於這兩種文本，但它們具有其他資料所沒有的以下特點。即這兩種文本在當時的儒家經典中是最受歡迎的，因此其中出現的俗字可以視爲當時文字生活中真實使用的"俗字"。另外，《孟子》和《論語》的原文中分別出現了1 959個和1 512個單獨的字符①。當然，這些出現的單獨字符的數量與《禮記》或《詩經》相比可能較少。但是，《孟子集注》和《論語集注》附有達到原文數十倍的注和疏，所以實際出現的單獨字符數量應該遠多於《禮記》和《詩經》。而且，儘管《詩經》和《禮記》中的字符數量比這兩者多，但考慮到它們使用了大量的碑文字符，所以在字符的實用性上，它們遠不及《論語》和《孟子》。從這一點來看，儘管本研究的對象僅限於《孟子集注》和《論語集注》這兩種，但其中使用的字符不僅可以被視爲其他任何資料中的實用字符，而且其中的俗字可以被視爲當時常用的"常用俗字"。

* * 凡例 * *

(1) 個別俗字的出典標示爲《孟子集注》爲《孟》和《論語集注》爲《論》的略稱。接著書名的是編章名稱的省略格式，然後是頁數，之後是正反面(陽面、陰面)，接下來的數字表示行數。例如，"《孟》7 下 23 陰 8"指的是"《孟子集注》第七《盡心》章下篇第23頁背面第8行"。

(2) 使用省略格式的編章名稱整理如下。首先，對於《孟子》，1 上、下分別代表《梁惠王》篇上、下；2 上、下是《公孫丑》篇上、下；3 上、下是《滕文公》篇上、下；4 上、下是《離婁》篇上、下；5 上、下是《萬章》篇上、下；6 上、下是《告子》篇上、下；7 上、下是《盡心》篇上、下。再者，《論語》爲01是《學而》，02是《爲政》，03是《八佾》，04是《里仁》，05是《公冶長》，06是《雍也》，07是《述而》，08是《泰伯》，09是《子罕》，10是《鄉黨》，11是《先進》，12是《顏淵》，13是《子路》，14是《憲問》，15是《衛靈公》，16是《季氏》，17是《陽貨》，18是《微

---

① 張靜賢：《現代漢字學教程》，70頁。

子》,19 是《子張》,20 是《堯曰》篇。

(3) 一次出現的,形體相同的略體只顯示最初的出現,其他的則省略。本調查先從《孟子》開始,然後將《論語》作爲目標,本文的引用幾乎全部都偏向於《孟子》,原因就是這樣。

2. 俗字的存在樣態

本研究中,我們將俗字的外型存在樣態按照筆劃結構相對於正字(標準字)減少的情況稱爲①"簡化",增加的情況稱爲②"繁化",無關增減但位置或義符分和聲符分有所改變的稱爲③"交換",由於形體或意義、讀音的相似性導致的使用上的混淆稱爲④"混用",爲了更清晰地表達意義或確定讀音而創建的新結構稱爲⑤"新結構的創造"。我們按照這五個項目進行了歸納和分類。

2.1 簡 化

筆劃結構的簡化大多是通過縮減偏旁成簡單的符號、將複雜的結構替換爲簡單的符號或者省略組成詞的一部分來實現的。因此,在這裏,我們將"簡化"再次細分爲:(1) 將偏旁縮減爲簡單符號的情況,(2) 將複雜的結構替換爲簡單符號的情況,(3) 省略字的一部分的情況。

2.1.1 縮減偏旁成簡單符號的情況
(1) 將"口"、"日"、"灬"、"心"縮減作"一":

1. 事作幸(《孟》2 上 1 陰 2)

當作当(《孟》2 上 1 陽 4)

賞作賞(《孟》6 下 21 陰 1),償作償(《孟》3 上 12 陽 9)

常作常(《孟》3 上 10 陰 7)

感作感(《孟》7上13陽3)

2. 意作意(《孟》2上31陰9),噫作噫(《孟》2上46陰3)

3. 然作然(《孟》2上1陰5)

烈作烈(《孟》2上1陰8)

照作炤(《孟》7上27陽4)

魚作鱼(《論》0003陽7),魯作魯(《孟》3上26陰10)

4. 意作意(《孟》7上13陰1)

德作德(《孟》7上24陽8)①

總作總(《孟》7上49陰7)

聰作聰(《孟》7上50陰2)

愈作愈(《孟》7下2陰3)

（2）將"車(書)"、"辛"、"幸"、"每"、"亲"、"竝"等縮減作"丰"：

1. 車作丰(《孟》7下3陰7)

軒作軒(《孟》4下22陰3)

載作載(《孟》4下22陰6)

輔作輔(《孟》4下24陽4)

憨作憨(《孟》5上5陰6)

繫作繫(《孟》4下38陽8)

輕作輕(《孟》4下27陽3)

---

① 德的甲骨文是𢛳(直的古字)和心組成,意爲"正直的心"。德的異體字德更直接地反映了這一意義。在本研究中,所選的刻本中都用德來表示德。而在這裏,心又被縮短爲一,如上所述。

擊作擊(《孟》5 下 5 陽 2)

轉作轉(《孟》2 上 7 陽 4)

渾作渾(《孟》7 上 18 陽 6)

2. 執作执(《孟》4 下 19 陰 1)

3. 璧作璧(《孟》4 下 29 陰 7)

避作避(《孟》5 上 13 陰 7)

臂作臂(《孟》7 上 42 陰 4)

4. 繁作繁(《孟》4 下 5 陰 3)

5. 新作新(《孟》4 下 24 陽 1)

6. 厥作厥(《孟》6 上 38 陰 9)

2.1.2 複雜的結構簡化爲簡單的符號

此可再分爲：(1) 代替字的上方部分,(2) 代替下方部分,(3) 代替左方部分,(4) 代替右方部分,(5) 代替兩側部分,以及(6) 代替整體部分等。

(1) 替換字的上部部分之例：

1. 以"比"替換複雜的上部之例：

樂作乐(《孟》3 上 1 陰 5)

與作与(《孟》3 上 12 陰 9)

2. 以"乙"替換複雜的上部之例：

譽作訊(《孟》3 上 32 陰 2)

置作置(《孟》7 下 10 陽 4)

舉作舉(《孟》3 上 18 陽 2)

3. 以"亦"替換複雜的上部之例：

欒作栾(《孟》4 下 6 陽 1)

蠻作蛮(《論》0801 陰 3)

率作卒(《孟》3 上 21 陽 4)

變作変(《孟》3 上 25 陽 4)

4. 以"尺"替換複雜的上部之例：

書作昼(《孟》4 上 39 陰 7)

盡作尽(《孟》2 上 11 陽 6)①，爐作焑(《孟》5 下 11 陽 5)，贘作賑(《孟》5 下 14 陰 4)

畫作昼(《孟》3 上 10 陽 8)，尽(《論》0210 陰 7)

5. 以"入"替換複雜的上部之例：

慕作㒭(《孟》4 上 10 陰 4)

暮作㑒(《孟》7 上 26 陽 5)

墓作全(《孟》7 上 26 陽 5)②

6. 以"艹"替換複雜的上部之例：

勞作芳(《孟》3 上 21 陽 5)

榮作荣(《孟》3 下 17 陰 8)

螢作萤(《孟》6 上 2 陽 10)

瀠作潆(《孟》6 上 2 陽 10)

7. 替換複雜的上部或左部作"文"之例：

贊作簪(《孟》2 上 6 陽 9)

儧作僣(《論》0201 陰 1)

覺作竟(《孟》3 上 23 陰 5)

譽作誉(《孟》4 下 4 陰 2)

觀作䚋(《孟》2 上 39 陽 3)③

---

① 下方的皿部分再次被縮短爲兩點,有時也寫作尽(《孟》7 下 21 陽 5)。

② 此外,夢有時也寫作㝱(《行元品》)(《我國漢字的略體調查》,175 頁),幕也有時寫作帟(柳鐸一:《朝鮮朝文獻中使用的半字》,95 頁)。

③ 左側部分有時也縮短爲夕,如䚋(《孟》5 上 23 陰 1)。

479

劉作刘(《孟》5 下 11 陽 10)
離作难(《孟》7 上 12 陽 6)

(2) 替換字的下部之例：
以"又"替換複雜的下部之例：

歲作岁(《孟》3 上 12 陽 2)

(3) 替換字的左部部分之例：
以"台"替換複雜的左部

亂作乱(《孟》6 下 25 陰 6)

(4) 替換字的右部部分之例：
① 將"蜀"簡化爲"市"之例：

獨作狪(《孟》2 下 12 陰 8)
觸作觚(《論》0606 陽 4)

② 將"戔"、"哉"簡化爲"戈"之例：

賤作賎(《孟》2 上 7 陽 4)
識作戠(《孟》5 上 4 陰 10)

③ 以"又"替換複雜的右部之例：

儀作仅(《孟》3 上 3 陰 10)

議作訳(《孟》3 上 18 陽 7)

釋作釈(《孟》3 上 6 陽 7)

④ 替換複雜的右部或上部爲"処""处"之例:

據作拠(《孟》3 上 17 陰 1)

遽作遽(《孟》4 上 11 陰 2)

墊作垫(《孟》5 下 23 陽 5)

(5) 替換字的兩側部分之例:
① 替換對稱或相似的兩側部分作"丷"之例:

徵作㣲(《孟》4 下 23 陰 9),㣲(《孟》4 下 29 陰 8)

徵作㣲(《孟》4 下 28 陽 3)

衡作𧗿(《孟》4 下 27 陽 1)

衡作𧗿(《孟》4 下 38 陽 10)

術作朮(《孟》7 上 19 陽 9)

攝作摂(《孟》5 上 9 陰 10), 摂(《孟》5 上 9 陰 1)

輿作輿(《孟》6 上 38 陰 2), 輿(《孟》4 下 2 陰 7)

辯作辯(《孟》7 下 23 陽 1)

脅作脅(《孟》3 下 15 陰 1)

攣作攣(《論》0501 陽 9)

② 替換對稱的的兩側部分爲"丷"之例:

操作搽(《孟》3 下 27 陽 6)，燥作煤(《孟》3 上 26 陰 1)

頼作穎(《孟》6 上 2 陰 9)

戰作戦(《孟》3 上 14 陰 5)

（6）替換整體部分之例：

① 爾爲尒(《孟》4 上 11 陰 7)，尔(《孟》2 上 49 陰 5)，尔(《論》1445 陰 7)，邇作迩(《孟》4 下 19 陰 10)

② 無爲无(《孟》2 上 7 陽 1)①

③ 萬爲万(《孟》3 下 20 陰 1)，屬爲厉(《孟》5 下 12 陰 8)，櫔爲栃(《孟》5 下 12 陰 8)，邁爲迈(《孟》6 上 2 陰 4)

④ 庸作灰(《孟》3 下 20 陽 3)

⑤ 牖作庥(《孟》7 下 24 陰 4)

⑥ 盧作庐(《孟》3 上 7 陰 6)

⑦ 廣作庆(《孟》2 上 42 陽 3)②，曠作暚(《孟》4 上 1 陽 5)，壙作塃(《孟》4 上 19 陽 8)

⑧ 鬱作盉(《孟》4 上 14 陽 8)，盉(《孟》5 上 4 陰 8)

2.1.3 省略文字的部分之例

此可以再分爲：（1）省略筆劃的情況，（2）省略構成文字的元素的部分的情況。

（1）省略筆劃之例：

---

① "无"根據小篆，是用這樣兂表示，天字的右下筆劃略爲彎曲。根據《説文句讀》，无是無字的"奇字"，其意思與"亡（不存在）"相同（《説文解字詁林》第 10 卷 381 頁）。天字的右下筆劃略爲彎曲，似乎表示某種"稍微不足"或"缺少"的意義。

② 在某些情況下，也看到ㄣ庞(《禪門撮要》)這樣的表示，從而在形成結構上發生了變化（《我國漢字的略體調查》，51 頁）。

害作呂(《孟》6 上 36 兩 6)

再作冄(《孟》3 下 24 兩 9)

弱作弓弓(《孟》5 下 1 陽 9)

清作清(《孟》7 下 17 兩 6)①

(2) 省略構成成分的部分之例：

棄作弃(《孟》6 下 21 陰 1)②

顯作显(《孟》4 下 39 陽 6)

嚴作卪(《孟》3 下 26 兩 3)，儼作伽(《論》1908 陰 5)

墾作墾(《孟》3 上 12 兩 5)③

貌作皃(《孟》2 上 2 陽 1)，藐作皃(《孟》7 下 31 陽 4)

器作器(《孟》3 上 20 陰 4)④

勢作執(《孟》2 上 5 陽 5)

質作質(《孟》2 上 12 兩 10)

職作戠(《孟》2 上 35 陰 4)

爵作爵(《孟》2 上 45 陽 3)，舀(《孟》2 下 13 陰 6)

---

① 這不是因爲靑的月和日在意義上的相似性而被交換，而是月被縮短爲日。在版刻本中，當縮短構成字的一部分時，爲了避免意義上的混淆，原則上應盡可能保持其他部分的原始形狀。儘管清的氵通常被縮短爲冫，但在這裏，它特別地沒有被縮短，所以應該認爲是靑的一部分被縮短了。

② 在甲骨文中，它是用這樣表示，形象地描述了將孩子(子)放在箕(箕)裏，然後用雙手(廾)抱起並抛出的樣子。在這裏，省略了中間形象化爲箕的部分，並將篆書中的木部分更改爲雙手(廾)，從而更接近原始的形狀和意義。

③ 墾原本是形象地描述在谷(谷)中，用手(又)收拾屍體的骨頭(歹)的樣子。在屍體被丟棄在野外的葬禮方式流行的時代，當屍體被丟在谷中，只留下骨頭時，這種收拾的情景被反映在字中。後來，土被加入，變成了現在的形式。在這裏，再次省略了谷，產生如上所述的變化。

④ 器是由㗊和犬組成的會意結構。口表示容器的口部，而㗊表示容器非常多。這是一個形象地描述了許多容器被狗(犬)守護的會意結構。在這裏，省略了下方的兩個口，並將犬改爲九。不直接使用犬而改用九，似乎是爲了避免與哭重複。

價作価(《孟》2 下 7 陰 1)

麤作麁(《孟》3 上 5 陰 9)

陰作阴(《孟》3 上 19 陰 2)

藝作芸(《孟》3 上 22 陰 8)

醫作医(《孟》3 上 19 陰 2)

聲作声(《孟》3 上 26 陰 6)

勳作炋(《孟》6 下 18 陽 6)

儒作伩(《孟》7 下 42 陽 10)

圖作啚(《論》1024 陽 9)

處作処(《孟》2 上 33 陽 9)

舊作旧(《孟》6 上 38 陽 10)①

奮作奋(《孟》7 上 13 陽 3)②

獨作独(《孟》7 上 10 陰 8)③

號作号(《孟》4 下 21 陽 4)

巍作嵬(《孟》7 下 31 陽 3)

2.2　繁　化

筆劃結構的繁化主要是通過增加點劃或加入偏旁的方式來進行，諸如：

---

① 舊的上部分是萑(原本是形象化的鳥,上面的艹不是草(艸),而是鳥的尾巴,但後來錯誤地變成了現在的形式作爲義符,而下部分的臼是聲符。在這裏,省略了上部分,並將下部分的臼改爲旧。此外,毀也被寫作毀(《孟》4 上 5 陰 9),同樣地,臼也被改爲旧。

② 奮在金文中是用𡗑這樣表示,形象地描述了鳥飛翔的樣子,後來又加上了田。因此,這個字形象地描述了鳥在田地中揮動翅膀飛翔的樣子,從而產生了"努力"的意義。在這裏,省略了中間部分,並將田改爲旧。

③ 獨的結構中,犭(犬)是義符,而蜀是聲符。選擇犬作爲義符是因爲狗的特性喜歡獨立和個體化的生活,從而產生了"獨自一人"的意義。在這裏,省略了聲符的蜀,並將其縮短爲虫。

美作美(《孟》4 上 18 陰 5)

凶作㐫(《孟》3 上 12 陽 3)

圭作圭(《孟》3 上 12 陽 3)

涯作涯(《孟》3 下 18 陽 2)

升作升(《孟》5 上 10 陽 1)

土作土(《孟》5 下 7 陰 1)

北作北(《孟》6 上 1 陽 7)

槭作槭(《孟》6 上 36 陽 9)

私作私(《孟》7 上 35 陰 3)①

計爲朴(《論》0629 陰 3)

夸作夸(《論》0632 陰 3)

鹿作鹿(《論》0721 陽 8)

矜作矜(《論》1402 陽 6)

听作听(《孟》6 上 26 陰 10)

2.3 交　換

此處所述的交換指的是更改組成成分間的位置或在形聲結構中更改義符分或聲音部分爲不同的義符分或聲音部分。

2.3.1 位置的交換

(1) 左右結構變爲上下結構之例：

略作畧(《孟》2 上 11 陰 6))

---

① 在版刻本中，因爲將口縮短爲厶，所以私被寫作和的縮寫形式。因此，爲了區分原始的私和和的縮寫形式私，又增加了一筆劃，如上所述使用。

稽作䇷(《孟》7下4陽3)

(2) 上下結構變爲左右結構之例：

聖作聀(《孟》3上18陰4)
壅作壃(《孟》3上12陽7)
裏作裡(《論》1508陽5)①，裡(《孟》3上12陰10)
䴡作厴(《孟》4下39陽5)

(3) 左右結構變爲新的左右結構之例：

蘇作蓙(《孟》3上22陽9)

2.3.2 聲符的交換

此指在形聲結構中將聲符換成其他的聲符，或是將形聲結構改爲新的形聲結構的情況。大多數是爲了更加清晰的發音表示，採用具有相同音的簡單字或容易識別的字作爲聲符。

廟作庙(《孟》2下9陽8)②
懼作惧(《孟》3下20陽1)
軀作躯(《孟》7下24陽5)，驅作驱(《孟》7下1陰9)，驅作駆(《孟》3下19陽4)

---

① 在版刻本中，衤、礻和木等經常被混合使用。
② 廟字的結構中，广是義符，而朝是聲符，但在這裏，朝被改爲了由。然而，從《正音通釋》中可以看到，廟的異體字是苗(參見《我們國家的漢字簡化研究》，第177頁)，所以上述的形狀可以看作是聲符的苗再次被簡化爲由。

朝鮮後期民間俗字研究

饋作餽(《孟》5 上 23 陽 2)①

豈作岂(《孟》2 上 45 陽 8)②,㞢(《孟》6 上 40 陽 10)

壇作坍(《孟》3 上 25 陰 10)③,檀作枬(《孟》3 上 26 陽 1)

隣作阾(《孟》3 上 29 陰 1)④,麟作𬃷(《孟》4 上 3 陽 6)⑤

舞作奀(《論》0201 陽 6)⑥

覆作覈(《孟》3 上 22 陽 9)

園作园(《孟》3 下 18 陰 4)

遠作远(《孟》3 上 8 陰 1)

猶作犹(《孟》2 上 2 陽 1),犾(《孟》4 下 19 陰 4)

旌作旋(《孟》5 下 23 陽 5)⑦

遷作迁(《孟》3 上 19 陽 7)

總作縂(《孟》5 下 5 陽 7)⑧

圍作囲(《孟》6 下 24 陰 1)

怪作恠(《孟》2 上 5 陰 3)

---

① 饋是从食貴聲的形聲結構。在這裏,選擇了與貴同音的鬼作爲聲符。

② 豈是從豆微省聲的形聲結構,其原始意義是"宣告勝利的音樂"(參見《説文解字注》,第 206—207 頁)。作爲義符的豆(一種容器)應該用形容鼓形狀的壴來寫,這樣才能與其原始意義相連接。豈後來有了"怎麽"這個意義。在這裏,聲符被改爲己,這是因爲有時會與形狀相似的已混用,而在某些情況下,如㞢(《孟》2 下 16 陰 2)所示,也有用工來表示的情況。

③ 壇是從土亶聲的形聲結構,檀是從木亶聲的形聲結構。但在上文中,分別將聲符簡化並易於識别的丹字替代,從而形成了新的結構。

④ 隣是從阝粦聲的形聲結構。但在上文中,聲符被音相似且簡單的令替代,從而形成了新的結構。在中國的簡體字中,它被寫作邻。

⑤ 原本應該縮寫爲麐是正確的,但由於在版刻本中,犭和彳經常被混用,因此變成了上述的形狀。

⑥ 將音符無替換爲同音的无。

⑦ 旌原本的結構中,㫃(形容旗幟飄揚的形狀)是義符,而生是聲符。但由於生無法正確表示實際音"正",所以選擇了與實際音相同的正作爲聲符,從而形成了新的結構。

⑧ 總是從糸悤聲的形聲結構。在這裏,聲符的悤被同音的忽替代,從而形成了新的結構。

聽作听(《孟》2下19陰2)①

饑作飢(《孟》4下17陰4)

2.3.3 義符的交換

這是爲了更精確地表示意義,而在會意結構或形聲結構中更換義符,從而使會意結構變爲新的會意結構,形聲結構變爲新的形聲結構,諸如:

更作叟(《孟》4上7陰9)②

毆作敺(《孟》4上17陰1),殺作敎(《孟》4下7陽2)

國作旺(《孟》4上11陰1)③

喪作𠷔(《論》0448陽9)④

灑作洒(《論》0730陰3)⑤

災作灾(《孟》4上15陰2)⑥

---

① 聽原本的結構中,耳和德的省略形式作爲義符,而壬是聲符。德(與惪相似的字)是由𢛳(直的甲骨文)和心組成的字,其原始意義是"正直的心"。因此,聽字中包含了持有正直之心並用耳朵聆聽的意義。根據《説文解字》,听原本的意義是"微笑的樣子",而在這裏,它的結構改變爲以口作爲義符,斤作爲聲符。

② 更原本由丙和攴組成的會意結構。在這裏,攴表示手持棒的形狀。丙原本是表示内部空的三脚銅鍋的鬲,但在小篆階段變成了丙,再次變成更,使原始的形狀難以辨認。因此,這個字從原始的鍋(鬲)變化,當煮食時意味著"改變"。在上文中,它回到了小篆的形狀,並且作爲聲符的字,例如便,也被標記作傻。

③ 國原本是以戜的字形表示,描繪了持槍(戈)守護城牆(口)的形象,這是一種會意結構。但後來,再次加入了表示城牆的口,使其變成了現在的形式。但在上文中,它變成了一個新的會意結構,表示由國王(王)統治的國家(口)。

④ 喪在小篆階段之前是由哭和亡組成的,其中亡既作爲義符也同時兼具音義功能。從隸書階段開始,它變得像現在這樣,但在這裏,它回到了小篆階段,從而增加了意義表示的清晰性。

⑤ 灑原本以水作爲義符,並以麗作爲聲符的結構。但在這裏,聲符被改爲西,從而形成了新的結構。

⑥ 災原本以巛表示,描繪了洪水或水流溢出的景象。後來,原本只意味著水災的字,因涉及火災所造成的災難而加上了火,成爲了災。在上文中,它被改爲表示房子(宀)著火(火)的形象,從而轉變爲完全表示由火災造成的災難的新的會意結構。

弔作吊(《孟》2下2陽6)①

衆作众(《孟》2上34陽10)②

禍作𥘅(《孟》3下26陽2),𥛱(《孟》2上34陽4)③

粱作粱(《孟》7下10陽7)

靈作灵(《孟》5上22陽10)④

2.4 混　用

(1)"疋"與"足"的混用

疏作疏(《孟》5下26陽10)

疑作𫍯(《論》0729陰2)

(2)"衤"與"礻"的混用

被作被(《孟》5下1陰3)

初作祊(《孟》3上8陽5),𥘉(《孟》6下15陰6)

補作補(《孟》7上15陽7)

---

① 弔原本是由人(亻)和弓(弓)組成的會意結構。古時,當人死亡時,他們會將屍體丟棄在野外,爲了防止野獸吃屍體,他們會拿著弓箭守護。這就是"弔問"的原始意義。在這裏,它由口(口)和巾(巾)組成,形成了一個新的會意結構。可能口代表哭泣,而巾可能代表弔燈或喪服。

② 衆在甲骨文中,是由太陽(日)下有三個人(人)所構成的形狀。在甲骨文中,通常用三來表示多數。因此,這個字代表在太陽下工作的"群衆"或"集團"的意思。隨著形狀的變化,這個意思變得難以辨認,所以又重新形成了由三個人(人)組成的新的會意結構。

③ 禍原本是從示咼聲的結構,但由於發音相同且容易識別,所以採用了火作爲新的聲部。在版刻過程中,火的兩點經常連接像будет大的形狀。

④ 靈原是由雨、三個口和巫組成的會意結構,這字象徵著許多人祈禱並希望雨下的景象,由於這種儀式主要由巫師主持,因此加入了巫。在這裏,它變成了由火和⇒組成的新的會意結構,這似乎反映了將犧牲獻給火,然後集合手掌祈求天空下雨的意思。

礼作礼(《孟》6 下 17 陽 4)

禦作禦(《孟》7 下 6 陽 5)

(3) "宀"與"冖"、"穴"的混用

富作冨(《孟》3 上 9 陰 9)

宜作宜(《孟》4 上 33 陰 3)

寵作寵(《論》1445 陰 2)

宴作宴(《論》0617 陽 8)

(4) "口"與"厶"的混用

公作公(《孟》3 上 14 陽 9)

鎬作鎬(《孟》4 下 1 陽 9)

唯作唯(《孟》5 下 5 陽 7)

(5) "門"與"鬥"的混用

鬪作鬭(《孟》4 下 34 陰 9)

(6) "木"與"扌"的混用

橫作攃(《孟》4 下 32 陽 6)

(7) "示"與"禾"、"木"的混用

稟作稟(《孟》3 上 20 陽 2)

秦作泰(《孟》4上24陽10),溱作溱(《孟》4下2陽8)

程作木呈(《孟》6上34陽9)

(8)"廾"與"大"的混用

弊作獘(《孟》3上8陽5)

(9)"彳"與"犭"的混用

狄作狄(《孟》7下3陰4)

狩作狩(《孟》6下15陽5)

(10)"氺"與"氺"的混用

泰作泰(《孟》6上39陽3)

暴作暴(《孟》6上11陽3)

2.5 新結構之創建

(1)從象形、會意結構到形聲結構的轉變

婦作媍(《孟》3上13陰5)①

恥作耻(《孟》7上9陰5)②

---

① 婦原本是以女持帚的形象構成的字形,但在此,它改變爲以女爲義符,並以負作爲聲符的結構。

② 恥原爲聽到自己的過錯而在心中感到羞愧的會意結構,但在此,它改變爲以止代替心作爲聲符的結構。

鼎作鼑(《孟》5 下 21 陽 2)①

寇作宼(《論》0609 陽 9)②

異作异(《孟》5 下 2 陰 9)③

獸作狱(《孟》3 上 21 陰 8)④

舞作奔(《孟》4 上 36 陰 7)⑤

幾作兊(《孟》2 下 7 陰 6)⑥,礙作碍(《孟》6 下 7 陽 2),譏作誽(《論》0528 陽 2)

福作补(《孟》7 下 5 陽 10)⑦

竊作窃(《孟》2 下 12 陽 4)⑧

---

① 鼎原爲描述有三脚的鍋的象形結構,但在此,它採用了井作爲聲符,從而轉變爲形聲結構。

② 寇在金文中,其表示方式如🔲,描繪了在屋頂(宀)下,有人(元)手持棒(支)驅趕的形象,屬於會意結構。在此,將支替換爲久,從而轉變爲形聲結構。

③ 異字在甲骨文中,其表示方式如🔲,描述了一個人的形象,其中臉部被放大並被兩手觸摸的模樣,好似戴著面具的樣子。從這種奇特的臉部形象,似乎引申出"特異"的意義,屬於會意結構。在此,將字的上部分作爲發音部分的已進行替換,並保留下部的兩手(廾),從而轉變爲形聲結構。

④ 獸在甲骨文中,其表示方式如🔲,其中左側部分描繪了能捕捉動物的網,而右側部分則繪有狗的形象。此字可見當時狗被用於狩獵。原本是會意結構,但在此,將犭(犬)作爲義符,而水作爲發音部分,從而改變了字的結構。

⑤ 舞在甲骨文中,其表示方式如🔲,描繪了手持如舞之物跳舞的形象。與無不同的是,爲了強調動作,特別加入了兩脚(舛)的描繪。在此,將字的上部縮短並用發音部分的無替代,保留了舛作爲義符,從而形成了新的字形結構。

⑥ 幾在甲骨文中,表示作🔲之形,由兩個絲絡[🔲]、人及戈的側面等組成,象織布機,由此引申出各種機械裝置的意思,爲會意字結構(許進雄:《中國古代社會》,第 210 頁)。在此,保留了字的上部的絲絡[🔲]作爲義符,並添加几作爲讀音,從而轉變爲形聲字結構。

⑦ 福在甲骨文中,表示作🔲之形,描繪了用雙手舉起酒瓶(酉),並在神祇(示)前倒酒的情景。後來,表示雙手的部分被省略,而酒瓶(酉)的部分略有變化,成爲現在的形狀。從向祖先奉獻酒以祈求"福"的祭祀(示)中,形成了"福"的意義。在此,除了義符的示,還加入了聲符的卜,從而轉變爲新的形聲字結構。

⑧ 竊原本由穴、米和萬組成的會意字結構。穴指的是洞穴,米代表穀物,而萬原本是形象化的蠍子,用作泛指昆蟲的意義。從昆蟲(萬)進入洞穴(穴)中啃食穀物(米)的情境中,形成了"竊取"的意義。在此,除了義符的穴,還加入了聲符的切,從而轉變爲新的形聲字結構。

（2）從形聲結構到會意結構的轉變

劍作釖(《孟》3 上 7 陽 4)①
寶作宝(《孟》7 下 23 陰 9)②
體作体(《孟》3 上 17 陽 9)③
儒作伩(《孟》3 上 19 陰 9)④
巖作岩(《孟》6 下 25 陰 6)
暮作昗(《孟》7 上 26 陽 5)⑤
竈作囚(《論》0218 陽 6)⑥
戰作戓(《孟》7 下 21 陽 5)⑦
窮作穷(《孟》5 下 1 陰 9)⑧

---

　　① 劍原本由刂(同於刀)作爲義符和僉作爲聲符的形聲字結構，但後來轉變爲由鐵（金）製成的刃(刃)的會意字結構。在《三國遺事》(2)中，也可以看到劍的簡寫形式爲釖。
　　② 寶原本是描述家(宀)裏充滿了玉(玉)和貝幣(貝)的會意字結構，但後來加入了聲符的缶，從而變成了現在的形狀。在此，再次省略了聲符的缶和義符的貝，從而轉變爲會意字結構。
　　③ 體原本以身作爲義符，豊作爲聲符的形聲字結構，但在此，它轉變爲人(人)的根本(本)即是"身體"的會意字結構。
　　④ 儒原本由亻(等同於人)作爲義符和需作爲聲符的形聲字結構，但後來轉變爲撰寫文(文)的人(人)的會意字結構。
　　⑤ 暮原本以日作爲義符，莫(草叢[茻]中的太陽[日])作爲聲符的會意字結構，但在此，它轉變爲太陽(日)正在下沉(入)的會意字結構。
　　⑥ 竈原本以穴作爲義符，黽作爲聲符的形聲字結構，但在此，它轉變爲囲(囗)裏有火(火)的形象，表示"爐灶"的概念，從而成爲會意字結構。
　　⑦ 戰原本以戈作爲義符，單作爲聲符的形聲字結構。但在此，它轉變爲持有戈(戈)並站立(立)的形象，表示"戰爭"的概念，從而成爲新的會意字結構。當然，上文中的戓可以被視爲戈的簡化形式。
　　⑧ 窮是由義符的穴和聲符的躬組成的形聲字結構。躬當然也在一定程度上參與了意義的確定，即躬原本是由義符的身和聲符的弓組合而成的字，代表身體，而穴指的是洞穴。身體(躬)被困在洞穴(穴)裏，意味著非常困難。在上文中，它再次由穴和力組成，其中力原本是形象化的鏟子。鏟子被困在洞裏，儘管用力也無法取出，形象化了"困難"的概念。從這個角度看，它從形聲字結構轉變爲會意字結構。

蠶作蚕(《孟》7 上 25 陽 9)①

(3)從指事結構到新的指事結構的轉變

本爲夲(《論》1503 陽 1)②

3. 俗字的特徵

以下基於坊刻本所呈現的俗字存在情況,我們可以論述幾個特點。
首先,筆劃的簡化是主要的趨勢。
　　文字是爲了克服語音語言的時空限制而出現的視覺符號系統。因此,從文字的產生開始,它具有兩個相互矛盾的目標,一個是由於文字是視覺符號系統,它必須能夠準確地傳達給使用者,即"形體辨別的準確性";另一個是由於文字是被寫下的符號系統,在寫作時需要盡可能地節省時間,即"寫作的便利性"。這兩個目標始終存在對立。也就是說,如果希望文字能夠清晰無誤地傳達想要表達的概念給使用者,那麼必須盡可能準確地、詳細地表示。但這樣一來,形體結構變得更加複雜,寫作速度相對下降。反之,如果希望提高寫作速度並縮短寫作時間,則必須盡可能簡化形體,這就產生了矛盾。這兩個基本矛盾相互作用,會使漢字的形體發生變化。換句話說,當強調"寫作的便利性"時,漢字的形體會傾向於"简化",而當強調"形體辨別的準確性"時,則會傾向於"繁化"。

---

① 蠶在甲骨文中,是通過形象化蠶蟲而成的象形字結構。但到了小篆階段,它變成了現在的形狀,以朁作爲聲符,以蚰作爲義符,形成了形聲字結構。在此,聲符的朁被替換爲天,並省略了一個虫,從而轉變爲上述的會意字結構。這反映了人們認爲從蠶茧中產生的神奇的絲線,因此認爲生產它的蠶是天(天)賜予的蟲(虫)的觀念。

② 本是由木和指示部首的一組合而成的指示字結構。指示部首的一表示樹的根部位置,從而明確了本的意義。在此,爲了使這一功能更加明確,將其移至樹(木)的最底部。

然而,"簡化"與"繁化"這兩大中心軸於漢字形體的發展中絕非孤立或僅獨立存在,而是時常相互影響和交織。但隨著人類社會的逐步發展和進步,對文字的應用日益追求快速且便利的筆寫方式,結果顯示,在漢字的早期階段,繁化佔有上風,但在整體發展過程中,"簡化"確實成爲了絕對的主導地位①。

至於坊刻本,相比其他資料,它更大膽地簡化和省略了筆劃。這些大多數源於漢字朝"簡化"方向發展的本質特點,以及從商業角度減少刻版成本的特定目的。爲此,坊刻本如同所見,經常簡化或省略筆劃,甚至勇敢地用簡單的符號來替代。但爲了更有效地實現"簡化",也經常看到利用草書體這一最強調"筆寫便利性"的形式。諸如:

貴作 ㄎ(《孟》7 上 13 陰 4),遺作 送(《孟》7 上 16 陰 9)

迎作 迎(《孟》7 下 15 陰 9)

足作 足(《孟》7 上 16 陰 9),楚作 楚(《孟》2 上 4 陰 7)

欲作 欵(《論》0612 陽 2)

偏作 偏(《孟》7 下 25 陰 2)

然而,計劃應盡可能地縮減,但至少在字符使用上必須避免混淆。即使簡化了書寫形式使其更易寫,如果失去了"形體區分的準確性"並導致字符使用上的混淆,那麼作爲字符的功能便會失落。爲此,坊刻本中也展示了相當多的深思熟慮。讓我們看下面的例子。

(1) 寧作 㝉(《論》0804 陰 5)

(2) 私作私(《孟》7 上 35 陰 3)

(3) 土作 圡(《孟》5 下 20 陰 1)

---

① 河永三:《漢代石刻文字異體字與通假字之研究》,50 頁。

(4) 北作此(《孟》6上1陽7)

如同(1)所示,儘管可以將"寧"按照中國的簡體字形式簡化爲"宁",但由於"宁"(《論》1006陰10)已獨立存在,因此沒有進一步簡化。在(2)中,增加了一筆劃是爲了與坊刻本中常用的"和"的俗字形式"私"進行區分。同樣地,(3)是爲了避免與形狀相似的"士"混淆,而(4)則是爲了與坊刻本中的"此"的俗字進行區分而增加了筆劃。這些例子都是爲了"形體區分的準確性",而不是簡化,反而是朝著"繁化"的方向進行的。

其次,是形聲結構的發展。

如所有文字一般,漢字這一文字系統也具有代表語音語言的角色,同時通過視覺符號來表示概念的雙重性。這裏所說的代表語音語言的功能,即文字表示的表音功能,而傳達概念則是文字的表意功能。文字系統在其起源初期主要是基於表形或表意來創建的,但隨著文字結構變得複雜,通過表形或表意來表示概念變得越來越困難,結果,通常是從表形或表意結構中增強表音功能,進而發展成表音文字系統,這是一般的變化趨勢。

對於漢字,這種變化趨勢仍然適用。但是,漢字不像其他文字系統那樣完全放棄"表意"功能,而是同時接受"表音"和"表意"功能的獨特系統,即"形聲結構"。目前使用的漢字中,絕大多數都是形聲結構,一個字中同時包含表示意義和聲音的部分①。因此,由於形聲結構具有文字的兩種基本功能的優勢,其比例越來越高②。

---

① 因此,有時也稱漢字爲"音—意文字體系"。嚴格意義上的完全表示文字體系實際上並不存在。儘管如此,通常稱漢字爲表示文字是因爲與世界上的其他文字體系相比,其表示性相對較強,但並不完全反映漢字的特性。從這個角度看,漢字的發展可能與西方的文字發展模型: 從象形文字→表示文字→表示音文字的線性模式有所不同。

② 例如,在商代的甲骨文中,象形結構佔22.59%,會意結構佔32.30%,形聲結構佔27.24%。但到了宋代的《六書略》時,整體的象形結構下降到2.50%,會意結構下降到3.05%,而形聲結構增加到90.00%(李孝定:《漢字史話》,41頁。按: 在《漢字史話》中,記錄《六書略》中的會意字數爲700字,這是740字的錯誤,因此已進行修正計算)。現代的漢字中,大約有95%以上是形聲結構。這表明漢字也從最初的表示功能逐漸發展到強調表示音的功能,現在這兩種功能都被結合在一個結構中,這已成爲漢字的主要體系。

由於這種内在的發展趨勢,對於漢字,原本是象形或會意結構的,逐漸增強表音成分,從而變爲形聲結構。在坊刻本中出現的俗字中,最典型的例子是上面提到的象形、會意結構增加了聲符,從而轉化爲形聲結構的例子。

儘管如此,值得特別指出的是,坊刻本中出現的俗字,在中國的俗字系統中呈現出與之不同的特點。那就是,與前面的發展規律相反,從形聲結構反向轉變爲會意結構的情況也相當多①。這似乎是因爲在韓國,與中國不同,有一套能够精確表示漢字讀音的"韓文"表音文字系統共存。也就是説,由於"韓文"這一表音文字系統的共存,漢字的讀音可以得到韓文的輔助,結果可能是漢字更加專注於清晰地表示意義,從而實現功能分工。

第三,反映了文化情感。

雖然漢字是外來文字,但在朝鮮土地上由朝鮮人使用,因此自然地反映了使用者朝鮮人的精神和文化情感。在朝鮮朝坊刻本中出現的俗字,與中國這一漢字的源頭國家或與鄰近的日本這一同樣的接受國的簡字有著不同的獨特結構,這是因爲它反映了我們先祖對漢字的獨特認識、使用方式和美學觀念。例如,將墓、暮、幕、夢等複雜的上部分改爲入,從而表示爲仝、合、仐、氼,既簡化了筆劃,又將文字結構改爲會意結構,這是我們獨有的俗字,反映了我們先祖的出色漢字使用技巧。再如,將國改爲国(《孟》2 上 1 陰 7),再將其分解爲口王(《孟》4 上 11 陰 1),這最終反映了"國家"被認爲是王的所有物的君主中心思想。又如,表示"儒學者"或"士人"的儒,改爲仪,將其改爲"寫字的人"的會意結構,這反映了尊重學問,特別是不是"武藝"而是"讀書"的思想。不僅如此,有時爲了使字更加美觀,還添加了修飾成分。例如,美改爲羙(《孟》4 上 18 陰 5);涯改

---

① 中國的情況是從象形、會意結構到形聲結構的轉變幾乎是單向的。即使在漢字形態變化最爲劇烈的小篆階段到隸書階段的變化,即"隸變"階段,也是如此。具體的例子可以參考河永三:《漢代石刻文字異體字與通假字之研究》,52—55 頁,以及《顧藹吉〈隸辨〉之研究》,148—150 頁。

爲泒(《孟》3下18陽2)①；升改爲升(《孟》5上10陽1)；夸改爲夸(《論》0632陰3)等②。這些事實上與文字應盡可能方便書寫，爲此在確保意義傳遞的範圍内應盡可能簡單的原則相對立。但文字不僅僅存在於這種實用目的。特別是像漢字這樣的文字系統，比其他任何文字系統都更富含表意性，也更具有美學結構。隨著使用者的美學意識的增強，爲了強調對稱美，或均衡地填充空間的布白美，調整筆劃結構或添加點等修飾成分，從而創建了均衡和美觀的文字結構。

第四，反映了文字的使用環境。

這裏所說的使用環境是指本研究中選定的坊刻本所具有的特殊環境。由於這是用筆寫下後再版刻出版的，因此必須儘可能考慮版刻的便利性。結果，爲了版刻的便利，努力將複雜的曲線結構改爲盡可能的直線結構，這一努力的痕跡明顯可見。

敬作敬(《論》1901陰2)

過作過(《孟》2上4陽4)，過(《孟》2上4陽7)

歌作歌(《孟》5上13陰8)

對於"敬"，它們在構成該字的楷書體中，將所有筆劃都改爲像"卄""可""文"等的直線結構，以促進版刻的便利性；"過"和"歌"的情況也是如此。

第五，關於外形特徵，可以列舉以下幾點。

---

① 有些人認爲圭或涯上加了一筆，這是因爲連續的筆劃(土的直筆劃)合併成一筆，然後爲了補充這減少的筆劃數量(參見《漢字略體調查研究》，268頁)。但考慮到其他加了這筆劃的字，例如民變成民(《訓民正音御製》)，昇變成昇(《古文書》)(參見《漢字略體調查研究》，85、132頁)，奎變成奎(《法華經》)(參見《我們國家的漢字略體調查》，69頁)等，即使筆劃沒有減少也增加了這筆劃。從這些例子可以看出，主要目的可能是爲了保持空間佈局的平衡或追求美觀。

② 此外，還有將言變作言(參見《孟》4下23陽2)，將羊變作羊(參見《孟》5上23陰10)，將看變作看(參見《孟》6上22陰7)，將鄉變作鄉(參見《孟》6上24陽10)等，這些筆劃的修改似乎也是爲了創建美觀的字形。

首先,當縮減筆劃結構的一部分時,其他部分盡可能抑制縮減,以最大限度地避免混淆,從而提高文字使用的便利性和準確性。諸如：

譏作詭(《孟》2 上 35 陽 7),議作訁(《孟》3 上 18 陽 7),識作訜(《孟》5 上 4 陰 10)

饑作餞(《孟》7 上 32 陽 1)

關作関(《孟》7 下 6 陰 1)

意作亩(《孟》7 上 13 陽 3)

當構成詞的其他部分被縮短為簡單的符號時,即使它被用作偏旁,它也會保持原樣不被縮短。另外,意通常中間的日部分會被縮短為橫劃(一),但由於下面的心部分被縮短為橫劃(一),所以中間部分仍然保持原樣。此外,當文字重複時,例如"區區"就使用了省略符號"ヒ"來表示,如"區ヒ"(《孟》3 上 10 陽 8)。

4. 結　　論

如前所述,坊刻本中保存了豐富且具有獨特特色的俗字,遠超我們的想像。坊刻本中的這些俗字無疑地體現了漢字發展過程中的核心趨勢,即形體的"簡化"。

作為使用漢字作為我們文字生活一部分的我們,今天我們如何發展性地使用它,並通過這種方式持續保持漢字的生命力,也與這項研究的遠大目標有關。也就是説,通過對擁有出色俗字系統的坊刻本中的俗字系統的調查和分析,我們可以創建一個可以成為現行漢字標準的俗字系統。

中國基於過去長久且多樣的研究結果,於 1935 年發布了《第一次簡體字表》,隨後在 1956 年推出《漢字簡化方案》,1960 年發布《第二次漢字簡化方案(草案)》,1983 年則是《簡化字總表》,從而確立了國家的標準

(俗)字體系。除了這個體系,1955 年還整理了這些標準字的異體字,並發布確定了《第一次異體字整理表》。而日本在明治維新之後,一直進行漢字的簡化研究,已經以"簡體字"和"略字"的名稱確定了國家標準並實施。根據我們的情況,1967 年的國語審議委員會選定了 198 個略字,1981 年韓國語文教育研究會制定了 181 個略字並建議使用,但採納這些建議的出版物或作品非常少。這正是因爲它們沒有成爲國家層面的標準。目前在我們的文字生活中,以某種方式混合使用了"略字"是一個事實。這些略字受到是否是日本式略字的質疑。實際上,這些與我們獨特的俗字有很大的不同,並且已經確認與日本的略字非常相似。

在這種情境下,首先我們必須討論是否應該允許在現行的漢字中使用"俗字",同時,這種討論應該基於漢字的發展理論,從比較中國、日本等漢字文化圈國家的漢字使用實況的角度進行。不僅如此,從東亞三國的俗字中所呈現的差異性,可以確認這些民族之間的文化差異,因此對"我們獨特的略字"的研究在未來仍應持續進行,並以此爲基礎,現行漢字中的標準俗字體系應該迅速建立。

參考文獻:

國立國語研究院:《東亞三國異體字比較研究》,1992 年,首爾。

國立國語研究院:《我們國家的漢字的略體調查》,1991 年,首爾。

國立國語研究院:《漢字略體調查研究》,1993 年,首爾。

金榮華:《韓國俗字譜》,亞細亞文化社,1986 年,首爾。

南廣祐:《漢字文化圈的常用漢字和略字問題》,漢字文化圈內的漢字生活問題國際討論會發表論文,1991 年,首爾。

柳鐸一:《朝鮮朝文獻中使用的半字》,《韓國文獻學研究》,首爾:亞細亞文化社,1989 年。

柳鐸一:《韓國文獻學研究》,首爾:亞細亞出版社,1989 年。

杉本つとむ編:《異體字資料集成》(10 冊),東京:雄山閣出版社,1973 年。

安春根:《韓國出版社概要》,青林,1987年,首爾。

王延林:《常用古文字字典》,上海:上海書畫出版社,1987年。

劉腹、李家瑞:《宋元以來俗字譜》,臺北:文海出版社(影印),1978年。

李圭景:《里俗土字辨證説》,《五洲衍文長箋散槁》(卷33),首爾:東國文化社。

任昌淳:《韓國的印本和書體》,《民族文化研究論叢》(第4集),大邱:嶺南大學民族文化研究所,1983年。

張静賢:《現代漢字學教程》,北京:現代出版社,1992年。

鮎貝房之進:《雜考、俗字考、俗文考、借字考》,東京:國書刊行會,1972年。

趙誠:《甲骨文簡明詞典》,北京:中華書局,1988年。

太田辰夫:《唐代俗字譜》,東京:汲古書院,1982年。

河永三:《顧藹吉〈隸辨〉之研究》,臺北:臺灣"國立"政治大學中文研究所碩士論文,1987年。

河永三:《漢代石刻文字異體字與通假字之研究》,臺北:臺灣"國立"政治大學中文研究所博士論文,1994年。

許進雄著,洪熙譯:《中國古代社會》,首爾:東文選。

"韓中日古代韓字字典統合DB建設及比較研究"序論

1. 研 究 目 的

　　本研究的目的在於以韓國朝鮮時代主要字典及古代中國和日本的代表字典爲中心,对其所出現的漢字字種、字頻、異體字、字音、字釋、傳承關係等,從共時和歷時的角度整理,以建成世界各地都能利用的以統一碼設計的專家用數據庫。

　　本研究的具体目標,則有如下几点:

　　1. 建設韓中日字典類統合數據庫。

　　2. 對研究對象資料進行版本的對照整理,確定句讀,異體字整理等。

　　3. 對對象資料賦予多樣化屬性(標題字、異體字、字義、字音、字釋)提供專家水平的研究平臺。

　　4. 對出現的所有漢字(包括異體字、古字)賦予統一碼,提供國際通用的檢索系統。

　　5. 建設韓中日統合檢索系統,實現共時和歷時的比較檢索,以提供語言學、文化學、史料學上的比較研究基礎。

　　6. 實現有效的"共享"和"疏通",爲研究專家提供研究的基礎資料。

7. 發掘并公布韓國固有漢字,保障韓國主導之下確保國際漢字編碼。

1.1　研究的必要性

1.1.1　建設古代字典文獻數據庫的必要

建設古代文獻資料數據庫爲將文獻狀態的信息載體轉換爲能夠在任何地方、任何時候都能提供給任何人的三次元信息,能使人們共享並疏通其中的各种信息。中美日早在二十世紀八、九十年代開始對古文獻進行數碼化。但是韓國卻一直意識不到古文獻數碼化的重要性,直到二〇〇〇年才制定"知識信息資源管理法",認識到古文獻數碼化的重要性。在編製韓國漢字統一碼,形成一貫又有效地整理方法,形成有效地檢索方法等方面,都有很多不足之處。

1.1.2　建設統合檢索系統的需要

自從二〇〇〇年開始,韓國也隨著知識信息化的趨勢進行了文獻資料的數碼化,有些文獻已经建成數據庫,提供統合檢索,但是分類缺乏規則性,meta-data 和圖像格式不標準等不少問題,至今沒有解決。本研究所拟創的檢索系統爲給古代字典的漢字賦予能貢獻於學術研究的多方面的屬性,諸如字形方面(固有漢字、異體字、俗字、略字等)、字音方面(多音字、古代韓字字母、俗音等)、字義類型方面(文化現象、衣服、風俗、祭祀等)、字形結構方面(六書、上下結構、左右結構等),不但實現朝鮮時代字典之間的歷時、共時研究,并將與中國日本字典資料,實現統合。

1.1.3　字典資料研究的必要

字典充分掌握了當時普遍使用的汉字之釋義,比起其他漢字文獻更爲規範化、定型化,因而可以説字典是漢字研究的最基本資料。朝鮮時代具有口語、文言不一致的雙重語言結構,人們都認爲朝鮮時代为了满足文言生活的需要而編的各种字典只不過是抄中國的字典而已,但是仔細分析漢字釋義還能發現不是單純的複製中國的漢字釋義,還記錄當時朝鮮人常用的釋義。換句話說,韓國古代字典被韓國人自己再度創造,帶著濃郁的韓國特性。現在我們可以由此研究當時韓國社會用字情況,例如韓字字數、字種、字釋、字頻,更能從語言學和文化史的角度去探究。於是韓國古代字典可以說是不可缺少的重要文化遺產。

1.1.4　進行韓中日比較研究的必要性

韓中日字典比較研究可以說是思維結構的比較研究。漢字比較研究和統計資料不僅能明確指出漢字文化圈裏漢字使用變化和演變過程,還能用以探究以漢字爲媒介的文化傳播和文化,對這方面歷史文化交流作補充。

1.1.5　以韓國漢字的國際標準化爲目的的基礎研究的必要

韓國有很多獨特的異體字和國有漢字,這是由於韓國雖然採用了漢字,但在字形方面比中國更自由,能夠反映韓國固有文化;造出來的獨創字形,可以說帶著濃郁的韓國文化色彩。韓國的固有漢字、異體字、韓字的韓國固有義等,到現在一直得不到充分的研究,特別是沒有賦予統一碼,沒有實現完善的數據庫平臺。這樣的缺乏數碼化的情況,成爲古文獻研究的嚴重障礙,也對宣揚韓國傳統文化造成嚴重的障礙。於是,本研究會發掘并整理韓國字典的固有漢字和異體字,力求能使之符合於 ISO 標準規格,賦予統一碼,爲韓國漢字準備國際規格化的基礎。

1.2　研究的獨創性

1.2.1　研究對象的獨創性

本研究的對象爲在韓國字典史上擁有相當重要地位的《訓蒙字會》(1572 年)、《全韻玉篇》(1796 年)、《校訂全韻玉篇》(1796 年)、《字類注釋》(1856 年)、《字典釋要》(1909 年)、《新字典》(1913 年)等跨朝鮮四百年的代表性字典。前輩學者雖然研究過單個字典,或者對一兩種字典的比較研究,但是從未有過跨四百年歲月全面的、歷時性的研究。

而且本研究還涉及到中國的最有代表性字典《説文解字》、《玉篇》、《康熙字典》以及日本的代表字典《篆隸萬象名義》和《新撰字鏡》,使一不小心就越做越會鑽牛角尖的我們的研究能夠全面、系統、深化。

1.2.2 研究方法的獨創性

（1）運用來源可信、分類準確、分析細緻的多功能檢索系統。

準確又細緻地分析對象資料正是構築數位典藏（Disital Archive）最大的關鍵。正確地分析版本，賦予句讀、字義、字釋、部首、異體字等多層面的屬性是必不可少的。對每個漢字所賦予的屬性越多，建立起來的數據庫就更能具備專業研究資料的水平。現在所擬定的屬性大約有二十項左右，迄今爲止所開發的數據庫里無法找到能設立這麼多樣化的屬性的例子。

如果活用此多功能檢索系統的話，不僅能夠取得高效率又正確的統計資料，更能通過有關資料的統合檢索從而進行更深入的研究。

（2）通過韓中日字典綜合比較研究，導出科學、全面的研究結果。

本研究的目標是構築將韓中日重要字典統合起來的檢索系統，於是可以實現漢字文化圈內重要漢字的比較研究。而且由此可以對漢字的字義、字形、字音的演變，進行歷時、共時研究。下面舉"時"字例作參考：

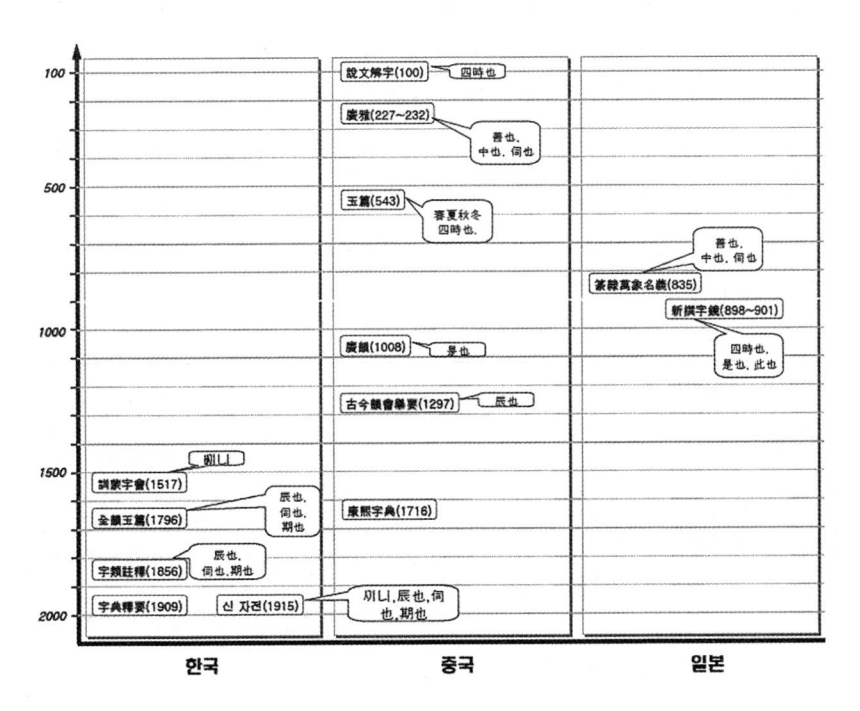

(3)增補有關數據庫的資料構築確實的數位典藏(Digital Archive)。

本研究的第一個目標是構築韓中日字典統合數據庫,而其次的目標就是持續管理數據庫,使研究範圍擴展到韻書類、字譜類、蒙求類等更廣大的領域,最終建設一個數位典藏的。若是在這個基礎上把研究範圍擴展到金石資料、古文書、古圖書等領域,可以期待構築巨大漢字數位典藏。這樣就可以和全球的漢字研究所進行廣泛的交流,建設泛世界性統合數位典藏了。

1.3 與先行研究比較

1.3.1 韓國字典類數位典藏建設現況

自從二〇〇〇年一月制定知識信息資源管理法以後,對擁有極高的保存和利用價值的知識信息進行了數字化處理,到二〇〇四年建立起有二億二千萬件知識信息字源的 DB 了。從此韓國古文獻的數據庫化日益多樣化,建立了韓國歷史信息統合系統(王室藏書閣數位典藏)、韓國古典籍綜合目錄系統,以及韓國古典翻譯院、韓國古代史學會、國家紀錄遺產等的數位典藏,使很多韓國的文獻資料的查看更方便有效。其中,韓國歷史信息統合系統(王室藏書閣數位典藏)建立的數據化資料最豐富,到二〇〇八年爲止已經構建了 133 886 件的古文書數據庫,是查看寶貴的文獻資料的非常重要的檢索系統。但是字典的檢索系統不夠專業,用作專家研究平臺有所不足。

名稱及網址	長　　處	短　　處
韓國歷史信息統合系統(王室藏書閣數位典藏) http://yoksa.aks.ac.kr	(1)按部首、筆劃數、漢語拼音分類,易於檢索。 (2)可以按領域、分類檢索。	(1)所載的信息只有字音、字義、部總筆劃、除部首筆劃總數、出處,刊行年代等初步信息,不適合於專業研究。 (2)蓋"依據"沒有系統性,也有遺漏的。

續表

名稱及網址	長　處	短　處
		(3) 沒確保足夠的異體字性和統一碼。 (4) 領域和分類的範圍過於廣大，檢索不易。
高麗大藏經研究所 http://oldsearch.sutra.re.kr	(1) 按部首、筆劃數、漢字音做分類，可以檢索。 (2) 提示韓意、中意、日意、英意義及每個漢字的異體字形。 (3) 每个字头都提示韓音、中音、日音、反切、統一碼。 (4) 高麗大藏經研究所提供的"电子漢字詞典"正在升級當中，不好使用。但是可以檢索到很多異體字，有提供漢字的字頻統計，統一碼等的信息。	(1) 未能處理統一碼時留下很多空缺。 (2) 沒有字釋和字音的出處。 (3) 高麗大藏經的檢索系統很完善，但是電子漢字詞典的內容和水平沒有前者完美。 (4) 電子漢字詞典的字頻限制于高麗大藏經，因而不能囊括所有漢字，只是特殊領域的字頻。
嶺南退溪學研究院 http://www.toegye.ne.kr	(1) 按部首、筆劃數、漢字音做分類，可以檢索。	(1) 只提供最基本水平的字音和字釋。 (2) 沒有標明字音和字釋的出處。

1.3.2　中國字典類數位典藏建設現況

　　中國的字典類數位典藏主要以漢代的《說文解字》、宋代的《重修玉篇》、清代的《康熙字典》、當代的《新華字典》以及歷代字典當中具有代表性、學術優越性的字典爲基礎而建立的。有的收錄了其中的一種，有的在同一個平臺上同時收錄了幾種不同的字典，可以作統合檢索。這些字典類數位典藏有一個共性，就是在字典的平臺上附設了詞典的檢索系統，按不同的需求裝上各種不同的詞典，如書法字典、成語詞典、詩詞詞典等。

　　但是，除了一些統合幾種不同時代的代表字典建設而成的數位典藏以外，大部分只裝上《新華字典》，其內容難免單調。有時甚至可以發現模仿或抄襲其他數據庫的情況。而且統合幾種字典追求學術性和多樣性的數位典藏也存在著一些問題，對象資料只限於上述的三四種字典，範圍狹窄，在文字學的觀點來看它們所包含的信息不夠深入，也不適合做專家用的研究平臺。

名稱及網址	長　　處	短　　處
漢典 http://www.zdic.net	（1）收錄《說文解字》、《說文解字注》、《康熙字典》等，提供豐富的字義信息。 （2）包括古文字字形在內，收錄了很多字形方面的資料。 （3）可以和詞典、成語詞典字頻統合檢索。 （4）也有方言學方面的信息。 （5）收錄了中國的常用字和台灣的常用字標準字形表。	（1）解釋字源時，古文字字形例示和分析字源的說明在各處一地，效率降低。 （2）字源分析內容过于簡單，而且誤謬亦多。 （3）不收異體字，無法反映具有各種字形的漢字的特性。
網絡中國工具頻道 http://tool.httpcn.com	（1）收錄《說文解字》、《說文解字注》、《康熙字典》、《漢語大字典》、《新華字典》等豐富字典。 （2）可以用原文圖片檢索和閱覽。 （3）直接和包含所查漢字的詩句、詞句、詞彙、慣用語等連接，理解該漢字的用力情況頗有方便。	（1）抄襲了別的字典上所說的字源分析。 （2）和別的數據庫混在一起，分散注意力。
漢字大典-在線漢語大字典	（1）收錄《說文解字》和《康熙字典》，內容還算豐富。 （2）和別的工具書聯繫，方便於查詢該數據庫所不提供的信息。	（1）漢字字源的研究和信息不夠。 （2）连以前紙本《漢語大字典》的漢字字形演變信息都沒反映著，漢字字形方面內容很不完善。 （3）特別開設了漢字教育欄目，但是其內容不夠充實。

1.3.3 日本字典類數位典藏建設現況

日本的字典類數位典藏結合漢字詞典和國語辭典(日語),顯然是在實際語言生活起輔助作用的,於是已經建設了很多種類,如漢字術語詞典、疑難漢字及難讀字詞典、筆劃檢索及學習用詞典、漢字考級用詞典、人名辭典、常用漢字詞典、漢字用例詞典,同義詞、廣義詞、狹義詞檢索系統等。并且該類數位典藏與中韓比起來,較爲細緻,且常以 mobile contents 的形式提供。而內容方面不夠詳細,還可通過深入研究而補充。

尤其是古代辭書數位典藏的研究有不足,這在歷代文獻和中國傳來的文獻之中的異體字和字樣學的整理和研究較爲突出,像《篆隸萬象名義》和《新撰字鏡》一樣有學術價值的古辭書研究還不夠。

名稱及網址	長　　處	短　　處
漢字辞典ネット http://zd.eywedu.com	(1) 按漢字詞典、常用漢字表、人名用漢字、難讀漢字可以檢索,使用方便。 (2) 有很多檢索方法。尤其是可以按學年和漢字考級的級數、JIS 第一水平、第二水平做檢索工作,實用性頗高。	只有部首、筆劃、考級級數、學習水平、JIS 編碼、統一碼等信息,卻對漢字本身的信息很少。
日本辭典 http://www.nihonjiten.com	提供漢字詞典、成語、同音異義語、反義詞、主題檢索等,檢索路徑很多。	筆順、部首、簡單的字義以外,沒有深入的信息。
漢字字体規範データベース http://joao-roiz.jp/HNG	(1) 全盖日本歷代文獻所出現的異體字的字形。 (2) 提供異體字字頻統計結果。	(1) 沒有字形說明。 (2) 對漢字的訓音、字釋沒有解釋。
和制漢字の辭典 http://zd.eywedu.com	(1) 全盖日本歷代文獻所出現的日本國字,能理解日本漢字的实相象。 (2) 介紹日本国字的由來,和韓國中國的字形作比較。	(1) 沒有日本國字的字義解釋。 (2) 缺乏漢字詞和用例的說明。

2. 研究方法及其內容

2.1 研究方法

2.1.1 研究範圍的適當性

本研究要統合韓中日三國的主要字典,并建立具有多功能檢索系統的數據庫,其中包括六種韓國字典,三種中國字典,兩種日本字典。本研究的研究範圍如下。

書名	國家	版本種類 (包含刊行本)	特　點	字數
《訓蒙字會》 崔世珍 (1527)	韓國	·瀰漫本 ·洛沎本 ·1613年(光海君5)本: 現存最古本 ·1913年光文會本: 誤字太多,難以解讀。 ·1958年版本: 南廣祐按現代漢字音編製了索引。 ·1945年版本: 《한글歷代選》第一集留下了抄選本。檀國大學東洋學研究所刊行的影印本。	分上中下三卷,細分33個字義類型排列。	3 360字
《全韻玉篇》 未詳(1796)	韓國	·2卷2册,木版本。 ·根據奎章閣所藏本,上有"庚戌中秋由洞重刊"的記錄,可以推定正祖14年(1790)刊行了。 ·純祖19年(1819)整理字本:覆刻版,山氣文庫藏本(1801—1834)。	沒有准確刊行時期,以及編纂者的信息,但可推爲和《奎章全韻》有聯繫的。別於以往的《玉篇》從屬於韻書,體裁上、內容上具有足够的獨立成書的資格。對每個漢字注釋字音和字釋,可以用作獨立的字典。	10 840字

"韓中日古代韓字字典統合DB建設及比較研究"序論

續表

書名	國家	版本種類 （包含刊行本）	特　點	字數
			效仿《康熙字典》的體例，選定韓國常用漢字，以漢語注表音，以漢字注表意。 爲了作詩之用，附上了四聲韻字。	
《校訂全韻玉篇》 池松旭 （1913）	韓國	・2卷2册，木板本。 ・編者、刊寫地、刊寫者、刊寫年皆爲未詳。（圓光大學，檀國大學，慶北大學等所藏） ・推測爲1898年（高宗36年）冬季刊行，經過慎村子（黃泌秀）校訂的版本。 ・1913年，池松旭編纂。 ・共有十四種版本。	校訂《全韻玉篇》的字音而編寫的字典，沒有序文和凡例，由《校訂全韻玉篇總目》、《本文》構成，本文的體例和《全韻玉篇》相同。《校訂全韻玉篇總目》的末尾附著編撰者的後記能理解編撰《校訂全韻玉篇》的理由和過程。	与《全韻玉篇》相同（校訂了138個漢字音）
《字類注釋》 鄭允容 （1856）	韓國	相傳奎章閣本和覓南本兩種異本，1974年建國大學出版部將覓南本合成一本，影印而出版了。	依序、目錄、總論、上、下、附錄的順序排列，在總論上說明字書、韻書、諺釋、子音、字標、字數等內容。	10 800多字
《字典釋要》 池錫永 （1909）	韓國	・1906年成書，在1909年7月匯東書館刊行此書以來，直到1925年共印了十六版。 ・光復以後，1945年永昌書館再刊行，1975年亞細亞文化社再影印。（共印过21次）。	表明了承襲《康熙字典》的字類和字釋以作基礎，編撰適合于韓國漢字音的字典之事。 卷首有原序、凡例、檢字、目錄，其後就是本文了。 研究從開花期到現在國語詞彙變遷史的重要史料。	16 295字

本研究將要進行對上述的十一種字書所含十五萬多字頭逐一賦予字體和屬性的工作。之前一定要先完成對文獻資料的檢查和脫草、句讀、異體字的研究，然後對每一個字賦予資料、篇名、字形結構、筆劃、字音、字

義、異體字、字釋等屬性。

隨著現代數位典藏系統的發展,中國已經建立了《康熙字典》和《説文解字》等代表性字典的數據庫。但是考慮到艱難的輸入過程和韓國的研究環境,在三年之內建立多種數據庫難免有時間和技術性的限制;就工作量和難度角度看來,本研究計劃所定的研究範圍可行性很強。而且就像上述的表格所指出,所有的對象資料均是各國的代表字典,其研究價值相當高。

2.1.2 隊伍組織的適當性

本研究所的研究陣容由漢字學專家構成,雖然歷史並不長,但一直追求著學問深度,陸續刊行了學術雜誌,舉辦了小型學術會議和研究會議。另外,主辦過兩次來自五個以上的國家的專家所參加的大規模國際學術大會以及世界聞名的漢字學家的 Workshop 合演講會。本研究特意聘請電腦工程系的教授擔當數據庫的設計、服務和管理,確保本研究在質量上、工作量上的水平。本研究的研究队伍的组织和研究分担内容則如下:

參與形態			具體研究方向	研究業務分賬分章	具體的任務
研究負責人			漢語史	・統帥研究活動,主管研究進行的全流程。 ・作爲共同研究員的一人,參與研究論文和論著的著述活動。	以輸入好的資料爲基礎,發掘異體字,負責ISO申報,輸入資料。
共同研究員	一般共同	甲	漢字文化學	・輔助研究負責人參與研究活動的全過程,完成個人研究課題,著述研究論文和專著。 ・主導參與定期學術會議、研討會、論壇等活動,發表研究成果。	發掘并檢定韓國方面的資料,輸入資料。
		乙	古代漢字學		開發軟件,統帥資料輸入,資料輸入。
		丙	電腦工程		開發軟件,統帥建設數據庫,資料輸入。
	專任人員	丁	漢字理論		輸入和校對,管理資料。
		戊	漢字字樣學		輸入和校對,輔助軟件的開發。

续表

参與形態			具體研究方向	研究業務分賬分章	具體的任務
共同研究員	研究助理	己	漢字訓詁學	·輔助資料的調查和輸入。 ·積極參與有關本研究的學術會議,體會研究成果。	輸入與校對,管理網站。
	研究助理	庚	漢語,中國文學	·承擔各種輔助工作。 ·積極參與有關本研究的學術會議,體會研究成果。	複印,簡單的輸入工作,掃描,輔助網站管理,輔助資料整理。

2.1.3 科學性研究

學問領域發生革命性變化是二十一世紀的要求。由以文書資料爲主的過去學問,早已演變到運用數碼資料的地步了。這就要求提供能互相疏通的穩定又科學的持久性資料。本研究首先要求建設 Access 資料和電腦統計等科學性研究系統;由此抽出漢字資料的字種、字頻、常用漢字等信息,提供研究的依據。本研究要求對所有的資料不僅處理電算輸入,還進行分類並賦予多樣化屬性的工程和標籤處理,完成數據化,建立一個富於科學性的專家用研究平臺。

2.1.4 統合性研究

本研究的目標是既能开發具有各種路徑的檢索系統,又能構建體現語言資料分析内容的專家用語言數據庫。爲了成功的建立這樣的數據庫,對十五萬多字頭進行賦予資料、篇名、著者、時期、刊行處、編韻方式、字數、字序、韻部、聲調、反切、韓國漢字音、字義注釋、筆劃、表音字素、表義字素、俗字、訛字、別字、異體字等多樣化屬性的工作,使得全體字典的統合檢索和比較研究實現。

2.1.5 宏觀研究

本研究除了韓國的資料以外,還涉及到中國和日本的重要字典一起做數字化,可以脫離枝葉性研究而實現脫邊界的宏觀研究。漢字文化圈內的比較研究不但更清楚地指出漢字的使用現況和演變過程,而且能從宏觀角度提供漢字作爲媒介參與的文化的傳播、文化交流等資料。於是,本研究未來將會將研究範圍擴展到越南等更多的漢字文化圈國家。

2.2 研究內容

2.2.1 韓中日的漢字字釋比較研究

本研究以字典爲對象,跨度從十五世紀到二十世紀初,大約四百年。各種字典上的漢字都是歷史文化的反映。韓國的字典爲了使讀者更容易理解漢字,用諺文注音、釋義。但是各個字典的字頭、排序、代表訓和音又是不同的,一定程度上反映了當時社會需求。而且歷代訓和音表示法的演變都蘊含著當時的時代情況和詞彙的變化。韓國的漢字字釋雖源於中國,但卻存在不同,字釋有所差異。日本字典也是一樣,雖然參考了中國的字典,卻保留著日本獨有的字義,而這反映著當時社會文化的情況。

於是,若是將三國的字典作比較,得以研究漢字的傳承和影響關係,並涉及各國的文化史。下面,舉朝鮮時代各種字典裏具有特點字釋爲例:

字頭	訓蒙字會		全韻玉篇		字類注釋		字典釋要		新字典	
	訓音	漢字字釋	訓音	漢字字釋	訓音	漢字字釋	訓音	漢字字釋	訓音	漢字字釋
天	하늘텬	天道尚左,日月右旋。	텬	至高無上,乾也。(先)	하텬	至高無上。	텬	至高無上.하날쳔(先).	하날텬	至高無上,乾也.하날[易]乾爲天.[荀子]天無實形地之上,至虛者皆天也。
地	따디	以形體稱曰天地,地道尚右水泉東流。	디	坤也.氏也.載萬物(實)第通.	따디	墜坒古厚載萬物。	디	坤也。지(實)墜全	짜디/쌍디	載萬物,坤也.짜,쌍[博物志]地以名山爲輔佐.石爲骨.川爲脈,草木爲毛,土爲肉(實)第通.

"韓中日古代韓字字典統合DB建設及比較研究"序論

續表

字頭	訓蒙字會		全韻玉篇		字類注釋		字典釋要		新字典	
	訓音	漢字字釋	訓音	漢字字釋	訓音	漢字字釋	訓音	漢字字釋	訓音	漢字字釋
乾	하늘건	天道健也。	건	天之性情健也。卦名。不息乾乾馬飾連乾(先)	하늘건	健古天也,卦名。	건	天也。하날건○健也.굿셀건(先)	하날건	天也.하날.[역]乾元亨利貞●健也.굿셀●男也.산아이.如俗言乾造,乾宅,乾命.●兢惕貌.조심할[易]君子終.乾乾夕惕若.●卦名(先)
			간	燥也。(寒)	물을간	仝漧,燥也。	간	燥也。마를간(寒)	마를간	●燥也.마를.[詩]嘆其乾矣(寒)
寒	출한	—	한	凍也。窮窘(寒)	출한	凍也。	한	凍也。찰한(寒)	찰한	冬氣,暑之對.찰,치물●窮窘.어려울[史記]裕叔一寒至此哉●歇也.그만골.如寒盟之類●戰慄.일.如心寒簀寒(寒)
時	찌니시	—	시	辰也。是也,伺也。期也,四時(支)	찌시	旹,古辰也,期也。是也伺也。	시	辰也。시○是也.이시(支)	째,찌니시	辰也.째,찌니●是也.이[書]黎民於變時雍●伺也.엿볼[論語]孔子時其亡也而往拜之●四時期也.긔약[書]敬授人時(支)

515

《訓蒙字會》謂"天,天道尚左,日月右旋","地,以形體稱曰天地,地道尚右,水泉東流",這樣的字釋只有《訓蒙字會》才存在的。大部分的字典一律引用了《康熙字典》的第一字釋"至高無上",這説明《訓蒙字會》以後的字書都抄用《康熙字典》。《訓蒙字會》能這麼注解的原因是,它受到探究宇宙的生成和人類心性的結構等問題的、富於形而上學、內省實踐哲學性格的性理學之影響。日本的《篆隸萬象名義》謂:"天,顛也。顯也,君也。""顯也"之釋,也反映著日本獨特的時代背景和文化。

此外,《訓蒙字會》釋"時"爲"飯",這是別於中日的朝鮮獨特的字釋,相當有趣。以"飯"來注釋時間的"時"到底反映著當時難以解決吃飯問題的社會狀況,還是每頓飯就是表示時間的最重要的標尺,尚未定論。但是這樣富於韓國特性的字釋延續到《新字典》,這樣韓中日古代字典的數據化,通過漢字字釋的比較研究能夠實現歷史文化的比較研究。

2.2.2 以韓國漢字音的歷時研究作韓字國語體系研究

字頭	訓蒙字會		全韻玉篇		字類注釋		字典釋要		新字典	
	訓音	漢字字釋	訓音	漢字字釋	訓音	漢字字釋	訓音	漢字字釋	訓音	漢字字釋
秋	ᄀᆞ을츄	一	츄	金行時,白藏節趨蹌秋秋(尤)	가을츄	穐古烋仝秋就也。萬物就成,又擎斂穀熟	슈	金行之時.가을추○愁也。秋秋,금심할추(尤)	가을츄	金行之時白藏節。가을[書]乃亦有秋[禮]孟夏麥秋至●秋馬騰貌。말씩놀[漢書]飛龍秋游上天[羽獵賦]秋秋蹌蹌(尤)
坤	ᄯᅡ곤	地道順也。以功用稱曰乾坤。	곤	地也,卦名(元)	ᄯᅡ곤	地也。卦名	곤	地也。(元)	ᄯᅡ곤/ᄯᅡᆼ곤	地也。ᄯᅡ/ᄯᅡᆼ順也,슌할[易]地勢坤。[桓君山仙賦]容容無爲壽極乾坤.●卦名(元)

"韓中日古代韓字字典統合 DB 建設及比較研究"序論

續表

字頭	訓蒙字會		全韻玉篇		字類注釋		字典釋要		新字典	
	訓音	漢字字釋	訓音	漢字字釋	訓音	漢字字釋	訓音	漢字字釋	訓音	漢字字釋
昏	어〬름혼	—	혼	同昏(元)唐諱民作氏	어두울혼	日冥本昏,唐諱民作氏	혼	日冥,어두울 혼(元)。昏通.	날저물혼	日冥.날저물.[淮南子]日至虞淵是謂黃昏●闇也.어두울.[書]下民昏墊●亂也。어지러울,[書]昏棄厥肆祀不答●夭死.어리어서죽을[左傳]札瘥夭昏(元)昏同婚通.
			민	同啓(軫)						
霰	빤〮눈션	—	신	粒雪陽之專氣爲霰(霰)	락눈션	霓全粒雪.	션	粒雪。싸락눈선(霰)霓全.	쌀악눈션	粒雪,쌀악눈[詩]如彼雨雪先集維霰●星也,별。[釋名]霰星也.水雪相如星而散也(霰)

從十五世紀到二十世紀,韓國的國語音也起了很大的變化。韓國語的漢字音方面,研究資料嚴重不足。本項研究可以提供非常重要的國語史資料;並且本研究的對象是字典,具有漢字訓音,在國語史上的價值可想而知。

2.2.3 韓中日異體字比較研究

古文獻資料的電算輸入最難處正在于異體字的處理。但是異體字本身有其文化性,不能肆意改爲正體或者變其字形。字典是共用的,需要規範化,大部分使用正體字,但是還是存在一些異體字,於是我們需要對韓中日字典類文獻所出現的異體字進行統合,並系統比較。隨著電腦的普及,韓中日電算漢字符號系統之相異阻礙了信息交流,我們期待通過本研究的異體字比較研究可以提供解決異體字問題的依據。韓中日異體字比較研究的結果如下：

字頭	訓蒙字會		全韻玉篇		字類注釋		字典釋要		新 字 典	
	訓音	漢字字釋	訓音	漢字字釋	訓音	漢字字釋	訓音	漢字字釋	訓音	漢字字釋
風	ᄇᆞᄅᆞᆷ풍	─	풍	大塊噓氣,牝牡相誘,王者聲敎風俗(東)同諷(送)	ᄇᆞᄅᆞᆷ풍	凬,飄古大塊.噓氣又仝諷風喩。	풍	大塊虛氣.바람풍。○牝牡相誘,ᄒᆞ레할풍○風俗,풍속풍(東)諷見。	바람풍	大塊噓氣,바람.●牝牡相誘,ᄒᆞ레할풍●王者聲敎,울림[書]馬牛其風●樹之風聲●風俗[禮]移風易俗(東)●諷同(送)

正 體	韓國異體字	中國簡體字	日本常用漢字
鉤	鈎	钩	
鉛	鈆	铅	
員	肙	员	
奬	奨	奖	
醬	醤	酱	
單	单	单	
嚴	厳	严	
鶯	鴬	莺	
變	変	变	燮
頰	頬	颊	
輛	輌	辆	
麗	麗	丽	

518

"韓中日古代韓字字典統合DB建設及比較研究"序論

續表

正 體	韓國異體字	中國簡體字	日本常用漢字
搖	揺	摇	揺
蠟	蝋	蜡	
籠	篭	笼	
樂	楽	乐	
藝	芸,藝	艺	
廐	厩	厩	厩
飧	飡		殞
鼇	鰲	鳌	
鬱	欝	郁	
縕	緼	缊	
賤	賎	贱	
堯	尭	尧	
龜	亀	龟	
總	總	总	総
聰	聡	聪	聡
貳	弍	贰	弐

2.2.4 韓中日固有漢字研究

固有漢字又是个跟異體字不一樣的概念。異體字是指在有正體字的情況下,卻另有已大眾化的字體,習慣性或者訛變性地表示和正體同一音義的漢字。但固有漢字就是只存在某個國家内的特殊的漢字,別的國家根本不存在,就算存在其字形卻表示不同音義的漢字。這些各國的固有漢字具有相當重要的語言史、文化史上的意義。下面举例出現在《字典釋要》的固有漢字：

部首	字頭	國別	漢 字 字 釋	韓 文 訓 音
田部	畓	韓國	水田	논답
禾部	稤	韓國	各宮幹事者.稤宮	슉궁 슉
辵部	迲	韓國	不滿斛	마두리 무
肉部	朘	中國	朘鷄眼,脚	틔눈 쳔
糸部	紐	中國	牝鈕	암단추 구
貝部	賬	中國	討簿	치부 장
辵部	迚	日本	難如之何	엇지할수업슬 중
辵部	遖	日本	天晴	개일 남
雨部	雫	日本	涓滴	물ㅅ방울 하

2.2.5 研究進行計劃

(1) 第一年：對選定資料進行整理和分類,校勘,賦予屬性,異體字整理,輸入韓國的資料。

在第一年會搜集並確定選定資料版本,分析其版本抽出有關屬性的內容,以此爲基礎編製具有各種屬性的文字資料統計表。也就是説,對選定字典的每個漢字賦予編號、書名、異名、刊行年代、著者、編者、版本、所藏處、原文頁碼、大小、版本形態、縮微膠片編號、漢字字體、字音、異體字等的屬性,這些屬性在建設一個語言數據庫的時候是必不可少的因素,提供更具體而多樣化的檢索路徑,以提高檢索效率和利用上的方便。

對資料的整理工作結束以後,首先考查韓國的六種字典的輸入工作,以基礎屬性爲根據利用 Access2003 按個別字段輸入原文,輸入工作完畢,開始進行校對工作。

"韓中日古代韓字字典統合 DB 建設及比較研究"序論

（2）第二年：經過選定資料進行整理和分類，校勘，賦予屬性，異體字整理，輸入中日的資料。

在第二年也將大部分的工作都投入在資料輸入上面，尤其著重於中國的《康熙字典》、《玉篇》、《說文解字》和日本的《篆隸萬象名義》、《新撰字鏡》的輸入。

（3）第三年：以輸入的資料建設統合檢索系統，並加以比較研究。

在第三年會彙集所有的研究結果，建立信息在因特網上自由自在地檢索有關資料的數據庫。有一個很重要的步驟是再一次進行校對修改誤字、脫字等，確保提供信息的正確性。完成所有的 DB 由此可以進行歷時性、共時性比較研究，參與研究的所有研究人員都會著述兩篇以上的研究論文，刊登在期刊上。我們期待著利用本研究建立的檢索系統促進韓中日古代漢字字典比較研究，可以在"韓中日字義比較研究"、"韓國字典字釋字義演變研究"、"韓中日字典的傳承關係研究"、"韓國漢字音演變研究"、"固有漢字研究"、"韓中日異體字研究"等領域發揮作用。

2.3　研究的效用性

我們期待著本研究結果所建立的韓中日字典統合檢索系統在語言學和文化史的廣泛領域上能提供正確又具有統合性的基礎資料，可以爲學界以後的深入研究和發展作出貢獻。具有代表性的擴展研究和進一步的研究方向則如下：

第一，研究不同時期漢字的使用情況（字種、字音、字釋等）、漢字出現頻率、異體字表等。

第二，歷史性（diachronic）比較研究，對每個漢字歷經時間的流逝呈現何等的演變形態做論述，可以在字種、字頻、異體字的變化之上進行研究。

第三，共時性（synchronic）比較研究，可以使研究範圍擴展到漢字在同一時期於韓中日三國所出現的情況進行的比較研究，看字種、字音、字釋、字頻、異體字等方面有何區別。能够進一步追究三國之間漢字傳承關係的具體情況。

第四，未來以這些資料爲基礎，和現行常用及教育用漢字作比較，追究現行漢字的歷史性，以科學的根據樹立標準漢字和教育用漢字，並制定國際通用漢字表的事情上可以起到作用。

第五，通過這一系列的研究活動，發掘韓國的固有漢字、固有異體字、固有字義，這也有助於對韓國固有文化再認識。至於所發掘的固有漢字，可以匯報國際標準化組織（International Organization for Standardization）推展國際漢字符號的確保工作。

第六，可以擴展到和語言學（詞彙、韓國固有漢字、國有漢字詞彙）、文化史（各種社會史、生活史研究）等相關研究。

3. DB 建設和服務

3.1 DB 建設流程

3.1.1 確定研究對象資料的版本以及賦予屬性

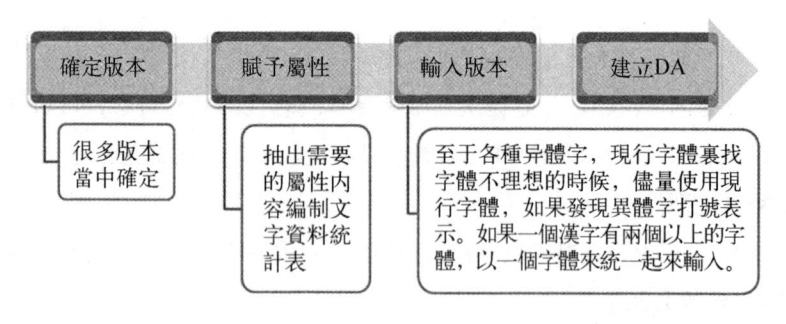

確定版本	賦予屬性	輸入版本	建立DA
很多版本當中確定	抽出需要的屬性內容編制文字資料統計表	至于各種異體字，現行字體裏找字體不理想的時候，儘量使用現行字體，如果發現異體字打號表示。如果一個漢字有兩個以上的字體，以一個字體來統一起來輸入。	

- 選定版本：通過版本的對照和整理確定研究對象版本
- 按屬性歸納資料：

歸納資料的屬性，編制這些屬性的文獻表（編號、書名、異名、刊行年代、著者、編者、版本、所藏處、原文頁碼、大小、版本形態、縮微膠片編號、漢字字體、真偽與否等）。

- 資料的輸入：資料輸入如下。

① 轉換成圖片，將原本漢字字形數字化。

② 輸入到已經製作框架的數據庫文檔上。

（＊至於異體字的問題在下面另有説明）

分 類	屬性賦予根據	具體屬性内容(個個都要反映)
字典類	材料的原始屬性	篇名,作者,編纂時期,刊行處,編韻方式,字數,字序,特徵
	漢字的讀音歸屬屬性	韻部,聲調
	漢字的讀音表示屬性	反切,韓國漢字讀音
	漢字的字義注釋屬性	字義注釋
	漢字字素位置屬性	上下,左右,内外結構,獨體
	漢字結構屬性	象性,指事,會議,形聲,假借,轉注等
	漢字結構成分屬性	筆劃,表音字素,表意字素等
	漢字的用字屬性	俗字,訛字,別字,異體
	漢字傳承關係及獨創性屬性	由中國傳來,韓國固有漢字或者獨創的字釋,由日本傳來或者日本獨創的字釋

- 句讀：對文獻處理句讀工作,整理標點符號。
- 文本校對：查到在輸入的過程裏所缺的和發生誤謬之處並修改。

3.1.2　字形分類和異體字區分

- 按字形類型歸納

a. 整理字形上引起混亂的漢字

字形相似,但顯然是另外一個字,要徹底區分,各自歸納。

b. 整理同音借用字

容許借用表示某種字義,并不屬於字形分析的領域,而歸納到原來的字裏面。

- 選擇字樣：是變形的字形，須在整體字形、結構、筆劃等方面作比較，最終選擇適當的字樣。
- 選定代表字形：立足于普遍性和規範性。
- 區分異體字：構築異體字的編碼和異體字信息 DB 的過程如下：

表示俗字、古字、簡化字、略字、訛字、變字等屬性，將多樣化的異體字與標準字形聯繫起來整理。

其中户(戶,户)、晋(晉)、内(內)、冉(冄)、呂(吕)、争(爭)、吴(吳)、青(靑)、并(幷,並)、录(彔)、皿(盆)等編碼焦點不同於別的異體字，在處理的過程當中賦予統一的標記來區分。

下面是現在韓國所使用的常用漢字當中的異體字：

類型	數量	異體字
象形	14個	亀/楽/来/両/竜/万/乗/亜/尔/彝/斉/曽/兎/豊
指事	2個	爲參册
会意	60個	監/挙/舉/区/鈎/国/既/弃/窑/寧/単/断/対/図/毒/礼/闹/麦/黒/拝/并/並/宝/师/辞/床/变/声/獣/粛/乗/実/双/児/艷/洼/育/宜/賣/争/厘/窃/条/灶/卆/昼/即/処/畳/虫/允/学/唧/県/恵/画/鄉/会/黒/兴
形声	289個	仮/価/覚/殻/減/鑑/盖/个/概/蓋/溉/拠/俊/剣/検/撃/堅/欠/径/経/軽/茎/継/繫/穀/寛/観/観/関/舘/広/鉱/壊/欧/旧/勾/厩/劝/勧/権/権/帰/気/紧/悩/脳/団/単/胆/当/党/台/薹/抬/徳/燾/独/読/灯/乱/鴬/濫/篮/蓝/覧/蜋/蝋/輌/涼/励/盧/麗/恋/联/錬/練/猟/灵/霊/齢/労/炉/声/录/篭/楼/星/涙/厘/臨/满/湾/蛮/売/兒/梦/庙/庙/黙/弥/迫/発/董/繁/変/辺/边/屏/併/冨/勇/仏/払/浜/写/写/寫/滲/揷/渋/甞/狀/堊/叙/緖/釈/舩/禅/蝉/繊/摂/歳/焼/属/続/貪/寿/収/数/粋/穗/随/髄/帥/搜/繡/湿/縄/腎/哑/悪/岩/圧/碍/薬/壤/孃/譲/醸/厳/与/余/訳/駅/淵/研/妍/鈆/充/塩/営/栄/芸/藝/誉/予/鳌/温/愠/稳/尭/謡/遥/摇/欝/襖/偽/囲/隐/隠/応/医/弌/弍/壱/桟/残/蚕/雑/壮/将/荘/奨/醤/蒋/臓/蔵/残/伝/战/戦/転/銭/節/点/奂/芝/静/净/剤/済/从/従/縱/忩/鋳/逓/増/桒/証/遅/珎/尽/质/徵/贊/讃/瓚/継/鑚/惨/浅/賤/践/迁/鉄/庁/聴/体/逓/嘱/触/蔥/苍/忽/您/総/総/聡/聡/沖/醉/厠/歯/痴/勅/称/堕/弾/択/沢/覇/廃/夏/醎/嘘/献/険/験/賢/顕/峽陜/俠/挟/狹/頬/蛍/号/拡/欢/歓/懐/絵/暁/効/勲/戯

"韓中日古代韓字字典統合 DB 建設及比較研究"序論

3.1.3 版本輸入示例

選定的韓中日字典的內容利用 Access2003 軟件輸入，做好建立數據庫的基礎工程。下以面是 Access2003 輸入的《字典釋要》的數據庫模式。

3.2 Data Definition 和建設數據庫

3.2.1 漢字的顯示控制

構築朝鮮時代字典類數據庫，要利用至今爲止確保最多統一碼	Public Overloads Sub setUnicodeText(ByVal richTxt As RichTextBox, ByVal myFont As Font, ByVal oldFont As Font)
	 If richTxt.Text.Trim = " " Then
	 Exit Sub
	 End If
	 Dim i As Integer
	 Dim blnUnicode As Boolean
	 Dim blnAcc As Boolean
	 blnAcc = True
	 blnUnicode = True
	 For i = 0 To richTxt.Text.ToCharArray.Length − 1
	 If (AscW(richTxt.Text.ToCharArray.GetValue(i))>=

續表

的北京大學的 Founder large font（北大方正）。處理用 Founder large font 和用其他字體製作的過程，發生問題，在一個介面同時顯示很多字體的時候，可以運用 RichTextBox 上屬的控制構成自體顯示控制，其主要原理如同右面。如果文本上發生變化的時候，用 AscW 函數回到文字統一碼編碼程序，判斷要處理的漢字是否統一碼範圍的漢字。如是，提供統一碼自體，不是，以 Founder large font 以外的漢字來顯示。	0xEF）And
	（AscW（richTxt.Text.ToCharArray.GetValue（i））<=0xFE）Then
	richTxt.Select（i, richTxt.Text.Trim.Length - i）
	richTxt.SelectionFont = myFont
	blnAcc = False
	blnUnicode = True
	ElseIf blnAcc Then
	richTxt.Select（i, richTxt.Text.Trim.Length - i）
	richTxt.SelectionFont = oldFont
	blnAcc = True
	blnUnicode = False
	End If
	If blnUnicode Then
	blnAcc = True
	Else
	blnAcc = False
	End If
	Next i
	End Sub	

3.2.2 數據庫的檢索原理

	DB 聯繫	Dim db as DAO.Database Dim rs as DAO.Recordset Set db = CurrentDb( )	Set rs = db.OpenRecordset（"Select ..."）；
	字符串的中斷	Dim strText As String Dim iCount As Integer Do Until rs.EOF iCount = iCount + 1 strText = rs.Fields（"note"）.Value rs.Edit rs.Fields("zitou").Value = Mid（strText, 1, 1） rs.Update rs.MoveNext	Loop rs.Close db.Close MsgBox Exit Sub errhandle： MsgBox（Err.Description） End Sub
DB	單翼 DB 聯繫和數據編聯	Public Function getDataSet（ByVal strsql As String, ByVal strtable As String, ByVal myDataSet As DataSet）As DataSet	

"韓中日古代韓字字典統合DB建設及比較研究"序論

續表

DB	製作DB聯繫	Dim myConn As OleDbConnection = New OleDbConnection( )	myConn.ConnectionString = strConn Dim strCom As String = strsql

	DataSet製作	If myDataSet Is Nothing Then
		myDataSet = New DataSet( )
		Else
		myDataSet = Nothing
			myDataSet = New DataSet( )
			End If
			Try
			myConn.Open( )

實現統合檢索之原理	OleDb DataAdapter通過對象獲得DataSet	Dim myCommand As OleDbDataAdapter = New OleDbDataAdapter(strCom, myConn)	
	將Dataset和數據表編聯	myCommand.Fill(myDataSet, strtable)	
	結束該DB的聯繫	myConn.Close( ) Catch fillException As System.Exception '天處理差錯的編碼。 myConn.Close( ) exit Function( ) End Try	If Not（myDataSet Is Nothing）Then getDataSet = myDataSet End If Return getDataSet 0 End Function

3.2.3 數據圖表（Data Sheet）之間的連接以及數據檢索原理

數據庫上使用了大量的統一碼文字,Access數據庫一般提供統一碼的字體,不提供檢索功能。於是實行數據和數據之間的聯繫,檢索數據庫的時候,要做一定措施,具體如下：

▶ 通過利用字頭的Unicode編碼可以實現聯合檢索。	SELECT ayupian.＊,ashuowen.＊ FROM ayupian INNER JOIN ashuowen ON AscW(ayupian.zitou)＝AscW(ashuowen.zigou) WHERE ayupian.ID is not null ORDER BY ayupian.ID;

▼ 以模糊查詢實現數據庫的檢索。

```
Private Sub btnQuery_Click ( ByVal sender As
System.Object, ByVal e As System.EventArgs )
Handles btnQuery.Click
Dim strSql As String
Dim strTable As String
Dim strWhere As String
Dim myBind As BindingManagerBase
If Me.rtxZitou.Text.Trim <> "" Then
strWhere=" AndzitouLike '%" &Me.rtxZitou.Text.
Trim&"%'"
Else
strWhere = ""
mainForm.Show( )
mainForm.loadData( )
End If
Me.Close( )
mainForm.Text = "文獻内頭文字檢索結果"
爲了狀態的條件記錄内容。
index.StatusBarPanel2.Text = "文獻内頭文字檢
索結果"

End If
strSql = "Select * From [yupian] Where
1=1" & strWhere & " Order By ID"
strTable = "yupian"
GetConnect( strSql, strTable )
myBind = Me.BindingContext( appDataSet,
strTable )
If myBind.Count > 0 Then
If mainForm Is Nothing Then
mainForm = New frmMain( )
mainForm.MdiParent = index
mainForm.Show( )
Else
mainForm.MdiParent = index
Else
MessageBox.Show("找不到符合條件的
數據,請重新輸入條件!","文獻檢索詞
信息", MessageBoxButtons.OK, Message
BoxIcon.Information )
If Not ( mainForm Is Nothing ) Then
mainForm.Close( )
End If
End If
End Sub
```

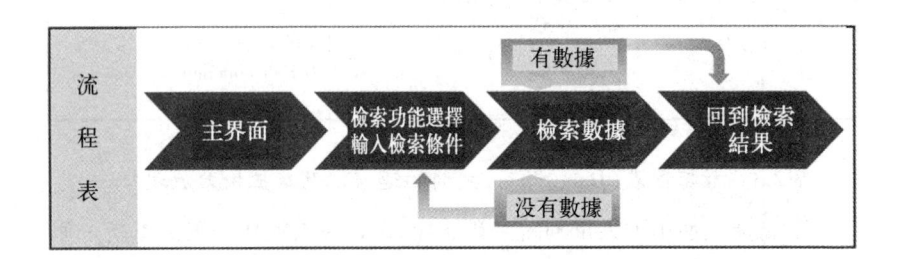

流程表: 主界面 → 檢索功能選擇 輸入檢索條件 → 檢索數據 → 有數據 → 回到檢索結果; 沒有數據 → (返回)

3.3 本研究所導出的統合 DB 檢索系統示例

3.3.1 檢索界面

韓中日古代字典統合 DB 的檢索路徑可以分爲單一檢索和統合檢索。單一檢索是用戶在所要找的特定字典查詢要檢索的漢字的字音、字釋的功能,統合檢索爲韓中日三國的字典之間的比較研究必須的功能,一目了然的檢索到分散在各個字典的一個漢字的字音、字形、字釋的信息。

"韓中日古代韓字字典統合DB建設及比較研究"序論

● 檢索界面的例示,則如下:

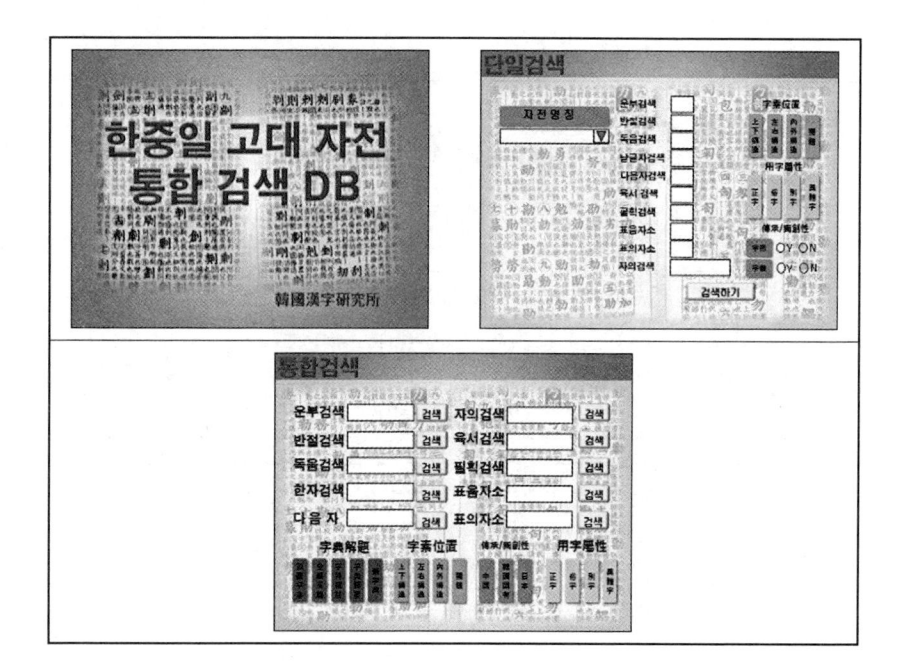

3.3.2 單一檢索及其檢索結果示例

（1）用單一檢索功能檢索單字之例示

單一檢索選擇韓中日十一種字典當中選定一種,自由選擇包括韻部檢索在內的檢索屬性之一種,進行查詢。

● 單字檢索例示,則如下:

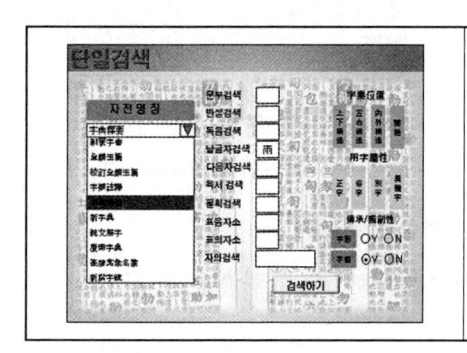

● 要用單一檢索查詢特定字典的漢字,例如要找"雨",首先在字典名稱按鈕選擇《字典釋要》,在單字檢索欄上輸入"雨",再按檢索可以查到"雨"。

● 通過單字檢索查詢到的《字典釋要》的數據表和數據庫檢索結果畫面,則如下:

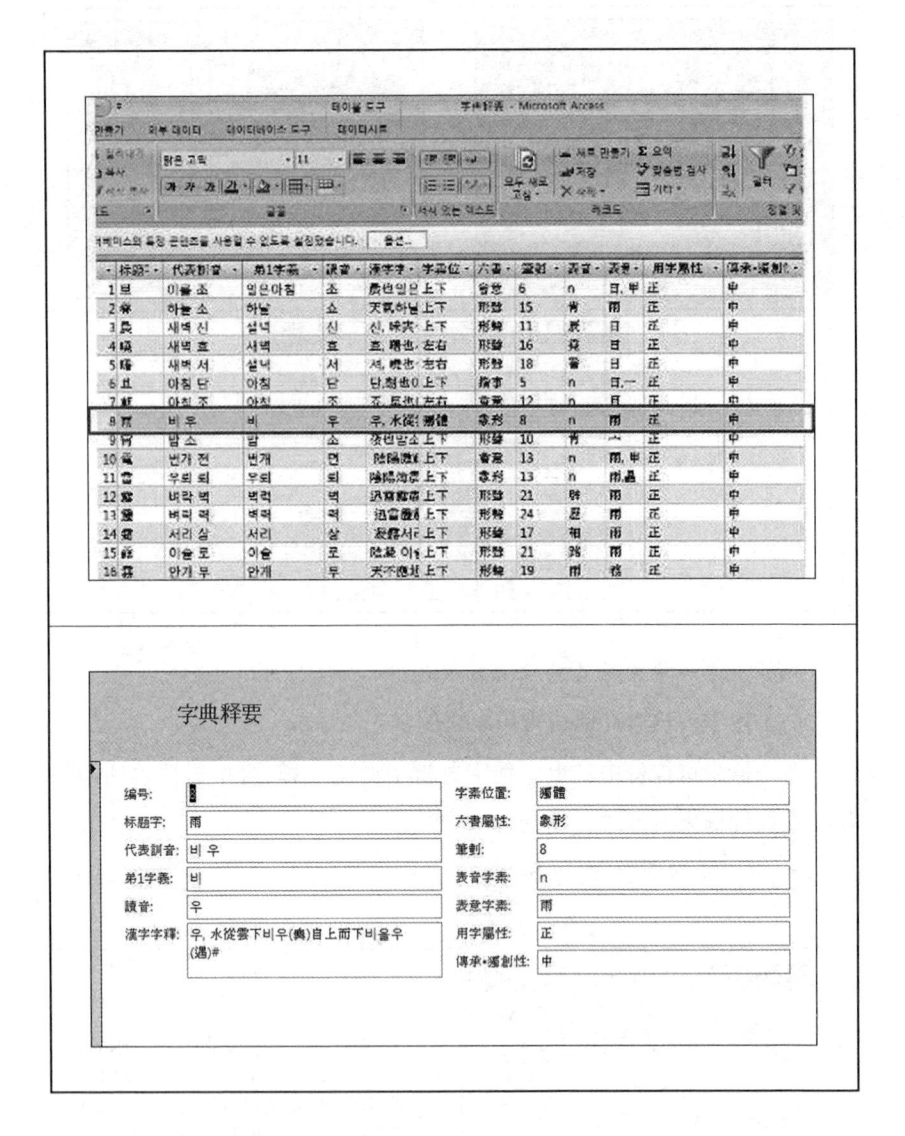

(2) 用單一檢索功能進行漢字屬性檢索的例示
● 用單一檢索功能做漢字屬性檢索的例示,則如下:

"韓中日古代韓字字典統合DB建設及比較研究"序論

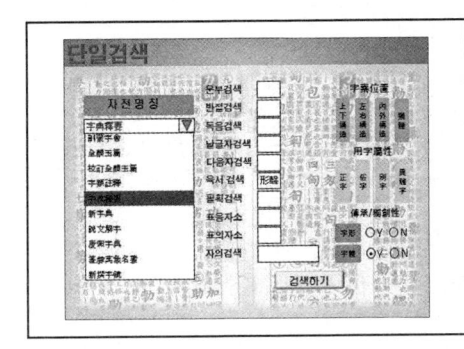

● 要用單一檢索,按屬性查詢特定漢字,例如要找《字典釋要》中的形聲字,首先在屬性檢索菜單的六書欄上輸入形聲,再按檢索按鈕就可以找到《字典釋要》所有的形聲字。

● 漢字屬性檢索所查詢的《字典釋要》形聲字的數據表和數據庫檢索結果畫面,則如下:

3.3.3 統合檢索及其檢索結果示例

統合檢索是指查詢一個漢字按字音、字義、字釋、六書、反切、韻部、筆劃等不同屬性在十一種字典裏面所記錄的內容,能得到一目了然的信息的功能。

（1）統合檢索功能檢索到單字的例示
● 韓中日古代字典統合DB單字檢索例示,則如下：

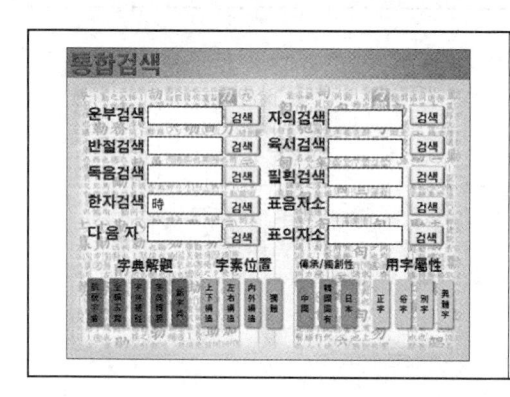

● 統合檢索按漢字的屬性指定到幾種檢索路徑。例如,要查到"時"的幾種字釋,在漢字檢索欄上輸入"時"就查到韓中日十一種字典的所有"時"字的字釋。

● 單一檢索查到的韓中日古代字典統合DB"時"字的數據庫界面,則如下：

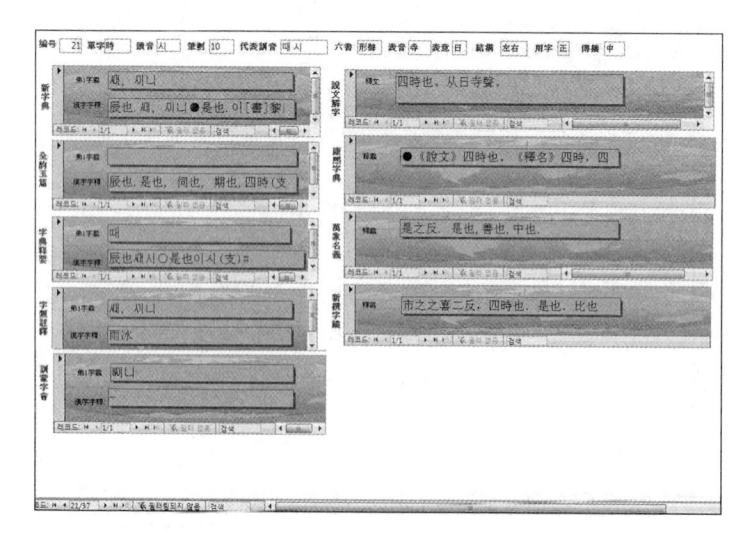

"韓中日古代韓字字典統合 DB 建設及比較研究"序論

(2) 用統合檢索功能的漢字屬性檢索例示

● 韓中日古代字典統合 DB 統合檢索漢字屬性例示和數據表,則如下:

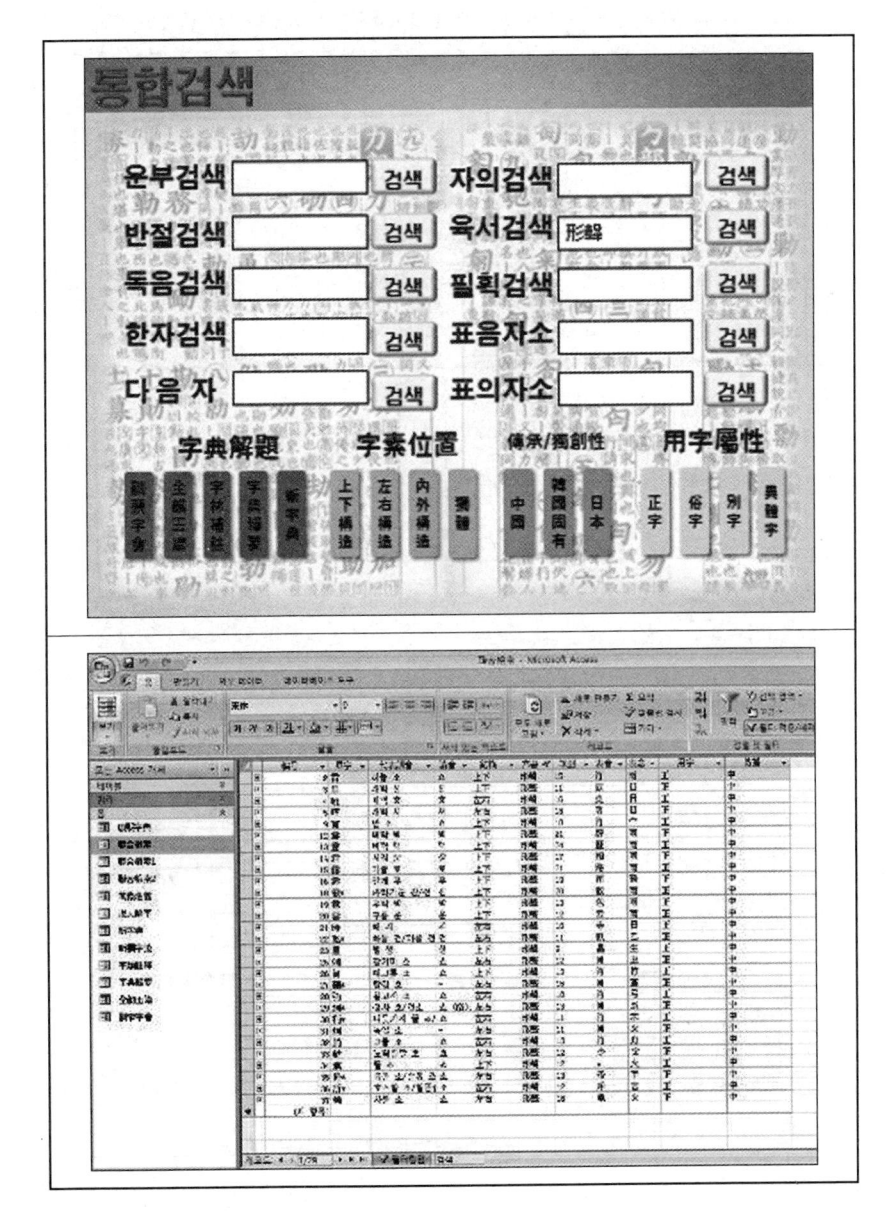

韓國漢字史論叢

• 用漢字屬性檢索查出來的韓中日古代字典 DB 的形聲字統合檢索結果畫面,則如下:

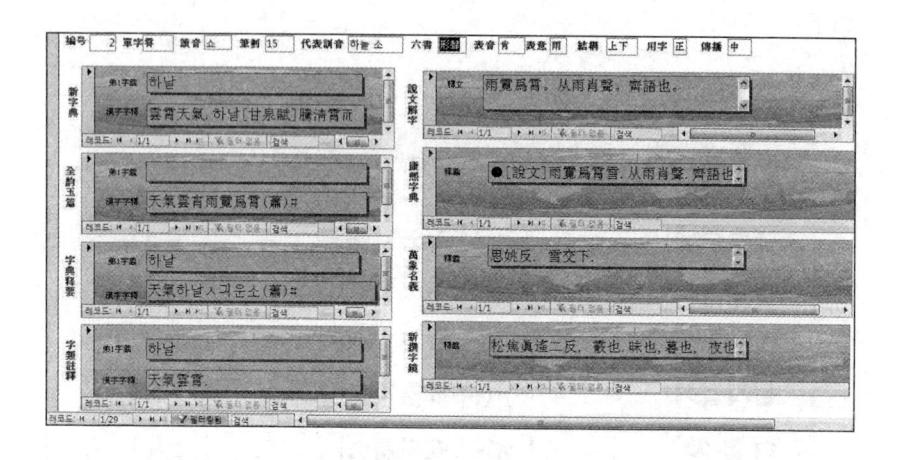

• 用漢字屬性檢索查出來的韓中日古代字典 DB 的表音字素"霄"的統合檢索例示和檢索數據表,則如下:

"韓中日古代韓字字典統合DB建設及比較研究"序論

續表

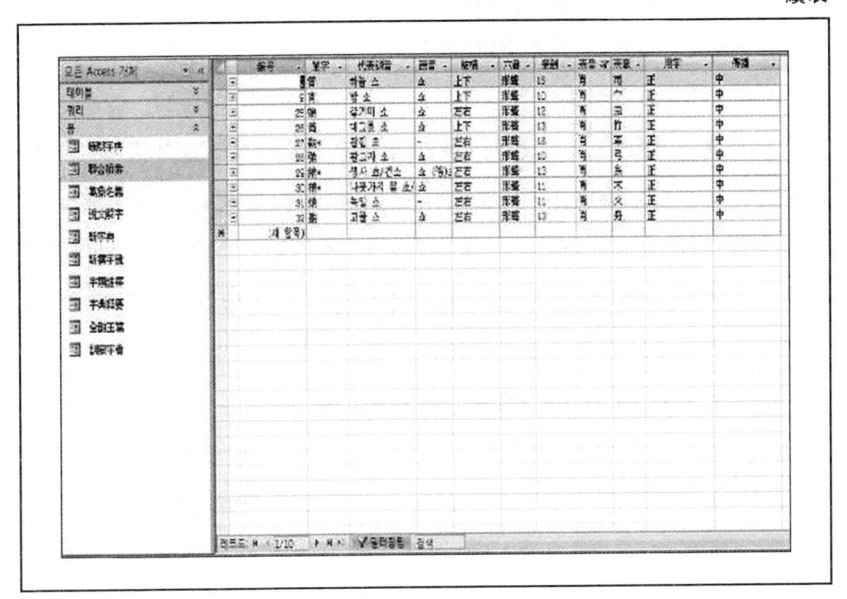

• 韓中日古代字典統合表音字素"霄"的檢索數據庫界面,則如下:

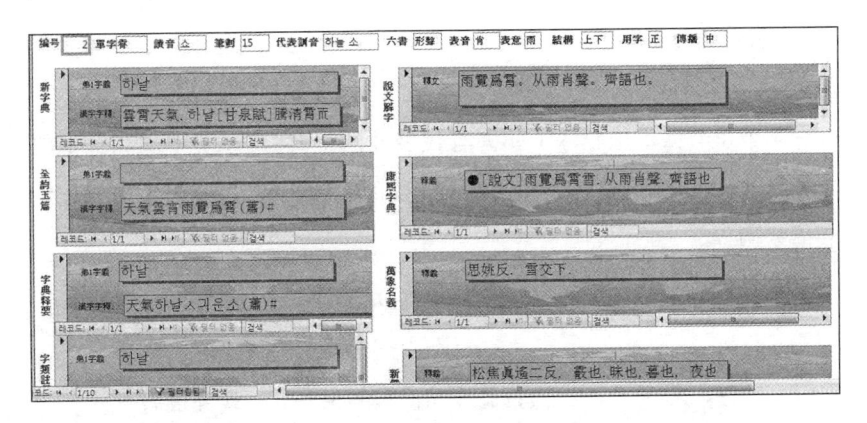

3.4 DB 管理和預算案

OAIS 指出要長期維持和管理數位典藏,要實現"吸收"、"保存"、"管理數據"、"運籌"、"保存計劃"、"接近",要實現這些功能必須有機協調才能够做到。本研究所要提供韓中日古代字典和DB,擬開通一個專門的網站,持續提供有關資料,進行學術交流。

3.4.1 DB服務設計

本研究所開發的韓中日古代字典統合檢索DB本身就是很不錯的比較研究資料。爲了擴展用户,提高社會、學術、教育諸效果,需要建設一個數位典藏,使得更多人士容易接近而使用這個平臺。於是,構建專門提供韓中日字典統合DB服務的網站,補充本研究以外累積下來的漢字資料,最終實現構建全球漢字字典統合數位典藏的目標。

(1) 未來要開發的數位典藏的概要和目標

未來要開發的數位典藏的名稱爲"韓中日古代字典統合數位典藏",以韓國的《訓蒙字會》、《全韻玉篇》、《校訂全韻玉篇》、《字類注釋》、《字典釋要》、《新字典》,中國的《説文解字》、《玉篇》、《康熙字典》,日本的《篆隸萬象名義》、《新撰字鏡》等字典爲基礎,設計多樣化的檢索路徑,對所收録的15萬個漢字賦予資料,諸如篇名、著者、時期、刊行處、編韻方式、字數、字序、韻部、韓國漢字音、字義注釋、筆劃、表音字素、表義字素、俗字、訛字、別字、異體字等屬性,完成統合檢索。

本數位典藏不僅收録了韓國有代表性的字典,還涉及中國和日本的重要字典,可以做到囊括全體漢字文化圈的宏觀研究,追究漢字使用現狀和演變過程。

本數位典藏所提供的内容,則如下:

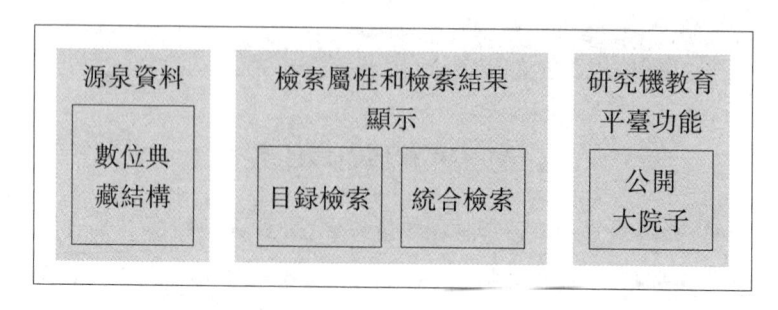

源泉資料	檢索屬性和檢索結果顯示		研究機教育平臺功能
數位典藏結構	目録檢索	統合檢索	公開大院子

"韓中日古代韓字字典統合DB建設及比較研究"序論

(2) 韓中日古代字典統合數位典藏結構介紹

本數位典藏了收錄以往的字典所涉及到的內容以外,還提供漢字專業研究人員多年來的研究成果,這是本數位典藏最有優勢的地方。換句話說,以文字學的角度徹底分析出11種字典而導出了二十幾種多樣化的屬性,然後再處理加工使得一般人和其他學術領域研究者也容易接受,具體的內容結構如下。

韓中日字典文本	漢字屬性分析資料
『訓蒙字會』,『全韻玉篇』,『校訂全韻玉篇』,『字類註釋』,『字典釋要』,『新字典』,『說文解字』,『玉篇』,『康熙字典』,『篆隸萬象名義』,『新撰字鏡』	-字義、字釋、部首、異體字、六書結構、表音字素、表義字素、韻部、漢字結構、多音字、筆劃、反切 -用字屬性(俗字,正字,異體字) -傳承、獨創的(字形,字義等)
韓中日字典原件圖片	新發掘的異體字統一碼
『訓蒙字會』,『全韻玉篇』,『校訂全韻玉篇』,『字類註釋』,『字典釋要』,『新字典』,『說文解字』,『玉篇』,『康熙字典』,『篆隸萬象名義』,『新撰字鏡』	給從以往的統一碼和CJK統合漢字遺漏的獨特而創新的韓國漢字,賦予統一碼編碼
韓中日版本信息	漢字的語言學上、文化史的信息
『訓蒙字會』,『全韻玉篇』,『校訂全韻玉篇』,『字類註釋』,『字典釋要』,『新字典』,『說文解字』,『玉篇』,『康熙字典』,『篆隸萬象名義』,『新撰字鏡』	在文化史語言史的角度研究收錄在個別字典上的漢字的字釋,建立韓國漢字的正體性。

(3) 韓中日古代字典統合數位典藏的檢索屬性和檢索結果顯示例示
• 目錄檢索以及其結果顯示例示

目錄檢索是提供按國別分類的韓中日古代字典11種檢索界面,查到單一字典的版本信息、原文文本、原文圖片、漢字屬性分析資料、文化史語言史信息。

用目錄檢索查詢《字典釋要》爲:

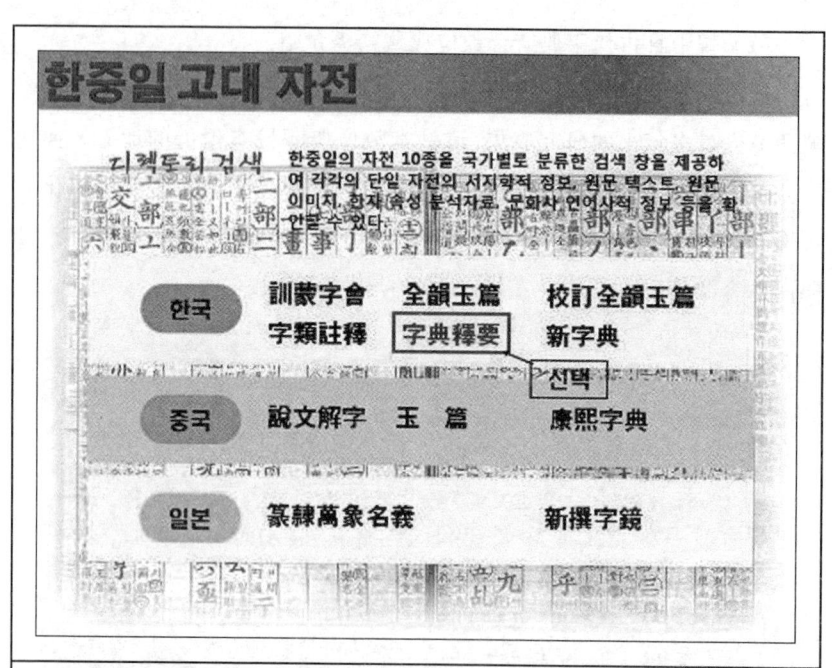

不僅檢索到原文文本和漢字屬性信息及版本信息,還提供原文圖片。

"韓中日古代韓字字典統合 DB 建設及比較研究"序論

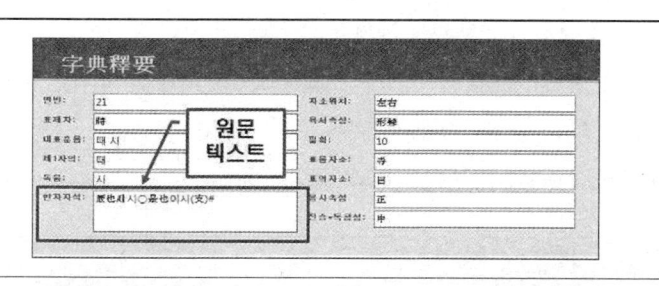

字典釋要			
연번:	21	자소위치:	左右
표제자:	時	육서속성:	形聲
대표음:	대시	필획:	10
제1자의:	대	본음자소:	寺
훈음:	시	표의자소:	日
한자지식:	辰也재시ㅇ윤也이시(支)#	품사성:	正
		편순=부관성:	申

(원문 텍스트)

서지 정보

서명	字典釋要
저자명	지석영 저
판사항	연활자본
간사자	회동서관
간사년	1910년
형태사항	2卷1冊;肖像;19.9 x 13.2 cm
수기사항	서: 광무10년(1906년)……지석영
자료이용	원문 이미지

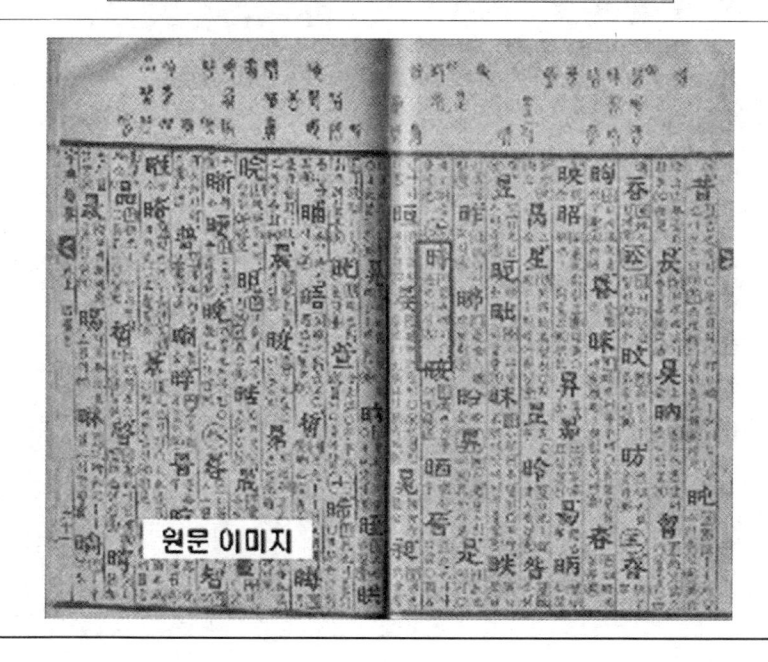

원문 이미지

• 統合檢索及其結果顯示例示

統合檢索可以囊括韓中日十一種字典,查到所查漢字之字音、字義、字釋、六書、反切、韻部、筆劃等信息。

利用統合檢索功能檢索"形聲"程序,則如下:

"形聲"屬性統合檢索結果,則如下:

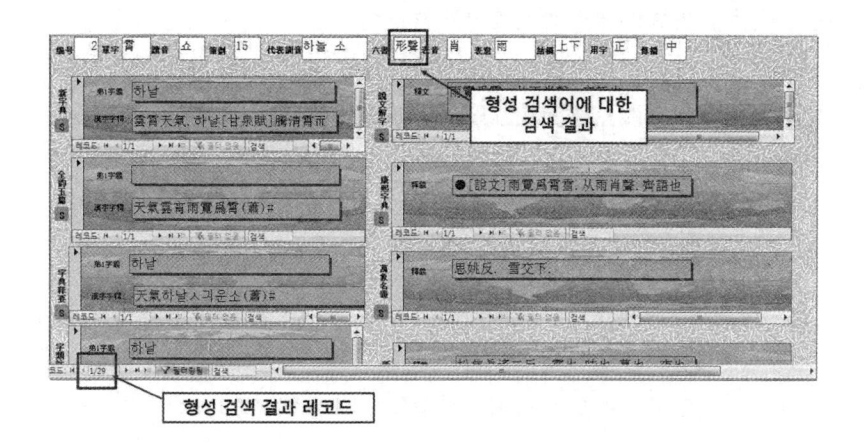

（4）介紹韓中日古代字典統合數位典藏的研究及教育平臺的功能

本數位典藏打算開設"公開大院子"的溝通空間,安排公告、Q&A、F&Q、漢字資料室、討論空間等欄目。通過這樣的溝通空間給漢字研究和教育從事者提供本研究所累積的漢字學信息,使利用本數位典藏的用戶互相交換需要的信息和意見,進行深入的討論。

4. 研究結果活用方案

4.1 研究結果對學朮界和社會的貢獻

4.1.1 對學朮界的貢獻

本研究最大的目標是建立韓中日古代漢字字典統合 DB,而此數據庫會對漢字學、國語學、歷史文化學的發展也起到推動作用,略述如下:

第一、在漢字讀音、字形演變、三個國家之間的漢字傳播和傳承關係等方面可以提供漢字研究的基礎比較資料。

第二、爲聲韻學和國語學的研究提供一些漢字字音的演變情況,提供韓國漢字音的變遷等資料。

第三、揭示有些漢字在很多時代都頻繁出現,而另一些只出現在特定時代,爲漢語史和國語史研究提供比較資料。

第四、可以直接輸入歷史文化方面的檢索詞,從而獲得韓國歷史的信息,也可以搜索有關三國間相互關係的基礎資料,做三國之間的歷史文化的比較。

4.1.2 對社會的貢獻

本數位典藏通過比較體現了韓國文化的獨創性和優秀性。

第一、使韓國的漢字符合國際標準。所有漢字群都按照數據化的原則嚴格整理起來,才能獲得 ISO 的統一碼。爲了使韓國的漢字能夠獲得此編碼,一定要廣泛搜集韓國字典類文獻里隱藏著的漢字,并對它們作文字學角度的研究和整理。本研究所構築的數據庫是以對漢字本身的研究爲基礎,析出多樣化的屬性,根據這些屬性進行分類和考察,以符合數據庫國際標準。

第二、爲韓國學的國際化、全球化作貢獻。通過這個數位典藏向世界介紹韓國的傳統文獻資料,公開研究成果,提高韓國傳統學問的地位,以及大家對韓國文化的興趣。

4.1.3 教育方面的貢獻

本研究所構築的 DB 不僅爲漢字研究者提供研究資料,还爲一般學習者提供各時代某一漢字使用情況、漢字字形演變、漢字字形的取象等,爲漢字學習提供幫助。

另外,它的作用還有以下幾項:

第一、可以幫助政府及國立國語院制訂或調整漢字政策。

第二、可以成爲制訂常用漢字表和漢字等級考試的科學依據。

現在韓國跟中國、日本、台灣(中國)不一樣,沒有明確制訂常用漢字表。於是教育部所定的教育用漢字 1 800 和急用漢字 4 888,以及漢字考級機構所選定的考級漢字範圍都不同。本研究對歷代字典所收錄的漢字進行字頻統計、字數字種考察,可以爲制定正規常用漢字或者通用漢字提供一些全面有效地依據,也對選定考級漢字範圍過程中所犯的誤謬提供一些有意義的提示。

　　第三,提供豐富多樣的有關漢字的 contents,實現漢字教育的大眾化。漢字並不是古代社會腐朽之遺物,而是現代社會活生生的存在,在我們的生活中佔據重要地位。漢字研究要隨著這樣的趨勢,開發更多數據庫,爲對漢字學習的熱潮準備堅實的基礎。

參考文獻

(1) 論文(字典類)

강혜근,《이체자란 무엇인가? -정자와 상대되는 개념과의 비교를 중심으로-》,《中國學論叢》제 11 집 제 1 호(2001)

구석규,《한자문화권 한자 이체자에 대한 고찰》,《어문연구》제 22 권 제 4 호(1994)

국립 국어연구원,《동양삼국의 이체 비교》(1992)

국립 국어연구원,《한자의 자형 조사(1),(2)》(1996)

權廷厚,《근대계몽기 한자자전 연구》,부산대 교육대학원 석사학위논문(2008)

金敏洙,《훈몽자회〈訓蒙字會〉》,《한글》(1956)

金秉旭,《〈字典釋要〉의 音韻現象研究》,《明知語文學》20 집(1992)

김시연,《異體字의 定義·分類 및 考釋方法에 관하여》,《중국어문학논집》제 15 집(2000)

金宗澤,宋昌善,《〈千字文〉〈類合〉〈訓蒙字會〉의 어휘분류 체계 대비》,《語文學》52 집(1991)

김진규,《〈訓蒙字會〉하권의 목록과 사어 고찰》,《한글》(1994)

김진규,《〈訓蒙字會〉어휘의 국어학적 고찰》,《한힌샘 주시경연구》

參 考 文 獻

(1999)

金希珍,《〈訓蒙字會〉의 語彙 教育에 관한 考察(1)》,《語文研究》16 집
(1988)

南廣祐,《訓蒙字會 索引》,《論文集》1 집(1958)

小野俊平(미즈노 슌페이),《小學館〈大日本國語辭典〉의 편찬과정과 특징》,《한국사전학》제 5 호(2005)

朴炳采,《〈訓蒙字會〉의 異本間 異音攷》,《亞細亞研究》1 집(1972)

朴炳采,《〈訓蒙字會〉의 異本間 異聲調 攷》,《국어국문학》(1972)

朴尚均,《한국"字書"의 書誌的 研究》,《京畿大學校 論文集》제 19 집 제 1 호,(1986)

박형익,《사전과 언어학》,《경기교육논총》제 1 집(1991)

박형익,《한국의 자전》,《한국어학》제 23 집(2004)

박형익,《〈유합〉의 표제자 선정과 배열》,《이중언어학》제 23 호(2003)

서수백,《한자 새김 자료의 새김수용 양상 연구》,《한국말글학》제 21 집 (2004)

서수백,김선희,《〈훈몽자회〉와〈자전석요〉의 한자 자석의 의미정보 수록 양상 비교 연구》,《언어과학연구》제 55 집(2010)

서재극,《〈新字典〉의 새김말에 대하여》,《國文學研究》제 5 집(1976)

成煥甲,金相潤,《〈訓蒙字會〉字釋에 나타난 單音節語 一考察》,《人文 學研究》제 35 집(2003)

成元慶,《字類注釋研究》,《인문과학논총》제 28 집(1996)

안경상,《〈訓蒙字會〉에 반영된 15 세기 이후의 고유어사용실태에 대한 역사적고찰》,《국제학술회의 논문집》(2002)

여찬영,《지석영〈자전석요〉의 한자 자석 연구》,《語文學》제 79 집 (2003)

윤인현,《운회옥편(韻會玉篇)고(考)》,《서지학연구》제 2 집(1987)

이경원,《한자이체자표의 편찬체례 시탐-대형이체자표의 편찬체례 및 격식》,《중국어문학논집》제 10 호(1998)

이경원,《隋唐字樣學과 그 主要著作에 대하여》,《중국어문학논집》제 11 호(1999)

이경원,《정자와 이체자에 대한 고찰》,《중어중문학》제 23 회(1998)

이경원,《異體字等級屬性研究의 주요 사항 및 그 方法論》,《중국어문학논집》제 25 집(2003)

이경원,《우리나라 漢籍 자료에 나타난 異體字의 樣相과 偏旁 變異 規律에 대한 연구》,《중국어문논역총간》제 27 집(2010)

이규갑,《形聲異體字의 樣相考》,《중국어문학연구회》제 6 집(1994)

이규갑,《동일자족연구》,《중국어문학논집》제 9 집(1997)

이규갑,《漢字筆線形體의 變遷研究》,《중국어문학논집》제 12 호(1999)

이규갑, 김애영,《漢籍電算化를 위한 한자구조분석》,《중국어문학논집》제 13 호(2000)

이규갑, 배재석, 강혜근,《고려시대 한자에 대한 연구》,《중국어문학논집》 제 16 호(2001)

이규갑, 김시연,《"原本玉篇殘卷・欠部"考》,《中國語文學誌》제 9 집 제 1 호(2001)

이규갑, 金愛英, 金始衍,《중국 소재 이체자의 생성원인 연구-당대 이전 시기를 중심으로》,《중국어문학논집》제 27 집(2004)

이규갑,《이체자 편방의 분리 및 통합 현상 고찰》,《중국어문학논집》제 30 호(2005)

李基文,《〈訓蒙字會〉小考》,《語文研究》제 27 집(1999)

李基文,《고대국어 연구와 한자의 새김 문제》,《震檀學報》제 67 집(1989)

李敦柱,《中國漢字音의 韻母變遷考》,《어학교육》제 6 집(1974)

李敦柱,《한중양국의 한자음 비교연구》,《용봉논총》제 5 집(1976)

李敦柱,《훈몽자회(訓蒙字會) 한자음에서 발견된 중국음의 영향에 대하여》,《국어문학》제 20 집(1979)

李敦柱,《〈全韻玉篇〉의 정(正) 속(俗) 한자음에 대한 연구》,《국어학》제 30 집(1997)

參 考 文 獻

李牛觀,《한.중.일 3국의 상용한자 자형 비교연구-俗字,略字를 중심으로》,공주대학교 교육대학원 석사학위 논문(2011)

이상도,《〈훈몽자회〉편찬동기와 특징》,《중국학연구》제 7 집(1992)

李彰浩,金鉉哲,《사전에서의 이체자 처리 형식에 대한 분석》,《중국어문학 논집》제 44 집(2007)

李浚碩,李景遠,《한자 異體字典編纂 연구-編纂體制를 중심으로》,《새국어생활》제 9 권 제 1 호(1999)

이충구,《〈신자전〉의 근대자전 성격에 대한 고찰》,《韓中哲學》제 6 집(2000)

이충구,《한국자전 成立의 考》,《泮矯語文研究》제 3 집(1991)

鄭卿一,《교정전운옥편 속음의 유형별 고찰》,《우리어문연구》제 27 집(2006)

鄭愚相,《韓中俗字연구》,《論文集》제 23 집(1990)

전일주,《最近世韓國漢字字典研究》,영남대학교 중어중문학과 박사학위 논문(2002)

전일주,《近代啓蒙기의 辭典編纂과 그 역사적 의의-특히〈國漢文新玉篇〉을 중심으로-》,《大東漢文學》제 17 집(2002)

崔範勳,《〈訓蒙字會〉의 難解字釋研究(Ⅲ·完)》,《語文論志》제 4-5 집(1985)

崔範勳,《〈字典釋要〉에 나타난 難解字釋에 대하여》,《국어국문학》(1976)

崔洪烈,《〈訓蒙字會〉"疾病"部 字訓의 意味 考察》,《語文研究》제 35 집(2007)

김홍규,《國語生活의 漢字使用頻度研究》,《새국어생활》제 9 권 제 1 호(1999)

남윤진,《國語辭典標題語의 漢字頻度》,《새국어생활》제 9 권 제 1 호(1999)

柳鐸一,《韓國文獻學研究》(亞細亞文化社,1989)

최미현,《한국한자음 이중음 연구-〈전운옥편〉의 부수 한자음을 중심

으로》,동의대학교 국문과 박사학위 논문(2006)

전일주,《최근세 한국 한자자전 연구》(영남대학교 중어중문학과,2002)

하영삼,《〈生生字譜〉에 反映된 18世紀後半朝鮮時代文獻用漢字頻度》,《中國學》제 31 집(2008)

하영삼,《한국고유한자의 비교적 연구》,《中國語文學》제 33 집(1996)

하영삼,《朝鮮後期民間俗字研究》,《中國語文學》第 27 輯(1996)

황은하,《한중 사전 비교연구》,《한국 사전학》제 7 호(2005)

(2) 論文("資料庫建設"類)

박순철,《디지털아카이브시스템의 구축과 활동-20세기 민중생활사아카이브를 중심으로-》,《영남학》제 14 호(2008)

朴鍾寓,《국제 표준 한자의 이체자 연구-Ext.B 이체자의 유형 분석 및 DB 구축 방안을 중심으로》,《한자한문연구》창간호(2005)

서은경,《디지털아카이브의 영구적 보존을 위한 개념적 모형설계에 관한 연구》,《한국문헌정보학회지》제 38 권 제 1 호(2004)

신중진,《통시사전 기술방향 연구》,《한국사전학》제 4 호(2004)

이용규 외,《한국 고문헌 데이터베이스 구축》,《東國論叢》제 37 집(1998)

이남희,《고문헌 디지털아카이브 구축과 한자처리문제》,《嶺南學》제 17 호(2010)

정선영,《생활사 아카이브의 건립 가능성과 역할》,《영남학》제 14 호(2008)

최원태,《디지털아카이브의 현황 및 구성요소 연구》,《한국 문헌 정보학회지》제 35 권 제 2 호(2001)

함한희,박순철,《디지털아카이브즈의 문제점과 방향-문화 원형 콘텐츠를 중심으로》,《한국비블리아학회지》제 17 권 제 2 호(2006)

홍성덕,《고문서의 디지털아카이브의 필요성과 방향》,《전북사학》제 32 호(2008)

홍성추,《디지털아카이브 시스템》,《방송공학희지》제 8 집 제 2 호

(2003)

(3) 專著

김근수,《訓蒙字會研究》(청록출판사,1979)

김병제,《조선어학사》(탑출판사,1989)

김진규,《〈訓蒙字會〉語彙研究》(螢雪出版社,1993)

김목한,《장서각한글자료해제》(韓國精神文化研究院,2000)

김민수,《新國語學史》(一潮閣,1964)

김윤경,《韓國文字及語學史》(東京文化社,1954)

남광우,《國語學研究》(二友出版社,1978)

박두세,《〈三韻通考〉補遺》,發行者不明.

박태권,《국어학사논고》(샘문화사,1976)

박형익,《한국의 사전과 사전학》(月印,2004)

신경철,《漢字字釋研究》(通文館,1978)

俞昌均,《국어학사》(형설출판사,1959)

俞昌均,《國語學史》(螢雪出版社,1991)

유창돈,《國文學史要解》(明世堂,1953)

李敦柱,《〈訓蒙字會〉漢字音研究》(弘文閣,1990)

鄭卿一,《규장전운전운옥편》(신구문화사,2008)

정윤용,《字類注釋》(건국대학교출판부,1985)

최세화,《병자본 천자문 고성본 훈몽자회 고》(태학사,1987)

허동진,《조선어학사》(한글학회,1998)

홍윤표,《國語史文獻資料研究》近代篇 1(태학사,1993)

韓國科學技術院,《KAIST 漢字頻度調查一覽表》(韓國科學技術院,1981)

한국과학기술정보센터,《한글.한자 빈도조사일람표》(과학기술처,1980)

蘇培成,《二十世紀的現代漢字研究》(書海出版社,2001)

蘇培成,《現代漢字學綱要》(北京大學出版社,1994)

圖書在版編目(CIP)數據

韓國漢字史論叢／(韓)河永三著. -- 上海：上海古籍出版社,2024.10
(漢字知識挖掘叢書)
ISBN 978-7-5732-1197-2

Ⅰ.①韓… Ⅱ.①河… Ⅲ.①朝鮮語—漢字—語言史—研究—韓國 Ⅳ.①H55-09

中國國家版本館 CIP 數據核字(2024)第 112207 號

韓國漢字史論叢

[韓] 河永三 著

上海古籍出版社出版發行

(上海市閔行區號景路 159 弄 1-5 號 A 座 5F 郵政編碼 201101)

(1) 網址：www.guji.com.cn
(2) E-mail：guji1@guji.com.cn
(3) 易文網網址：www.ewen.co

常熟市文化印刷有限公司印刷

開本 635×965 1/16 印張 35 插頁 2 字數 486,000
2024 年 10 月第 1 版 2024 年 10 月第 1 次印刷
印數：1—1,010
ISBN 978-7-5732-1197-2
H·276 定價：158.00 元

如有質量問題，請與承印公司聯繫